U0900109

对外经济贸易大学国际贸易教材编写组

经济管理类课程教材·国际贸易系列

国际贸易理论与实务

第二版

冷柏军　张　玮　编著

中国人民大学出版社

·北京·

图书在版编目（CIP）数据

国际贸易理论与实务/冷柏军，张玮编著．—2版．—北京：中国人民大学出版社，2019.7
经济管理类课程教材．国际贸易系列
ISBN 978-7-300-27136-1

Ⅰ.①国… Ⅱ.①冷… ②张… Ⅲ.①国际贸易理论-高等学校-教材 ②国际贸易-贸易实务-高等学校-教材 Ⅳ.①F740

中国版本图书馆CIP数据核字（2019）第144938号

对外经济贸易大学国际贸易教材编写组
经济管理类课程教材·国际贸易系列
国际贸易理论与实务（第二版）
冷柏军　张　玮　编著
Guoji Maoyi Lilun yu Shiwu

出版发行	中国人民大学出版社		
社　　址	北京中关村大街31号	**邮政编码**	100080
电　　话	010－62511242（总编室）		010－62511770（质管部）
	010－82501766（邮购部）		010－62514148（门市部）
	010－62515195（发行公司）		010－62515275（盗版举报）
网　　址	http：//www.crup.com.cn		
经　　销	新华书店		
印　　刷	北京溢漾印刷有限公司	**版　　次**	2012年5月第1版
规　　格	185 mm×260 mm　16开本		2019年7月第2版
印　　张	24.75	**印　　次**	2020年11月第2次印刷
字　　数	581 000	**定　　价**	52.00元

版权所有　侵权必究　　印装差错　负责调换

总　序

在经济全球一体化的大背景之下，尽快培养出我国国际贸易的专业化、国际化人才，已经成为当前市场经济发展迫在眉睫的任务。

本着加强国际贸易学科建设、努力培养适应社会需要的贸易人才的理念，由对外经济贸易大学牵头，中国人民大学等校鼎力合作，并经过联合攻关，编写了这套适应新时期教学需要的国际贸易教材。

纵观本套教材，其特点主要有三个：

第一，内容前瞻新颖。本套教材立足于市场经济发展的前沿，借鉴了国际领先水平的贸易工作经验，具有新结构、新内容、新观点、新方法，并紧跟时代发展的步伐。

第二，知识丰富实用。本套教材对国际贸易工作从理论到操作的方方面面做了介绍，它以实务为中心，将应掌握的知识和技能贯穿于每一个案例中，使学生明确在工作中应做什么，怎样才能做好以及怎样不断提高工作效率。

第三，架构系统全面。该系列是由多本教材组成的相互关联、衔接有序的动态系统，囊括了国际贸易的全部内容。

总之，我们在教材的先进性、实用性、规范性等方面做了集思广益的工作。真诚地期待广大师生和其他读者提出宝贵的意见和建议。

对外经济贸易大学国际贸易教材编写组

作者简介

冷柏军

对外经济贸易大学国际经济贸易学院教授，信息学院院长，中国-欧盟经济合作研究中心研究员，对外经济贸易大学国际商务研究中心执行主任。

作为主讲教师，“国际贸易实务”课程获得2004年国家级精品课程。作为主要责任人，“国际贸易实务课程建设和教学实践”项目获得2005年高等教育国家级教学成果奖二等奖。

张　玮

对外经济贸易大学国际贸易与国际金融专业教授，长期从事国际贸易理论与政策、跨国公司、企业金融方面的教学和研究。

作者为北京市、教育部“国际贸易”优秀教学团队的主要成员，教育部国家级精品资源共享课“国际贸易”负责人，教育部国家级精品课程“国际贸易”（网络教育）负责人，教育部国家级精品资源共享课“国际贸易”（网络教育）负责人，对外经济贸易大学“国际贸易”慕课项目负责人，北京市高等学校继续教育国际贸易优秀教学团队负责人。

第二版前言

国际贸易理论实务是一门主要研究国际贸易理论与政策，以及国际货物买卖具体过程与实际业务的课程，也是一门具有涉外活动特点的实践性很强的理论与实务综合应用的专业基础课程，它涉及国际贸易理论与政策、国际贸易法律与惯例、国际金融、国际运输与国际保险等学科的基本原理与基本知识的综合运用。

本书的第二版是在2012年第一版的基础上，更新了诸如国际贸易统计数据、国家竞争优势论、国际贸易关税与非关税措施、区域经济一体化、世界贸易组织，以及运输与保险、信用证风险防范、电子提单、国际结算业务、鹿特丹规则等相关内容，修改了大部分案例及专栏，并增加了战略贸易、跨境电子商务等章节，使本书更能反映国际贸易理论与实务的最新动态与发展。

本书第二版仍由对外经济贸易大学国际经济贸易学院冷柏军教授和张玮教授共同编著。张玮教授编写本书的第1～8章，即国际贸易理论部分；冷柏军教授编写本书的第9～18章，即国际贸易实务部分。此外，本书在写作和出版过程中，得到了中国人民大学出版社的支持和帮助，编著者的研究生也参与了本书资料收集与研讨，在此一并表示感谢。

由于编著者学识和写作水平有限，不妥之处在所难免，诚恳专家及读者提出宝贵建议。

编著者

2019年4月

第[illegible]版前言

第一版前言

改革开放以来，中国的对外经济贸易得到了突飞猛进的发展。2010 年，我国进出口贸易总额已经达到 29 727.6 亿美元，其中出口总额为 15 779.3 亿美元，进口总额为 13 948.3 亿美元，在世界各国贸易排名中稳居第二位，我国已经成为名副其实的世界贸易大国。在加速发展国际贸易的同时，越来越多的国内企业更频繁、更广泛地参与到国际经济贸易之中。在此背景下，大量既懂国际贸易理论与政策，又熟练掌握国际贸易实务操作的专门人才是必不可少的。为了适应当前国际经济贸易形势发展的需要，提高从事国际贸易人员熟悉国际贸易理论与政策和达到从事进出口贸易的业务水平，我们编写了《国际贸易理论与实务》这本理论性与实用性并重的教材。

本书反映了当前国际贸易理论研究前沿与动态发展以及国际贸易实务的最新做法，特别是补充了国际商会《2010 年国际贸易术语解释通则》《跟单信用证统一惯例（2007 年修订本）》（国际商会第 600 号出版物，UCP600）的内容，所选取的典型案例大都是近二十年在国际经济贸易领域发生的。此外，本书内容体系完整，富有严谨的内在逻辑，并采取了统一的写作格式和体例，结构新颖，构思巧妙，富有时代气息。

本书由对外经济贸易大学国际经济贸易学院冷柏军教授和张玮教授共同编著。具体写作分工是，张玮教授编写国际贸易理论部分，冷柏军教授编写国际贸易实务部分。此外，本书在写作和出版过程中，得到了中国人民大学出版社的支持和帮助，编著者的研究生参与了本书的资料收集与研讨。在此，对上述所有人员表示感谢。

在编写过程中，编著者曾参阅了大量相关著述和文献，部分案例与专栏参考了国内外关于国际贸易理论与实务方面的各类权威性书籍报刊的有关资料，在此深表谢意。

本书既可作为高等院校经济类、管理类各专业学生和老师学习和教学的通用教材或辅导书，也可供从事外贸、运输、保险、银行、海关商检、商会等部门工作的专业人员学习与参考。

由于编著者学识和写作水平有限，不妥之处在所难免，敬请斧正。

编著者

2011 年 7 月

第一版前言

[illegible]

目　录

第一章 导论

学习目标

通过本章的学习，了解国际贸易产生与发展的历史过程，理解和掌握国际贸易中经常涉及的一些基本概念和方法，为后面章节的学习建立知识储备。

第一节 国际贸易的产生与发展

在15世纪之前，国家之间的贸易是建立在自然经济基础之上的，依照自愿交换的原则进行。贸易在自然经济中的地位并不重要，只是人们经济生活的一个补充，直到出于交换目的的商品生产出现并获得长足发展。此时还不存在真正的“国际贸易”或“世界贸易”。国家之间的贸易带有很强的区域色彩。

(一) 地理大发现对国际贸易的影响

1492年，热那亚人哥伦布从西班牙出发，经大西洋发现美洲。1498年，葡萄牙人达·伽马从欧洲绕过非洲南端好望角到达印度，完成了具有历史意义的“地理大发现”。“地理大发现”的直接结果是将各洲独自发展的国家联系起来，使国家之间的贸易具有了“世界”的概念。

在地理大发现后，各国资源条件的差异使国际流通中的商品种类和数量急速增加，贸易的扩大促进了专门为交换而进行生产的专业化分工，由于国家之间商品价格的差异而产生的巨大利润进一步推动了“世界”贸易的发展。

地理大发现也在推动殖民扩张，使得世界贸易带有浓重的殖民色彩。从15世纪中期开始，先是葡萄牙的殖民扩张行动，在占领非洲之后，美洲大陆的发现又使葡萄牙开始了在巴西的殖民活动，之后是印度，直至中国澳门，所到之处，占领土地、掠夺黄金，以暴力、抢夺、欺骗的手段进行贸易，非洲的黄金、象牙、钻石、樟木，印度和锡兰的珠宝、胡椒、肉桂、大米，印度尼西亚的胡椒、丁香等经葡萄牙商人源源不断地进入欧洲。在葡萄牙之后是西班牙。到16世纪中期，西班牙以武力占领了除巴西和圭亚那之外的整个中南美洲。西班牙殖民者掠夺金银、杀戮土著居民、贩卖黑人奴隶。16世纪中期后，葡萄牙和西班牙分别垄断了非洲、亚洲与欧洲、美洲与欧洲的贸易。殖民者在殖民地发展以奴隶为劳动力的种植园，他们将大米、烟草、甘蔗等产品输往欧洲，而殖民地农业的发展也增加了对欧洲手工业品的需求，殖民地对欧洲的经济意义日益显著。16世纪中期，后起的殖民国家荷兰，其势力超过葡萄牙和西班牙，为垄断殖民地贸易，荷兰成立了历史上著名的“东印度公司”和“西印度公司”，依仗政府的授权，对殖民地进行掠夺性贸易。继葡萄牙、西班牙、荷兰之后，英国与法国成为殖民国家，到18世纪中期，英国先后战胜葡萄牙、西班牙、荷兰、法国，占领北美、西印度群岛、亚洲和非洲大片土地，成为世界上最强大的殖民国家。

地理大发现及随后的殖民扩张与贸易推动了洲际之间的贸易，初步形成了以西欧为中心的世界市场，当时的贸易流向基本是：（1）欧洲向美洲出口制造品，主要包括纺织品、金属制品、家具、家庭用品等。（2）非洲向美洲输出奴隶。（3）美洲向欧洲输出黄金、白银、烟草、棉花等。（4）欧洲从亚洲进口的仍然是丝织品、香料、茶等。

实际上，在地理大发现后，国家之间的贸易已经从单纯的互通有无转向谋利性质的商业交换行为，但是决定商品流向的仍然是各国的自然资源条件和生产技能。由于受生产力水平、运输与通信条件的约束，国际贸易的规模和商品范围仍然受到限制，世界上只是一部分国家被纳入跨国界交换体系，因而还没有形成真正意义上的国际贸易，各国出口本国特有的产品，进口本国基本不生产的物品。这一时期的贸易以殖民贸易为特征。[①]

（二）第一次产业革命后的国际贸易（18世纪中期—19世纪中期）

16—18世纪，欧洲经济发生了重大变化。一方面，自地理大发现后，欧洲各国从海外获取大量的金银财富，积聚了大量商业资本和工业资本，基本完成了资本原始积累过程；另一方面，海外市场的不断扩张刺激了欧洲工业生产的发展。到18世纪中期，欧洲资本主义生产方式获得长足发展，极大地推进了生产力的发展，第一次产业革命就在这一时期发生了。

第一次产业革命主要发生在英国，经历了大约100年的时间，它以蒸汽机的发明与使用为主要标志，建立起纺织、冶金、煤炭三大支柱产业。在欧洲，以英国为代表，完成了工场手工业向机器大工业的过渡，建立起现代企业制度。第一次产业革命使生产力发展出现了质的飞跃，生产效率快速提高，社会产品大量增加，为国际贸易的发展奠定了物质基础。同时，蒸汽技术在火车、轮船上的应用促进了交通运输工具的改革，相对缩短了国家之间的距离，使更多的国家和商品进入国际交换领域，自给自足的、封闭的自然经济体系不断受到冲击，国际范围的分工与贸易逐渐成为日益增多的国家经济不可或缺的一部分，这一时期的国际贸易呈现出以下特点：

---

① 海闻，P. 林德特，王新奎. 国际贸易. 上海：上海人民出版社，2003.

1. 国际贸易总量实现快速增长

大机器工业的建立和发展使欧工业生产规模空前扩大，直接促成国际贸易规模的迅速扩大。1720—1780年，世界工业生产年增长率为1.5%，世界贸易增长率为1.1%，1780—1820年分别为2.6%和1.37%，1820—1840年为2.9%和2.81%；但是世界经济发展到1840年，情况发生了变化，1840—1860年，世界贸易增长率开始超过世界工业增长率，二者分别为4.84%和3.5%；1860—1870年，相应的数字分别为5.53%和2.9%①，见图1-1。世界贸易增长在扣除价格变动因素后，1800—1870年实际贸易量增长了9.6倍。

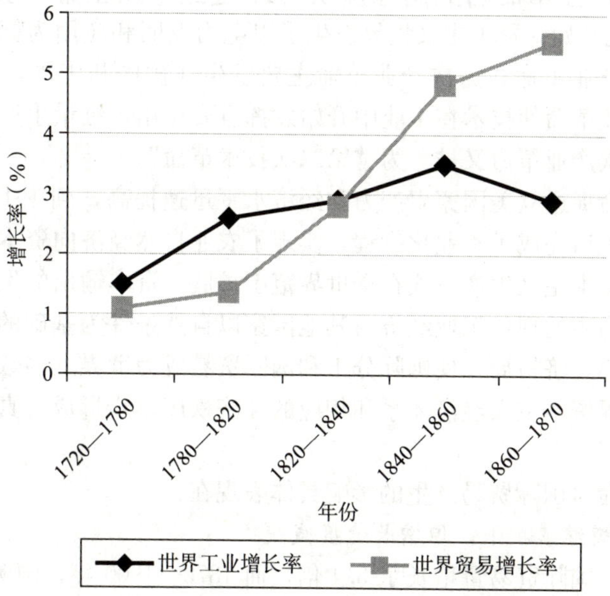

图1-1 1720—1870年世界工业与贸易增长

2. 国际贸易商品结构发生重大变化

地理大发现和随后的殖民扩张使世界贸易中的商品从过去各洲、各国土特产和手工产品，如香料、丝绸，转向殖民地种植园生产的大宗产品，如蔗糖、咖啡、茶叶等，工业原料和制成品还没有构成国际贸易的主要商品。机器大工业建立和发展后，机器纺织品，特别是棉纺织品成为欧洲大宗出口产品，取代了国际贸易中印度和中国的手工纺织品，成为19世纪国际贸易中最主要的工业制成品。同时，仍然是机器工业生产发展的结果，大宗工业原料成为殖民地国家的主要出口产品，棉花、生丝、矿产原料逐步取代了茶叶、香料等生活用品的出口。另外，在这一时期，机器设备和金属制成品如机车、铁轨、蒸汽机、矿山机械等，在国际贸易中的比重也在提高，以满足殖民扩张、殖民地开发和贸易的需求。最后，在这一时期，农产品，特别是谷物贸易大量增加，一些发达国家，如美国、澳大利亚由于其大规模生产的优势，也加入谷物出口国家的行列，扩大了谷物可贸易量和实际贸易量。

3. 国际贸易地区分布的变化

第一次产业革命首先发生在英国，英国成为国际贸易的中心。到19世纪中期，随着

① W. W. Rostow. *The World Economy: History and Prospect*. Austin: University of Texas Press, 1978.

其他国家，如美国、德国等国经济相继获得快速发展，它们开始在国际贸易中与英国展开竞争。1800 年，英国、法国、德国、美国在世界贸易中占有的比例分别为 33%、9%、10%、5%；1870 年相应比例为 22%、10%、13%、8%。[①] 尽管如此，英国在国际贸易中的中心地位没有动摇。19 世纪 50 年代，英国的机器制造商囊括了全世界的机器、机车、铁路设备的制造。1870 年，英国拥有的商船吨位居世界第一位，超过荷兰、法国、美国、德国、俄国等国的商船吨位的总和。

（三）第二次产业革命后的国际贸易（19 世纪中期至第一次世界大战前）

19 世纪 70 年代开始，资本主义世界发生了以电力发明和应用为标志，以重化工业兴起为特征的第二次产业革命。这次产业革命主要发生在德国和美国，也包括其他欧洲国家。由于第二次产业革命使技术在工业中开始发挥重要作用，批量生产技术得到改善和充分运用，所以第二次产业革命又被称为“第二次技术革命”。

第二次产业革命促进欧美国家生产力和经济水平迅速提高，到 1914 年，欧洲、北美、日本、澳大利亚都先后完成了工业化进程，实现了农业自然经济向资本主义工业经济的转变，并通过贸易将资本主义生产方式在全世界范围扩展。资本输出的发展进一步强化了已形成的以欧美国家为主的现代工业经济与其他国家以自然条件为基础的农业、手工业传统经济组合而成的世界经济格局，使国际分工和国际贸易成为世界上多数国家经济生活中的必要组成部分，世界资本主义经济体系和相应的经济秩序逐步形成，真正意义上的国际贸易或世界贸易产生了。

第二次产业革命对国际贸易产生的影响具体表现在：

1. 国际贸易规模继续扩张，但增长速度减缓

1840—1870 年，国际贸易量增长了 3.4 倍，而 1870—1900 年，国际贸易量增长了 1.7 倍，1900—1913 年仅增长了 62%。从上面的数字可以看出，第二次产业革命后，也就是资本主义发展进入垄断时期后，国际贸易增长速度明显低于第一次产业革命后的 100 多年。并且在这一时期，国际贸易的增长速度也明显落后于世界工业生产的增长速度。1870—1900 年，世界工业年增长速度为 3.7%，世界贸易年增长速度为 3.2%；1900—1913 年，相应的数字分别为 4.2%和 3.8%。究其原因，主要是在这一时期，急剧扩张的生产能力与市场之间的矛盾已经显现出来，一些国家，主要是经济发达的国家先后出现了几次经济衰退，除英国之外，纷纷采取贸易保护政策，限制进口，抑制了国际贸易的发展速度。

2. 国际贸易商品结构发生变化

这一时期，初级产品和制成品在国际贸易中所占比例比较稳定，但内部结构发生了变化。1876—1913 年，世界初级产品贸易增加了 2.1 倍，制成品贸易增加了 2.2 倍。在制成品贸易中，纺织品所占比例持续下降，金属产品的比例持续上升，化学产品、纸张、木制品、玻璃制品增长迅速。在初级产品中，随着生产的迅速发展，矿产原料所占比例快速上升，食品和农业原料的比例下降。

3. 国际贸易地区分布的变化

尽管英国在世界贸易中仍占据第一的位置，但重要性大大降低。1870 年，英国在世

① 樊亢．主要资本主义国家经济简史．北京：人民出版社，1973．

界出口中所占比重为22%，1880年下降到16.3%，1913年继续降至13.1%。但是，欧洲国家作为一个整体仍控制着世界贸易，这一点从两方面可以体现出来：一是欧洲在世界贸易中的地位。1913年，欧洲占世界出口量的59%，世界进口量的65%。二是其他国家对外贸易对欧洲的依赖程度。19世纪80年代，美国出口80%以上的市场在欧洲，1913年，美国出口市场多元化程度提高，增加了对加拿大、亚洲等地的出口，但对欧洲出口仍占据美国出口的60%。拉丁美洲对外贸易60%以上是与欧洲开展的。

（四）两次世界大战期间的国际贸易

1914—1945年，在第一次世界大战爆发到第二次世界大战结束的这一段时期中，世界生产和贸易经历了衰退与萧条。第一次世界大战后，国际贸易缩减40%，直到1924年才略微超过战前水平。1929—1933年大危机，世界贸易继续萎缩，到1937年，世界出口额还没有恢复到1929年的水平，甚至低于1924年的水平。①

这一时期，国际贸易增长缓慢，1913—1938年，国际贸易年均增长仅为0.5%。② 国际贸易商品结构的重要变化表现为：在制成品贸易中，机械产品和武器产品贸易所占比例迅速增加；在初级产品贸易中，矿产品和石油所占比例迅速提高。由于战争的原因，这一时期的世界贸易中，欧洲的重要性降低，其他国家地位上升，特别是美国地位上升很快。1913年，欧洲在国际贸易中的比重将近2/3，到1937年下降到1/2，同时期，美国的比重从13.2%上升到15.5%，其他亚洲、非洲、拉丁美洲经济不发达国家的比重从20%上升到24%。

（五）第二次世界大战后国际贸易的发展

第二次世界大战后，以美国为先导，出现了以原子能、电子、合成材料、航天技术、生物技术为标志的新的科学技术革命，促成了一系列产业的诞生和发展，如原子能、半导体、石油、化工、宇航等产业部门。新的产业带来新的、多样化的产品，丰富了国际贸易商品内容，使得国际贸易中制成品贸易成为无可争议的主导。同时，新产业的大量出现也使旧产业出现衰败，依照比较优势在国家之间实现转移，从而促进了经济发展水平不同的国家产业部门之间分工的进一步发展。20世纪90年代的信息技术革命为国际分工与贸易的发展提供了强大的技术支持。此外，资本输出，特别是发达国家资本输出的迅速增长深化了现有的国际分工格局，世界范围多边贸易体系的建立和发展、各国贸易政策趋向自由化则为国际分工与贸易发展提供了一个稳定、公正、自由的环境，所有的这些因素都使得第二次世界大战后国际贸易取得了前所未有的巨大发展。世界出口贸易额从1950年的607亿美元跃到1980年的20 014亿美元，1988年的29 474亿美元，1998年进一步增长到54 220亿美元，2004年达到89 070亿美元。③ 1950—2000年，世界贸易实际年增长率为6%左右，而同期世界实际GDP年均增长率为3.8%左右。世界贸易的增长速度超过世界经济的增长速度。

与第二次世界大战前相比，战后国际贸易发展呈现出以下主要特点：

---

① 海闻，P. 林德特，王新奎. 国际贸易. 上海：上海人民出版社，2003.

② 池元吉，赵凤彬. 新编世界经济概论. 长春：吉林大学出版社，1996.

③ WTO. *International Trade Statistics*，2005.

1. 在不同阶段国际贸易增长速度呈现重大差异

第二次世界大战后国际贸易发展大体可以划分为四个阶段：第一阶段，第二次世界大战后到 1973 年；第二阶段始于 1973 年，结束于 1990 年；第三阶段为 1990—2007 年；2008 年进入第四阶段，陷入源于美国、波及全球特别是发达国家的金融危机引发的经济与贸易衰退。

第一阶段：国际贸易迅速发展阶段。

1950—1973 年，国际贸易额从 607 亿美元增加到 5 740 亿美元，增长到 9 倍多，年均增长速度超过 10%，高于之前任何一个时期，也高于同期世界工业生产增长率 5.2%。这一时期的快速增长可以归结为几个因素：

（1）科学技术革命导致生产力水平迅速提高，大量新兴产业建立，部门生产效率急剧提高，生产能力极度扩张，极大地促进了世界经济的主体——发达国家经济的增长，同时带动了作为原料产地的落后国家的经济增长，从而为国际贸易的迅速增长奠定了物质基础。

（2）科学技术革命使国际分工在广度和深度上都得到进一步的拓展，世界上绝大多数国家都被纳入国际分工体系，国际分工与贸易日益成为各国国民经济的重要组成部分。发达国家与发展中国家在原有的分工基础上，进一步发展了工业部门之间的分工，发达国家之间部门内部分工获得发展，跨国公司的国际化经营客观上促进了国家之间部门分工与部门内部分工，国际分工的纵深化发展使国家之间相互依赖程度不断提高，国际贸易的必要性不断提高，直接促进了国际贸易的发展。

（3）战后国际货币体系、关税与贸易总协定的建立和健康运转也为国际贸易的快速发展提供了一个稳定、可预见的、自由的外部贸易环境。固定汇率制度降低了国际贸易的汇率风险，关税与贸易总协定构筑的多边贸易体系不断降低贸易的关税与非关税壁垒，使贸易流动的障碍逐步被清除，这些都为国际贸易的顺利开展提供了有利条件。

第二阶段：国际贸易缓慢发展阶段。

1975—1980 年，世界贸易出口量年均增长率为 4%，远远低于 20 世纪六七十年代的水平。进入 80 年代后半期，国际贸易增长逐步恢复，整个 80 年代，世界贸易出口量年均增长率达到 5%。这一阶段，国际贸易发展处于低缓状态主要基于两方面原因：一是 1973 年以后，受经济周期的影响，发达国家经济转入低速增长，1968—1977 年，整个工业发达国家 GNP 年均增长率为 3.5%，1980 年降到 1.2%，1981 年为 1.4%，1982 年出现负增长，为 −0.4%。[①] 同时，发达国家经济低速增长也影响到对发达国家市场高度依赖的发展中国家的出口与进口。二是发达国家由于经济发展处于低迷状态，纷纷对贸易进行保护，严格限制进口，积极鼓励出口，贸易战激烈，抑制了贸易的正常发展，使贸易增长速度低缓。此外，美元贬值使以美元计价的商品价格降低，也对世界出口额产生了负面影响。20 世纪 80 年代后半期，发达国家经济开始复苏，带动了世界贸易的复苏，1986—1989 年，世界贸易量年均增长率达到 6.8%。

第三阶段：国际贸易重新进入快速增长时期。

20 世纪 90 年代以后，国际贸易增长波动很大，但总的来说是一个快速发展期，截止到 2008 年，剔除价格因素，除 2001 年外，其他年份货物与服务出口的增长速度均超过世

① IMF. *World Economic Outlook*, 1986; *OECD Observer*, Vol. 1987.

界 GDP 的增长速度。[①] 这一阶段的增长归功于发达国家经济整体的复苏和东亚经济的高速增长，多边贸易体制和区域性经济贸易集团的发展也对世界贸易的增长做出了贡献。

第四阶段：国际贸易发展进入短时间衰退与低速增长时期。

2000—2007 年，世界货物出口年均增长 11.3%，超过 1980—2000 年的 7.3%，2000—2007 年世界服务出口年均增长 12%，均超过同期世界 GDP 增长速度。2008 年、2009 年世界货物出口分别增长 2%、−12%，服务出口分别增长 13%、−12%；同期世界 GDP 增长分别为 1.5%和−2.5%。世界货物贸易从 2009 年第二季度开始恢复，2010 年 3 月恢复到 2008 年峰值的 80%。服务贸易于 2009 年下半年开始恢复，2010 年第一季度确立升势。

在经历了 6 年的贸易低速增长后，2017 年，主要是经济受投资拉动的影响，贸易再度实现强劲增长，以贸易量测算，进口与出口平均增长率达到 4.7%，突破了 2011 年以来年均 3%的增长率。[②]

2. 制成品贸易成为国际贸易的主导

1950 年，工业制成品出口占世界商品出口额的 34.9%，1953 年工业制成品在国际贸易中的比重首次超过初级产品，之后便呈现稳步攀升的势头，1960 年为 55%，1970 年为 65%。20 世纪 70 年代，两次石油提价使初级产品比重上升，制成品比重下降，从 1970 年的 65%下降到 1975 年的 57%。80 年代后，工业制成品贸易在稳步增加的同时，结构继续变化。2000 年，工业制成品贸易的比重提高到 74.8%，其中，资本、技术密集型产品和高附加价值产品在工业制成品中的比例迅速增加，机械设备出口已经占发达国家出口的 1/3 以上，经济合作与发展组织（Organization for Economic Cooperation and Development，OECD）国家高新技术产品在制成品出口中的比重从 1992 年的 30%提高到 2000 年的 40%。[③] 同时，在制成品贸易中，纺织、服装等轻工业产品和钢铁等金属产品的比重在下降。

2017 年，制成品出口占世界货物出口的 70%。运输设备与办公通信产品占比 20%。[④]

值得注意的是，由于跨国公司国际生产体系的构建与发展，其产品增值过程依照各国家和地区的资源与政策优势进行布局，导致未完成的中间产品在国家间往复过境，国际贸易中的中间产品比例迅速提高。2008 年，在世界非燃料产品出口贸易中，中间产品贸易的比重高达 40%。对于个别国家和地区，中间产品贸易比例更是高得惊人，2008 年，中国台湾中间产品进口在总进口中的比例达到 65%，出口达到 71%，也就是说，中国台湾 2/3 的对外贸易属于中间产品贸易。[⑤] 国际分工与价值链不断细化和延伸发展，中间产品贸易的比重持续提高。2016 年中间产品出口占世界货物出口的比例为 45.48%，进口为 46.58%，占美国出口的 45.12%，进口的 34.2%；占中国出口的 38.98%，进口的 56.2%；占日本出口的 48.32%，进口的 35.82%[⑥]。以上数据说明，在主要贸易国家的对外贸易中，中间产品贸易都构成很大的比重，中国中间产品进出口比例的差异，凸显出中国加工贸易的特点。

① WTO. *International Trade Statistics*，2005，2009.

② *World Trade Statistics Review*，2018. 2014—2016 年世界贸易量增长率分别为 2.7%、2.5%、1.8%。

③ 薛荣久，张玮，唐宜红. 国际贸易. 北京：对外经济贸易大学出版社，2003.

④ *World Trade Statistics Review*，2018

⑤ WTO. Trade and Development Report，2009.

⑥ *World Trade Statistics Review*，2017，2018.

3. 服务贸易迅速发展，成为国际贸易的重要组成部分

第三次产业革命使第一、第二产业部门劳动生产率大幅度提高，就业比重不断降低。同时，经济的发展促使一些直接服务于物质生产部门的服务行业迅速发展。此外，经济发展带动人均收入水平的提高，人们对服务的需求也在不断增大，从而促进服务行业整体快速发展，在国民经济中的比重迅速提高，服务业创造的产值在发达国家 GDP 中的比重均超过 50%，美国将近 70%。

20 世纪 70 年代以来，以服务行业迅速发展为物质基础，服务贸易在国际贸易中的重要性也在不断提高。1970 年世界服务出口额为 800 多亿美元，1980 年增加到 4 026 亿美元，1990 年更增加到 8 962 亿美元，2000 年又翻了一倍，为 16 136 亿美元，2017 年更是达到 52 800 亿美元；1985 年服务贸易占国际贸易的比重为 16.1%，2004 年上升到 19.26%，2017 年达 22.95%。在服务贸易中，旅游、通信、计算机、信息、保险、金融行业所占比重持续上升，旅游服务从 1980 年的 26.2%上升到 1997 年的 31.7%，通信、计算机和信息从 37.8%上升到 40.7%，保险和金融从 2.9%上升到 5%。传统的服务行业比重在下降，如运输贸易所占比重已经从 1980 年的 33.6%下降到 1997 年的 23.2%。在 2009 年世界服务出口结构中，运输服务占 20.9%，旅游服务占 26.0%，其他商业服务占 53.1%。2017 年这三项占比分别为 17.64%、24.80%、57.56%，其中的其他商业服务占比不断增大。

4. 发达国家仍然是国际贸易的主体，发达国家之间的贸易为国际贸易的主要流向

在世界货物出口贸易中，发达国家所占比重 1950 年为 60.7%，1960 年、1970 年、1990 年、2001 年、2007 年、2017 年分别为 65.9%、71.5%、71.4%、64.1%、58.63%、52.56%。

在世界服务贸易中，发达国家也是主体。2000 年，发达国家在世界服务出口中所占比重达到 73.3%，2007 年为 71.88%，2017 年占比为 68.2%。

在发达国家中，美国始终处于全球最大贸易国地位，但在国际贸易中的比重在持续下降。1947 年美国货物出口占世界货物出口总额的 32.5%，当时的德国、日本分别为 0.5%、0.4%。1960 年美国货物出口占世界货物出口总额的比例降至 11.6%，2002 年继续降至 10.8%，2000 年德国的相应比重为 9.5%，日本为 6.5%。2008 年，美国的比例为 8.0%，德国和日本分别为 9.1%和 4.9%。

进入 21 世纪，发达国家贸易地位的滑落源于中国贸易地位的迅速崛起。1978 年中国改革开放后，对外贸易进入快速发展时期，1980—2000 年，中国在世界总出口中的比例从 0.9%升至 3.9%。2001 年加入 WTO 后，随着贸易环境的改善，中国对外贸易实现超高速发展，2012 年占世界总出口的比例已经达到 11.1%，2013 年跃居世界第一大货物贸易国。2017 年，中国位列货物出口第一、进口第二，服务出口第五、进口第二。①

发达国家之间的相互贸易在世界贸易中的地位十分重要。20 世纪 60 年代，北美、西欧和日本相互贸易占世界贸易总量的 40%弱，1983 年这一比重上升到 41%，1993 年将近 47%。2008 年，美国对欧盟、加拿大、日本的货物出口占其总出口的 46.5%，货物进口占总进口的 40.4%；欧盟成员国对内部成员国、对美国和日本的货物出口占其总出口的 74.5%，货物进口占总进口的 69.6%。2016 年，发达国家货物总出口 89 240 亿美元，其

① 世界贸易组织官网。

中出口到发达国家 58 260 亿美元，占比 65.29%，制成品占比 70%。2017 年，欧洲内部货物出口占总出口的 68%。2017 年，日本对美国和欧盟货物出口占总出口的 41.5%，进口占 51.6%。

5. 区域性贸易迅速发展

区域性经济贸易集团的发展是第二次世界大战后世界经济发展中的一个亮点，先是 1958 年组建的欧洲经济共同体，之后是 1960 年的欧洲自由贸易联盟、1967 年的东盟。20 世纪七八十年代，区域性经济贸易集团的发展基本处于停滞状态。20 世纪 80 年代中后期起，区域性经济贸易组织再度活跃，新的集团不断出现，如北美自由贸易区，以及世界最大的区域性组织——亚太经合组织。

到目前为止，几乎所有世界贸易组织的成员都参加了一个或多个区域性自由贸易协定，如中国与智利达成的自由贸易区协定。据统计，1948—1994 年，关税与贸易总协定成员共签订 124 项区域性自由贸易协议。从 1995 年世界贸易组织成立到 2000 年，世界贸易组织已经收到 100 多项成员参加区域性自由贸易组织的通知。2009 年，向世界贸易组织进行通告的区域性贸易协定有 37 个，为世界贸易组织成立以来通告最多的年份。截止到 2018 年底，已经向世界贸易组织通告并正在运行中的区域性贸易协定达到 331 个[①]，正在谈判过程中的和已经签署协定的有 37 个[②]。

截至 2018 年，美国已经与 20 个国家签署生效 14 个区域性自由贸易协定。

由于各种类型的经济贸易集团都在不同程度上在成员国之间推行贸易自由化，极大地促进了成员国之间贸易的开展。欧洲经济共同体区域内货物出口比重 1958 年为 34.1%，1990 年上升至 59.1%，1999 年又上升到 62.6%，2008 年，包括 27 个成员国的欧盟，其区内出口占总出口的比重为 67.4%，区内进口占总进口的比重为 63.5%。亚太经合组织内部贸易比例[③] 1980 年为 57.6%，2000 年达到 72.6%。同期，北美自由贸易区内部贸易比例从 33.6%升至 54.9%。2017 年，北美自由贸易区内部出口为 11 894 亿美元，占成员国总出口额的 50.07%；欧盟占 63.39%。[④]

6. 各种类型国家经济发展对贸易的依存度都在提高

根据世界银行和世界贸易组织提供的数字，1965—1997 年，世界 GDP 年均增长率为 3.2%，同期世界商品和服务出口年均增长率为 5.7%，2006—2008 年，世界 GDP 年均增长率分别为 3.9%、3.7%、2.0%，同期世界出口年均增长率分别为 8.9%、5.5%、4.3%，导致世界贸易占世界 GDP 的比例迅速提高。从不同国家集团来看，发达国家 2006—2008 年 GDP 增长率分别为 2.8%、2.5%、0.7%，扣除价格因素的出口增长率分别为 8.3%、3.7%、3.2%，同期发展中国家 GDP 增长率为 7.2%、7.3%、5.4%，出口增长率为 10.5%、8.3%、4.7%，除 2008 年发展中国家出口增长速度低于 GDP 增长速度外，其余年份出口增长速度均超过 GDP 增长速度，由此导致各国对外贸易依存度保持在

① 331 个区域性贸易协定包括自由贸易协定（FTA）、经济一体化协定（EIA）、关税同盟（CU）、优惠贸易协定（PTA），它们分别依据 GATT Art XXIV，GATS V，Enabling Clause 建立。

② 世界贸易组织官网。

③ （内部出口＋内部进口）/（出口总额＋进口总额）。

④ UNCTAD 数据库。

较高水平。2007 年，世界货物与服务贸易额占世界 GDP 的比例为 32%。2017 年这一数字为 28.25%。

7. *跨国公司成为国际贸易的主要力量*

跨国公司的迅速发展构成第二次世界大战后世界经济发展的另一亮点。跨国公司通过对外直接投资在世界各地设立分支机构及子公司，从事产品的生产和服务的提供活动，它们构建的国际生产网络伸入世界各个角落，促成产品和服务的跨界流动，使其在国际贸易中占据重要地位。

与跨国公司有关的贸易包括两个部分，一个部分是局外贸易，即跨国公司与独立买者和卖者之间的贸易，另一个部分是公司内部贸易，指跨国公司母公司与海外分支机构之间，以及海外分支机构之间的贸易活动。2000 年，在美国对日本的贸易中，内部进口占公司总进口的 77%，内部出口占 35%，对加拿大的数字分别为 65% 和 59%。实际上，内部贸易的比例因行业不同而有所不同，2000 年，美国内部进口比例较高的行业包括橡胶（68%）、摄影材料（83%）、药品（75%）。同样以美国为例说明跨国公司外部贸易情况，2000 年，美国对日本的外部贸易的比例，进口占 23%，出口占 65%；对英国贸易，外部进口占 47%，外部出口占 77%；对加拿大的数字分别是 35%和 41%[①]

2016 年，跨国公司海外分支机构的销售额 375 700 亿美元，出口 68 120 亿美元（不包括母公司出口），同年世界贸易额（货物加服务）204 370 亿美元，跨国公司海外分支机构的出口占世界贸易额出口的 33.33%。[②]

第二节　国际贸易的基本概念

一、对外贸易与国际贸易

对外贸易（foreign trade）是指一国或地区同别国或地区进行的货物和服务交换活动，是从一个国家的角度来考察货物和服务的交换活动。从国际范围来看国家之间货物和服务交换活动，就称之为国际贸易（international trade）或世界贸易。国际贸易活动由各国的对外贸易活动构成。

广义的对外贸易包括服务贸易；狭义的对外贸易只包含货物贸易的内容。目前国际贸易中的主要构成部分仍然是货物贸易，1980 年，国际货物贸易占国际贸易总额的 84.05%，1990 年、2000 年、2009 年的相应数字分别为 80.93%、80.96%、78.43%。[③] 2017 年国际贸易额 225 580 亿美元，其中货物贸易占比为 77.05%。

二、对外贸易额与对外贸易量

对外贸易额又称对外贸易值（value of foreign trade），它由一国或地区一定时期进口

① Andrew B. Bernard, J. Bradford Jensen, and Peter K. Schott. Intra-Firm Trade. Working Paper, 2006.

② 联合国贸易与发展组织. 世界投资报告，2017，2018.

③ WTO. *International Trade Statistics*, 2005, 2009.

总额（货物与/或服务）与出口总额（货物与/或服务）构成，是反映一国对外贸易规模的重要指标之一。它一般采用国际上通行的货币表示，联合国编制和发表的世界各国对外贸易额的数字是以美元标示的，中国商务部公布的中国对外贸易额统计数字也以美元标示[①]，见表1-1。

表1-1　　2001—2018年中国对外贸易额（货物）

	2001年		2011年		2018年	
	总额（亿美元）	比上一年增长率（%）	总额（亿美元）	比上一年增长率（%）	总额（亿美元）	比上一年增长率（%）
进出口	5 097.7	7.5	36 420.6	22.5	46 230.4	12.6
出口	2 661.5	6.8	18 986	20.3	24 874	9.9
进口	2 436.1	8.2	17 434.6	24.9	21 356.4	15.8

注：由于四舍五入的原因，个别数字合计有出入。全书同。

资料来源：中国商务部官方网站。

把世界上所有国家的货物进口总额或货物出口总额按同一种货币单位换算后加在一起，即得到国际货物贸易额——世界货物进口总额或货物出口总额。由于一国的出口就是另一国的进口，因此，从世界范围来看，所有国家货物进口额的合计数字理应等于所有国家货物出口额的合计数字。但是，由于各国在进行货物贸易统计时一般都是按离岸价格（free on board，FOB，即启运港船上交货价，其中不包括保险费和运费）统计出口额，按到岸价格（cost，insurance and freight，CIF，即成本加保险费、运费）统计进口额[②]，因此，世界货物出口总额总是小于世界货物进口总额。

与一个国家的进出口总额不同，世界进出口总额没有任何独立的经济意义，它经过了重复计算。通常所说的国际贸易额是指世界出口总额而言。

以货币表示的货物贸易额经常受到价格变动的影响，因而不能确切地反映一国对外贸易实际规模的变化，不同时期的对外贸易额也无法直接进行比较。

世界贸易额也存在同样的问题，如2004年世界货物贸易量增长了9%，而货物贸易额的增长却达到21%。主要原因是初级产品价格和运输费用的急剧上升，由于价格上涨因素导致的货物贸易额的增长占到货物贸易额总增长的50%以上。[③] 2000—2007年，世界货物出口量年均增长5.5%，而同期世界货物出口额年均增长达到12%，2008年，世界货物出口量增长1.5%，出口额增长15%。[④] 2017年，世界货物出口量增长4.7%，出口额增长11%。[⑤]

所以在实际工作中，往往用以固定年份为基期计算的进口或出口商品价格指数去调整当年的进口额或出口额，得到相当于按不变价格计算的进口额或出口额。通过这种方法计算出来的对外货物贸易额已经剔除了价格变动的影响，单纯反映对外货物贸易的数量规

① 中国国家统计局公布的中国对外贸易额数字同时采用人民币与美元标注。

② 中国海关以CIF统计进口额，以FOB统计出口额，进口额与出口额统计分别依照原产地和最终目的地原则。

③ WTO. *International Trade Statistics*，2005.

④ WTO. *International Trade Statistics*，2008，2009.

⑤ *World Trade Statistics Review*，2018.

模，被称为对外贸易量（quantum of foreign merchandise trade）。这一指标便于不同时期对外货物贸易额的比较。

那么，我们该如何运用价格指数对贸易额进行调整，以使其真正地反映数量或规模的变化？

$$对外贸易量=\frac{对外贸易额(进口或出口)}{进口或出口商品价格指数}$$

假定 2010 年是报告期，2000 年是基期，2010 年的货物出口量是 q_1，出口价格是 p_1，2000 年的货物出口量是 q_0，出口价格是 p_0，现在我们要计算以 2000 年为基期的 2010 年的对外贸易量（本例只涉及出口，反映进口或进出口的对外贸易量的调整方法相同）。这里有两种计算方法。

方法一：

$$2010\,年的对外贸易量(出口)=\sum p_0q_1$$

方法二：

$$2010\,年的对外贸易量(出口)=\frac{出口贸易额}{出口商品价格指数}=\frac{\sum p_1q_1}{\frac{\sum p_1q_1}{\sum p_0q_1}}=\sum p_0q_1$$

从上例可以看出，对外贸易量是用价格指数调整后的贸易额，它剔除了价格变化对贸易额的影响，相当于按照不变价格或固定价格计算的报告期的贸易额，它主要反映贸易规模的状况，使得不同时期的贸易额可以直接进行比较。表 1-2、表 1-3 反映的是 2001—2017 年世界货物贸易量指数的变化情况，它剔除了价格因素，单纯反映规模变化对出口额与进口额的影响。①

三、总贸易体系与专门贸易体系

总贸易体系与专门贸易体系是指国家进行对外货物贸易统计所采用的统计制度。

总贸易体系（general trade system）是以货物通过国境作为统计进出口货物的标准。据此，所有进入本国国境的货物一律计入进口贸易；所有离开本国国境的货物一律计入出口贸易。

专门贸易体系（special trade system）则是以货物经过结关作为统计进出口的标准，凡是通过海关结关进入境内的货物计入进口贸易，凡通过办理海关手续出口的货物计入出口贸易。

在专门贸易体系下，一国的货物进口包括：

- 用于国内消费和使用的直接进口货物；
- 用于国内消费和使用的从海关保税区域进入境内的进口货物；

① 世界货物出口（进口）量指数是通过出口（进口）额指数与出口（进口）单价指数的比率计算出来的，详细内容见本书第三章第三节。

表 1-2

世界货物出口量指数

(2000 年=100)

地区	2001年	2002年	2003年	2004年	2005年	2006年	2007年	2008年	2009年	2010年	2011年	2012年	2013年	2014年	2015年	2016年	2017年
世界	99.6	103.5	109.1	119.6	126.5	137.0	145.9	148.3	129.3	147.1	154.1	158.1	162.9	165.8	166.5	168.8	175.6
发展中国家	99.9	109.3	123.3	139.9	153.0	168.5	184.2	189.8	172.8	200.8	211.7	220.5	231.0	236.3	234.3	239.1	251.6
非洲	100.1	102.5	108.3	118.2	121.5	123.7	130.8	131.2	118.4	128.1	119.0	125.2	122.8	118.6	111.1	110.8	113.6
美洲	101.2	102.1	104.9	112.4	120.3	125.8	130.1	127.3	115.9	125.4	131.1	135.5	138.3	140.4	141.4	144.2	150.0
亚洲	99.6	111.9	129.6	149.6	165.7	186.1	206.5	215.9	197.2	234.1	250.5	261.0	276.5	284.5	283.2	289.4	305.8
大洋洲	93.2	86.2	97.0	91.8	89.5	79.6	78.9	69.7	58.7	60.0	57.3	57.8	58.3	79.7	90.1	97.3	90.1
发达国家	99.4	100.5	102.3	110.0	114.7	123.3	129.0	130.2	110.2	124.4	130.2	132.2	134.5	136.4	139.1	140.6	144.9
最不发达国家	104.9	116.6	120.3	134.4	146.6	157.9	177.8	184.3	179.0	192.5	187.5	189.0	204.5	204.9	197.8	206.8	217.9

资料来源：UNCTAD 数据库。

表 1－3　　世界货物进口量指数

（2000 年＝100）

地区	2001 年	2002 年	2003 年	2004 年	2005 年	2006 年	2007 年	2008 年	2009 年	2010 年	2011 年	2012 年	2013 年	2014 年	2015 年	2016 年	2017 年
世界	99.4	102.3	108.8	120.4	128.1	138.3	147.0	150.2	130.3	147.8	155.3	159.0	162.9	166.6	169.8	172.1	180.4
发展中国家	98.8	104.8	118.7	138.4	152.3	167.4	184.8	199.1	179.9	212.4	226.9	237.6	252.4	258.8	260.5	260.4	278.7
非洲	107.3	108.6	118.8	135.8	152.9	171.5	194.4	221.6	209.1	225.2	234.6	265.4	282.0	289.7	288.8	277.2	281.8
美洲	99.5	94.4	94.4	107.4	119.6	134.9	150.6	162.5	132.7	163.0	180.7	184.2	191.3	191.3	184.8	173.7	182.0
亚洲	97.8	107.4	125.5	147.6	161.8	176.6	194.0	207.7	190.7	225.7	240.1	250.8	267.6	275.7	280.2	284.3	306.9
大洋洲	104.2	113.8	135.8	135.8	130.4	137.6	141.9	138.7	125.3	137.2	135.9	138.5	149.5	140.4	120.0	120.5	134.0
发达国家	99.3	100.7	104.1	112.3	117.3	125.1	129.4	127.9	109.4	121.1	125.0	125.8	125.6	129.0	134.3	137.4	141.3
最不发达国家	110.7	117.6	130.4	141.2	160.1	174.1	196.7	219.1	226.7	231.1	245.1	275.1	300.1	325.2	341.0	333.4	352.5

资料来源：UNCTAD 数据库。

● 用于国内消费和使用的从经济特区，如自由贸易区、出口加工区等进入境内的进口货物。

在专门贸易体系下，一国的货物出口指通过海关直接出口的货物，包括两部分：一部分是离开国境，直接出口到其他的国家和地区的货物；另一部分是进入经济特区，但没有离开国境的货物。

一般来讲，一国的关境和国境是一致的，在这种情况下，依照关境还是国境对进出口货物进行统计，或者说依照总贸易体系还是专门贸易体系进行货物贸易统计没有差别。但在现实中，一些国家在国境内设立自由贸易区、保税区、出口加工区等经济特区，还有的国家通过签署协议建立关税同盟，这些都使关境与国境出现了不一致。前者是关境小于国境，后者是关境大于国境，因而相关国家或地区是采用总贸易体系还是专门贸易体系对进出口货物进行统计就会有很大的不同。

鉴于现实中存在的关境与国境不一致的现象，各国在进行货物贸易统计时采用的方法不同就有着实际意义。国际机构发表的各国对外货物贸易额的统计数字，一般均注明是按何种贸易统计体系编制的，如世界贸易组织每年公布的《国际贸易统计》[①]（*International Trade Statistics*）中的国别贸易额采用国境标准。目前世界上多于半数的国家使用总贸易统计体系，如中国、美国等，其余的国家则采用专门贸易体系，如埃及，2006 年，埃及出口加工区来自和出口到其他国家的进口、出口额均为 46 亿美元，但两个 46 亿美元并没有计入埃及当年的进出口额。

四、直接贸易、转口贸易与过境贸易

货物消费国、生产国[②]直接买卖货物的行为，称为直接贸易（direct trade）。

转口贸易（entrepot trade）也称中转贸易。货物消费国与货物生产国通过第三国进行的贸易活动对生产国是间接出口贸易，对消费国是间接进口贸易，而对第三国而言，便是转口贸易。转口贸易的货物可以直接从生产国运送到消费国。转口贸易的发生主要是因为转口贸易国地理位置优越、交通便利、通信设施完备、贸易限制少、结算便利且费用低，相对于其他国家或地区适于作为物流中心，另外，转口贸易国的贸易商拥有丰富的商业信息和市场资源也是重要原因之一。世界上著名的转口贸易国或地区有新加坡、中国香港。目前，中国销往美国的商品有 50%以上是由中国香港转口实现出口的。

专栏 1 - 1

中国香港的转口贸易

中国香港长期以来由于其狭小的本土市场和弱小的农业，发达的金融、保险、资讯、海运业，一直以转口贸易中心的身份被整合进入全球经济。许多产品进入香港，然后再出口到欧洲、美国及其他的国家或地区。中国[①]的对外开放和经济改革对香港转口贸易中心

① 2016 年改为 *World Trade Statistics Review*。

② 由于全球价值链的发展，产品依照生产工序进行切割，在世界不同国家和地区实现增值，这里的生产国不仅包括最终产品的生产国，更多的是指已经完成某一道或几道生产工序，需要将产品跨境转移到下一生产环节的国家或地区。

地位的稳固和发展起了十分关键的作用。随着中国制成品出口的扩大，中国香港逐渐成为中国与世界其他国家和地区联系的前沿，20 世纪 70 年代，中国香港的转口贸易占全港对外贸易的 20%弱，2002 年达到 91.3%，目前保持在约 90%的水平上。中国与美国是两个最大的转口来源和市场，1998 年，中国对美国出口总额为 380 亿美元，经中国香港转口就达到 310 亿美元，占中国对美国出口总额的 81.6%。2000 年以来，中方的统计中，中国对美国出口的 70%左右、自美国进口的 30%左右是经由中国香港转口实现的。

近年来，中国香港总出口中，转口一直占 80%～90%的比例。

2017 年，中国香港复出口达到 5 320 亿美元，占总出口的 96.72%。[②]

注：①指中国内地。专栏 2-1 同此。

②*World Trade Statistics Review*，2018.

过境贸易（transit trade）指别国出口货物通过本国国境，未经加工改制，在基本保持原状的条件下运往另一国的贸易活动。过境贸易有两种类型：一种称为直接过境贸易，如在海运情况下，外国货物到港后，在海关监管下，从一个港口通过国内航线装运到另一个港口，而后离境，有时不需卸货转船。直接过境完全是为了转运而通过某国国境，承办过境的国家由此可获得与转运相关的费用。另一种类型为间接过境贸易，指外国货物到港后，先存入海关保税仓库，未经加工改制，从海关保税仓库提出，运出国境的活动。

过境货物均应按照过境国家海关的规定办理过境手续，有的还要向过境国缴纳过境税，有些国家为了从过境贸易中获取收益，往往通过简化海关手续、免征过境税等措施来促进过境贸易发展。

过境贸易与转口贸易的本质区别在于交易关系的确立不同。在过境贸易中，交易关系的确立是在出口国与进口国贸易商之间进行；而在转口贸易的情况下，转口贸易国的贸易商分别与出口国、进口国的贸易商订立买卖合同，达成实际交易。

五、货物贸易与服务贸易

对外贸易按商品形式与内容不同，分为货物贸易（goods trade）和服务贸易（service trade）。国际贸易中的货物种类繁多，为便于统计，联合国秘书处起草了 1950 年版的《联合国国际贸易标准分类》（Standard International Trade Classification，SITC），并于 1960 年和 1974 年分别进行修订，目前使用的是 2006 年修订的第四版。

在新修订版本中，《联合国国际贸易标准分类》把国际货物贸易共分为 10 大类、67 章、262 组。这 10 类商品分别为：食品及主要供食用的活动物（0）；饮料及烟类（1）；燃料以外的非食用粗原料（2）；矿物燃料、润滑油及有关原料；（3）动植物油脂及油脂（4）；未列名化学品及有关产品（5）；主要按原料分类的制成品（6）；机械及运输设备（7）；杂项制品（8）；没有分类的其他商品（9）。在国际贸易统计中，一般把 0 到 4 类商品称为初级产品，把 5 到 8 类商品称为制成品。

关税与贸易总协定乌拉圭回合多边贸易谈判达成的《服务贸易总协定》（General Agreement on Trade in Service，GATS）依照服务的提供方式将国际服务贸易划分为四种形式：

1. 跨界供应（cross-border supply）

从一参加方境内向任何其他参加方境内提供服务，以这种方式提供的服务，服务提供者和消费者均未进入对方的领土或界域。服务的交付可以通过电话、传真、互联网或其他计算机媒体的连接、电视，或通过邮件和信使方式发送文件、软盘、磁带等。它类似于传统意义上的货物贸易，在交付产品时，消费者和服务提供者仍然各自滞留在本国领土上。

2. 境外消费（consumption abroad）

在一参加方境内向任何其他参加方的服务消费者提供服务，它是指一国居民消费者进入另一国获取服务的过程，如国际旅游、非居民的境外医疗、境外学习等，停留在其他国家船只的维修也属于境外消费的方式。

3. 商业存在（commercial presence）

一参加方在其他任何参加方境内通过提供服务的实体的介入而提供服务，如银行或保险公司通过设立分支机构向当地的消费者提供服务。在境外的商业存在不仅包括严格意义上的法人，也包括具有相同特征的法律实体，如办事处、分支机构。

4. 自然人流动（movement of personnel）

一参加方的自然人在其他任何参加方境内提供服务，这里的自然人可以代表自己，也可以代表雇主（涉及自营人员和雇员），但都要进入消费者所在国家或地区提供服务，如艺人演出、公司派审计人员去国外公司进行审计、医生和教师在国外的短期就业等。

表1－4源自WTO官方统计数据，它一方面给出各种服务提供方式涵盖的范围，另一方面反映出各种服务提供方式在国际服务贸易中的重要性。

表1－4　2014年各种服务贸易提供方式涵盖的范围（近似）

服务贸易提供方式	相关数据统计范围	在服务贸易中占有的比重
跨界供应	BOP：部分商业性服务贸易 （旅游和建筑服务除外）	27%
境外消费	BOP：旅游	15%
商业存在	FATS统计 BOP：部分建筑服务	53%
自然人流动	BOP：部分商业性服务 （旅游除外） BOP：与劳动力有关的流动 （补充信息）	不足5%

注：FATS，即foreign affiliated trade in services，是指通过商业存在形式提供的服务。目前该数字只有OECD成员国和少数其他国家可以提供，其中包括中国。2017年，外国在华多数股权机构以商业存在方式提供的服务总额达到8 370亿美元，其中租赁与商务服务为1 900亿美元，房地产为1 440亿美元，信息、计算机及软件为1 370亿美元，批发与零售为1 300亿美元。

BOP指国际收支平衡表，它记录一国居民与非居民之间的国际交易。

资料来源：*World Trade Statistics Review*，2018.

2006 年，德国、美国公司以商业存在方式实现的服务出口额分别达到 4 297 亿美元和 7 615 亿美元；其他国家公司以商业存在方式向德国和美国的服务出口额，也就是德国、美国从设立在本国的外国机构获取的服务进口额分别达到 1 996 亿美元和 5 635 亿美元。[①] 2015 年德国、美国公司以商业存在方式实现的服务出口额分别为 5 432 亿美元、14 184 亿美元，以商业存在方式实现的服务进口分别为 2 745 亿美元、9 350.57 亿美元。[②]

国际服务贸易也按照部门进行分类，在这种分类中，国际服务贸易被总称为商业性服务（total commercial service），具体包括：

1. 运输服务（transportation services）

海运服务（sea transportation services）；

空运服务（air transportation services）；

其他运输形式服务（other transportation services）。

其他运输形式服务包括陆地运输、国内水路运输和管道运输，涉及人员运送、货物移动以及利用相关设施和人员提供的与运输相关的服务收入。

2. 旅游服务（travel services）

旅游服务包括两部分：

①个人旅行者由于健康、受教育或其他原因获取的货物与服务。

②商务旅行者由于健康、受教育或其他原因获取的货物与服务。

与其他形式的服务不同，旅游服务不属于特定一种类型服务的提供，而是依照旅行者消费的货物与服务进行分类，通常包括的货物与服务包括：住宿、食品与饮料、娱乐、交通（运输）、礼品、纪念品。

3. 其他商业性服务（other commercial services）

通信服务（communication services）；包括通信（telecommunication）、邮政（postal）、递送（courier）服务。

建筑服务（construction services）。

保险服务（insurance services）。

金融服务（financial services）。

计算机与信息服务（computer and information services）；包括新闻机构提供的服务（news agency services）。

特许与许可服务（royalties and licence fees）；包括与无形非金融资产和财产权利利用相关的收入与支出，如专利、版权、商标、工业流程的使用，特许权的获得等。

其他商业服务（other business services）；包括与货物贸易有关的服务（trade-related services）、经营性租赁（operational leasing）、杂务（miscellaneous business）、专业技术性服务（professional and technical services），如法律、会计、管理咨询、公共关系、广告、市场调研、公共意见收集（public opinion polling）、研究与开发、建筑设计、工程设计和其他技术性服务、农业、矿业和其他露天作业设计等。

---

① *International Trade Statistics*，2009.

② *World Trade Statistics Review*，2018.

个人、文化与娱乐服务（personal，cultural and recreational services）；如视听服务。

服务贸易多为无形、不可储存的，且服务提供与消费同时进行；其贸易额在各国海关统计中没有反映，部分体现在各国国际收支平衡表中。

2017 年，中国服务进口总额 4 676 亿美元，出口总额 2 281 亿美元，与知识产权相关的服务出口 48 亿美元[①]，服务贸易逆差。主要的逆差项目包括旅游（－2 160 亿美元)、运输（－558 亿美元)、专有权利使用费与特许费（－238 亿美元)、保险（－64 亿美元)，其中旅游项目逆差占服务贸易总逆差的 90%。在服务出口结构中，运输、旅游、其他商业服务所占比重分别为 16.26%、17.01%、66.73%。在进口结构中，其所占比重分别为 19.87%、54.49%、25.64%。[②]

六、贸易差额

在一定时期内一国出口总额（货物与/或服务）与进口总额（货物与/或服务）之间的差额称为贸易差额（balance of trade)。贸易差额用以表明一国对外贸易的收支状况。当出口总额超过进口总额时，称为贸易顺差，或贸易出超（trade surplus)；当进口总额超过出口总额时，称为贸易逆差，或贸易入超（trade deficit)。通常贸易顺差以正数“＋”表示，贸易逆差以负数“－”表示。如出口总额与进口总额相等，则称为贸易平衡。2017 年，中国货物贸易顺差 4 761.49 亿美元，服务贸易逆差 2 654.17 亿美元[③]，对外贸易总顺差2 107.28 亿美元[④]。图 1－2 反映出 1991—2017 年中国对美国的货物贸易差额状况，2009 年以前顺差逐年明显增加，2009 年顺差额减少，之后总体又恢复增长的态势。

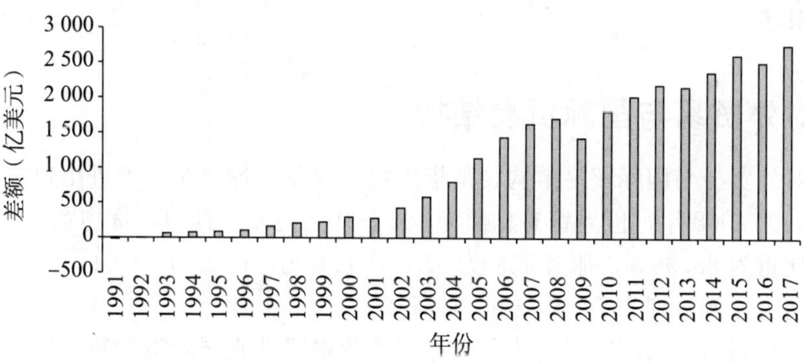

图 1－2 1991—2017 年中国对美国的货物贸易差额状况

资料来源：根据中国商务部发布的数据整理。

一国的进出口贸易收支是其国际收支项目中最重要的组成部分，因而贸易差额状况对一国的国际收支有重大的影响。

① 2010—2016 年，中国与知识产权相关的服务出口年均增长 28%，WTO 官方网站。

② 国家统计局．中国统计年鉴，2018．北京：中国统计出版社，2018.

③ 近年来逆差有不断加大的趋势，主要原因是一方面服务出口收入基本没有变化，2013—2017 年分别为 2 070.06 亿美元、2 191.44 亿美元、2 173.99 亿美元、2 084.01 亿美元、2 064.53 亿美元；而进口支付不断增加，2013—2017 年分别为 3 306.08 亿美元、4 328.83 亿美元、4 357.19 亿美元、4 415.50 亿美元、4 718.70 亿美元。

④ WTO．贸易政策审议报告，2018.

专栏 1－2

关于中美贸易差额存在的数字争议

长期以来，中美就双边贸易统计数字存在着争议，问题的源头可以追溯到贸易统计方法使用过程中存在的一些问题。

联合国推荐的贸易统计方法是：进口，按照原产地（country of origin）标准，包括从原产地的直接进口和经由第三地的间接进口；出口，按照最终国（country of last know destination）标准，应包括货物直接出口到最终目的地，和经由第三国或地区转口到目的地。

正如我们在专栏 1－1 提到的，中国货物出口有 50％经由中国香港，中国经中国香港实现的对美国出口约占 70％，进口约占 30％。

美国方面统计，中国货物只有 20％是直接运送到美国的，80％经由第三地转口。

因此，美国统计对华贸易时，其进口由两部分构成，一部分直接得自中国内地，另一部分是经由第三地，特别是中国香港的间接进口。而在其统计对华出口时，却只包括对中国内地的直接出口，经由中国香港、最终目的地是中国内地的出口部分却被忽略了，结果是，经由香港的转口贸易美国只计算了单边，从而人为地缩小了对华出口的规模，加大了中美贸易逆差的数字。

此外，中国香港为货物出口提供的服务使内地出口货值增加了 30％～40％，美国在做贸易统计时，将中国香港的增值部分也计入中国对美出口货值中，从而进一步加大了中美贸易逆差的数字。

七、对外贸易与国际贸易结构

广义的对外贸易与国际贸易结构，是指货物、服务及各类在一国进出口或世界贸易中所占的比重。如 2008 年，世界贸易总额为 198 500 亿美元，其中，货物贸易为 160 700 亿美元，所占比重为 80.96％；服务贸易为 37 800 亿美元，比重为 19.04％。2009 年，货物与服务各自所占比例分别为 78.43％和 21.57％。

狭义的对外贸易与国际贸易结构，又称对外货物贸易或国际货物贸易商品结构。对外货物贸易结构（composition of foreign merchandise trade）是指一定时期内一国进口（与/或出口）贸易中各类货物的构成，即某大类或某种货物进口（与/或出口）贸易额与整个进口（与/或出口）贸易额之比，以份额表示。对外货物贸易结构可以划分为出口结构和进口结构两种。表 1－5 为中国 2017 年对外贸易货物结构一览表。从表 1－5 可以看出，中国对外货物贸易出口结构中，初级产品仅占 5.2％，其中主要出口产品为食品及活动物，矿物燃料、润滑油及有关原料。制成品在出口中居于主导地位，其比重达到 94.8％，其中机械及运输设备比重为 47.83％，占制成品总出口的 50.45％；排在第二位的是杂项制品，如皮革等劳动密集型产品，其比重为 24.2％，占制成品总出口的 25.53％。货物进口结构中，初级产品比重为 31.44％，主要集中在非食用原料以及矿物燃料、润滑油及有关原料。制成品比重为 68.56％，其中机械及运输设备进口的比重为

39.86%，占制成品总进口的58.14%。从表1-5还可以发现，中国货物贸易结构中，机械及运输设备无论在进口还是出口中都构成绝对大的比重。

表1-5 **2017年中国对外货物贸易商品结构（%）**

商品分类（SITC）	出口（占比）	进口（占比）
总值	100.0	100.0
一、初级产品	5.20	31.44
0类 食品及活动物	2.76	2.95
1类 饮料及烟类	0.15	0.38
2类 非食用原料（燃料除外）	0.69	14.15
3类 矿物燃料、润滑油及有关原料	1.56	13.54
4类 动植物油、脂及蜡	0.04	0.42
二、工业制品	94.8	68.56
5类 化学成品及有关产品	6.24	10.5
6类 按原料分类的制成品	16.28	7.33
7类 机械及运输设备	47.83	39.86
8类 杂项制品	24.20	7.29
9类 未分类的商品	0.25	3.58

资料来源：中国海关统计年鉴，2018.

美国依照HS（世界海关组织《商品名称及编码协调制度》）分类，2017年出口总额15 460亿美元，在主要大类产品出口占比方面，机械与电子设备为24.4%，化工产品为10.3%，矿产品为9.6%，运输设备为17.3%，精密仪器为5.5%，塑料为4.9%，基本金属为4.4%，蔬菜产品为4.4%，其他为19.1%。在进口占比方面，机械与电子设备为29.3%，交通运输设备为13.7%，矿产品为8.7%，化工产品为8.3%，基本金属为5.5%，纺织品为4.7%，其他制成品（misc manufactures）为4.4%，精密仪器为3.8%，其他为21.4%①。

国际货物贸易结构（composition of international merchandise trade）是指在一定时期内各大类货物或某种货物在整个国际贸易中的比重，即各大类货物或某种货物进口额（与/或出口额）与整个世界进口额（与/或出口额）的比率，2017年国际货物贸易出口结构见表1-6。

表1-6 **2017年国际货物贸易出口结构**

	占比（%）
总额①	100
农产品	9.610
矿产品	18.615
制成品	68.670

① WTO. Trade Police Review：United States 2018.

续前表

	占比（%）
其中：钢铁	2.72
化工产品	11.912
办公及通信设备产品	10.911
机械及运输设备	7.09
纺织品与服装	1.74

①包括5%的非界定产品。

资料来源：*World Trade Statistics Review*，2018.

为便于比较分析，世界各国均以《联合国国际贸易标准分类》公布其对外货物贸易结构。

八、对外贸易与国际贸易地理方向

对外贸易地理方向（direction of foreign trade）又称对外贸易地区分布（foreign trade by regions）或国别构成，指一定时期内各个国家或国家集团在一国对外贸易中所占有的地位，通常以它们在该国进、出口总额或进出口总额中的比重来表示。对外贸易地理方向指明一国出口货物和服务的去向及进口货物和服务的来源，从而反映一国与其他国家或国家集团之间经济贸易联系的程度。一国的对外贸易地理方向通常受经济互补性、国际分工的形式与贸易政策的影响。图1-3为2017年中国货物出口地区分布，即出口市场国别构成。

图1-3　2017年中国货物出口地区分布（%）

2017年，美国货物出口地区分布为：加拿大占18.3%，墨西哥占15.7%，巴西占2.4%，其他美洲国家占7.3%，欧盟28国占18.4%，其他欧洲国家占2.4%，中国占8.4%，日本占4.4%，其他亚洲占16.4%，其他国家和地区占6.3%。进口分布为：加拿大占12.7%，墨西哥占13.2%，巴西占1.3%，其他美洲国家占3.8%，欧盟28国占18.5%，其他欧洲国家占2.2%，中国占21.9%，日本占5.8%，韩国占3.1%，其他亚洲国家占12.6%，其他国家和地区占5.0%。从上述数字也可以看出中美贸易关系的紧密程度。中国在美国货物进出口中分别占比21.9%和8.4%。

国际贸易地理方向也称"国际贸易地区分布"(international trade by region)，用以表明世界各洲、各国或各个国家集团在国际贸易中所占的地位。计算各国在国际贸易中的比重，既可以计算各国的进、出口额在世界进、出口总额中的比重，也可以计算各国的进出口总额在世界进出口总额中的比重。表 1-7 是 1948—2017 年国际货物贸易地区分布情况，从表中可以发现各个地区在世界货物出口贸易中地位或重要性的变化。

表 1-7　国际货物贸易地区分布（占世界货物总出口额的比重）(%)

国家与地区	1948 年	1983 年	1993 年	2003 年	2009 年	2017 年
世界	100	100	100	100	100	100
北美	28.1	16.8	18	15.8	13.2	13.8
美国	21.7	11.2	12.6	9.8	8.7	9.0
中南美洲	11.3	4.4	3.0	3.0	3.8	3.4
巴西	2.0	1.2	1.0	1.0	1.3	1.3
欧洲	35.1	43.5	45.4	45.9	41.2	37.8
独联体	—	—	—	2.6	3.7	3.0
非洲	7.3	4.5	2.5	2.4	3.2	2.4
中东	2.0	6.8	3.5	4.1	5.7	5.6
亚洲	14.0	19.1	26.1	26.2	29.4	34.0
日本	0.4	8.0	9.9	6.4	4.8	4.1
中国	0.9	1.2	2.5	5.9	9.9	13.2
东亚 6 国	3.4	5.8	9.7	9.6	9.6	10.1

资料来源：*International Trade Statistics*，2008，2010；*World Trade Statistics Review*，2018.

表 1-8、表 1-9 分别列举出 2017 年居于世界货物/服务出口/进口前 10 位的国家和地区。

表 1-8　2017 年居于世界货物出口/进口前 10 位的国家和地区

出口排名	国家和地区	出口额(10 亿美元)	占比(%)	进口排名	国家和地区	进口额(10 亿美元)	占比(%)
1	中国	2 263	12.8	1	美国	2 410	13.4
2	美国	1 547	8.7	2	中国	1 842	10.2
3	德国	1 448	8.2	3	德国	1 167	6.5
4	日本	698	3.9	4	日本	672	3.7
5	荷兰	652	3.7	5	英国	644	3.6
6	韩国	574	3.2	6	法国	625	3.5
7	中国香港	550	3.1	7	中国香港	590	3.3
8	法国	535	3.0	8	荷兰	574	3.2
9	意大利	506	2.9	9	韩国	478	2.7
10	英国	445	2.5	10	意大利	453	2.5

资料来源：*World Trade Statics Review*，2018.

表 1-9　2017 年居于世界服务出口/进口前 10 位的国家和地区

出口排名	国家和地区	总值（10 亿美元）	占比（%）	进口排名	国家和地区	总值（10 亿美元）	占比（%）
1	美国	762	14.4	1	美国	516	10.2
2	英国	347	6.6	2	中国	464	9.1
3	德国	300	5.7	3	德国	322	6.3
4	法国	248	4.7	4	法国	240	4.7
5	中国	226	4.3	5	荷兰	211	4.2
6	荷兰	216	4.1	6	英国	210	4.1
7	爱尔兰	186	3.5	7	爱尔兰	199	3.9
8	印度	183	3.5	8	日本	189	3.7
9	日本	180	3.4	9	新加坡	171	3.4
10	新加坡	164	3.1	10	印度	153	3.0

资料来源：*World Trade Statics Review*，2018.

九、对外贸易依存度

对外贸易依存度又称对外贸易系数。以一国对外贸易额同该国 GNP 或 GDP 的比率来表示，用以反映一国经济对外开放的程度。

$$对外贸易依存度=\frac{一国一定时期对外贸易额}{该国同期\ GDP\ 或\ GNP}\times 100\%$$

对外贸易依存度可以用一国对外贸易总额与该国 GNP 或 GDP 计算出来的比率直接反映，如中国对外贸易依存度 1990 年为 30%，2003 年达到 60.3%；也可以通过进口依存度和出口依存度来反映，用公式表述为：

$$出口依存度=\frac{一国一定时期出口额}{该国同期\ GDP\ 或\ GNP}\times 100\%$$

$$进口依存度=\frac{一国一定时期进口额}{该国同期\ GDP\ 或\ GNP}\times 100\%$$

2006 年世界出口依存度为 30%，2017 年为 28.25%。[①] 中国 2017 年对外贸易依存度为 33.86%。

十、贸易竞争力指数

测度一国产品或服务的国际竞争力时，通常使用的测度指标包括：

（一）贸易专业化系数

贸易专业化系数（trade specialization coefficient，TSC）的计算公式为：

$$TSC=\frac{X_i-M_i}{X_i+M_i}$$

① 出口额＝货物出口＋服务出口。

式中：X_i 为一国在 i 产品上的出口额；

M_i 为一国在 i 产品上的进口额。

贸易专业化系数大于 0，该国是 i 产品的净出口国，表明该国 i 产品的生产效率高于世界总体水平，具有贸易竞争优势，且数值越大，优势越大。

贸易专业化系数小于 0，该国是 i 产品的净进口国，表明该国 i 产品的生产效率低于世界总体水平，处于贸易竞争劣势，绝对值越大，劣势越明显。

贸易专业化系数在＋1 与－1 之间，包括两个点：$TSC=+1$ 表明该国在 i 产品上只出口，不进口，实现完全的出口专业化，说明该国在 i 产品生产与出口上具有很强的竞争能力；$TSC=-1$ 表明该国在 i 产品上只进口，不出口，实现 i 产品的完全进口专业化，也说明该国在 i 产品生产与出口上不具有竞争力。从 0 趋向于 1，说明竞争优势日益明显，竞争能力在增强；从 0 趋向于－1，说明竞争劣势增强，竞争能力在减弱。

（二）出口业绩相对指数

出口业绩相对指数（index of relative export performance）的计算公式为：

$$IREP_{IJ}=\frac{\dfrac{X_{ij}}{\sum\limits_{j}X_{ij}}}{\dfrac{\sum\limits_{i}X_{ij}}{\sum\limits_{i}\sum\limits_{j}X_{ij}}}$$

式中：X_{ij} 为 j 国 i 产品出口额；

$\sum\limits_{j}X_{ij}$ 为世界各国 i 产品出口总额；

$\sum\limits_{i}X_{ij}$ 为 j 国出口总额；

$\sum\limits_{i}\sum\limits_{j}X_{ij}$ 为世界出口总额。

公式中，分母的含义是 j 国出口总额在世界出口总额中所占的比例，分子的含义是 j 国 i 产品出口额在世界各国 i 产品出口总额中所占的比例。如果 $IREP_{IJ}$ 大于 1，说明 j 国 i 产品出口占世界 i 产品出口额的比例大于 j 国出口总额占世界出口总额的比例，表明 j 国在 i 产品生产与出口上拥有竞争优势，享有竞争能力；如果 $IREP_{IJ}$ 小于 1，则表明 j 国在 i 产品上不具有出口竞争能力。

十一、净出口、净进口

世界上绝大多数国家或地区在某类商品上既有进口也有出口。当一国或地区在某类商品贸易中出口额大于进口额时，就称该国在该类商品贸易中处于净出口国的地位；如果出口额小于进口额，就称该国在该类商品贸易中处于净进口国的地位。如 2017 年中国食品出口 690 亿美元，进口 1 130 亿美元；钢铁出口 560 亿美元，进口 230 亿美元；办公及通信设备产品出口 5 920 亿美元，进口 4 080 亿美元；纺织品与服装出口 2 680 亿美元，进口 240 亿美元。因而，中国在食品贸易中处于净进口国地位，但在钢铁、办公及通信设备产品、纺织品与服装贸易中处于净出口国地位，说明后三个行业具有明显的竞争优势。

十二、复出口、复进口

复出口（reexport）是指输入本国的外国货物未经加工再输出。复进口（reimport）是指输出国外的本国货物未经加工再度输入国内。

2008年，中国香港复出口额达到3 530亿美元，2017年达到5 320亿美元，由于数额巨大，被剔除在世界贸易额统计范围之外。2008年中国内地的复进口额为923亿美元，占进口总额的8.2%。2017年中国内地复进口的金额为1 323.69亿美元，主要集中于：

（1）电机、电气设备及其零件；录音机及放声机、电视图像、声音的录制和重放设备及其零件、附件（67.21%）。

（2）核反应堆、锅炉、机器、机械器具及零件（15.82%）。

（3）光学、照相、电影、计量、检验、医疗或外科用仪器及设备、精密仪器及设备；上述物品的零件、附件（6.88%）。

本章小结

第二次产业革命后，欧洲、北美、日本、澳大利亚先后完成了工业化进程，实现了农业自然经济向资本主义工业经济的转变，并通过贸易将资本主义生产方式在全世界范围扩展。资本输出的发展强化了已形成的以欧美国家为主的现代工业经济与其他国家以自然条件为基础的农业手工业传统经济组合而成的世界经济格局，使国际分工和国际贸易成为世界上多数国家经济生活的必要组成部分，真正意义上的国际贸易或世界贸易产生了。

关键术语

对外贸易额	对外贸易量	总贸易体系
转口贸易	过境贸易	贸易差额
对外贸易与国际贸易结构	对外贸易与国际贸易地理方向	对外贸易依存度
贸易竞争力指数		

思考题

1. 为什么说在地理大发现后，贸易才具有了“世界”的概念？
2. 什么是对外贸易量？它与对外贸易额是什么关系？
3. 转口贸易与过境贸易的区别是什么？
4. 什么是对外贸易依存度？它要说明什么问题？

第二章 国际分工

学习目标

通过本章的学习，了解作为国际贸易基础的国际分工形成与发展的过程，理解和掌握影响国际分工形成与发展的主要因素，对国际分工的理论和学说有一个比较全面、系统的认识。

第一节 国际分工的产生与发展

一、国际分工的含义

国际分工是指世界各国之间的劳动分工。它是社会分工发展到一定阶段，国民经济内部分工超越国家界限发展的结果。国际分工是国际贸易和世界市场的基础，因为在国际商品交换的背后，隐藏着各国商品生产者之间的分工。可以说，没有国际分工，不管这种分工是由于自然条件的差异而产生的，还是由于社会经济条件而发生的，就没有国际贸易和世界市场。①

分工是一个社会范畴，历史上曾经出现过三次社会大分工，但只有在国家出现和社会生产力发展到一定水平后，才产生国际分工。社会分工—地域分工—国际分工整个发展进程是以社会生产力的发展为物质基础的，是社会生产力发展的结果。国际分工和国际贸易使各国之间形成相互依赖的关系。

二、国际分工发展的阶段

国际分工的发展历史漫长，到目前，经历了萌芽、形成、发展、深化发展四个阶段。

① 姚曾荫．国际贸易概论．北京：人民出版社，1987.

（一）国际分工的萌芽阶段（16—18世纪中叶）

随着生产力的发展，11世纪欧洲城市兴起，手工业与农业进一步分离，商品经济有了较快的发展。特别是15世纪末至16世纪上半期的地理大发现和随后的殖民地开拓，市场范围扩大了，促进了手工业向工场手工业的过渡，资本主义发展进入原始积累时期。在这一时期，西欧殖民主义者用暴力手段和超经济的强制手段，对拉丁美洲、亚洲和非洲进行掠夺。他们开发矿山，建立甘蔗、印度兰、烟草等农作物的种植园，生产和提供本国不能生产的农作物，扩大本国工业品的生产和出口，出现了宗主国与殖民地之间最初的分工形式，建立起早期的国际专业化生产。如当时盛行的三角贸易——由西非提供奴隶作为劳动力，西印度群岛生产并出口蔗糖和烟草，英国生产并出口工业品（毛织品、铁器、枪炮等），就属于典型的宗主国和殖民地之间分工的表现形式。

（二）国际分工的形成阶段（18世纪60年代—19世纪60年代）

18世纪60年代到19世纪60年代的产业革命，使国际分工的发展进入形成阶段。

随着产业革命的完成，英国等国建立起大机器工业和现代工厂制度，建立起资本主义生产体系，促进了社会分工和商品经济的发展，由此促成真正意义上国际分工的形成。这一时期的国际分工具体呈现出如下特点：

首先，大机器工业的建立为国际分工的形成奠定了物质基础。

①大机器生产使生产能力和规模迅速扩张，源源不断生产出来的商品使国内市场饱和，需要寻求新的销售市场。“资产阶级几乎走遍全世界，他们到处落户、到处创业、到处建立联系，为不断扩大的商品生产寻求市场出路”①；同时，商品生产的急剧膨胀引起对原料需求的增加，大机器工业的快速发展要求开辟丰裕的、廉价的原料来源，结果，大机器工业发展对商品销售市场和充足原料来源的渴求导致大机器工业日益脱离本国基地，依赖于国外市场。

②大机器工业生产的物美价廉的商品和变革的运输方式成为英国资产阶级征服国外市场的武器，使得其他国家按照英国生产和消费的需要改变它们的产业结构，成为原料产地和商品销售市场，如印度成为英国的棉花、羊毛、亚麻、蓝靛的产地。原来在一国范围内的城市与农村的分工、工业部门与农业部门的分工逐渐演化为世界城市与农村的分工，演变为以先进技术为基础的工业国与以自然条件为基础的农业国之间的分工。

③大机器工业改革了传统的运输方式，提供了电报等现代化的通信工具，把原料生产国和工业品生产国联系在一起，使国际分工成为可能。

④大机器工业打破了以往地方和民族的自给自足和闭关自守的市场，把各种类型的国家卷入世界经济中。一种新的、适应于机器中心的国际分工发生了。它使地球的一部分变为主要是进行农业生产的区域，以便把另一部分变为主要进行工业生产的区域。

其次，这时期的国际分工基本上是以英国为中心形成的。由于英国首先完成了产业革命，它的生产力和经济迅速发展，竞争能力大大加强。英国在实行全面的自由贸易政策以后，加强了对农产品、矿产品尤其是对进口谷物和棉花的依赖，从而将亚、非、拉

① 姚曾荫. 国际贸易概论. 北京：人民出版社，1987.

落后的农业、矿业经济逐步拉入国际分工和世界市场体系中来，进一步推动了国际分工的发展。当时的英国是“世界工厂”，如19世纪50年代，英国的制造商包揽了全世界的机器、火车车辆、铁路设备的制造。它垄断了世界贸易和世界航运[①]，英镑成为世界货币。

再次，随着国际分工的发展，世界市场上交换的商品日益为大宗商品所代替。这些商品包括小麦、棉花、羊毛、咖啡、铜、木材等。19世纪中叶后，随着英国全面自由贸易政策的实施，加强了对棉花和谷物的进口依赖，其他资本主义国家也不同程度地寻找、开发海外原料和食物资源，从而使得大宗商品在世界市场上的贸易额迅速增长。

最后，随着资本主义生产方式的确立和巩固，欧洲殖民国家推行国际专业化生产的手段也发生了改变，从过去的野蛮暴力掠夺、超经济强制转向比较和平的贸易或经济方法，利用交换行为，把亚、非、拉落后的农业经济逐一纳入国际分工体系。事实上，就对殖民地传统经济的破坏力而言，自由贸易远比野蛮强制、暴力掠夺更为彻底。值得强调的是，19世纪建立和发展起来的国际分工是一种垂直分工模式，是以先进技术为基础的工业国与以自然条件为基础的农业国之间的分工，是世界城市与世界农村的分工。[②]

（三）国际分工的发展阶段（19世纪中叶至第二次世界大战）

19世纪末20世纪初出现的第二次产业革命促进了机械、电报工业的迅速发展，石油、汽车、电力等工业相继建立，交通运输工具也获得长足发展，特别是苏伊士运河和巴拿马运河的建成、海底电缆的铺设，都大大地促进了资本主义生产的发展。1820—1870年，世界工业生产增加了9倍，1870—1913年增加了4倍。[③]铁路网的建设使内陆与港口连接起来，加上运输费用的下降、海洋新航线的开辟、先进通信手段的开发，历史上第一次各国的国内市场汇合为世界市场。在这个时期，垄断代替了自由竞争。资本输出成为主要的经济特征之一，发达的资本主义国家通过资本输出将资本主义生产移植和扩大到亚、非、拉国家，从而将其完全纳入资本主义生产体系。

社会生产力的飞跃式发展与资本输出使得资本主义国际分工的重要形式——宗主国与殖民地半殖民地间的分工、工业产品生产国与初级产品（农产品、矿产品）生产国之间的分工日益加深，得以强化，导致国际分工体系最终形成，具体表现为：

首先，亚、非、拉国家的经济变为单一型经济，其经济发展主要依赖于一两种或两三种产品的生产和出口，从而造成了亚、非、拉国家经济的两种依赖性：一是经济生活上依赖少数几种产品的生产和出口。1937年，锡和钨的出口值占玻利维亚出口总值的67.9%，香蕉和咖啡出口占洪都拉斯出口总值的90.7%、危地马拉的87.4%、哥斯达黎加的90.3%。二是高度依赖世界市场，特别是工业发达国家的市场。亚、非、拉国家依靠几种产品的生产和出口换取所需要的工业制成品。落后国家对世界市场的这种双重依赖性导致

① 1870年，英国拥有的商船吨位居世界第一，超过荷、法、美、德、俄等国商船吨位的总和。

② 也有一些学者认为第一次产业革命时期，亚、非、拉作为原料产地的贡献是微不足道的，因为英、美、法、德等国对于第一次产业革命所需要的原料和粮食，如小麦、煤、铁矿石、棉花等基本上都能自给自足。当时发达国家与落后国家之间的贸易额很小。W. A. Lewis. *The Evolution of the International Economic Order*. Princeton: Princeton University Press, 1978: pp. 4-6.

③ 姚曾荫. 国际贸易概论. 北京：人民出版社，1987.

其经济发展呈现出明显的脆弱性，发达国家的周期性经济波动会通过贸易渠道传导到这些国家，从而使这些国家也成为周期性波动经济的一部分。

其次，分工的中心从英国变为一组国家，扩展至包括美国、德国、法国等。它们之间也形成了以经济部门为基础的国际分工关系。1886 年，英国在世界出口中所占比重为 20%，1913 年下降到 13.1%，其他西欧和北美国家，特别是美国和德国在国际贸易中的地位迅速上升。

再次，随着国际分工体系的形成，加强了世界各国之间的相互依赖关系，除亚、非、拉国家之外，发达的资本主义国家也加强了对国际分工的依赖。对这种通过国际分工实现的相互依赖关系，罗萨・卢森堡以德国为例做了生动的描述："德国的产品大部分是输往其他国家及其他大陆，以供他国居民需要，其数额逐年不断增大……""另一方面，德国国民不管在生产上或日常消费上，每一步都免不掉依赖其他国家的产品。如我们吃俄国谷物制成的面包，匈牙利、丹麦及俄国家畜的肉类；我们消费的米，是从东印度及北美运来的；烟草是从荷领地东印度群岛及巴西运来的；我们还从西非获得可可豆；从印度获得胡椒；从美国获得猪油；从中国买到茶叶；从意大利、西班牙、美国买到水果；从巴西、中美、荷领地东印度群岛买到咖啡……"。①

最后，在现有分工格局基础上，贸易方式也在发生变化，传统的国际定期集市、现场看货交易方式逐渐减少，代之以样品展览、商品交易所的产生和发展，此时的商品交易所开始依照商品大类品种实施专业化经营，并引入期货交易。1848 年，美国芝加哥第一个谷物交易所诞生，1862 年，伦敦有色金属交易所成立。

总之，在这一时期，随着国际分工体系的建立，参与国际分工的每一个国家都有许多部门首先是为世界市场而生产的，而每一个国家消费的许多产品都源自世界市场，直接或间接凝结着许多国家劳动者的劳动。

（四）国际分工的深化发展（第二次世界大战后）

在第二次世界大战之后，世界经济发生了重大变化，具体表现为以下几个方面：

第一，第三次科技革命以前所未有的力量对社会生产过程产生影响，其影响的广度和深度都是前两次产业革命无法相比的。科技革命造就了一系列新兴产业的建立，如电子、宇航、生物工程、原子能等，使产业产能迅速提高，产业日益呈现出多样化，产业分工趋向细化。

第二，发达国家实施经济结构调整，大量"夕阳产业"外迁，大量高消耗、高污染、劳动密集型产业移入发展中国家，促进了发达国家与发展中国家之间的工业部门分工。

第三，大量新兴产业的建立和生产方式的改进，使得发达国家企业为突破资源和市场的约束，纷纷投资海外进行跨国界生产与经营，促进了资本流动和跨国公司的迅速发展，提高了资源在全球范围的有效配置，强化了国际范围的产业分工格局。

第四，非殖民化过程开始。许多殖民地、半殖民地取得政治上的独立，它们摆脱了殖民国家的政治统治，并力求通过发展民族经济维护政治上的独立。它们制定工业化发展战略，发展工业，引进外国的资本和技术，积极参与国际交换，改变了在国际分工体系中的

① 卢森堡. 国民经济学入门. 北京：三联书店，1962.

地位，成为有着政治影响和自己经济利益的发展中国家。

第五，市场经济成为各国经济的主导形式，同一市场规则在很大程度上清除了国家之间经济对接的障碍，提高了国家之间经济的交融性，有助于国际分工的发展；贸易政策趋于自由化、区域经济一体化的发展、多边贸易体制的建立使得国家之间的分工或国际分工从双边、多边层面得到有效促进。在第二次世界大战后，如上诸多因素共同作用，推动国际分工进入深入发展阶段。在这一阶段，国际分工呈现出以下特点：

1. *在国际分工格局中，工业国与工业国之间，或发达国家之间的分工居于主导地位*

在第二次世界大战前，工业制成品生产国与初级产品生产国间的分工居于主导地位，其次才是工业国与工业国间的分工。战后科学技术的迅速进步、发展与其他因素相互作用，共同改变了各种类型国家的经济发展现状，突出发达国家在新兴产业、区域经济及世界经济中的领导地位，加强了发达国家之间的经济联系与依赖，改变了战前的国际分工格局，从而以自然资源为基础的分工逐步让位于以现代化工艺、技术为基础的分工，形成了以工业国之间的分工占据主导地位的国际分工格局。自 20 世纪 60 年代以来，发达国家之间贸易额占其对外贸易总额的比重一直在 70%左右①，这充分说明发达国家之间由于分工的发展，经济的相互依赖程度已经达到很高的水平。

2. *发达国家间工业部门内部分工有逐步增强的趋势*

在第二次世界大战前，在工业国家间的分工中，占主导地位的是各国不同工业部门之间的分工，如在钢铁、冶金、化学、机械制造、汽车、造船、造纸、纺织等产业间的分工。在第二次世界大战后，随着科学技术的进步和社会分工的发展，原来的生产部门逐步细分，成为独立的产业部门。越来越多的次级部门跨越国界，形成国家间的部门内部分工。目前，多数的产业内部分工主要采取以下几种形式：

（1）不同型号、不同规格产品的专业化分工。

在多数情况下，针对不同的消费群体，同一产品往往具有不同的型号和规格，不同国家往往就同一产品存在不同型号或规格的分工和专业化生产，以适应市场的需要。

（2）零、配件和部件生产的专业化分工。

由于各国科技工艺水平、资源条件、政策环境存在差异，一些国家之间实现了零、配件或部件的专业化生产。战后，这种形式的专业化生产在许多产品的生产中得到广泛的推广。例如，喷气式飞机、原子能发电站设备、电子计算机、汽车、拖拉机、收音机、电视机等大批量生产所需的各种零配件或部件往往在不同国家进行专业化生产，如波音 747 客机，几百万个零部件分别由位于 60 多个国家的 500 多家大企业和 15 000 多家中小企业参与生产提供。

（3）工艺过程的专业化分工。

工艺过程的专业化分工是指不同国家对生产过程的不同阶段进行专业化分工。例如，德国拜耳公司专门生产化工原料提供给国内外化工企业去生产制造各种化学成品，就属于工艺过程专业化分工的典型。

---

① 1960 年、1970 年、1980 年、1990 年、2001 年相应的比例为 69%、75%、69.7%、77%、71.3%。数字根据 UNCTAD. *Development and Globalization: Facts and Figures*, 2004 整理。

3. 发达国家与发展中国家间工业分工在发展，而工业国与农业国、矿业国的分工在削弱

从国际分工产生到第二次世界大战前，宗主国主要从事工业制成品的生产，而殖民地、附属国和落后国家则主要从事以自然条件为基础的农业或矿产的生产。战后的科技革命、发达国家经济结构的调整、发展中国家工业化战略的实施和跨国公司的经营活动都导致某些工业产品的生产从发达国家向发展中国家转移，从而促进发达国家与发展中国家之间工业分工的发展，出现了高精尖工业与一般工业的分工，资本、技术密集型产品与劳动密集型产品的分工。

4. 区域性经济贸易集团成员国之间内部分工迅速发展

在第二次世界大战后，经济一体化程度不同的区域性经济贸易组织或集团风起云涌，多数属于封闭式的一体化组织或集团，即对成员国和非成员国适用不同的政策措施。到目前为止，经济一体化程度最高的区域性经济贸易集团当属欧盟。在众多的经济一体化组织或集团中，成员国之间贸易壁垒不断降低，直至消除，但对于非成员国还保留着高低不同的贸易壁垒，结果，一体化形成的内部市场促进了成员国之间资本、人员、商品、服务的流动，在某些情形下政府有意识的政策引导，更加深化发展了集团成员国之间的分工，这一特点通过集团成员国之间贸易发展速度超过对集团外部国家贸易发展速度，以及集团成员国之间贸易在集团总贸易中所占比例超过对外部国家贸易所占比例等数字就能清楚地反映出来。2017 年，北美自由贸易区内部贸易额（出口）为 11 897 亿美元，占其总贸易额（出口）的约 50%。2018 年，欧盟内部贸易额（出口）为 41 567 亿美元，占其总贸易额（出口）的约 64.3%。①

5. 服务业国际分工逐渐形成

在第二次世界大战前，国际分工主要局限于生产制造类产业部门，20 世纪 80 年代后，国际分工开始从有形商品领域发展到无形商品领域——服务。事实上，服务业国际分工的形成是以第三次科技革命和生产制造行业国际分工的发展为物质基础的。科技革命和生产制造业的发展使服务融入社会再生产的全过程。战后，科技革命导致了一系列新兴服务部门的出现，如信息服务、计算机服务等。生产制造部门的急速发展则带动了一些直接为其提供服务的部门，如银行、保险、运输、信息、咨询等的发展，而后又将增长辐射到其他衍生服务部门，如教育、文化、娱乐、餐饮服务等。生产制造领域国际分工的迅速发展带动着服务行业国际分工的发展，特别是跨国公司的发展，加速了服务业国际范围的扩张，形成依据竞争优势实现的服务业国际分工。

服务业的国际分工呈现出三个特点：

首先，发达国家仍是国际服务业的主体，在服务业国际分工中居于主导地位。发达国家 GNP、GDP 基数很大，其中服务业所占比重多数在 70%左右，个别国家如美国，服务业就业人数占就业总人数的比例 1990 年已经达到 75%。发展中国家服务业发展水平要低得多，以 2004 年 GDP 总量居于世界第六的中国为例，服务业占 GDP 的比重不到 40%，服务出口仅占总出口的 22.2%。自 1980 年以来，在世界服务贸易总额中，发达国家所占

① *World Trade Statistics Review*, 2018.

比例一直保持在 70%以上，发展中国家只占 18%～23%。[①] 2017 年发达国家占比为 68.2%。

其次，在服务业的国际分工中，发达国家在高技术投入、高资本投入、高人力资源投入、管理密集的服务行业占据控制地位，如金融、保险、计算机信息、设计咨询等部门。发展中国家在劳动密集型行业拥有优势，如建筑承包、劳务输出服务项目。

最后，发展中国家在服务业国际分工中参与程度不同，发展极度不平衡，只有少数国家在国际服务贸易中比较重要，多数国家微不足道。2008 年世界十大服务出口国家/地区中，中国和印度分列第五、第九位，占有的比重分别为 3.9%和 2.7%。排在前四位的是美国、英国、德国、法国，它们在世界服务总出口中占有的比重分别为 13.8%、7.5%、6.4%、4.2%。在十大服务进口国家/地区中，中国位居第五位，占有的比重为 4.5%，韩国位列第十，占比 2.6%。排在前四位的是美国、德国、英国、日本，它们在世界服务进口中占有的比重分别为 10.5%、8.1%、5.6%、4.8%。2017 年，这种不平衡在加剧，少数发展中国家在服务贸易中的重要性进一步提高，中国、印度、新加坡跻身服务进出口十强，总和占世界总出口的 10.8%、总进口的 15.5%。同年，发展中国家总体在世界服务出口中占比 29.5%，服务进口中占比 38%。

6. 跨国公司内部分工与外部分工构成国际分工的重要组成部分

内部分工指公司各构成实体之间的分工。分工可以是水平型，如同种产品在不同国家的复制，或不同区位子公司间形成零部件分工生产协作；也可能采取垂直型，如规模庞大的石油公司，子公司分处于生产过程的不同阶段。外部分工指公司通过外包合同、长期买卖合同、企业合作而同外部企业建立的分工协作关系。跨国公司的跨国界生产活动在公司内部、外部形成有序的分工体系。跨国公司依照利润最大化原则安排其全球的生产经营活动，内部贸易和外部贸易就是跨国公司内部分工和外部分工的具体体现，由于跨国公司国际化经营的特性，这种内部分工和外部分工客观上就表现为跨国界的国际分工。实质上，在第二次世界大战后国际分工的快速发展，跨国公司是重要的推动力量和载体。2016 年，跨国公司海外分支机构的销售额 375 700 亿美元，出口 68 120 亿美元（不包括母公司出口），同年世界贸易额（货物加服务）204 370 亿美元，跨国公司海外分支机构的出口占世界贸易额出口的比重为 33.33%。

第二节 西方国际分工理论

早在 16 世纪，西欧重商主义就开始对国际贸易问题进行探讨。这一时期资本主义发展处于资本原始积累阶段，除在国内对农民进行剥削之外，国际贸易和海外掠夺成为西欧国家资本原始积累的重要手段。重商主义对贸易的研究主要集中在如何进行贸易，具体地讲，如何通过限制进口、鼓励出口增加黄金或货币的流入，从而增加社会财富。重商主义是对国际贸易问题进行系统研究的开始。随着资本主义的发展，国际贸易理论的研究也获

① UNCTAD. *Development and Globalization: Facts and Figures*, 2004.

得了发展，古典经济学的重要代表亚当·斯密（Adam Smith）、大卫·李嘉图（David Ricardo），以及后来的约翰·穆勒（John Mill）为国际分工理论奠定了基础，其论点至今仍支配着国际贸易理论的发展。

在约翰·穆勒后，经过马歇尔（A. Marshall）、埃奇沃思（F. Y. Edgeworth）、陶西格（F. W. Taussig）、瓦伊纳（J. Viner）、哈伯勒（G. Haberler）、俄林（B. Ohlin）等人的努力，国际分工理论获得进一步发展。

从亚当·斯密的地域分工论到当代国际分工与贸易理论，其发展大体上经历了三个阶段：

第一阶段，古典国际贸易理论，以亚当·斯密的绝对优势论、李嘉图的比较优势论为代表。

第二阶段，新古典贸易理论与扩展，以赫克歇尔（E. F. Heckscher）、俄林的要素禀赋论为基础，并由萨缪尔森（Samuelson）、斯托尔珀（Stolper）、罗伯津斯基（Rybczynski）加以扩展，里昂惕夫（W. Leontief）对要素禀赋论进行了实证检验。

第三阶段，当代国际贸易理论，主要围绕里昂惕夫之谜和第二次世界大战后国际贸易发展出现的新现象，如产业内贸易、发达国家之间贸易、国家产业领先地位转移等问题寻求理论上的解释，提出许多观点，如劳动熟练说、人力资本说、技术差距论、产品生命周期论、需求偏好相似说、产业内贸易说、国家竞争优势说等。

一、亚当·斯密的绝对优势论

亚当·斯密（1723—1790）是资产阶级经济学古典学派的主要奠基人之一，他第一次把经济科学主要领域的知识归结成一个统一和完整的体系，他也是国际分工和国际贸易理论的创始者。他处在从工场手工业向大机器工业过渡时期，在其代表作《国民财富的性质和原因的研究》中，整体贯穿着他的自由放任的市场经济思想，贸易思想是其整个自由竞争市场经济体系的一个有机组成部分。斯密认为，自由竞争和自由贸易是实现自由放任原则的主要内容。他通过对家庭和国家的对比分析来描述国际分工、贸易的必要性，由此提出他的国际分工与自由贸易的理论，对国际分工和国际贸易理论做出了重要贡献。

在对其理论的论述中，斯密首先分析了分工的利益。他认为分工可以提高劳动生产率，其原因在于：①分工可以提高劳动的熟练程度；②分工使每个人专门从事某项作业，可以节省与生产没有直接关系的时间；③分工有利于发明创造和改进生产工具。

斯密认为，如果一件物品的购买成本小于自己生产的成本，那么就不应该自己生产，这是每一个精明的家长都知道的。裁缝不需要自己做鞋子，只需要向鞋匠购买就可以了；鞋匠也不需要自己裁剪衣服，这一工作应留给裁缝，因为裁缝更擅长裁制衣服，生产的成本更低。

在斯密看来，适用于一国内部的不同职业之间、不同工种之间的分工原则，也适用于各国之间。他认为，每一个国家都有其适宜于生产某些特定产品的绝对有利生产条件，利用这一有利条件进行专业化生产，然后彼此进行交换，对所有交换国家都是有利的。

斯密认为，国际分工和贸易的原因或基础是各国存在的劳动生产率和生产成本的绝对差别。一国如果在某种产品生产上具有比别国高的劳动生产率，该国在该种产品生产上就具有绝对优势；相反，如果一国在某种产品生产上具有比别国低的劳动生产率，该国在该种产品生产上就具有绝对劣势。至于导致劳动生产率存在差异的原因，斯密归结为历史条件和一国地理环境、土壤、气候等因素构成的自然条件。斯密认为，各国应集中生产并出口其具有劳动生产率和生产成本“绝对优势”的产品，进口其不具有“绝对优势”的产品，其结果要比没有依照“绝对优势”进行分工之前有利。

在斯密的国际分工和贸易理论中，进口和出口都是市场上的一种自由交换行为，没有好坏、优劣之分，各方自由交换的结果是都能从交换中获得利益。

二、大卫·李嘉图的比较优势论

大卫·李嘉图（1772—1823）是英国工业革命发展时期的经济学家，他对国际分工与贸易理论具有开创性的贡献，他是自由贸易的坚决支持者，在其代表作《政治经济学及赋税原理》中，李嘉图以一个有关国际贸易具有解释力的一般理论支持了自己自由贸易的观点，这就是比较优势论，从此，比较优势论成为人们广泛接受的“真理”，后来被无数经济学者引用并发展。①

李嘉图认为，国际贸易的利益在于：“它增加了用收入购买物品的数量和种类。”② 同斯密一样，李嘉图也强调进口带来的利益，但是他没有简单重复斯密自由贸易的好处，而是将贸易理论系统化，具有更强的解释力，他从资源最有效配置的角度论证了国际分工与贸易的必要性。

根据斯密的观点，国际分工应按地域、自然条件及绝对的成本差异进行，即一个国家输出的商品一定是生产具有绝对优势、生产成本绝对低的商品。但是，如果一个国家在各种产品生产上都处于绝对优势，而另一个国家却在各种产品生产上都处于劣势该怎么办？斯密的绝对优势论无法做出回答。李嘉图进一步发展了斯密的观点，他认为一个国家各种产品生产都处于绝对优势，另一国家都处于劣势，但它们在不同产品生产上的优劣势程度是不相同的，具体表现为劳动生产率的差距是不同的。如绝对优势国家单位酒的生产成本为劣势国家生产成本的50%，而棉布生产成本仅为劣势国家成本的30%，对于劣势国家而言，生产任何一种产品，其生产成本都比绝对优势国家的生产成本高，但酒的生产成本高出的程度小于棉布生产成本高出的程度。在此基础上，李嘉图提出了“比较优势”③“比较成本”的概念，他认为，国际分工与贸易的基础不限于劳动生产率的绝对差异，只要各国之间存在劳动生产率的相对差异，就会出现产品生产成本的相对差异，从而使不同国家在不同产品生产上具有“比较优势”。也就是说，一个国家不一定要生产各种产品，而应集中生产优势最大或劣势最小的产品，即比较优势产品，而后通过国际贸易，在资源要素投入不变的情况下，生产产品的总量将增加，由此形成的国际分工对贸易各国都有利。

李嘉图比较优势论的核心是，贸易的原因或基础是劳动生产率的相对差别以及由此产

① 约翰·伊特韦尔，等．新帕尔格雷夫经济学大辞典：第四卷．北京：经济科学出版社，1992.

② 李嘉图．政治经济学及赋税原理．北京：商务印书馆，1979.

③ 事实上，比较优势的概念最早是由罗伯特·托伦斯（Robert Torrens）提出的，李嘉图进一步阐释、解读了这一概念并使之易于理解，所以人们在讨论这一问题时，只记住李嘉图而不知道罗伯特·托伦斯。海闻，P. 林德特，王新奎．国际贸易．上海：上海人民出版社，2003.

生的相对成本不同。它认为一国在产品的生产上不需要有绝对优势，只要具有比较优势，就可以在要素投入不发生改变的条件下通过参与国际分工从贸易中获取利益，但贸易利益实现的前提必须是完全的自由贸易。

三、赫克歇尔-俄林的要素禀赋论

古典学派的国际分工和国际贸易理论在西方经济学界占支配地位达一个世纪之久，随着资本主义生产的迅速发展，多要素投入成为生产过程的普遍特征，研究投入产出关系的经济理论获得发展，新古典经济学逐渐形成，随之在新古典框架下对国际贸易问题的分析得到发展。

（一）关于要素禀赋论

古典学派认为，商品的价值是由生产商品所花费的劳动时间决定的。而以俄林为代表的新古典学派运用在互相依赖的生产结构中的多种生产要素的理论代替了古典学派的单一生产要素的理论。古典学派认为，国际贸易发生的原因是各个国家在生产各种商品时劳动生产率的差异，而且各国劳动生产率及其差异都是固定不变的。俄林则在他的生产要素禀赋理论中，为简化分析，假定各个国家在生产商品时所使用的生产技术是一样的，即生产函数相同，排除了各国劳动生产率的差异，把各国间要素禀赋的相对差异以及在生产各种商品时利用各种生产要素的强度的差异作为国际分工与贸易的基础。赫克歇尔曾写道："国际贸易的前提可以概括为进行交换国家之间生产要素的相对稀缺程度和不同产品中所使用生产要素的不同比例。"①

要素禀赋论有狭义和广义之分。狭义的要素禀赋论是指生产要素供给比例说，也称H-O定理或模型，它通过对相互依存的价格体系的分析，用不同国家的生产诸要素的丰缺解释国际分工和国际贸易产生的原因及一国进出口商品结构的特点。广义的要素禀赋论，除生产要素供给比例说之外，还包括要素价格均等化定理（factor equalization theorem）、斯托尔珀-萨缪尔森定理（Stolper-Samuelson theorem）、罗伯津斯基定理（Rybczynski theorem）。要素价格均等化定理研究国际贸易对要素价格的影响，说明国际贸易不仅使国际商品价格趋于均等化，还会使各国生产要素的价格趋于均等化。斯托尔珀-萨缪尔森定理揭示了分工、贸易对参与分工、贸易国家收入分配的影响。罗伯津斯基定理则关注一国资源禀赋条件的变化对该国产出及贸易的影响。它们是对赫克歇尔和俄林研究的拓展。

（二）赫克歇尔-俄林定理（生产要素供给比例说）

1. *主要结论*

（1）每个区域或国家在国际分工和国际贸易体系中都应该生产和输出丰裕②要素密集的商品，输入稀缺要素密集的商品。

（2）区域贸易或国际贸易的直接原因是价格差别，即各个地区间或国家间商品价格不同。

---

① Heckscher，Eli. *The Effect of Foreign Trade on The Distribution of Income*. Harry Flam and M. June Flanders edited，*Heckscher-Ohlin Theory*，MIT Press，1919.

② 丰裕是相对的概念，用资本劳动比率，即人均资本来衡量。这样，一国同另一国相比是资本丰裕国家，而同第三国比较又可能成为劳动丰裕国家。

(3) 商品贸易趋向于（即使是部分地）消除工资、地租、利润等生产要素收入的国际差异，导致国际商品价格和要素价格趋于均等化。

2. 结论推导

生产要素供给比例说结论的推导是从商品价格的国际绝对差开始逐层展开的。

(1) 价格的国际绝对差。俄林认为，各国所生产的同样产品的价格绝对差是国际贸易产生的直接原因。

(2) 成本的国际绝对差。俄林认为，价格的国际绝对差源自成本的国际绝对差。同一种商品价格国家之间的差别，主要是成本的差别。所以，成本的国际绝对差是国际贸易发生的第一个原因。

(3) 不同的成本比例。俄林认为，国际贸易发生的第二个条件是两国国内商品成本比例的不同。

(4) 相同的成本比例。俄林认为，如果两国的成本比例是相同的，一国的两种商品成本都按同一比例低于另一国，那么两国间只能发生暂时的贸易关系，直到两国的汇率变化使两国商品的单位成本完全相等。

(5) 生产诸要素不同的价格比例。为什么存在着比较成本的差异，即不同国家有不同的成本比例？俄林认为是因为各国国内的生产诸要素的价格比例不同。不同的商品是由不同的生产要素组合生产出来的，在每一国家，商品的成本比例反映了它的生产诸要素的价格比例关系，也就是工资、地租、利息、利润之间的比例关系。由于各国的生产要素价格不同，就产生了成本比例的不同。

(6) 生产诸要素不同的供求比例。各国在生产要素的供给方面是不相同的，即各国所拥有的各种要素的数量、种类和质量是不同的。国际贸易就是建立在各个国家各种生产要素的多寡不同和价格的高低不同的基础上。另外，即使生产诸要素的供给比例是相同的，对这些生产要素不同的需求也会产生生产诸要素的不同的价格比例，从而为国际贸易提供一个基础。

(7) 国际分工和国际贸易的基础和利益。俄林从价格的国际绝对差出发，分析了成本的国际绝对差，又探讨了不同国家不同的成本比例，进而探讨了生产诸要素的不同的价格比例，最后分析了生产诸要素的不同的供给和需求比例。

他认为，在这个链条中，供给比例是最重要的环节，但没有一个单一的环节是国际贸易最终的基础。各个环节之间的互相依赖的关系决定了每一个国家的价格结构。而各个国家的价格结构决定了它们在国际分工和国际贸易体系中的比较利益，同时这也就构成了国际分工和国际贸易的基础。

俄林还认为，国际生产要素不能充分流动使生产达不到理想结果，但是商品的流动在一定程度上可以弥补国际生产要素缺少流动性的不足，即通过国际贸易可以部分弥补国际要素分配不均的缺陷。

四、里昂惕夫反论与要素禀赋论的扩展

(一) 对赫克歇尔-俄林要素禀赋论的实证检验——里昂惕夫反论

在赫克歇尔-俄林要素禀赋理论提出后的一段时间里，H-O 定理或模型成为解释产业革命以后贸易产生原因的主要理论。人们普遍认为，各国的资源禀赋条件和生产产品的不

同要素比例构成国家之间贸易的主要原因。

美国学者瓦西里·W. 里昂惕夫[①]在其1953年发表的论文[②]中，首次对H-O定理进行了实证检验。依照要素禀赋理论，一个国家拥有较多的资本，就应该生产和输出资本密集型产品，而输入在本国生产中需要较多使用国内比较稀缺的劳动力要素的劳动密集型产品。基于以上认识，他利用投入-产出分析方法对美国的对外贸易商品结构进行计算，来验证赫克歇尔-俄林定理的结论。沿用赫克歇尔-俄林理论的假定，他把生产要素分为资本和劳动力两种类型，对200种贸易商品进行分析，计算出每百万美元的出口商品和进口替代（或竞争）[③] 商品所使用的资本和劳动量，从而得到美国出口商品和进口替代（或竞争）商品的资本劳动比率，以反映商品的资本和劳动密集程度。其计算结果见表2-1。

表2-1　美国每百万美元出口商品和进口替代商品对国内资本和劳动的需求量

	1947年		1951年	
	出口商品	进口替代商品	出口商品	进口替代商品
资本（美元）	2 550 780	3 091 339	2 256 800	2 303 400
劳动（人/年）	182.313	170.004	173.91	167.81
资本劳动比率	13 991	18 184	12 977	13 726

从表2-1中可以看出，1947年生产进口替代商品的资本劳动比率，即人均资本使用量与生产出口商品的人均资本使用量的比率为1.30，这一数字说明美国出口商品的资本密集程度低于进口替代商品，或者说美国出口商品的劳动密集程度高于进口替代商品。这个验证结果正好与里昂惕夫的初始逻辑相反，他认为美国是资本相对丰裕的国家，如果赫克歇尔-俄林定理是正确的，美国进口商品的资本密集程度就应该低于美国出口商品的资本密集程度。而验证结果是：美国参与国际分工是建立在劳动密集型生产专业化基础上，而不是建立在资本密集型生产专业化基础上。[④] 里昂惕夫的验证结果明显有悖于依照赫克歇尔-俄林定理推演出的结论，因而西方经济学界将这个不解之谜称为"里昂惕夫之谜"或"里昂惕夫反论"，并掀起对赫克歇尔-俄林定理进行重新评价，进一步验证和探讨"里昂惕夫之谜"的热潮。

一些人怀疑里昂惕夫的方法和数据存在错误，里昂惕夫自己也反复对方法和结论进行核对，证明无误。1956年，里昂惕夫又根据美国1951年的数据再度进行实证检验（见表2-1中1951年的数据和比率），获得相同的结果，美国出口商品的资本密集程度低于美国进口商品的资本密集程度，进口与出口商品资本劳动比率之比为1.06。鲍德温

① 由于他的投入-产出分析法对经济学的杰出贡献，他获得了1973年诺贝尔经济学奖。他的主要著作有《投入-产出经济学》《生产要素比例和美国的贸易结构：进一步的理论和经济分析》等。

② Wassily W. Leontief. "Domestic Production and Foreign Trade: The American Capital Position Re-Examined". *Proceedings of the American Philosophical Society*, 1953.

③ 进口替代或进口竞争行业是指国内存在的一些行业，该行业的产品有进口，从而国内生产的产品与进口产品形成替代、竞争关系。国内生产的进口替代品的资本劳动比率可以用来近似地表述进口商品的要素密集特征。

④ Wassily W. Leontief. "Domestic Production and Foreign Trade: The American Capital Position Re-Examined". *Proceedings of the American Philosophical Society*, 1953.

(Baldwin，1971) 对美国 1958—1962 年的数字进行检验，得出美国出口商品资本劳动比率与进口商品资本劳动比率之比为 0.79 的结论，“里昂惕夫之谜”仍然存在。一些经济学家，如沃尔、建元正弘，他们仿照里昂惕夫的做法对一些国家，如加拿大、日本的对外贸易数据进行分析，结果发现，加拿大与日本出口商品的资本劳动比率高于进口商品的资本劳动比率，而这两个国家的主要贸易伙伴是美国，依照赫克歇尔-俄林定理，这个结论说明加拿大与日本从资源禀赋条件上，相对于美国是资本丰裕的国家，这明显与事实不符。学者对印度数据分析的结果发现，印度与世界上除美国之外的国家进行贸易时，其出口的是劳动密集型商品，而进口的是资本密集型商品。而同美国进行贸易时，出口商品的资本劳动比率高于从美国进口的商品。印度的研究结果一方面给予赫克歇尔-俄林定理以支持，另一方面又在前人之后，进一步证实了“里昂惕夫之谜”的存在。

(二) 对里昂惕夫反论的解释及有关学说的发展

对于“里昂惕夫之谜”，西方经济学界提出了各种各样的解释，并在一定程度上带来战后国际分工和贸易理论的发展。下面我们对具有代表性的解释与论点予以简述。

1. *劳动熟练说* (skilled labor theory)

劳动熟练说又称人类技能说 (human skill theory)，最先是由里昂惕夫提出，后由美国经济学家基辛 (D. B. Keesing) 加以发展，这一理论利用劳动效率和劳动熟练程度或技能的差异来解释“里昂惕夫之谜”。

里昂惕夫认为：“谜”的产生可能是由于美国工人的劳动效率比其他国家高。他认为美国工人的劳动效率大约是其他国家工人的 3 倍。[①] 因此，如果劳动以效率单位衡量，美国就成为劳动要素相对丰富、资本要素相对稀缺的国家，因而其出口产品的资本密集度低于进口产品的资本密集度就比较容易理解了。至于为什么美国工人的劳动效率比其他国家高，他认为这是由于美国企业管理水平较高，工人所受的教育和培训较多、较好，以及美国工人具有较强的进取精神。

后来，美国经济学家基辛对这个问题进一步加以研究。他利用美国 1960 年人口普查资料，将美国企业职工区分为熟练劳动和非熟练劳动两大类。熟练劳动包括科学家、工程师、经理人员、技术员、制图员、机械工人、电工、办事员、推销员、其他专业人员和熟练的手工操作工人等。非熟练劳动指不熟练和半熟练工人。他还根据劳动的两大分类对 14 个国家的进出口商品结构进行分析，其结论是：资本较丰裕的国家，如美国，倾向于出口熟练劳动密集型商品；资本较缺乏的国家，如印度，倾向于出口非熟练劳动密集型商品。

2. *人力资本说* (human capital theory)

人力资本说是美国学者凯南 (P. B. Kenen) 等人提出的，他们运用人力投资这一概念来解释“里昂惕夫之谜”。他们认为，在生产过程中的劳动是不同质的，这种不同质表现为劳动效率的差异，这种差异主要是由劳动熟练程度决定的，而劳动熟练程度的高低又取决于对劳动者进行培训、教育和其他有关的开支水平，即对智力开发的投资，因此，高的劳动效率归根结底是对人力投资的结果。由此可以认为，商品生产所需的资本投入还应包括无形资本投入，即人力资本。人力资本主要是指一国用于职业教育、技术培训等方面投

① 这一说法没有得到经验研究的支持。

入的资本。人力资本投入可提高劳动技能和专门知识水平，促进劳动生产率的提高。由于美国投入了较多的人力资本，因而拥有更多的熟练劳动力，因此，美国出口产品含有较多的熟练劳动。如果把熟练劳动收入高出非熟练劳动的部分资本化，并同有形资本相加，经过这样处理之后，美国出口产品的资本密集度就会高于进口产品的资本密集度。

根据可获得的数据，美国实物资本、高度熟练劳动力、中等熟练劳动力、不熟练劳动力占世界总要素的比例在 20 世纪 90 年代分别是 25.8%、28.5%、13.6%、0.5%。[①] 美国熟练劳动力拥有量将近占世界总量的 1/3 弱。美国出口行业的工人平均工资高出进口替代行业 15%，可见美国劳动力以熟练劳动为特征，出口行业工人的人力资本投入要高于进口替代行业。[②]

人力资本说对熟练劳动说起到了一定的补充解释作用。

3. *技术差距说*（theory of technological gap）

技术差距说由美国学者波斯纳（M. U. Posner）提出，后经格鲁伯（W. Gruber）和弗农（R. Vernon）等人进一步论证，其主要论点是：技术领先的国家具有较强的开发新产品和新工艺的能力，形成或扩大了国际技术差距，从而有可能暂时享有生产和出口某类高技术产品的比较优势。

波斯纳认为，人力资源是过去对教育和培训进行投资的结果，因而可以将其作为一种资本或独立的生产要素，而技术是过去对研究与开发进行投资的结果，也可以作为一种资本或独立的生产要素。然而，由于各国技术投资和技术革新的进展不一致，因而存在着一定的技术差距。这样就使得技术资源相对丰裕的或者在技术发展中处于领先的国家，有可能享有生产和出口技术密集型产品的比较优势。

技术差距论补充发展了要素禀赋论，并根据创新活动的连续性使要素禀赋论动态化。

4. *产品生命周期说*（theory of product life cycle）

产品生命周期说由美国学者弗农提出，并由韦尔斯（L. T. Wells）等人加以发展。它是用来解释国家贸易模式变化的理论。弗农把新产品的生命周期划分为三个阶段：

（1）产品创新时期。少数在技术上领先的创新国家的创新企业根据本国资源条件和市场需求首先开发出新产品，而后在国内投入生产。这一时期该创新企业在新产品的生产和销售方面享有垄断权。新产品不仅满足国内市场需求，而且出口到与创新国家收入水平相近的国家和地区。在这一时期，创新企业几乎没有竞争对手，鉴于国外还没有该产品的生产，当地对该产品的需求完全依靠创新国家创新企业的出口来满足。

（2）产品成熟时期。随着技术的成熟，生产企业不断增加，企业之间的竞争增强，对企业来说，产品的成本和价格变得日益重要。与此同时，随着国外该产品的市场不断扩展，出现了大量仿制者。这样一来，创新国家企业的生产不仅面临着国内原材料供应相对或绝对紧张的局面，而且面临着产品出口运输能力和费用的制约、进口国家的种种限制及进口国家企业仿制品的竞争。在这种情况下，企业若想保持和扩大对国外市场的占领，就必须进行对外直接投资，到国外建立子公司，当地生产，当地销售，在不大量增加其他费

① 海闻，P. 林德特，王新奎. 国际贸易. 上海：上海人民出版社，2003.

② 同①.

用的同时，由于利用了当地各种廉价资源，减少了关税、运费、保险费用的支出，大大降低了产品成本，增强了企业产品的竞争力，巩固和扩大了市场。

(3) 产品标准化时期。在这一时期，技术和产品都已实现标准化。参与此类产品生产的企业日益增多，竞争更加激烈，产品成本与价格在竞争中的作用十分突出。在这种情况下，企业通过对各国市场、资源、劳动力价格进行比较，选择生产成本最低的地区建立子公司或分公司从事产品的生产活动。此时往往由于发达国家劳动力价格较高，生产的最佳地点从发达国家转向发展中国家，创新国家的技术优势已不复存在，国内对此类产品的需求转向从国外进口。

值得注意的是，处于产品生命周期不同阶段的产品，其要素密集特性是不同的。在产品创新时期，需要投入大量的研究与开发费用，这一时期产品的要素密集性表现为技术密集型；在产品成熟时期，知识技术的投入减少，资本和管理要素投入增加，高级的熟练劳动投入越来越重要，这一时期产品的要素密集性表现为资本密集型；在产品标准化时期，产品的技术趋于稳定，技术投入微乎其微，资本要素投入虽然仍很重要，但非熟练劳动投入大幅度增加，产品要素密集性也将随之改变。在产品生命周期的各个时期，由于要素密集性的不同、技术先进程度的不同以及产品价格的不同，因而使各种不同类型的国家在产品的不同时期具有的比较利益不同，因而"比较利益也就从一个拥有大量熟练劳动力的国家转移到一个拥有大量非熟练劳动力的国家"①。图 2-1 可以用来说明产品生命周期过程中相关国家贸易演进方式。图中的相关国家包括创新国家、与创新国家收入水平相近的国家、后起的处于发展进程中的国家。从图中我们可以看到，随着产品生命周期的展开，产品生产的比较优势在相关国家之间进行转移，先从创新国家转向与创新国家发展水平相当的国家，而后又转向经济发展较低层次或水平的国家。比较优势转移的具体表现就是产品出口国的变迁，产品出口国开始时为创新国家，到最后经济欠发达国家作为该种产品的出口国，而创新国家最终演化为产品的进口国。

产品生命周期说是一种动态理论。产品要素的密集特征在产品生命周期的不同阶段会发生规律性变化，随之比较利益将从某一国家转向另一国家，这就使赫克歇尔-俄林静态的要素比例说变成动态要素比例说，产品生命周期理论是对要素比例说的发展。

5. 需求偏好相似说 (theory of demand preference similarity)②

需求偏好相似说又称偏好相似说或收入贸易说 (income trade theory)，是由瑞典学者林德 (S. B. Linder) 提出的，用国家之间需求结构的相似性来解释工业制成品贸易的发展。他认为赫克歇尔-俄林定理只适用于工业品生产国和初级产品生产国之间的贸易，而无法解释工业品生产国家之间的贸易行为。

林德认为，工业品生产的初期是满足国内的需求，随着生产规模的扩大，才会想到扩大销售范围，将产品推向国际市场。由于该产品是为满足国内市场偏好和收入水平而生产的，故该产品较多的是出口到那些偏好相似、收入水平相近的国家。国家之间需求结构和

① Vernon, Raymond. "International Investment and International Trade in the Product Cycle." *Quarterly Journal of Economics*, 1966.

② Linder, S. B. *An Essay on Trade and Transformation*, New York: John Wiley and Sons, 1961.

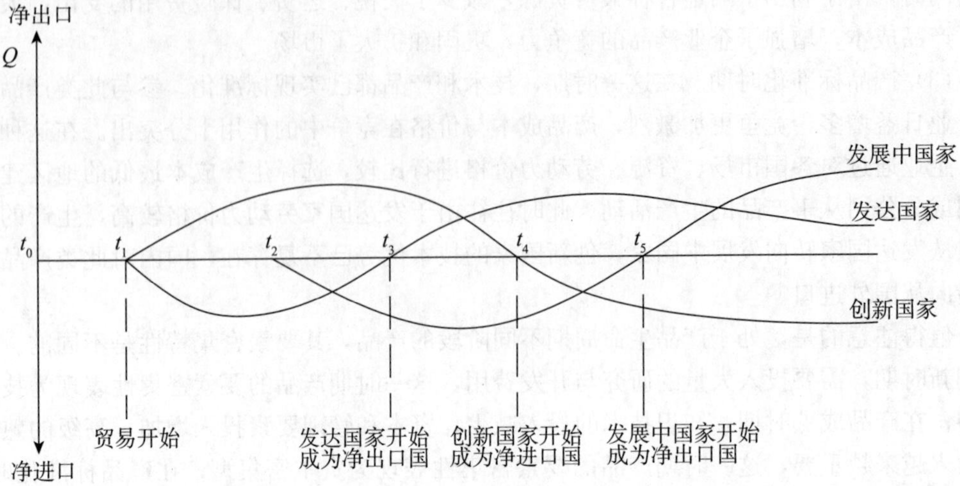

图 2-1　产品生命周期过程中国家贸易模式的演进

偏好越相似，其贸易量就越大，如果这些国家的需求结构和需求偏好完全一样，一国可能进出口的商品，也就是另一国可能的进出口商品。

那么，影响一国需求结构的因素是什么？林德认为主要因素是人均收入水平。人均收入水平的相似可以用来作为需求结构相似的指标。人均收入越相似的国家，其消费偏好和需求结构越相近，产品的相互适应性就越强，贸易机会就越多，而人均收入水平的差异则是贸易的潜在障碍。

林德认为，人均收入水平和消费品、资本品的需求类型有着紧密的联系。人均收入水平较低的国家，其选择的消费品质量也较低，因为要让有限的收入满足多样化的需求；同时，为了实现充分就业和发展生产，也只能选择通用的技术和简单的资本设备，这又导致这些国家消费品结构的低级化。人均收入水平较高的国家，其选择的消费品质量与档次较高，而资本设备也更先进、更高级。因此，即使一个国家拥有比较优势产品，但由于其他国家的收入水平与它不同，而对其产品没有需求，这种比较优势的产品也不能成为贸易产品。

6. *产业内贸易说*（intra-industry trade theory）

在第二次世界大战之后，世界同类产品贸易增长迅速，古典和新古典贸易理论认为，贸易的根源在于各国生产方面存在的差异，如劳动生产率的差异、资源禀赋条件的差异。依照他们的论点，国家之间技术和要素禀赋条件差异越大，贸易机会就越多。现实中，由技术和要素禀赋决定的贸易属于产业之间的贸易。在第二次世界大战之后，许多国家的贸易更多地转向产业内部，具体表现为：在同类产品中，有进口也有出口。一些学者采用产业内贸易指数（index of intra-industrial trade，IIT）来测度产业内贸易程度①，美国 1970 年、1987 年、1999 年制造业产业内贸易指数分别为 55.1%、61%、81.1%，德国的数字

① $IIT=1-\frac{|X-M|}{X+M}$，X 和 M 分别代表同类产品的出口和进口值，IIT 的数值介于 0～1 之间。如果该国只出口或进口，IIT=0，即不存在产业内贸易；如果 IIT>0，说明该国在同类产品上有进口也有出口，IIT 数值越大，产业内贸易程度越高。

为 59.7%、66.4%、85.4%，中国 1999 年的数字为 88.5%。① 上面的数字说明国家之间产业内部贸易程度已经达到相当的水平，在制造业部门，半数以上的贸易属于产业内贸易。

最先比较系统地对产业内贸易进行研究的是美国学者格鲁贝尔（H. G. Grubel）、劳埃德（Lloyd），他们在研究共同市场成员国之间贸易量的增长时发现，发达国家之间的贸易大量属于产业内同类产品的贸易，因而开始对产业内贸易进行研究，力图解释产业内同类产品贸易增长的特点和原因。后来，产业内贸易说由默里·C. 肯普（Murray C. Kemp）、保罗·P. 克鲁格曼（Paul P. Krugman）等进一步发展完善。②

他们认为，当代国际贸易产品结构大致可分为产业间产品贸易和产业内产品贸易两类。一般说来，产业内贸易具有以下几个特点：（1）它是产业内同类产品的交换，不是产业间非同类产品的交换。（2）产业内贸易的产品流向具有双向性。同一产业内的产品，可以在两国之间相互进出口。（3）产业内贸易的产品具有多样化特点。这些产品中既有资本密集型产品，也有劳动密集型产品，既有高技术产品，也有标准技术产品。（4）产业内贸易的产品必须具备两个条件：一是在消费上能够相互替代；二是在生产中需要相近或相似的生产要素投入。

产业内贸易形成的原因或前提条件可以归纳为：

（1）同类产品的异质性是产业内贸易形成的重要基础。产业内贸易说者摒弃古典与新古典完全竞争的假设，认为大多数制造品不是同质的，从实物形态上，同类产品可以由于商标、品牌、款式、包装、规格等方面的差异而被视为异质产品，即使实物形态相同，也可以由于信贷条件、交货时间、售后服务和广告宣传等方面的差异而被视为异质产品。这种同类的异质性产品可以满足不同消费心理、消费欲望和消费层次的消费需要。产品的异质性使其市场呈现出垄断竞争的特性，同类产品的生产者可以依据自己的优势，或对消费者的吸引力生产具有一定垄断性的产品，从而导致不同国家之间产业内贸易的发生与发展。

（2）规模收益递增是产业内贸易的重要成因。产业内贸易说者认为，生产要素禀赋相近或相似国家之间能够进行有效的国际分工，从而获得贸易利益，其主要原因是企业规模经济的存在。③ 一国的企业可通过大规模专业化生产，取得规模经济效益，其成本将会随着产量的增长而递减，使该国企业在生产成本上具有比较优势，从而打破各生产企业之间原有的比较优势均衡状态，使自己的产品处于相对的竞争优势，在国际市场上具有更强的竞争力，产品出口扩大。

（3）经济发展水平是产业内贸易的重要制约因素。产业内贸易说者认为，经济发展水平越高，产业内异质性产品的生产规模也就越大，产业部门内部分工就越发达，从而形成异质性产品的供给市场。同时，经济发展水平越高，人均收入水平也越高，较高人均收入层上的消费者的需求会变得更加复杂、更加多样化，呈现出对异质性产品的强烈需求，从而形成异质性产品的需求市场。当两国之间人均收入水平趋于相等时，其需求结构也趋于

① 海闻，P. 林德特，王新奎. 国际贸易. 上海：上海人民出版社，2003.

② Grubel，Herbert G.，and Lloyd，Peter J. *Intra-Industry Trade：The Theory and Measurement of International Trade in Differentiated Products*. London：Macmillan，1975；Paul Krugman. "Scale Economies，Product Differentiation and the Pattern of Trade". *American Economic Review*，1980：950－959.

③ 规模经济在这里指规模收益递增的现象，它指所有投入要素的平衡增长导致生产规模扩张、平均成本下降的情形。

接近，产业内贸易发展倾向得到进一步加强。

需求偏好相似说是从需求方面阐述产业内部贸易发展的原因，而产业内贸易说是从供给的角度分析阐述产业内部贸易问题。

7. 国家竞争优势论[①]

国家竞争优势论的提出者是美国哈佛大学迈克尔．波特（Michael E. Porter）教授，他指出比较优势理论的前提脱离实际，赫克歇尔-俄林的理论没有考虑规模经济效益的事实，并且假定生产技术在各生产国家同一，不存在生产效率的差异等。正是这种理论的静态特征使比较优势论无法解释国际贸易现状，例如，大量贸易发生在资源条件相似的发达国家之间，与赫克歇尔-俄林资源条件差异越大，国家间更易于发生贸易的论点不符。再如，美国出口产品的资本密集度低于其进口的资本密集度，这与美国作为世界上资本要素最丰富的，理应出口资本密集产品的结论相左。

波特在对以生产要素为基础的比较优势论进行研究后，提出国家竞争优势理论。

波特认为，竞争力是国家财富的源泉，而不是简单的要素投入，因为要素与创造财富的生产率没有直接关系，国家应该创造一个良好的经营环境，制定实行有利于生产率增长的政策、法律和制度，以确保投入要素能够被高效率使用。

波特认为，国家竞争优势取决于产业竞争优势，产业竞争优势的创造与持续是一个本土化的过程，竞争优势更是源于各个国家经济结构、价值、文化、政治体制等差异。在经济全球化的条件下，国家在产业竞争中，或者说在产业竞争优势的形成与保持中的地位更加重要，因为国家是技术进步与创新的核心力量。

波特指出，一国的竞争优势取决于以下四方面因素：

第一，生产要素，指一个国家在特定产业竞争中的生产条件，包括设施、劳动力质量、生产组织技术等。

第二，需求条件，本国市场对该产业提供产品和服务的需求状况，包括买主特征、需求结构、需求的规模和增长速度等。

第三，企业策略，包括企业组织和管理形态，竞争对手的状况，例如，激烈的竞争是创造和保持竞争优势的促进因素。

第四，相关支持产业的环境，即该产业上下游产业的竞争力。相关支持性产业可以通过提供低成本的产品与服务、产业协作、促进产业创新等方式助力该产业竞争力的形成与发展。政府不构成以上要素的一个组成部分，但政府对以上每一个要素都会构成影响，政府的重要性在于帮助形成或改善生产条件、需求条件、企业组织与经营行为，以及上下游产业的发展等产业发展环境与条件，如托拉斯法有助于公平竞争，对特定产业的保护将会刺激相关产业发展，通过教育提升国民技能和能力，等等。政府通过这种积极的帮助改善一国产业发展环境，从而提升本国的产业竞争力。

机遇也构成国家竞争优势有机体系的一部分，与其他因素共同决定和影响国家竞争优势。机遇源于重大变化，包括技术变革、新发明、制度变革、供求格局或结构变化等，机遇可以影响或中断事物正常的发展进程，赋予竞争者以后发优势。然而，机遇对竞争优势的形

① 波特．国家竞争优势．北京：华夏出版社，2002．

成与保持不是决定性的，因为在同样的机遇下，竞争者的反应与应对不同，结果也会不同。

政府与机遇也被称为国家竞争优势模型中的辅助因素。

本章小结

1. 国际分工是社会分工发展到一定阶段，国民经济内部分工超越国家界限发展的结果，国际分工是国际贸易和世界市场的基础。

2. 国际分工的发展经历了萌芽、形成、发展、深化阶段。国际分工萌芽于地理大发现之后，形成于第一次产业革命，国际分工体系确立于第二次产业革命时期。

3. 斯密的“绝对优势论”认为，国际分工、贸易的原因和基础是各国间生产同种商品存在劳动生产率和生产成本的绝对差异。各国应集中生产并出口具有绝对优势的产品，进口不具有绝对优势的产品，贸易双方都将从中获益。

4. 李嘉图的“比较优势论”认为，国际分工和贸易的原因和基础是生产产品劳动生产率的相对差异，及由此产生的生产成本的相对差异。每个国家都应生产与出口比较优势产品，进口比较劣势产品，这样，对参加分工、贸易的国家都有利。

5. 赫克歇尔-俄林定理认为，产品的相对成本差异主要取决于生产产品要素比例和一国资源禀赋条件的差异。各国应该生产与出口本国丰裕要素密集的商品，进口本国稀缺要素密集的商品，如此，各国都会获取贸易利益。

6. 20 世纪 50 年代，美国学者里昂惕夫运用美国数据对赫克歇尔-俄林模型进行实证检验，其结果与赫克歇尔-俄林模型相悖，历史上被称为“里昂惕夫之谜”。对“里昂惕夫之谜”的解释包括劳动熟练说、人力资本说、技术差距说等。

7. 在第二次世界大战之后，针对国际贸易发展中的一些新现象，如产业内贸易、发达国家之间贸易的重要性、国际产业领先地位转移等问题产生了许多理论阐释，主要包括产品生命周期说、需求偏好相似说、产业内贸易说等。20 世纪 80 年代，波特提出了国家竞争优势说。

关键术语

国际分工	绝对优势	比较优势
要素密集性	“里昂惕夫之谜”	产业内贸易

思考题

1. 为什么说比较成本论是对绝对成本论的继承和发展？

2. 以俄林为代表的新古典贸易理论在解释国际贸易成因时与古典国际分工与贸易理论有什么区别？

3. 产品生命周期说是如何解释产业优势地位在不同国家或地区间进行转移的？

4. 需求偏好相似说是如何解释要素禀赋相同或相似国家之间的贸易行为的？

5. 产业内贸易说是如何阐释产业内贸易形成的原因或前提条件的？

6. 国家竞争优势论是如何阐述一国产业竞争优势的形成条件的？

第三章 世界市场与世界市场价格

学习目标

通过本章的学习，了解当代世界市场的构成与运行，掌握世界市场价格的主要形式，能够解读国家之间商品交换比价，即贸易条件的含义。

第一节　当代世界市场构成与运行

市场是商品和服务的交换领域，也是商品生产正常进行的必要条件。哪里有社会分工和商品生产，哪里就有市场。市场的容量与社会分工、社会劳动专业化程度密切相关。随着社会分工和商品生产的发展，市场也逐步发展起来。① 市场与社会分工的发展是相辅相成的，社会分工是基础，市场是社会分工的产物，社会分工随着科学技术的进步与发展而不断发展，因此，市场的发展没有止境。

世界市场是在地方市场和民族市场形成与发展的基础上产生的。它由世界范围内通过国际分工联系起来的各个国家国内市场与国家之间的市场组合而成。

世界市场的形成与发展和国际分工的形成与发展相呼应，世界市场是随着地理大发现而萌芽，随着第一次产业革命而发展，伴随着第二次产业革命后国际分工体系的建立而最终形成。

一、当代世界市场的构成与运行

（一）交易对象

世界市场的交易对象分为有形商品（货物）和无形商品（服务）两大类。有形商品依照《联合国国际贸易标准分类》共分为 10 大类、67 章、262 组。服务依照国际货币基金

① 姚曾荫. 国际贸易概论. 北京：人民出版社，1987.

组织、世界贸易组织等国际机构的分类，划分为运输服务、旅游服务、通信服务、建筑服务、保险服务、金融服务、计算机与信息服务、特许与许可服务、其他商务服务以及个人、文化与娱乐服务十大类。

（二）参与国家

对于参与世界市场活动国家的分类，目前采用比较多的是UNCTAD分类法，它的做法是将所有国家分为发达国家、发展中国家、东南欧和独联体国家。[①] 2007年，各类国家在世界货物总出口中所占比重分别为：发达国家58.62%、发展中国家37.52%、东南欧和独联体国家3.86%。其在世界服务总出口中的比重分别为71.88%、25.41%、2.71%。[②] 2017年，在货物出口中，发达国家占比52.56%、发展中国家占比44.34%、东南欧和独联体占比3.1%；在服务出口中，发达国家占比68.2%、发展中国家占比29.5%、东南欧和独联体占比2.3%。

（三）订约人

世界市场的订约人依照活动的目的和性质可以划分为以下五类：

1. 企业与企业主联合组织

“企业”是指以商业营利为目的，从事生产、服务性经济活动的单位。企业依照不同的划分标准，有各种各样的类型。依照所有制标准，企业可以划分为国有企业、私有企业、混合拥有企业；依照对企业债务承担的法律责任，可以分为有限责任公司、无限责任公司，等等。

企业主联合会是企业家联合组织，它们多数为民间组织，如日本经团联，它们代表企业，往往是某一行业企业的利益，游说政府以形成对其有利的政策和措施，同时它们服务于企业，为企业生产、采购、销售、出口等提供信息及咨询服务。它们定期组织各种类型的形势研判会，商讨企业对策，协调企业利益，组织集体行动。如日本的一些同业行会在产品出口方面行使协调的职能，主要是价格方面的协调，避免提供同类产品的企业在同一市场展开过于激烈的竞争，从而有损日本企业的利益。企业主联合会通常以联盟、协会的形式存在。

2. 政府机构

世界市场上的政府机构可以分为三种类型：一是作为直接的采购方，在世界市场采购货物与服务，属于政府采购范围；或直接作为卖方提供商品与服务，如通过商品输出的方式提供的军事或经济援助。二是政府专门设立的干预机构，通过在世界市场上买进与卖出商品调整市场供求关系，以最终影响市场价格。三是政府设立的促进出口机构，其一部分职能是帮助企业获取市场信息，甚至直接帮助企业达成交易。

3. 国际机构

国际机构在这里主要指诸如世界银行、国际货币基金组织、联合国等类的机构，它们日常运转需要消耗大量物品和服务，如办公设备、办公材料，是世界市场上诸多商品和服务的大买家。它们的大宗采购主要以成员国范围内招标的方式进行。

4. 其他机构

其他机构是指以不同形式或身份介入世界市场交易的各种类型的机构，如国际商品协

---

① UNCTAD. *Handbook of Statistics*, 2005.

② UNCTAD. *Handbook of Statistics*, 2008.

定下设的干预基金。有些国际商品协定（如国际天然橡胶协定）对参与国家权利与义务的规定采取设立缓冲存货的做法，也就是由出口国家提供实物，进口国家提供资金，建立就某种商品的干预基金，并就该种商品设立最高、最低限价。当世界市场价格高于最高限价时，为保护参加协定进口国家的利益，干预基金在市场上抛售该产品，抑制价格上升，将价格压到最高限价以下；当世界市场上价格低于最低限价时，为保护参加协定出口国家的利益，基金在市场上大量收购该产品，促使价格升至最低限价以上。

5. 自然人

电子商务和贸易便利化的发展赋予个人跨境贸易更多的机会，个人可以直接通过境外网站或交易平台购入自己所需要的物品。2017 年，我国跨境电商零售进口金额 566 亿元人民币，同比增长 75.5%。2018 年，进口金额增至 785.8 亿元人民币，同比增长 39.8%。[①]

（四）国际商品市场形式

1. 固定的国际商品市场

（1）商品交易所。

商品交易所是一种典型的具有固定组织形式的市场。它是在指定的地点，按照规定的程序和方式，由特定的交易人员（一般为会员经纪人）进行大宗商品交易的专业市场。商品交易所最早是建于荷兰阿姆斯特丹的粮食交易所。

在商品交易所进行交易的商品往往具有同质性，即品质相同，如有色金属、谷物、原料、油料、橡胶等。目前主要通过交易所交易的商品有 50 多种，占世界商品流通额的 15%～20%。世界性的商品交易所，如芝加哥交易所[②]、芝加哥商品交易所[③]，每天的开盘、收盘价格及全天的最高、最低价格均被刊登在世界重要的报刊上，作为市场价格的指示器。因此，一般地，世界性商品交易所的价格被公认为是世界市场价格的重要参考数据，对世界市场价格有着建设性影响。

交易所运作一般采取会员制，只有交易所的会员才可以在场内交易。会员的场内交易分为两类：一是自营，即利用自有或自筹资金进行商品买卖交易；二是充当经纪人，代理非会员的个人、企业、机构进行商品交易，并收取佣金。

在交易所中进行的商品交易分为现货交易和期货交易两种。现货交易是实际或当期商品买卖活动，以卖方交货、买方付款完成合约，具有即期交割性质。期货交易合约是买卖双方签订的在将来一个确定时间按照确定的价格买卖某商品的协议。下面我们举例说明期货交易是如何进行的。

假定现在是 3 月份，在纽约的一位投资者指示他的经纪人买入 7 月份[④]交割 5 000 蒲式耳玉米的期货合约[⑤]，经纪人立即将指令传递给在芝加哥期货交易所（Chicago Board of Trade，CBOT）内的某个交易员。同时，在加利福尼亚州的一位投资者指示他的经纪人

---

① 电子商务研究中心。

② 建于 1848 年，主要交易玉米、燕麦、大豆、豆油、小麦等。

③ 建于 1874 年，主要交易猪肉、生牛、生猪、存栏牛等。

④ 期货合约每年有固定的几个到期日，只有在到期日才可以实施交割。

⑤ 在期货合约中，一份合约交易的数量或金额都是标准化的，不同商品的期货合约规定的标准交易数量和金额都是不同的，投资者买或卖的数量或金额只能是标准交易数量或金额的倍数。

卖出7月份到期的5 000蒲式耳玉米的期货合约，这个指令也被传递到CBOT交易场内的某个交易员，两个交易员相遇，协商7月份到期5 000蒲式耳玉米的价格，最后达成交易。交易的价格也取决于供求关系。如果卖出的7月份玉米数量多于买入数量，7月份玉米期货的价格就会下降；如果卖出的7月份玉米数量少于买入数量，那么，7月份交割的玉米价格就会上涨。

商品期货交易只能按照交易所规定的品质标准进行交易，这种标准在交易所被称为基本品级。如在芝加哥期货交易所，小麦期货共有“2号软红水麦”“2号硬冬水麦”等7个基本品级。在交易中，交易双方无须出示、验看样品，只需按照品级进行交易即可。

期货交易合约属于远期交割，但实际上，只有少数期货合约到期后执行商品实物交付，多数合约在到期前就已经平仓①。目前，商品交易所进行的交易中80%属于期货交易。

目前，商品交易所交易的专业化程度非常高，不同的交易所集中于不同商品的大宗交易。谷物交易主要集中在芝加哥、伦敦、利物浦、温尼伯、鹿特丹、安特卫普、米兰；有色金属交易主要集中在纽约、伦敦、新加坡；天然橡胶交易主要集中在新加坡、伦敦、纽约、吉隆坡；棉花交易主要集中在纽约、新奥尔良、芝加哥、利物浦、亚历山大、圣保罗、孟买；生丝交易主要集中在横滨、神户等地。

(2) 拍卖。

拍卖（auctions）至今已有几百年的历史了，它是一种在规定的时间和场所，按照一定的规章和程序，通过公开叫价竞购，把事先经买主验看的货物逐批或逐件卖给出价最高者的过程。以拍卖方式进入国际市场的商品，大多数为品质不容易标准化、不易存储、生产厂家众多、产地分散或难以集中交易的商品，如毛皮、茶叶、古玩艺术品、地毯等。一些国家的政府和海关在处理库存和罚没的物品时也常采取拍卖的方式。

拍卖交易具有以下特点：

第一，在拍卖中，买卖双方不直接洽谈生意，而是通过专营拍卖业务的拍卖行或拍卖公司进行，拍卖行（公司）设有专门的拍卖场所，拥有专业人员和设备。

第二，拍卖是一种单批、实物的现货交易，具有当场公开竞购、一次成交的性质。拍卖货物在拍卖前是经有购买意向的买主验看过的，拍卖结束后，卖方和拍卖行（公司）对商品的品质不承担赔付责任。

第三，拍卖交易对买方要求很高，他或她必须对货物的质量和价值有鉴别力，按质论价的特点在拍卖中尤为突出。

目前，在世界市场中，主要通过拍卖成交的商品都有固定的拍卖地：

羊毛：伦敦、利物浦、开普敦、墨尔本、悉尼。

毛皮：纽约、伦敦、蒙特利尔、哥本哈根、奥斯陆、斯德哥尔摩、彼得堡。

茶叶：伦敦、加尔各答、科伦坡、科钦。

① 平仓（closing out a position）：持有一个与初始交易头寸相反的头寸，如果投资者在3月份买入5份7月份到期的玉米期货合约，他或她可以在6月3日卖出5份7月份到期的玉米期货合约进行平仓。如果投资者在3月份卖出5份7月份到期的玉米期货合约，他或她可以选择在6月5日买入5份7月份到期的玉米合约，进行平仓。

烟草：纽约、阿姆斯特丹、不来梅、卢萨卡。

(3) 博览会、展览会。

博览会是一种定期在同一地点、在规定的期限内举办的由众多国家、众多厂商参加产品展销的国际市场。举办博览会的目的是使参展者展示科技成果、商品样品，洽谈业务，促成贸易。

展览会一般是不定期举办的，它与博览会的区别是只展览不销售，通过产品展示，促成会后的交易。

从商品和举办的范围来看，博览会和展览会大致可以分为以下几种①：

● 样品国际博览会：博览会举办期间，参加国家的厂商、参展商品样品很多，规模很大。莱比锡博览会、里昂博览会的正式名称就是样品集市（sample fair）。

● 综合性国际博览会：这是一种由许多国家和厂商参加的、涉及各行各业产品展示的国际集市，通常规模很大，如米兰国际博览会。

● 消费品国际博览会：以日常或耐用消费品及工艺装饰品为展销内容的博览会，如德国的家庭用品集市、英国理想家庭博览会。

● 主要工业产品国际博览会：这种博览会行业性较强，一般集中在新兴的高新技术产业，如每年在世界各地举办的航空航天、电子、自动化设备、汽车博览会就属于这一类型。

● 一般工业产品博览会：规模可大可小，一般聚集的产品多为劳动密集型的生活用品，如玩具、衣帽鞋类、照相机及用品等。

● 国别展览、展销会：一般是一个国家在另一个国家举办的综合性或专业性展览会或展销会。

● 独家公司展览、展销会：一般是大型企业自行举办的展览、展销会。

2. 非固定的国际商品市场

除了有固定组织形式的国际商品市场外，通过其他方式进行的国际商品交易都可以纳入非固定的国际商品市场。这些交易基本可以划分为两类：一是单纯的商品买卖交易；二是与其他内容相结合的商品交易。这些内容我们将在世界市场的交易方式中予以解释。

(五) 国际商品销售渠道

销售渠道是指商品从生产者到消费者要经过的路线，常见的国际商品销售渠道类型如表3-1所示。

表3-1　　　　国际商品销售渠道

出口国	进口国
1. 出口企业	国外用户
2. 出口生产企业—出口商	进口商—国外用户
3. 出口生产企业—中间商—出口商	进口商—零售商—国外用户
4. 出口生产企业—中间商—出口商	批发商—零售商—国外用户
5. 出口生产企业—中间商—出口商	进口商—批发商—零售商

① 陈同仇，薛荣久. 国际贸易. 北京：对外经济贸易大学出版社，1997.

续前表

出口国	进口国
6. 出口生产企业—中间商—出口商	零售商—国外用户
7. 出口生产企业	零售商—国外用户

资料来源：陈同仇，薛荣久. 国际贸易. 北京：对外经济贸易大学出版社，1997.

（六）国际运输与信息网络

1. 运输网络

运输网络由铁路运输、公路运输、水路运输、航空运输、管道运输（如石油、天然气跨境交易）共同组成。

2. 信息网络

国际贸易中各种商业信息获取源包括：企业内部信息网络、企业外部信息网络。企业外部信息网络由诸多的结点构成，这些结点包括：商业性信息提供机构、政府设立的贸易促进机构（如美国的中小企业出口促进机构）、政府部门（如使馆商务处）、各种媒体、互联网、电商平台等。

二、世界市场的交易方式

世界市场上的交易方式多种多样，这里我们将介绍一些主要的交易方式，包括单纯的商品买卖交易、固定市场交易、包销、代理、寄售、招标与投标、加工贸易、补偿贸易等。

（一）单纯的商品买卖交易

相当部分的有形商品交易和绝大部分服务交易都属于单纯的商品买卖交易。它是买卖双方通过单独洽谈达成交易的。这种方式的通常做法是买卖双方自由选择交易对象，对商品的品质、规格、数量、价格、支付条件、商检、装运、保险、索赔、仲裁等方面一一进行谈判予以确定，最后在意见一致的基础上签订交易合同。单纯的商品买卖交易方式是世界上最基本、最普遍的国际商品和服务交换方式。

（二）固定市场交易

如交易所交易、拍卖交易，相关内容见第一节中固定的国际商品市场部分。

（三）包销

包销（exclusive sales）又称独家经销，在国际贸易中是指出口人（供货商）通过包销协议把某种或某类货物在某一地区和期限内的独家经营权给予国外商人（进口商或包销商）的做法。包销方式使买卖双方在包销协议下建立起稳定的商品或服务的购销关系。

在包销交易方式下，供货人和包销人之间是一种售定性质的关系，即供货人是卖方，包销人是买方。货物由包销人购买、销售、自负盈亏。它与逐笔销售方式的区别在于包销人在规定区域和时限内的独家经营权。

在包销交易方式下，供货人可以利用包销人的资金和销售能力，在特定区域开发出一个稳定的产品销售市场；而对包销人来说，这种方式避免了多头竞争，在对商品未来销售前景有一个比较准确预测的前提下，可以保证利润的获得。

包销协议是包销交易方式的关键，它通过在包销货物范围、包销地区、包销数量或金额、包销专营权、作价方法、包销期限等方面进行规定，确立供货人和包销人在以包销交易方式进行贸易过程中的权利和义务。

（四）代理

代理的种类繁多，作为国际贸易交易方式的代理是指销售代理。

在代理交易方式下，出口商（委托人）与国外的代理商达成协议，由出口商作为委托人，授权代理人推销其产品、代理委托人签署买卖合同。代理人在出口商授权范围内行事，不承担销售风险和费用、不需要垫付资金，通常依照帮助达成交易的数额提取佣金，而无论交易盈亏与否。

在代理方式下，委托人可以利用代理人熟悉当地市场和已建立起来的销售渠道销售自己的产品，而代理人可以通过选择品质好、价格合理、市场定位准确的商品，确定合适的佣金比率，确保一个好的收益。

（五）寄售

在国际贸易中，寄售（consignment）是一种跨国委托代售的做法。寄售是指寄售人（consigner）先将货物运往国外的寄售地，委托当地的代销人（consignee）按照寄售协议规定的条件，替寄售人进行销售，货物销售后，由代销人与寄售人结算货款，并依照协议规定收取相应的报酬。

在寄售方式下，寄售人与代销人之间是代销关系，而非买卖关系；货物的所有权一直属于寄售人，货物的风险仍属于寄售人，除非是由代销人的过失所造成的损失；货物售出后，代销人根据协议规定扣除相关费用和佣金后，把货款汇给寄售人。

在寄售方式下，寄售人可以利用代销人的市场资源拓展自己的海外市场。对于代销人和寄售人的权利和义务都规定在寄售协议中，寄售协议涉及的主要内容包括：寄售商品的价格（一般有三种做法：规定最低限价、随行就市、销售前征得寄售人的同意）、佣金、货款的收付等。

（六）招标与投标

在世界市场上，一些国际机构、政府机构、国有企业在进行大规模物资采购时通常采取招标形式，招投标更多地用于国际工程承包。

招标是指招标人发布招标公告，说明计划采购的商品或服务的名称、规格和数量，或是计划兴建项目的标准与要求，邀请投标人按照一定程序在规定时间、地点进行投标，最后选择对招标人最有利的条件达成交易的行为。

投标是指供应商或工程承包公司根据招标条件在规定的时间向投标人递价的行为。

从定义上可以看出，招标与投标是同一交易的两个方面，因而通常统称为招投标。

招标与一般贸易做法所不同的是，在招标中，双方当事人没有磋商过程，不存在讨价还价，而是由投标人同时报价，成交与否取决于投标人价格的竞争力。

招投标的基本程序为：招标前准备—发布招标公告—投标—开标—评标—定标—签署交易或承包合同。

（七）加工贸易

加工贸易是指企业从境外保税进口全部或部分原材料、零部件、元器件、包装材料等，经加工和装配后，将半成品或成品复出口的交易形式。

加工贸易有两种基本形式：

1. 来料（件）加工

来料加工是指由外国企业免费提供全部或部分原材料、辅料、零部件、包装材料等，由加工方依照外国企业的要求进行加工和装配，成品交由外方销售，加工方只收取工缴费的交易形式。

2. 进料加工

进料加工是指加工方自行进口原材料、辅料、零部件、包装材料等，经加工成半成品、成品后再度出口的做法。

在中国的多数加工贸易属于贴牌生产。

（八）补偿贸易

补偿贸易是商品贸易、技术贸易与信贷的三位一体。补偿贸易是国内企业在国外企业提供信贷的基础上，取得项目建设和产品生产所需要的机器设备、原材料、生产技术及其他商品和服务等，在项目建成投产后，主要用引进技术和设备生产出的产品或双方商定的其他产品去偿还贷款本息的一种贸易方式。

补偿贸易最主要的特点是贸易与信贷结合，出口与进口结合，企业在信贷的基础上进口，又缘于进口举债而出口。

第二节 世界市场价格

一、世界市场价格的种类

商品世界市场价格按其形成原因、变化特征可以分为下列两大类。

（一）世界“自由市场”价格

世界“自由市场”价格是指在国际上不受垄断或国家力量干扰的条件下，由独立经营的买者和卖者之间进行交易的价格。国际供求关系是这种价格形成的客观基础。

“自由市场”是由较多的买主和卖主集中在固定的地点，按一定的规则，在规定的时间进行的交易。尽管这种市场也不可避免地会受到国际垄断和国家干预的影响，但是，由于商品价格在这里是通过买卖双方公开竞争而形成的，所以它常常能够比较客观地反映商品供求关系的变化。

在联合国贸易和发展会议所发表的统计中，把美国谷物交易所的小麦价格、玉米（阿根廷）的英国到岸价格、大米（泰国）的曼谷离岸价格、咖啡的纽约港交货价格等 36 种初级产品的价格列为世界“自由市场”价格。

联合国贸易和发展会议还定期发布年度和季度初级产品自由市场价格指数，表 3-2 给出了 1985—2016 年间部分初级产品自由市场价格变化趋势。

表 3-2　1985—2016 年间初级产品自由市场价格变化趋势（2000 年=100）

	1985 年	1990 年	1995 年	2001 年	2005 年	2010 年	2015 年	2016 年
所有初级产品	96	124.3	138	96.4	140.8	256	202	200
食物	103.4	121.8	138.9	99.6	128.4	230	204	207
热带饮料	179.1	107.6	163.3	79.4	125.7	213	197	190
菜籽油和油脂	141.2	107	167.1	93.6	140.6	262	203	226
农业原料	92.5	130.2	153.1	96.1	132.3	226	161	157
矿物原料	81.2	127	128.1	89.2	173.2	327	218	205

资料来源：UNCTAD. *Handbook of Statistics*，2008，2018.

从表 3-2 中可以看到，初级产品整体价格波动幅度很大，以热带饮料为例，1985 年价格指数为 179.1，5 年后降至 107.6，经历 5 年以后升至 163.3，6 年后又降到 79.4，2016 年重升至 190。为区分不同类别初级产品价格波动幅度的差异性，国际机构启用价格不稳定指数（instability indices of price）指标，通过计算观测值与预期数值偏离度的加权均值来比较价格波动幅度的差别。[①]

（二）世界“封闭市场”价格

世界“封闭市场”价格和“自由市场”价格不同，它是买卖双方在一定的特殊关系下形成的价格。在这种情况下，商品在国际上的供求关系，一般不会对价格产生实质性的影响。主要包括：

1. 调拨价格

调拨价格（transfer price）又称转移价格，是指跨国公司为了在国际经营业务中最大限度地减轻税负[②]，逃避东道国的外汇管制，以及为了扶植幼小的子公司等，在公司内部进行交易时采用的价格。该价格一般不受国际市场供求关系的影响，由公司上层管理者制定。

专栏 3-1

跨国公司调拨价格的范围与影响

跨国公司调拨价格使用的范围广泛，影响巨大。目前，发达工业国家制成品贸易的 1/3～1/2 属于公司“内部贸易”，这些内部贸易基本上都在使用与市场价格存在程度不同偏差的调拨价格。此外，专利使用费、劳务费、利息支付等大量交易也是在跨国公司内部完成的。调拨价格使用的结果会改变各子公司的经营业绩，表现为高或低的利润水平，最终影响东道国的税收收入。

针对跨国公司利用调拨价格进行避税的管理的关键在于寻找参照价格。许多标准化产品不易进入公司内部交易，即使进入，其价格是否适当，也很容易参照市场公开价格进行检查。真正的问题是一些公司高度专业化的产品不容易找到现成的参照价格，这类产品的技术含量及生产结构的复杂性使得计算参照价格变得非常困难，往往需要支付很高的成本，但效果并不理想。唯一可行的办法是各国统一相关税率，从根源上杜绝公司利用调拨

① 具体见 UNCTAD. *Handbook of Statistics*，2008。

② 事实上，一些无关联企业合谋减轻税负也会采取类似的价格操纵措施。

价格赚取各国间税率差异产生的盈利空间。但基于国家间经济发展水平、发展目标等方面的差异，统一税率根本不可行。这也是利用调拨价格避税禁而不止的原因。

2. 垄断价格

垄断价格是指国际垄断组织利用其经济实力和对市场的控制力确定的价格。它有买方垄断价格与卖方垄断价格两种形式。垄断组织在国际上采用垄断价格也是有条件的，其实施主要考虑某一部门竞争的公司数量、产品价格需求弹性和替代弹性的大小以及国际经济和政治形势等因素。

3. 区域性经济贸易集团内部价格

在第二次世界大战之后，出现了许多区域性的经济贸易集团。在这些经济贸易集团内部，形成了区域性经济贸易集团内部价格，如欧洲经济共同体实施的共同农业政策中的统一价格。

4. 国际商品协定下的协定价格

例如，国际商品协定通常采用最低价格和最高价格等办法来稳定商品价格。当有关商品价格降到最低价格以下时，就减少出口，或用缓冲基金收购商品；当价格超过最高价格时，则扩大出口或抛售缓冲存货。

二、世界市场价格的决定

国际市场的供求关系决定世界市场价格。

商品的国际市场价格围绕国际生产价格上下波动。[①] 然而，最终确定在哪一个价格水平上是由供求关系决定的，或者说是由买卖竞争关系决定的。这种竞争关系存在于卖方之间、买方之间、买卖方之间。影响供求关系的因素主要包括：

1. 垄断

垄断组织为了获取最大限度利润，通过影响供应量（需求量）或直接干预价格的做法对国际市场价格施加影响。

2. 经济周期

经济增长是有周期性的，一般经历四个阶段——危机、萧条、复苏、高涨。在危机期间，商品供求关系失衡表现为供应远大于需求，商品价格快速下降，利润率大幅度降低，企业只有通过减产应对危机。在危机过去后，生产逐渐上升，对各种产品的需求增加，价格又开始上涨。在周期过程中各种商品价格的变化幅度主要取决于产品的供需弹性。

3. 市场结构

国际市场的市场结构主要指经营某种商品的买主和卖主的数量、他们之间的竞争与合作程度以及产品的差异化程度。如果市场上就某种产品存在大量的买主与卖主，买卖双方均不能获得对市场价格的控制力，市场的垄断程度比较低，市场价格是在买卖双方及内部竞争基础上形成的。如果市场上仅有少数卖主，而有大量的买主，卖方可以通过独立采取行动或合谋控制产量从而控制市场价格。如果市场上存在少量买主，而存在大量卖主，买

① 有些著述认为国际市场价格是围绕商品的自然价格或自然价值上下波动的，而自然价格或价值是由影响商品内在价值的长期力量和持久因素决定的。书中“国际市场价格围绕国际生产价格上下波动”的说法源于马克思的观点。

主可以通过控制需求量，影响供求关系，达到降低产品价格的目的。值得注意的是，垄断对市场价格的操控不是没有任何约束的，垄断价格的上限取决于世界市场对垄断方产品的需求量，下限取决于生产费用及垄断者国内平均利润率，由于现实的世界中，垄断无法排除竞争，因而客观上存在垄断价格波动的界限。

4. 政府采取的政策措施

在第二次世界大战后，国家开始出台多种政策措施以提高本国产品的国际竞争力，如支持价格政策、出口补贴政策、进出口管制政策、外汇政策、战略物资收购及抛售政策等，政策实施的结果均会对世界市场价格产生影响。

政府之间签署的商品协议或协定对某些商品的世界市场价格也会产生重大的影响，如针对初级产品政府间签署的国际商品协定，其目的是稳定某些初级产品的价格，维护该产品生产国和消费国的利益。协定对参加国家权利与义务的规定是通过订立经济条款实现的，其中一类条款称为缓冲存货，它通过建立干预基金，设定价格波动范围维护价格的稳定。当市场价格高出协定规定的上限，基金就抛出实物，压低价格；当市场价格低于规定价格的下限，基金就购入实物，迫使价格回归到允许的波动范围之内。

5. 商品销售中的各种因素

这些因素包括：产品品质与包装、付款条件、运输条件、销售季节、是否为名牌、使用的货币、成交数量、客户的爱好、地理位置、广告宣传、服务质量等。它们都会对产品需求产生影响。

6. 自然灾害、政治动乱及投机等

专栏 3－2

国际市场上的初级产品价格

初级产品主要包括农产品、燃料和金属三大类。国际上大部分初级产品价格是在商品交易所由供求关系决定的，如铜、铝、锡等金属的价格形成主要在伦敦金属交易所（London Metal Exchange，LME），小麦在芝加哥期货交易所（CBOT），能源在纽约商品交易所，这些世界性商品交易所的交易价格被公认为世界市场价格的主要参考。

美国商品调查局（Commodity Research Bureau，CRB）编制的“期货价格指数”（被称为“CRB 指数”）能够比较好地反映国际市场初级产品价格的变化趋势。CRB 指数由 21 种商品组成，其中每种商品所占的权重是 1/21，价格指数包括期货价格指数、现货价格指数和期货分类指数。21 种商品包括谷物（小麦、燕麦、玉米、黄豆、黄豆油、黄豆粉）、能源（轻原油、热燃油）、贵金属（黄金、白金、白银）、基本金属（铜）、软性商品（糖、可可豆、咖啡、棉花、冻橘汁）、牲畜类（活牛、活猪、猪腩）、其他（包括木材）。

国际初级产品价格表面上也受非市场因素的影响，但最终还是归结到供求关系，它们通过影响商品的供求关系，最后影响到价格。

以 2000 年价格为基期，1985—2016 年世界初级产品价格指数，1985 年为 96；1990 年为 124.3；1995 年为 138；2001 年为 96.4；2005 年为 140.8；2010 年为 256；2015 年为 202；2016 年为 200。可见其波幅比较大。

第三节　贸易条件

一、与贸易条件相关的指数

（一）出口（进口）单价指数

出口（进口）单价指数（unit value indices of export/import）不是纯粹的价格指数，因为它的变化受价格与数量双重因素的影响，但许多国家将其作为出口（进口）价格指数的替代。出口（进口）单价指数的计算公式为：

$$p_u = \left(\frac{\sum_{m=1}^{M} p_m^1 q_m^1}{\sum_{m=1}^{M} q_m^1}\right) \bigg/ \left(\frac{\sum_{n=1}^{N} p_n^0 q_n^0}{\sum_{n=1}^{N} q_n^0}\right)$$

式中：p_u 为出口（进口）单价指数；

$\left(\frac{\sum_{m=1}^{M} p_m^1 q_m^1}{\sum_{m=1}^{M} q_m^1}\right)$ 代表报告期 M 类商品加权平均价格；

$\left(\frac{\sum_{n=1}^{N} p_n^0 q_n^0}{\sum_{n=1}^{N} q_n^0}\right)$ 代表基期 N 类商品加权平均价格。

权重是出口（进口）商品的数量，出口（进口）数量大的商品，其价格对平均价格的影响就大；反之亦然。公式中的 p_m^1、p_n^0 分别表示报告期和基期出口（进口）某类商品的价格，q_m^1、q_n^0 分别表示报告期和基期出口（进口）某类商品的数量。

联合国贸易和发展会议的《统计手册》（*Handbook of Statistics*），国际货币基金组织的《统计月刊》（*Monthly Bulletin of Statistics*）、《统计年鉴》（*Statistics Yearbook*）、《国际贸易统计年鉴》（*International Trade Statistics Yearbook*）均发布年度或季度出口（进口）单价指数。[①] 表 3－3、表 3－4 为 2018 年联合国贸易和发展会议的《统计手册》发布的货物出口（进口）单价指数（2000 年＝100）。

联合国贸易和发展会议的《统计手册》还提供国别数字。如中国 1995—2006 年（扣除 2000 年）出口单价指数分别为 105、107、108、104、101、99、98、97、99、101、103；同期进口单价指数分别为 103、101、98、94、97、98、97、100、108、118、127。

制成品出口（进口）单价指数最早于 1953 年由国际货币基金组织发布在《统计月刊》上。

① 《中国统计年鉴》提供出口（进口）单价指数数据。

表 3-3　　　　出口单价指数

	2001年	2002年	2003年	2004年	2005年	2006年	2007年	2008年	2009年	2010年	2011年	2012年	2013年	2014年	2015年	2016年	2017年
世界	96	97	108	120	129	137	149	169	150	161	184	181	180	177	154	147	156
发展中国家	94	92	97	109	121	131	140	161	141	156	181	181	177	174	153	143	151
转型国家	95	92	104	126	157	186	208	276	190	233	305	307	296	279	191	162	192
发达国家	98	100	113	125	130	136	149	165	152	156	174	168	170	169	146	143	151

资料来源：UNCTAD 数据库。

表 3-4　　　　进口单价指数

	2001年	2002年	2003年	2004年	2005年	2006年	2007年	2008年	2009年	2010年	2011年	2012年	2013年	2014年	2015年	2016年	2017年
世界	97	98	107	118	126	134	145	165	146	157	178	176	175	172	148	142	150
发展中国家	97	96	100	109	117	125	133	151	135	148	169	169	165	161	141	133	140
转型国家	99	97	103	113	123	131	141	162	152	161	180	178	180	177	153	141	151
发达国家	97	99	111	122	130	139	151	171	151	159	181	177	177	175	149	144	153

资料来源：UNCTAD 数据库。

出口（进口）单价指数大于 100 说明出口（进口）单价提高，小于 100 说明出口（进口）单价降低。出口单价提高（进口单价降低）有利于出口国（进口国），说明出口收入增加，进口支出减少；出口单价降低（进口单价提高）不利于出口国（进口国），说明出口收入减少，进口支出增大。

虽然许多国家以出口（进口）单价指数代表出口（进口）价格指数，但这种做法存在明显的偏差。因为计算出口（进口）单价指数的数据均来自各国海关，每年各国出口（进口）的商品结构会发生变化，造成不同商品的权重会发生变化，利用出口（进口）单价数据进行历史比较不是非常准确，而出口（进口）商品价格指数的商品结构是稳定的，因而进行历史比较更具有说服力。然而，鉴于成本因素，许多国家仍只提供海关的实际出口（进口）数据，只能以出口（进口）单价指数近似地反映出口（进口）商品价格的平均变化。

(二) 出口（进口）量指数

出口（进口）量指数（volume indices of export/import）用来反映某一国家或地区出口（进口）数量的变化，出口量指数等于出口值指数与出口单价指数的比率，进口量指数等于进口值指数与进口单价指数的比率，计算公式为：

$$Q=\frac{\dfrac{\sum_{m=1}^{M}p_m^1q_m^1}{\sum_{n=1}^{N}p_n^0q_n^0}}{\dfrac{\left(\dfrac{\sum_{m=1}^{M}p_m^1q_m^1}{\sum_{m=1}^{M}q_m^1}\right)}{\left(\dfrac{\sum_{n=1}^{N}p_n^0q_n^0}{\sum_{n=1}^{N}q_n^0}\right)}}=\frac{\sum_{m=1}^{M}q_m^1}{\sum_{n=1}^{N}q_n^0}$$

式中：Q 代表出口（进口）量指数；

p_m^1、p_n^0 分别表示报告期和基期出口（进口）某类商品的价格；

q_m^1、q_n^0 分别表示报告期和基期出口（进口）某类商品的数量；

$\dfrac{\sum_{m=1}^{M} p_m^1 q_m^1}{\sum_{n=1}^{N} p_n^0 q_n^0}$ 为出口（进口）值指数；

$\left(\dfrac{\sum_{m=1}^{M} p_m^1 q_m^1}{\sum_{m=1}^{M} q_m^1}\right) \bigg/ \left(\dfrac{\sum_{n=1}^{N} p_n^0 q_n^0}{\sum_{n=1}^{N} q_n^0}\right)$ 为出口（进口）单价指数。

出口（进口）量指数大于 100 表示出口（进口）规模扩张，出口（进口）量指数小于 100 表示出口（进口）规模萎缩，扩张或萎缩的程度取决于指数与 100 的差。

1953 年，国际货币基金组织在《统计月刊》第一次发布制成品出口（进口）量指数。联合国贸易和发展会议的《统计手册》，国际货币基金组织的《统计月刊》《统计年鉴》《国际贸易统计年鉴》发布年度或季度出口（进口）量指数。[①] 表 3－5、表 3－6 为联合国贸易和发展会议的《统计手册》发布的货物出口（进口）量指数（2000 年＝100）。

表 3－5　　出口量指数

	1995 年	2001 年	2006 年	2011 年	2015 年	2016 年
世界	70	99	—			
发展中国家	63	98	179	256	295	298
转型国家	—	104	267	384	300	322
发达国家	69	99	127	129	138	142

资料来源：联合国贸易和发展会议. 统计手册，2017.

表 3－6　　进口量指数

	1995 年	2001 年	2006 年	2011 年	2015 年	2016 年
世界	71	100	—	—	—	—
发展中国家	72	98	179	234	266	274
转型国家	—	116	164	189	197	194
发达国家	67	100	124	132	142	144

资料来源：联合国贸易和发展会议. 统计手册，2017.

二、贸易条件

（一）贸易条件的定义

贸易条件（terms of trade）指一个国家出口单位商品与其从贸易伙伴换取的进口商品的比率，一般采用出口商品价格与进口商品价格的比率。现实中的贸易条件计算可以采用

① 《中国统计年鉴》提供出口（进口）量指数。

出口商品价格指数与进口商品价格指数直接进行比较的做法[①]，国际组织和机构则利用进出口单价指数直接计算各国或地区集团的贸易条件[②]。

贸易条件可以用来衡量一国通过贸易获取利益的状况，只有一国为其进口支付更少的出口商品，该国的贸易利益才会增加，或者说，只有一国在出口商品数量不变的情况下可以换得更多的进口商品，该国的贸易利益才会增加。

（二）贸易条件的类型

国际贸易中常用的贸易条件主要有以下几种形式：

1. 贸易条件或净易货贸易条件[③]

贸易条件或净易货贸易条件（net barter terms of trade）只考虑进出口商品价格变化对一国进口能力产生的影响，它是出口商品对进口商品价格的比率，即每单位出口商品换得的进口商品的单位数，一般以一国一定时期的出口单价指数与同期进口单价指数的比率来反映。计算公式为：

$$N=\frac{P_{ux}}{P_{um}}\times 100$$

式中：N 代表贸易条件；

P_{ux} 代表出口单价指数；

P_{um} 代表进口单价指数。

例 3－1

假定某国以 2016 年为基期，2017 年出口单价指数为 70，进口单价指数为 120，该国 2017 年贸易条件为：

$$N_{2017}=\frac{70}{120}\times 100=58.3$$

在例 3－1 中，在以 2016 年为基期的条件下，2017 年出口商品价格的平均变化相对于进口商品价格的平均变化处于不利地位，出口商品价格总体在下降，平均下降幅度达到 30%，进口商品价格总体在上涨，涨幅达到 20%，计算的贸易条件结果 58.3 说明，每单位出口商品换得的进口商品的数量在减少，在这种条件下，一国若想保持原有的进口规模，只能依靠扩大出口。

例 3－2

假定某国以 2016 年为基期，2017 年出口单价指数为 120，进口单价指数为 70，该国 2017 年贸易条件为：

$$N_{2017}=\frac{120}{70}\times 100=171$$

在例 3－2 中，在以 2016 年为基期的条件下，2017 年出口商品价格的平均变化相对于

---

① 商品价格指数依照对数量权重时期选择的不同，有 Laspeyres（拉氏）、Paasche（帕氏）两种基本形式：拉氏商品价格指数的数量权重选择基期的数量，$\frac{\sum p_1 q_0}{\sum p_0 q_0}$；帕氏商品价格指数的数量权重选择报告期的数量，$\frac{\sum p_1 q_1}{\sum p_0 q_1}$。为利用联合国、国际货币基金组织提供的现有数据，我们的出口（进口）商品价格指数选取出口（进口）单价指数。

② 进出口单价指数是各成员国提供的。

③ UNCTAD 的 *Handbook of Statistics* 提供相关统计数字。

进口商品价格的平均变化处于有利地位，出口商品价格平均上涨 20%，进口商品价格平均下浮 30%，商品贸易条件计算结果 171 说明，每单位出口商品换得的进口商品的数量在增加，因而，一国在保持原有出口规模不变的条件下可以增加进口商品数量。

因此，我们可以得出结论：

商品贸易条件大于 100，说明该国出口商品价格上升幅度超过进口商品价格的上升幅度，或出口商品价格下降幅度小于进口商品价格下降幅度（即出口商品价格相对于进口商品价格在上涨），或出口商品价格在上升而进口商品价格在下降。三种情况下，贸易利益都在增加，进口能力都在提高，具体表现为该国为进口商品都在支付更少的出口商品，因而贸易条件得到改善。

商品贸易条件小于 100，说明该国出口商品价格上升幅度低于进口商品价格的上升幅度，或出口商品价格下降幅度大于进口商品价格下降幅度（即出口商品价格相对于进口商品价格在下降），或出口商品价格下降而进口商品价格上涨。在这些情况下，该国的贸易条件都会恶化，进而，进口能力被削弱。

2. 总易货贸易条件①

总易货贸易条件（gross barter terms of trade）是出口商品数量与进口商品数量的比率。一般以出口量指数与进口量指数的比率表示：

$$G=\frac{Q_x}{Q_m}\times 100$$

式中：G 代表总易货贸易条件；

Q_x 代表出口量指数；

Q_m 代表进口量指数。

3. 收入贸易条件或出口购买力指数②

收入贸易条件（income terms of trade）或出口购买力指数（purchasing power indices of export）共同考虑出口规模的变化与进出口商品价格相对变化对一国进口能力的影响。计算公式为：

$$I=\frac{\dfrac{\sum_{m=1}^{M}p_m^1q_m^1}{\sum_{n=1}^{N}p_n^0q_n^0}}{\dfrac{\left(\dfrac{\sum_{m=1}^{M}p_m^1q_m^1}{\sum_{m=1}^{M}q_m^1}\right)}{\left(\dfrac{\sum_{n=1}^{N}p_n^0q_n^0}{\sum_{n=1}^{N}q_n^0}\right)}}$$

① 这一概念是由陶西格（Taussig）提出的。

② UNCTAD 的 *Handbook of Statistics* 提供相关统计数字。

式中：I 代表收入贸易条件（出口购买力指数）；

分子为出口值指数，分母为进口单价指数。

例 3－3

我们仍然沿用前面例子中的数字，假定某国以 2016 年的价格、出口商品数量为基期，2017 年出口值指数为 200，进口单价指数为 150，出口单价指数为 120，那么该国 2017 年贸易条件为 80，收入贸易条件为 133。

$$I_{2017}=\frac{200}{150}\times100=133$$

虽然贸易条件计算结果表明在以 2016 年为基期的条件下，出口商品价格的平均变化相对于进口商品价格的平均变化处于不利地位，即每单位出口商品换得的进口商品的数量在减少，贸易条件对该国而言恶化了，但是由于出口规模扩张了一倍，因而不仅可以扭转出口商品价格相对于进口商品价格变化所处的不利局面，还使该国的进口能力提高了 33%。

例 3－4

接续上例，如果出口值指数是 140，而不是 200，结果会怎样？收入贸易条件的计算结果将变为 93。这说明单纯从贸易条件上看，该国由于进口商品价格上升和出口商品价格下降导致进口能力削减 20%，但由于出口值增加了 40%，从而可以部分抵消由于进出口商品价格相对变化对该国进口能力带来的消极影响，使进口能力削减的幅度从 20%降低到 7%。

例 3－5

如果出口值指数是 80，又会怎样？收入贸易条件计算的结果是 53.3。这说明出口规模的萎缩与进出口商品价格相对不利变化共同对该国进口能力产生不利的影响，也就是说，出口规模的萎缩进一步强化了该国进口能力的下降，使得进口能力的下降幅度从 20%上升到 46.7%，贸易条件继续恶化。

由上述各例，我们可以发现，任何一种贸易条件形式，其结果大于 100 时，表明该国贸易条件得到改善，小于 100 时，则表明该国的贸易条件恶化。

世界上大多数国家的贸易条件或净易货贸易条件、收入贸易条件或出口购买力指数由联合国、国际货币基金组织定期发布，还有一些国家提供总易货贸易条件数字。表 3－7 为 UNCTAD 提供的国别进出口价格、数量方面的数据，我们摘录了其中关于中国的数据（2000 年＝100）。

从表 3－7 中可以看出，中国 2001—2016 年贸易条件变化不明显，均小于 100，说明进出口价格变化趋势不利于中国。同期，中国出口购买力指数上升很快，主要归功于出口规模的快速扩张，使中国进口能力快速提升。

表 3－8 展示的是 2006—2016 年世界贸易条件状况，从收入贸易条件的角度，发展中国家改善明显，发达国家居次，转型国家总体恶化；净贸易条件，改善状况都不理想，转型国家实际上恶化了。

表 3-7　中国 2001—2017 年贸易条件的变化

	2001 年	2002 年	2003 年	2004 年	2005 年	2006 年	2007 年	2008 年	2009 年	2010 年	2011 年	2012 年	2013 年	2014 年	2015 年	2016 年	2017 年
出口																	
出口额	266	326	438	593	762	969	1 218	1 429	1 202	1 578	1 899	2 049	2 209	2 342	2 273	2 098	2 263
出口单价指数	97	94	96	105	108	112	118	127	120	123	136	138	137	137	134	122	123
出口量指数	110	139	183	227	284	346	415	450	403	517	562	597	648	684	681	690	739
进口																	
进口额	244	295	413	561	660	792	956	1 133	1 006	1 395	1 743	1 818	1 950	1 959	1 680	1 588	1 844
进口单价指数	100	102	104	116	122	126	133	152	131	149	172	173	170	166	145	132	141
进口量指数	108	128	177	216	241	280	319	330	342	416	451	468	510	526	515	534	582
贸易条件	97	92	93	91	88	89	89	84	91	82	79	80	81	83	93	92	87
出口购买力指数	107	128	170	206	251	310	367	377	367	424	445	476	522	568	630	637	645

资料来源：UNCTAD 数据库。

表 3-8　　2006—2016 年世界贸易条件

	收入贸易条件				净贸易条件			
	2006 年	2011 年	2015 年	2016 年	2006 年	2011 年	2015 年	2016 年
发达国家	122	126	135	139	100	99	100	102
发展中国家	177	228	252	255	108	115	118	117
转型国家	227	301	226	209	142	109	125	118

本章小结

1. 世界市场是在地方市场和民族市场形成与发展的基础上产生的。它由世界范围内通过国际分工联系起来的各个国家国内市场与国家之间的市场组合而成。

2. 第二次产业革命发生后，西欧与北美发达国家完成了工业化过程，工农业生产发展，交通运输工具的革命，即铁路和轮船的出现和发展意味着世界经济代替了国民经济，国际分工进一步发展。同期，资本主义从自由竞争走向垄断，资本输出深化了旧有的国际分工格局，最终国际分工体系得以确立，统一的世界市场也随之形成。

因而，世界工农业生产的增长、交通运输工具的革命和资本输出联合作用的结果，就导致世界历史上把世界各国都联系起来的统一的世界市场的诞生。

3. 当代世界市场由交易对象、交易国家、订约人、国际商品市场、国际商品销售渠道、国际运输与信息网络构成。

4. 世界市场的供求关系决定世界市场价格。世界市场价格分为两类：自由市场价格和封闭市场价格。

5. 贸易条件即一国进出口商品的交换比价，一般以出口商品价格指数与进口商品价格指数的比值表示。贸易条件根据考虑因素的不同主要包括贸易条件、总易货贸易条件、收入贸易条件三种形式。

关键术语

世界自由市场价格　　世界封闭市场价格　　调拨价格
垄断价格　　贸易条件　　收入贸易条件

思考题

1. 结合前面两章的学习，从历史发展的角度分析国际分工、国际贸易、世界市场之间的关系。

2. 什么是贸易条件？它的主要形式有哪些？

第四章 对外贸易政策

学习目标

通过本章的学习，充分掌握各国对外贸易政策的类型与内容构成，认识和了解各国贸易政策制定的理论依据。同时能够正确认识和理解对外贸易政策的变化，了解政策变化的条件，并能客观地对贸易政策的适用性做出评价。

第一节 对外贸易政策概述

一、对外贸易政策的定义

对外贸易政策是各国在一定时期对于进出口贸易进行管理的原则、方针和措施手段的总称。

对外贸易政策范畴包含的基本因素有：

1. 政策主体

政策主体指政策行为者，即政策的制定者和实施者，一般来说是指各国政府部门。

2. 政策客体或政策对象

政策客体或政策对象就是贸易政策规范、指导、调整的贸易活动和从事贸易活动的企业、机构和个人。

3. 政策目标

贸易政策行为是有目的的行动。贸易政策的内容首先是在一定政策目标的指导下确定的，政策目标是政策内容制定的依据。

4. 政策内容

政策内容就是贸易政策所涵盖的方面和内容。

5. 政策手段

为实现既定的政策目标、实施政策内容所采用的对外贸易管理措施，如关税、非关税壁垒等。

二、对外贸易政策的基本类型

从对外贸易产生与发展以来，基本上有两种类型的对外贸易政策：自由贸易政策与保护贸易政策。其他类型的贸易政策都是在这两种形式的基础上演化而来的，是这两种政策类型的变形。

（一）自由贸易政策

国家取消对商品进出口和服务贸易的限制和障碍，取消对本国商品进出口和服务贸易的各种特权和优待，使商品自由进出口，服务贸易自由经营。也就是说，国家对贸易活动不加或少加干预，任凭商品、服务和有关要素在国内外市场公平、自由地竞争。

（二）保护贸易政策

国家广泛利用各种措施对商品进口和服务经营领域与范围进行限制，保护本国的产品和服务在本国市场免受外国产品和服务的竞争，并对本国出口的产品和服务给予优待与补贴。国家对贸易活动进行干预，限制外国商品、服务和有关要素参与本国市场的竞争。

三、对外贸易政策的演变

在资本主义生产方式准备时期，为促进资本的原始积累，西欧各国广泛推崇重商主义，在贸易政策上实施强制性的贸易保护主义，通过限制货币（贵重金属）出口和扩大贸易顺差的办法扩大货币的积累，以英国最为彻底。

在资本主义自由竞争时期，资本主义生产方式占据统治地位，世界经济进入商品资本国际化阶段。但由于欧美各国经济发展水平不同，出现了两种类型的贸易政策。在资本主义较发达的国家，如英国，推行自由贸易政策；在资本主义比较落后的国家，如美国、德国，则执行以保护幼稚工业为目标的保护贸易政策。

从 19 世纪末到第二次世界大战前，由于垄断的出现与加强，资本输出占据统治地位。1929—1933 年的大萧条使市场矛盾日益激化，主要资本主义国家开始推行带有垄断性质的超保护贸易政策。

在第二次世界大战后，先是由于美国对外扩张的需要，继而因为生产、资本国际化和国际分工在广度和深度上的迅猛发展，出现了世界范围的贸易自由化倾向。

在 20 世纪 70 年代中期后，由于两次经济危机的爆发，经济发展减缓，结构性失业的出现使市场问题趋于尖锐，以美国为首的发达国家转向新的贸易保护主义，并开始推行战略贸易政策。

自 20 世纪 80 年代中后期以来，由于世界经济政治关系的深刻变化，各国经济相互依赖的加强，在世界范围内，特别是发达国家开始推行管理贸易的做法。它们对内制定各种对外贸易法规和条例，加强管理以保证本国进出口有秩序发展，对外通过协商、签订各种对外经济贸易协定，以协调和发展与他国之间的经济贸易关系。在这一期间，贸易自由化仍为主导，但伴随各国经济发展的不平衡和产业竞争力的变化，贸易保护主义的声音和做法不时出现。

在第二次世界大战后，发展中国家根据各国经济发展的需要，大多数国家执行保护贸易政策。然而，随着经济的发展和需要，其贸易政策逐步开放，贸易自由度逐步加大。

第二节 重商主义

一、重商主义理论

重商主义理论产生于15—17世纪资本主义生产方式准备时期，最早对国际贸易问题进行系统研究。

（一）产生背景

在资本主义生产方式准备时期，由于商品交换和货币经济的发展，货币成为全社会各阶层追求的东西，成为财富的代表形态。当时，商业资本与高利贷资本在流通领域占据统治地位，商业成为人们意念中利润和财富的源泉。在这一社会背景下，以流通领域为研究对象，认为利润来自流通领域，而与生产过程无关的重商主义便产生了。

重商主义把货币和财富混为一谈，认为一个国家拥有的黄金和白银越多，其财富的拥有量就越大，因而也就越富有。重商主义认为商业是利润和财富的源泉，而除开掘金银矿藏之外，只有对外贸易才能不断增加一国货币量，从而增加国家的财富。因此，理论强调国内的商品生产应服从于对外贸易的需要，国家应通过鼓励工场手工业的发展促进商品的出口，以增加黄金白银的流入。

（二）主要论点

重商主义理论的发展经历了两个阶段：早期为重金主义，或称货币差额论；晚期为贸易差额论。

15—16世纪中叶为早期重商主义，其代表人物是英国的威廉·斯塔福德（William Stafford），其理论的主要观点是：货币——金银是唯一的财富形式，任何商品输入都会使货币流出，减少本国货币拥有量，从而减少本国的财富。因而一国在对外贸易中就应尽可能地多输出少输入，最好是不输入，只有这样，一国才能迅速地增加货币，实现财富的积累。同时为保留货币，该理论主张禁止货币出口。这个时期的重商主义者“就像守财奴一样，双手抱住他心爱的钱袋，用妒嫉和猜疑的目光打量着自己的邻居”①。

但是，货币是国际商品流通的手段，各国都限制金银的外流，其结果是窒息了贸易，阻碍了金银的流入。重商主义在实践中认识到货币只有在运动中、在流通中才能增值，于是重商主义的发展开始超越其初级阶段进入晚期，货币差额论发展成为贸易差额论，成为名副其实的重商主义。

① 马克思，恩格斯. 马克思恩格斯全集：第1卷. 北京：人民出版社，1956：596.

晚期重商主义理论的主要代表人物是英国的托马斯·孟（Thomas Mun），其《英国得自对外贸易的财富》一书是重商主义的代表作，也是重商主义的“福音书”。在书中，托马斯·孟认为，增加英国财富的手段就是发展对外贸易。但必须遵循一条原则，即卖给外国人的商品总值应大于从他们那里购买的商品总值。但不要求对每一个国家的贸易都有顺差，而只是从每年总的进出口贸易中取得顺差，增加货币的流入量。他反对早期重商主义禁止金银输出的思想，他把货币与商品联系起来，指出“货币产生贸易，贸易增多货币”[①]。只有输出货物，才能输入更多的货币。为了保证有利的贸易顺差，托马斯·孟主张扩大出口，减少外国制品的进口，反对英国人消费英国能够生产的外国产品及能够在国外销售的本国产品。他还主张发展加工业和转口贸易。既然英国的财富积累取决于对外贸易，托马斯·孟认为英国一切生产和消费都应当服从于发展对外贸易的需要。

重商主义对贸易的研究主要集中在如何进行贸易，具体地讲，就是如何通过限制进口、鼓励出口来增加一国货币的流入，从而增加一国的财富总量。因为他们认为，国内贸易是由一部分人支付货币给另一部分人，一部分人获利，一部分人利益受到损害，但结果只是社会财富在不同群体之间的转移，属于社会再分配范畴，整个社会财富没有变化。然而，国际贸易却不一样，它通过商品的跨境流动，引发货币的跨境流动，从而改变一国的货币拥有数量，改变一国拥有的财富总量。重商主义是从商人的视角研究国际贸易问题，认为国际贸易是一种“零和博弈”，一方获益，另一方必定利益受损，其错误思想的根源在于重商主义者只把货币作为财富的形式，而不是获取财富的手段。一国真正的财富应该是国民能够消费的国内外产品的总和，这些产品的增减不是来自流通领域，而是来自生产领域。

虽然重商主义者的贸易思想存在许多错误和局限性，但他们提出了许多有价值的概念，如贸易顺差、逆差等，为后人研究国际贸易问题打下了基础。更重要的是，重商主义开启了对国际贸易问题的系统研究。熊彼特曾对重商主义做过这样的评价：重商主义为“18 世纪末 19 世纪初形成的国际贸易一般理论奠定了基础”[②]。

二、重商主义贸易政策

重商主义贸易政策是西欧封建社会后期中央集权国家增加货币财富、促进资本积累的政策。这种政策代表商业资产阶级的利益，其目的是增加国外金银的流入，并将其保留在国内，以增加本国的财富，促进国内的资本形成与积累。

在早期重商主义时期，一些国家为达到上述目的，采取如下措施：（1）禁止货币出口，由国家垄断所有的货币交易；（2）要求外国人来本国进行贸易时，必须将其销售货物的全部款项用于购买本国的货物。

英国政府对进出口贸易的控制更为严格。凡是英国出口商只能到国外指定的地点进行交易，并规定每次出售英国商品所得到的货币，必须包括一部分外国货币或金银，以便运回本国。对于到英国做生意的外国商人则规定了两条法律：一是把所携带的外国货币换成

① 托马斯·孟．英国得自对外贸易的财富．北京：商务印书馆，1997：14.

② J. A. Schumpeter. *History of Economic Analysis*. New York：Oxford University Press，1954.

英国货币；二是在英国销售货物所得货币必须全部用于购买英国货物，在英国花费掉。

16 世纪下半叶，重金主义转变为重商主义，西欧开始进入晚期重商主义时期。这时商业资本已高度发达，工场手工业获得长足进展，信贷业开始出现，商品经济发展迅速。当时的封建王朝和商业资产阶级更加需要货币，“它们开始明白，一动不动地放在钱柜里的资本是死的，而流通中的资本却会不断增殖……人们开始把自己的金币当作诱鸟放出去，以便把别人的金币引进来”。于是管理金银进出口的政策为管制货物进出口的政策所取代。各国力图通过实施奖励出口、限制进口的政策措施，保证贸易出超，以达到金银流入的目的。

为鼓励出口，西欧各国采取的措施包括：

（1）以补贴和出口退税等措施鼓励出口。

（2）禁止重要原料的出口，但许可自由输入原料加工后再出口。

（3）减低或免除出口税。

（4）设立特权贸易公司，实行独占性的殖民地贸易政策。

（5）与外国签订贸易条约。

英国除采取以上措施外，还采取以下做法以达到贸易出超和金银进口的目的：

（1）颁布谷物法[①]，限制谷物进口。

（2）颁布职工法，禁止技术工人离境，鼓励外国技工移入，以促进国内工场手工业的发展。

（3）颁布航海法，规定一切输往英国的货物必须用英国船载运或原出口国的船只载运，一切输出到亚洲、非洲、北美洲的货物必须使用英国或殖民地的船只，由此来限制英国对外贸易中外国运输业与英国运输业的竞争。

（4）奖励人口繁殖，以扩大劳工来源，降低劳工成本。

西欧各国为限制进口，采取如下措施：

（1）直接禁止若干外国商品，尤其是奢侈品的输入。

（2）课征保护关税，即以高关税来限制国外商品的进口。

重商主义贸易政策是 14 世纪以后西欧各国普遍采取的政策，最早出现于意大利，后来在西班牙、葡萄牙、荷兰实行，最后在英国、法国、德国、俄国先后实行。在实行重商主义贸易政策过程中，各国的政策重点不同。在法国表现为积极促进工场手工业的发展；在西班牙、葡萄牙表现为殖民地贸易；在荷兰是航海和中间贸易；在英国则比较全面，除上列各项外，还包括农业内容。

第三节 自由贸易政策

自由贸易政策形成于资本主义竞争时期，始于经济最发达的英国，其后随着其他国家经济发展水平的提高和经济发展的要求，这些国家也开始接受并实施自由贸易。在资本主

① 英国的谷物法是在谷物（小麦、大麦、黑麦、燕麦）充足和低价期，为了生产者的利益而控制贸易的法规。

义发展进入垄断阶段后，自由贸易发展一度受阻，这种状态一直持续到第二次世界大战。之后，自由贸易又重新被推到前台，成为大多数国家一致推举的贸易政策与做法。

在第二次世界大战后，贸易政策的发展趋势总的来看是自由化的，虽然中间有些停滞，如为20世纪70年代末期新贸易保护主义所打断，但自由贸易的大方向并没有就此改变，而是在环境条件稍有改善后，自由贸易继续得到更深程度和更广范围的发展。客观地讲，在第二次世界大战后的自由贸易与在第二次世界大战前的自由贸易相比已发生重大的变化，自由贸易的范围已从一国向地区，甚至世界范围演变，政府政策行为也从一国政府的行为逐步转向超国家、国际经济组织的行为，贸易自由化的范围也从过去的局限于货物贸易向服务贸易、要素贸易领域拓展，进入大贸易范畴。

一、自由竞争时期的自由贸易政策

（一）英国自由贸易政策的兴起与胜利

英国自18世纪中叶开始产业革命，确立其世界工厂的地位。一方面，英国工业的发展要求从国外进口廉价的工业原料和粮食；另一方面，英国的产业革命早于其他国家，工业制成品具有强大的国际竞争力。因而，此时的重商主义贸易政策实质上已成为英国经济发展和英国工业资产阶级向外扩张的障碍，工业资产阶级强烈要求废除保护主义的贸易政策，实施自由贸易政策。

工业资产阶级经过长期不懈的努力和不断的斗争，最后终于使自由贸易政策在英国取得胜利，具体表现为：

1. 废除谷物法①

1833年英国棉纺织业资产阶级组成“反谷物法同盟”（Anti-Corn Law League），而后又成立全国反谷物法同盟，展开声势浩大的反谷物法运动。经过斗争，迫使国会于1846年通过废除谷物法的议案，并于1849年生效。马克思指出：“英国谷物法的废除是19世纪自由贸易所取得的最伟大的胜利。”②

2. 关税税率逐步降低，纳税商品数目减少

19世纪初，经过几百年的重商主义实践，英国有关关税的法令达1 000件以上，没有人了解法令的全部内容。1825年英国开始简化税法，废止旧税率，建立新税率。进口纳税项目从1841年的1 163种减少到1853年的466种，1862年的44种，1882年的20种。所征收的关税全部是财政关税，税率大大降低。禁止出口的法令完全被废除。

3. 废除航海法

航海法是英国限制外国航运业竞争和垄断殖民地航运业的政策。从1824年逐步废除，

---

① 禁止或不鼓励谷物进口的法规可以追溯到15世纪，特别是1815年的谷物法，其目的在于通过禁止进口，直到国内价格达到一定水平的办法来鼓励国内生产，因而该谷物法成为代表性消费者、中产阶级制造商及出口商猛烈攻击的目标。

② 马克思，恩格斯．马克思恩格斯全集：第4卷．北京：人民出版社，1958：444．随着欧洲小麦供应的枯竭，从19世纪30年代中期起，谷物法的废除对谷物贸易造成了很大的实际困难。谷物法的废除没有导致小麦价格的下跌，但减少了每年小麦进口量的波动。

到 1849 年和 1854 年，英国的沿海贸易和殖民地贸易、航运全部对外开放，至此，重商主义时代制定的航海法全部废除。

4. 取消特权公司

在 1813 年、1814 年分别废止了东印度公司对中国和印度的贸易垄断权，从此对中国和印度的贸易开始开放给所有的英国人。

5. 改变殖民地贸易政策

在 18 世纪，英国对殖民地的航运享有特权，殖民地的货物输入英国享受特惠关税。在英国大机器工业建立以后，英国产品不惧怕任何国家的竞争，所以对殖民地的贸易逐步采取自由放任的态度。1849 年航海法废止后，殖民地已经能自由输出入商品。通过关税改革，废止了对殖民地商品的特惠税率，同时准许殖民地与外国签订贸易协定，殖民地可以与任何国家建立直接的贸易关系，英国不再加以干涉。

6. 与外国签订带有自由贸易色彩的贸易条约

1860 年签订了英法《科布顿-谢瓦利埃协定》（Cobden-Chevalier Treaty）。根据这一协定，英国降低对法国的葡萄酒和烧酒的进口关税，并承诺不再禁止煤炭出口，法国则保证对从英国进口的一些制成品征收不超过 30%的从价税。《科布顿-谢瓦利埃协定》是以自由贸易精神签订的一系列贸易条约的第一个，列有最惠国待遇条款。在 19 世纪 60 年代，英国就缔结了 8 个类似的条约。

事实上，19 世纪的自由贸易运动是在两个层次进行的。在一些国家内部，政治割据、关卡林立的局面有所改变，逐渐形成了统一的民族国家和国内市场。在国际上，许多国家实行自由贸易政策，结束了英国、法国、西班牙、葡萄牙等殖民国家的保护贸易政策和特权贸易公司控制对外贸易的局面。总之，从 1815 年到 19 世纪 70 年代是自由贸易政策蓬勃发展时期，尽管各国情况有所不同，但各国都从自由贸易中获得经济利益。在自由贸易政策的影响下，国际贸易迅速增长。从 1820 年到 1850 年，国际贸易量增加了 2 倍以上。从 1850 年到 1876 年/1880 年又增加了将近 2 倍。

（二）自由贸易政策的理论依据

随着西欧，特别是英国经济的发展，重商主义理论已经不能适应工业资产阶级发展经济和向外扩张的要求。于是，一些资产阶级思想家开始探索研究对外贸易与经济发展的内在联系，试图从理论上说明自由贸易对经济发展的好处，由此产生了自由贸易理论。

在国际贸易理论的发展过程中，首先提出自由贸易论点的是 18 世纪下半期的法国重农学派，他们认为农业才是一国财富的基础，交换不能产生新的财富，并要求国家放弃对经济生活的干预，反对保护贸易政策，支持自由贸易政策。[①] 法国重农学派成为英国古典学派自由贸易理论的先驱。其后，自由贸易理论得到英国古典学派的进一步发展。英国古典学派的主要代表人物是英国的亚当·斯密和大卫·李嘉图。后来一些经济学家，如穆勒、马歇尔进一步对古典学派的论点进行演绎和发展。自由竞争时期自由贸易理论的主要论点是：

① 重农学派对贸易不重视，只是从“自由经济”的基本理念和法国农民的实际利益出发，反对重商主义对贸易的干预，提出自由贸易的口号，因而重农学派对国际贸易理论实际上没有做出太多的贡献。

1. 自由贸易可以形成互相有利的国际分工

在自由贸易条件下，各国可以按照绝对成本、比较成本状况，专心生产其最有利和有利较大或不利较小的产品，提高各国的资源配置效率。

2. 提高国民的实际收入

在自由贸易条件下，每个国家都根据自己的条件发展最擅长的生产部门，生产要素会得到最有效的配置，再通过对外贸易以较少的花费换回较多的物品，提高了国民的真实收入。

3. 自由贸易可以阻止垄断，加强竞争，提高经济效益

自由贸易使得独占或垄断无法实现，企业必须通过开发和改进技术、提高生产效率、降低成本的办法加强自身的竞争能力，从而扩大经济利益。

4. 自由贸易有利于提高利润率，促进资本积累

二、第二次世界大战后至20世纪70年代中期的贸易自由化

在第二次世界大战后，随着资本主义世界经济的恢复和发展，发达国家对外贸易政策具有自由化的倾向。

（一）贸易自由化的表现

1. 大幅度削减关税

（1）在关税与贸易总协定缔约方范围内大幅降低关税。1947年以来到20世纪70年代中期，在关税与贸易总协定的主持下，举行了七轮多边贸易谈判，缔约方的平均进口最惠国关税税率已从50%左右降低到5%以下。

（2）欧洲经济共同体实现关税同盟，对内取消关税，对外通过谈判达成关税减让协议，导致关税大幅下降。

1968—1969年，成员国间分别实现工业品和农产品的自由流动。1973年，英国、丹麦、爱尔兰加入欧洲经济共同体。1973年起，欧洲经济共同体开始与欧洲自由贸易联盟实行工业品贸易互减关税，到1977年7月1日，一个包括17国在内的占世界贸易40%的工业品自由贸易区在欧洲建立，扩大了欧洲贸易自由化的范围。

与此同时，欧洲经济共同体还通过与非洲、加勒比和太平洋地区的发展中国家签订优惠贸易协定的方式，单方面提供关税减免待遇。① 除此之外，欧洲经济共同体还同地中海沿岸的一些国家、阿拉伯国家、东南亚联盟等缔结了类似的协定。

（3）通过普遍优惠制的实施，发达国家对来自发展中国家和地区的制成品和半制成品的进口提供普遍的、非歧视的、非互惠的关税优惠待遇。

2. 降低或撤销非关税壁垒

战后初期，发达国家对许多商品进口采用严格的进口限额、进口许可证和外汇管制等措施，以限制商品进口。随着经济的恢复和发展，这些国家不同程度地放宽了进口数量限制，扩大了进口自由化；放宽或取消了外汇管制，实行货币自由兑换，促进了贸易自由化的发展。

① 《洛美协定》。

到20世纪60年代初，关税与贸易总协定缔约方、经济合作与发展组织成员国之间的进口数量限制已取消90%。到1961年，欧洲经济共同体成员国之间完全取消工业品进口数量限制；农产品进口数量限制也随着内部关税削减而逐步取消。与此同时，欧洲经济共同体对外部非成员国的某些商品的数量限制也有所放宽。此外，发达国家还相继放宽或解除了外汇管制，恢复了货币自由兑换。

（二）贸易自由化的主要特点

第一，美国成为战后贸易自由化的积极推行者。在第二次世界大战后，美国成为世界上最强大的经济和贸易国家。为实现对外扩张，美国积极主张削减关税，取消数量限制，成为贸易自由化的积极推行者。

第二，各国经济的恢复与发展为战后贸易自由化建立了物质基础。

第三，战后贸易自由化是在国家垄断资本主义日益加强的条件下发展起来的，因而带有浓重的政府干预色彩。

第四，各种区域性贸易集团、关税与贸易总协定的建立都是以贸易自由化为宗旨。由于它们的建立而实现的地区、国际范围内的贸易政策协调为贸易自由化的开展和发展提供了可能。

第五，战后贸易自由化发展不平衡，表现如下：

（1）发达国家之间贸易自由化超过它们对发展中国家和社会主义国家的贸易自由化。发达国家根据关税与贸易总协定等国际多边协定，较大幅度地降低彼此之间的关税，放宽相互之间的数量限制。但对发展中国家的一些出口商品，特别是劳动密集型产品保留征收较高的关税，并实行其他的进口限制；对社会主义国家除采取严格的关税与非关税壁垒措施限制其产品进入发达国家市场之外，还通过实施出口管制办法，阻止发达国家的一些产品流入它们的国内市场。

（2）区域经济贸易集团内部的自由化超过集团对外的贸易自由化。以欧洲经济共同体为例，根据《罗马条约》（Treaty of Rome）的规定，对内取消关税与其他进口限制，商品在成员国之间自由流通，实行完全的贸易自由化；对于非成员国，则在区域性贸易壁垒的基础上有选择、有限度地实行部分贸易自由化。

（3）不同商品贸易自由化程度也不同，表现在：① 工业制成品的贸易自由化超过农产品的贸易自由化。② 机械设备的贸易自由化超过工业消费品的贸易自由化。

第六，战后贸易自由化促进了世界经济的迅速发展。

第四节　保护贸易政策

一、自由竞争时期的保护贸易政策

（一）产生背景

当以英国为首的欧洲先进工业国家完成工业革命，开始逐步推行自由贸易政策，向世界进行扩张时，美国刚刚取得独立和统一，德国也结束了其封建割据的局面，开始工业化进程。为追赶先进工业国，美国和德国于19世纪先后实行严厉的保护贸易政策，使本国工业在英国等欧洲先进工业国的强大压力之下得以生存并获得发展。

（二）保护贸易政策的主要特点

1. 保护的阶段性

贸易保护是为达到国家最终发展目标而采取的过渡性措施。在积极采取发展和扶持本国工业的初期，逐步提高进口关税税率，经过一段时间的发展后，随着国内工业部门的建立和竞争能力的提高，开始逐步降低某些商品的进口关税，直至整体关税水平降低。

2. 保护的有选择性

在同一时期，对不同工业部门采取不同程度的保护措施，实行区别对待，通过实施差别税率，鼓励和限制商品的进口。

3. 贸易保护政策的执行与整个国民经济、工业发展目标相结合

与贸易保护政策相配套，采取一系列鼓励投资、鼓励发展新兴产业的金融和税收等政策。

4. 贸易保护措施多样化

贸易保护的主要措施包括：以高关税和禁止进口限制国内幼稚产业部门产品的进口；以低关税或免税鼓励复杂机器设备、原料等国内无法生产但急需的商品进口；通过高关税和禁止出口的办法限制重要原料出口；向私营工业发放政府信用贷款、津贴、奖金等为其发展提供必要的资金。

（三）理论依据

保护贸易政策的理论，就其影响而言，德国经济学家弗里德里希·李斯特（Friedrich Liszt）的保护幼稚工业的理论最具代表性。这一理论最早由18世纪美国经济学家亚历山大·汉密尔顿（Alexander Hamilton）提出[①]，后来由李斯特发展和完善，成为完整的理论体系。

汉密尔顿认为，自由贸易不适合美国现实，美国必须执行贸易保护政策缘于本国的幼稚工业经不起外来竞争，自由贸易只能使美国永远成为欧洲先进国家的原料产地和工业品的销售市场。

汉密尔顿提出，一个国家要在消费廉价产品的短期利益和本国经济实力增强的长远利益之间做选择。

汉密尔顿认为，制造业对国民经济发展具有重要意义，它不仅能够使特定工业部门获得发展，而且将产生连带效果，促进国家整体经济实力增强。他主张国民应注重长远利益，为实现长远利益放弃短期利益。

汉密尔顿主张用征收保护关税的办法鼓励幼稚工业发展，但他并不主张对一切进口商品征收高关税或禁止进口，而只是对本国能够生产，但缺乏竞争力的进口商品实施严厉的限制进口政策。

李斯特接受了汉密尔顿贸易保护的基本理论并加以系统发展，建立了以生产力理论为

① 汉密尔顿关于保护幼稚产业的思想集中体现在他于1791年向美国国会提交的《关于制造业的报告》（Report on Manufacture）中。

基础、保护关税制度为核心的保护幼稚产业理论。这一理论在承认自由贸易利益的前提下，主张以保护贸易为过渡，扶持有前途的幼稚产业，促进社会生产力的发展，最终实现自由贸易。

李斯特保护幼稚产业理论的主要内容有：

1. 对古典自由贸易理论提出批评

（1）指出“比较优势论”忽视国家、民族的长远利益，只注重交换价值，不注重生产能力的形成，因而不利于德国生产力的发展，不利于国家竞争实力的增强，不利于德国实现真正意义上的政治经济独立。

依照“比较优势论”，一国应遵循“两优取最优，两劣取次劣”的原则参与国际分工与交换，输出拥有比较优势的产品，输入拥有比较劣势的产品。然而，李斯特认为，如果依照这一原则，德国国民应该全面进口本国相对缺乏竞争力的产品，特别是幼稚产业的产品，短期来看，这种选择是合理的，因为可以减少消费支出，在收入不变的条件下，拥有的产品总量将会增加。但长期来看，德国将永远无法建立自己的生产能力，一些产品的供应将永远依附其他国家，经济上难以独立，如果发生战争，这种经济上的不独立将直接对政治独立产生负面影响。停止从国外进口具有比较劣势的产品，短期看会使消费者有所损失，但从长期来看，经过一段时间，当幼稚产业建立并获得发展后，其产品价格有可能会低于之前进口的产品价格，这样，一方面使德国消费者获得消费利益，另一方面，国家获得了财富的生产力。李斯特认为：“财富的生产力比财富本身，不晓得要重要多少倍，它不但可以使已有的和已经增加的财富获得保障，而且可以使已经消失的财富获得补偿。”①

（2）批评古典自由贸易理论忽视了各国历史和经济上的特点，认为各国对外贸易政策的选择应全面考虑其对国民经济发展的影响，取决于该国当时所具备的各种条件和所达到的经济发展水平。

李斯特根据国民经济发展程度，把国家经济发展划分为 5 个阶段：原始未开化时期、畜牧时期、农业时期、农工业时期、农工商时期。认为各国经济发展所处的阶段不同，采取的对外贸易政策也应不同。处于农业阶段的国家应实行自由贸易政策，以利于所需工业品的自由输入。处于农工业阶段的国家，因为本国工业已有所发展，但并没有发展到能够与外国产品相竞争的程度，因而应该实行保护关税制度，以使本国工业免受外国产品的冲击。而处于农工商阶段的国家，由于国内工业、农业都比较发达，具有竞争力，故此应实行自由贸易政策，以充分享受自由贸易利益。李斯特认为，当时的英国处于农工商阶段，德国和美国处于农工业阶段，法国介于第四和第五阶段之间。所以德国应该实行保护工业政策，促进德国工业化进程。

（3）主张国家干预经济生活，认为政府应对国民经济活动的一部分加以限制，来保证国家经济利益的实现，而国家利益的保证是持久的个人利益实现的前提。

2. 保护的对象和时间

（1）保护对象：

①农业不需要保护。

---

① 弗里德里希·李斯特. 政治经济学的国民体系. 北京：商务印书馆，1997：118.

②一国工业虽然幼稚，但在没有强有力的竞争者时，也不需要保护。

③只有刚刚开始发展且遭遇国外强有力竞争的工业才需要保护。

李斯特还十分强调受保护产业要有发展前途，即受保护产业应具有潜在的发展优势，经过一段时间的保护之后能够成长起来，并能带动整个经济的发展。

（2）保护时间：以 30 年为最高限期，如果在此期限内，被保护的产业始终发展不起来，就应放弃保护。

3. 保护手段

通过禁止输入与征收高额关税的办法来保护幼稚工业，以免税或征收少量进口关税的方式鼓励复杂机器进口。

二、垄断时期的超保护贸易政策

（一）超保护贸易政策的产生背景与特点

超保护贸易政策盛行于第一次世界大战与第二次世界大战之间。在这一时期中，垄断代替了自由竞争，资本主义国家实现了资本的高度积聚和集中，国内市场变得相对狭小，资本对市场的争夺日益激烈，不断爆发的经济危机又使市场问题进一步尖锐化，从而使保护贸易获得空前发展，出现了超保护贸易政策。

与自由竞争时期的保护贸易政策相比，超保护贸易政策有其自己的特点：

（1）不仅保护幼稚工业，而且更多地保护国内发达的或衰败的工业。

（2）不再是培养自由竞争的能力，而是巩固和加强对国内外市场的垄断。

（3）不是防御性地限制进口，而是在垄断国内市场的基础上对国外市场进攻性地扩张。

（4）不是保护代表先进势力的一般工业资产阶级，而是保护大垄断资产阶级。

（5）保护政策的措施不仅有关税和贸易条约，还有其他各种奖出限入措施，如非关税措施的大量出现。

两次世界大战期间的超保护贸易政策造成世界贸易急速萎缩，以 1929 年世界贸易水平为 100，1932 年为 39.1，1934 年为 34，直到 1938 年才恢复到 40.5。[①]

（二）超保护贸易政策的理论依据

1. 凯恩斯的“保护就业论”

20 世纪 30 年代，面对资本主义世界经济增长下降、失业不断增加的现实，凯恩斯由坚定的自由贸易论者转变为保护贸易论者。他在批判传统经济理论的基础上，以有效需求不足为基础，以边际消费倾向、边际资本效率、灵活偏好三个基本规律为核心，以国家干预经济生活为政策基点，把对外贸易和国内就业结合起来，创立了保护就业理论。[②] 后来，其追随者又充实和发展了凯恩斯的观点，从宏观角度论证了对外贸易差额对国内经济的影响，主张国家干预，实行奖出限入的政策，最终形成凯恩斯主义的贸易保护理论。

---

① 海闻，P. 林德特，王新奎. 国际贸易. 上海：上海人民出版社，2003.

② 凯恩斯（Keynes，John Maynard，1883—1946），英国著名经济学家，他的贸易保护思想主要体现在 1936 年出版的《就业、利息和货币通论》（*The General Theory of Employment，Interest and Money*）一书中。

（1）投资乘数原理。

凯恩斯认为，有效需求是由消费、投资、政府开支和净出口（出口与进口的净额）构成。投资作为有效需求的一个构成部分对国民收入、就业水平的影响过程可以表述为：

投资增加——→有效需求增加——→国民收入与就业水平提高

对于投资增加或减少对国民收入和就业水平的影响程度，凯恩斯提出了著名的投资乘数概念，它揭示出一国投资量的变动（增加或减少）与国民收入的变动之间客观存在一种依存关系，这种关系凯恩斯称之为投资乘数或投资倍数。他认为由投资而引发的国民收入变动往往几倍于投资量的变动，其倍数的大小则取决于该国的边际消费倾向。[①]

（2）对外贸易乘数原理。

凯恩斯的追随者马克卢普（F. Machlup）[②] 和哈罗德（R. F. Harrod）等人将凯恩斯的投资乘数引入对外贸易分析，创立了对外贸易乘数原理。他们认为，一国的出口与国内投资一样，有增加国民收入的作用，一国进口与国内储蓄一样，有减少国民收入的作用。一国出口增加先是使出口部门收入增加，消费增加，而后导致其他相关部门投资增加，生产扩大，就业增加，收入增加，消费增加……如此反复，最终国民收入的增加往往几倍于出口的增加。进口对国民收入的作用是反向的，它先是使进口替代部门投资减少，生产萎缩，收入减少，消费减少，而后影响到相关产业部门，如此下去，国民收入的减少往往是进口增加的几倍，因而得出结论：一国出口与进口的波动将会对国民收入的变动产生倍数影响，国民收入的变动量将几倍于出口与进口的变动量。

这里投资乘数或对外贸易乘数，我们假定为 K，它的计算公式为：

$$K=\frac{1}{1-\text{边际消费倾向}}$$

当边际消费倾向为 0 时，乘数为 1；当边际消费倾向为 1 时，乘数为 ∞；当边际消费倾向为 1/2 时，乘数为 2。

现在设 ΔY 代表国民收入增加额，ΔI 代表投资增加额，ΔX 代表出口增加额，ΔM 代表进口增加额，K 代表乘数。计算对外贸易顺差对国民收入的影响公式为：

$$\Delta Y=[\Delta I+(\Delta X-\Delta M)]\times K$$

当 ΔI 与 K 一定时，贸易顺差越大，ΔY 越大；反之，如果贸易差额是逆差，则 ΔY 会缩小。因此一国越是扩大出口、限制进口，贸易顺差越大，对本国经济发展的积极作用就越大。由此，凯恩斯及其追随者的对外贸易乘数论为超保护贸易政策提供了理论基础。

---

① 乘数告诉我们，“当存在总投资的一个增量时，收入将增长$\frac{1}{1-c}\times\Delta I$”（Keynes，1936），这里 c 代表边际消费倾向（增加的可支配收入中用于消费的比例），ΔI 代表增加的投资。

② 美籍奥地利经济学家，对外贸易乘数原理的基本思想见其 1943 年出版的《国际贸易与国民收入乘数》（*International Trade and the National Income Multiplier*）一书。

2. 其他超保护贸易观点

（1）国内市场扭曲的超保护贸易观点。

这一观点认为，国内市场由于生产要素的非移动性、内部与外部经济的存在、竞争基础的差异等使得价格机制不能充分发挥作用，资源无法实现最佳配置。在这种条件下，只能通过政府对经济生活的干预，适当地消除市场扭曲引发的不良影响，贸易保护就是政府所采取的消除不良影响以获取资源配置的“次佳”状态的措施之一。

（2）改善贸易条件的超保护贸易观点。

这一观点认为，在一定条件下，通过对进口商品征收关税或限制进口，可以压低进口商品的价格，从而改善征税国家的贸易条件。

然而，这一目标的实现需要具备两个条件：

①该国必须具备大国贸易条件，即它对某一商品的进口需求量占到该商品世界总出口量的相当比重，具有一定的需求垄断优势。

②出口国该种商品供应刚性，即无论价格如何变化，出口量都难以做大幅度的调整。

（3）维持高水平工资的超保护贸易观点。

该观点认为，经济发展落后而劳动力相对丰富的国家工资水平较低，因而产品成本较低。如果实行自由贸易，从低工资国家进口商品势必会导致本国同类部门生产萎缩，工人失业增加，工资水平下降，从而影响到其他部门的工资水平。要改变这种状况，就应对来自这些低工资国家的商品进口征收高关税。这种观点过分夸大了工资在商品成本结构中的作用。

（4）增加国内就业的超保护贸易观点。

这一观点可以在两个层次上进行阐述：一是从中观层次上，通过对行业的保护，增加就业；二是从宏观层次上，即凯恩斯主义的观点，认为通过限制进口、鼓励出口，刺激国内有效需求，增加国内生产，提高就业水平。

但通过保护来增加就业只能在短期内发挥效力，因为从中长期看，一国的贸易保护势必会招致其他国家的报复，从而使保护政策难以发挥预期的作用。

（5）公平贸易的超保护贸易观点。

一般意义上，不公平贸易是指通过政府的直接介入，使国内外商品进行不公平竞争的现象，如通过政府补贴使得本国商品得以在国外市场以低于正常价格的价格进行倾销，占领当地市场的行为。① 公平贸易的超保护贸易观点认为，国际贸易的规则应该是公平贸易，对于通过不公正手段强行进入进口国市场的商品，就必须通过征收高额关税和限制进口的办法来消除不公平贸易对进口国带来的负面影响。

在以反对不公平贸易为借口进行贸易保护的国家中，美国最为典型，它是最早通过法律规定对不公平贸易行为进行报复的国家。1897 年美国通过《反补贴关税法》，根据形势的变化，于 1979 年、1984 年两度进行修改。1916 年通过《反倾销法》，1974 年《贸易法案》中的 301 条款明确授权政府可以采取限制进口等贸易保护手段抵制国外的不公平贸易行为，以保护本国企业的利益。1984 年的《贸易和竞争综合法案》中的超级 301 条款将

① 有些地方把劳改产品、使用童工生产的产品出口也视为不公平贸易，因为犯人、童工的工资被强迫性压低，产品成本就可以降低，出口产品由此获得在价格上的竞争力。

不公平起诉的权利下放到美国的贸易代表，同时还要求贸易代表每年审议“不公平贸易国家”，并将其上报国会，列入可能招致报复的对象名单[①]。

以公平贸易为借口进行贸易保护所采取的手段一般包括反倾销税、反补贴税及其他惩罚性关税的征收、进口限额、贸易制裁等。

（6）改善贸易收支和国际收支的超保护贸易观点。

这一观点的基本思想是通过贸易保护来减少进口，减少外汇支出，增加外汇储备，以实现贸易出超或平衡国际收支。

实际上，通过贸易保护来维持贸易出超，实现国际收支平衡是一种消极的办法，只能短期有效。而通过提高出口行业劳动生产率、降低出口产品成本、提高出口产品质量、优化出口产品结构等办法获得的贸易出超、国际收支的平衡才能持久。

（7）非经济目标的超保护贸易观点。

这一观点认为，采取贸易保护政策除了经济方面的考虑之外，还有一些非经济因素的考虑，它们是民族自尊、社会公平和国家安全。

关于民族自尊，该观点认为，如果将进口产品全部改由国内生产，就可以增加民族自尊和民族自豪感，这样一来，一方面可以增强民族自信心，另一方面可以促进民族工业的发展。

关于社会公平，该观点认为，虽然自由贸易可以增加一国福利，但它却可能使某一地区、某一民族、某一行业的收入受到损害。在这种条件下，政府必须采取贸易保护的做法，保护有关方的利益不得由于贸易的原因受到损害，以免波及政治的稳定。

关于国家安全，该观点认为，出于维护国家安全的考虑，国家必须有供战时使用的战略物资储备，必须建立自己的生产能力以备战时的物资供应。如果一味依赖进口，则会受制于人，危及国家的安全。因而政府必须通过贸易保护，保证拥有自己的军事工业和相关工业。

上述各种非主流的超保护贸易观点都是从不同的侧面论述了实施贸易保护的合理性，但是它们都忽略了其理论政策效果得以实现需要具备的前提条件。

三、20世纪70年代中期后的新贸易保护主义

（一）背景

20世纪70年代中期后，发达国家经济在经历20多年的高速发展之后进入低速增长，失业率不断提高，致使贸易保护在世界自由贸易进程中再度兴起。对于贸易保护的再度兴起，除经济增长缓慢、失业增加原因外，其他影响因素还包括：

第一，各国对外贸易发展不平衡，使得贸易保护成为必要。以美国为例，在第二次世界大战之后，随着其他发达国家经济的恢复和发展，美国的经济地位在相对下降，在世界工业生产、贸易、外汇储备中的比例不断降低，特别是贸易逆差日益严重，不仅日本和西

① 特别301条款是美国《贸易法案》中专门针对那些没有很好地提供版权、专利、商标和其他知识产权保护的国家进行贸易制裁或威胁的法律规定。中国于1991年登上“特别301”名单，后因双方谈判，美国撤销了对中国“不公平贸易”的指控。

欧在主要的工业产品，如钢铁、汽车、电器等与美国展开激烈的竞争，一些新兴工业化国家的出口产品也开始对美国产品构成威胁。

第二，20世纪70年代中期以后，随着发达国家经济实力对比的变化，美元地位开始弱化，国际货币关系失调，发达国家普遍实行浮动汇率制。浮动汇率制度的实施，一方面增加了跨境贸易的风险与成本，另一方面过高与过低的汇率水平都容易对贸易保护主义形成压力。

第三，政治因素，主要是国内政治竞选的需要，政府所代表的社会利益集团的要求等。

第四，贸易政策的相互影响。鉴于国家之间经济相互依存程度不断提高①，一国保护贸易政策的实行势必会产生连锁反应，其他国家会效仿、会进行报复。

（二）政策特点

新贸易保护条件下的贸易政策特点可以归纳为：

1. 被保护的商品不断增加

被保护的商品从传统工业产品、农产品延伸到高技术产品和服务部门。工业品的保护范围从纺织品、鞋、陶瓷等“敏感性产品”扩展到钢铁、彩电、汽车、计算机、数控机床等。在服务贸易领域，一些发达国家在开业申请、投资比例、收益汇回等方面做出保护性限制。

2. 限制进口措施的重点从关税措施转向非关税措施

从第二次世界大战后到20世纪70年代后期，在关税与贸易总协定的主持之下，七轮关税减让谈判使各国关税水平大幅度下降，发达国家的关税水平已经从1948年的36%下降到5%左右，关税对国内市场的保护作用日益减弱。随着发达国家争夺市场的矛盾尖锐化，特别是在20世纪70年代世界经济危机的冲击下，发达国家竞相采取非关税措施，限制商品进口，抵消由于关税降低所造成的不利影响，具体表现在：

（1）非关税措施的项目日益繁杂。据统计，20世纪60年代末，发达国家所实行的非关税措施共计850项，到20世纪70年代末已达到900多项，到20世纪90年代达到3 000多项，名目繁多。除进口国采取措施限制进口外，还强制出口国家“自动”限制其出口，绕过关税与贸易总协定的基本原则，大行“灰色区域措施”。此外，许多国家限制进口措施的实施规则、程序不尽相同，实际上也加强了限制进口的作用。

（2）非关税措施的利用范围日益扩大。随着非关税措施项目的增加，这些措施用于限制商品进口的范围也日益扩大。据关税与贸易总协定估计，世界贸易受非关税限制的部分从1974年的40%扩大到1980年的48%。1966—1988年，受非关税限制的进口占总进口的比例，日本从34%上升到50%，美国从27%上升到57%，欧洲经济共同体从15%上升到58%。发展中国家制成品受非关税限制的比例1981年达到31.3%，其中纺织品和服装

① 1960—1980年，美国进出口额占制造业增加值的比重增长了1倍多，它说明国际因素对美国经济的影响发生了质的变化，许多国内问题转化为与贸易有关联的问题，国际贸易已经成为国民经济一个不可或缺的部分，美国经济对国际因素的依赖程度不断提高。保罗·克鲁格曼. 战略性贸易政策与新国际经济学. 北京：中国人民大学出版社，2000.

受限制比例高达 71.8%。[1]

(3) 非关税措施的歧视性增长。发达国家往往根据与出口国的政治、经济关系采取不同的非关税措施。如欧洲经济共同体曾对中国的麻布抽纱制品规定进口限额，1980 年这一限额为 140 吨，与此同时，对其他国家的麻布抽纱制品的进口不加限制。

3. 贸易保护的重心从限制进口转向鼓励出口

战后，随着贸易自由化和国际分工的发展，各国经济发展对国外市场的依赖性不断增强，各国对市场的争夺日益激烈，各国政府在加强非关税措施限制进口以保护国内市场的同时，还设法从经济上、组织上和精神奖励上鼓励本国产品的出口。在经济方面，通过采取出口信贷、出口信贷担保、出口补贴、外汇倾销等措施，促进本国商品的出口。在组织方面，发达国家广泛设立各种促进出口的机构，协助本国厂商扩大出口。在精神方面，发达国家制定各种评奖制度，对扩大出口成绩卓著的厂商给予奖励，以刺激本国商品出口。

4. 贸易保护日益制度化、法律化

具体表现在两个方面：一是加强贸易立法，甚至以此为中心与国内其他法律形成配套，同时增强贸易中单边行动的权利。如美国，1974 年《贸易法案》中的 301 条款对美国总统授权，可以对给予美国出口实施不公平待遇的国家进行报复。1984 年的《贸易和竞争综合法案》中的“超级 301”“特别 301”条款针对实施公平贸易不得力、知识产权保护不得力的国家进行报复。目前，美国涉及对外贸易的法律规定达到 1 000 多种。二是对外贸易单边管理、双边与多边协调并存。各国在加强单边行动权利的同时，也不放弃进行国际协调，通过谈判、强调互惠、有限度的让步为国内产品出口营造比较宽松的贸易环境。如 1995 年，依据美国 1974 年《贸易法案》中的 301 条款，对来自日本的豪华轿车征收 100%的进口关税，原因在于日本向美国同类轿车市场开放不够，使得美国相应轿车在日本市场的占有率远远低于日本在美国的市场占有率，前者为 1.5%，后者达到 25%。在双边汽车零部件贸易中，美国的逆差超过 100 亿美元。为此，日本也曾经表示要采取措施改变现状，但迟迟没有实际行动。因而，美国在认定日本侵害其利益，日方不合理的政策和做法已经对美国商业构成负担和限制的基础上，单方面宣布并采取贸易制裁，最后的结果是迫使日本与美国进行谈判，承诺开放相关产品的市场。

(三) 新贸易保护主义对国际贸易的影响

第一，新贸易保护主义打着公平贸易的旗号，实际上其政策与做法带有明显的歧视性、排他性。它保护着国内缺乏竞争力的产业，降低了资源配置效率，同时限制和扭曲了国际贸易商品的正常流向，降低了国际贸易的增长速度。1975—1985 年，世界国际贸易年均增长速度为 7.78%（贸易量增长 2.94%），较之 1960—1970 年的 9.66%（贸易量增长 8.96%）低了近 2 个百分点，从贸易量增长的角度，低了近 6 个百分点。[2]

第二，严重损害了发达国家、发展中国家的经济贸易利益。发达国家对进口实行严格限制，其直接结果就是导致国内生产成本和最终产品价格的上升，进一步影响国内产品的价格竞争力，也影响消费者的利益。如英国在第二个多种纤维协定之后，服装零售价格平

---

① 1987 年 3 月 2 日联合国贸易和发展会议秘书处报告。

② 根据 2005 年 *International Trade Statistics* 提供的数字整理。

均上涨20%。发展中国家的主导出口产品，如纺织品、鞋、玩具等劳动密集型产品出口受阻，出口收入锐减，造成一些发展中国家经济增长减速，甚至有些发展中国家出现债务危机。

第三，发达国家没有获得预期的保护政策效果，经济增长没能走出低迷。发达国家GDP实际增长速度，1973—1980年年均增长率为2.8%，1980—1985年年均增长率为2.5%。①

2008年金融危机后的贸易保护主义又呈现出新的特点，主要表现在：

第一，一些发达国家倡导的行为是对多边体制的回退，它们通过更多的区域性贸易安排，寻求地区性贸易自由和保护。

WTO多边体制致力于“公开、公平和无扭曲竞争的规则体制”，具有节制自由贸易的特点，它以贸易自由化为基本目标，同时允许自由贸易与正当保护并存。

在WTO新加坡会议和日内瓦会议后，鉴于世界经济发展缓慢、贸易保护主义加强、新贸易方式的挑战，需要通过多边贸易谈判，加强成员贸易自由化共识，形成新的规则，同时也为纠正WTO协定与实施中的失衡问题，WTO在2002年1月1日发起新一轮多边贸易谈判，即多哈回合谈判，但进展并不顺利，成果有限。其主要根源在于欧美在农产品问题上的分歧及发展中国家差别待遇问题等，多边体制的发展陷入僵局。

在这种情况下，以欧美发达国家为代表的成员寻求通过发展区域贸易自由化来改写和实施新的贸易规则，而后加以推广，形成新的国际规则与原则，以继续主导全球经贸治理，其结果是不断弱化WTO多边约束机制的作用，同时逼迫WTO按照欧美发达国家的利益做规则调整。

如跨太平洋伙伴关系协定（Trans-Pacific Partnership Agreement，TPP），根据协议，成员统一监管范围包括货物与服务贸易的自由、货币自由兑换、税制公平、国企私有化、保护知识产权、保护环境、信息自由等，因而，协定成员不仅受贸易机制的约束，还要受到法律法规、社会、生态、商业模式等的制约。

再如跨大西洋贸易与投资伙伴协议（Transatlantic Trade and Investment Partnership，TTIP），美欧谈判的核心是统一标准，TTIP在投资、政府采购、知识产权、非关税措施、环境保护、竞争政策等方面制定更严格、更高水平的标准。

区域性贸易安排可以成为多边体制很好的试验田，区域层面的进一步开放可以激发全球层次取得进展，但是，这些协定涉及许多技术标准、法规和认证的互认，会促进区域贸易的发展，但也会限制区域外贸易的发展，与WTO的基本目标是相背离的。

第二，美国对外贸易的双重标准与单边主义。

一方面，美国在贸易方面，采用双重标准，奉行单边主义。

美国通过立法直接或间接限制购买其他国家产品，对其他国家产品构成歧视，根据经合组织发布的“国外供应商差别待遇”35个经合组织成员国排名，2013年，美国排第32位，若包括12个非经合组织国家，美国排第39位，位列巴西、印度、印尼等国之后②。

美国政府对国内部分产业和企业提供大量补贴、救助和优惠贷款，如波音公司，2000

① 1988年世界发展报告，23；UNCTAD. *Development and Globalization：Facts and Figures*，2004.

② 中华人民共和国国务院新闻办公室. 关于中美经贸摩擦的事实与中方立场，2018.

年以来获得联邦和州政府定向补贴 145 亿美元，2001 年以来获各种救助、优惠、贷款等 737 亿美元。

同时，美国要求 WTO 当局采购协议成员方和贸易协定包含采购条款的协议方开放当局采购市场，提供公平贸易机会，并通过反倾销与反补贴的方式抵消贸易对手倾销和补贴行为对美国产生的影响。

上述事例充分说明了美国贸易行为的双重标准特性。

另一方面就是单边主义。

美国通常根据国内立法，以产业损害和知识产权保护的名义，绕开 WTO 争端解决机制，以 232 条款、201 条款、301 条款发起调查，在调查中使用选择性证据和材料，武断地下结论，实施惩罚性关税①，达到限制进口的目的。

美国的单边主义行动扰乱了国际贸易秩序，招致贸易对手国的报复，实际上也损害了美国的经济利益。截至 2018 年，包括中国、加拿大、欧盟、墨西哥等在内的美国主要贸易伙伴已宣布对美国贸易保护主义措施实施反制，如加拿大政府于 2018 年 6 月 29 日宣布，从 7 月 1 日起，对价值 126 亿美元从美国进口的商品加征进口关税。欧盟针对美国钢铝关税采取反制措施，将美国进口摩托车关税从 6%提高到 31%。

第三，贸易保护措施主要集中在救济和技术性贸易措施使用方面。

根据 WTO 的规定，成员方在进口存在倾销、补贴或进口过快增长对国内产业造成损害的条件下，可以使用贸易救济措施，可以通过征收反倾销税、反补贴税、限制进口等手段抵消其负面影响。目前，贸易救济已经成为欧美国家限制进口的非关税措施，被频繁使用。截至 2018 年，美国仍生效的“双反”（即反倾销、反补贴）措施有 400 多项。2016 年，欧盟仍在生效的“双反”措施有 136 项，其中亚洲占 112 项，主要针对的是来自中国的产品。

技术性贸易壁垒（technical barriers to trade，TBT）是指各国为保证其进出口商品的质量，或保护人类、动物或植物的生命或健康及保护环境或防止欺诈行为而设立的技术法规、技术标准、合格评定程序等。

技术性贸易壁垒日益成为限制进口的重要手段，主要涉及产品生产、加工、包装、销售、消费等多个环节，发达国家通过制定高技术标准、严格的法律法规及复杂认证程序拖延时间、增加贸易成本，达到限制进口的目的。发展中国家由于产业发展水平大多比较低，技术标准低，检验能力差，出口产品难以适应和达到发达国家的高标准及复杂检验程序，往往是技术性贸易壁垒适用的受害者。

截至 2018 年，美国的认证体系有 55 个。据 WTO 统计，美国已通报的卫生和植物检

---

① 232 条款：美国商务部根据《1962 年贸易扩大法》第 232 条款授权，对特定产品进口是否威胁美国国家安全进行立案调查，并在 270 天内向总统提交报告，美国总统在 90 天内做出是否对相关产品进口采取最终措施决定。

201 条款：指美国《1974 年贸易法》第 201～201 节，根据该条款，美国国际贸易委员会对进口至美国的产品进行全球保障措施调查，对产品进口增加是否对美国国内产业造成严重损害或严重损害威胁做出裁定，并在 120 天向总统提交报告和建议。总统根据法律授权，在收到国际贸易委员会报告后 140 天内做出最终措施决定。

301 条款：美国《1974 年贸易法》第 301 条款，根据这一条款，美国可以对它认为是“不公平”的其他国家的贸易做法进行调查，并可与有关国家政府协商，最后由总统决定采取提高关税、限制进口、停止有关协定执行等报复措施。

疫，以及技术性措施分别为 3 004 项和 1 574 项，占全球的比重分别为 18%和 6.6%。例如，一棵树被进口到美国，要满足 54 项卫生和植物检疫措施的要求，影响了通关效率，增加了贸易成本。

四、发展中国家的保护贸易政策

（一）背景

在第二次世界大战后，发展中国家为取得经济上的独立以巩固政治独立，纷纷走上发展民族经济的道路。然而，发展民族经济却受到旧的国际分工和贸易体系的严重阻碍，“单一经济结构”在自由贸易的旗帜下在不断地被强化。发展中国家无法摆脱发达国家原料产地和产品销售市场的地位。为改变这种局面，一些国家开始摒弃传统的自由贸易原则，转向实施贸易保护政策。

（二）政策特点

贸易政策的选择与一国经济发展战略密切相关。在第二次世界大战后，发展中国家的发展战略或发展方式总体上可归纳为两种模式：一是外向型发展战略；二是内向型发展战略。由此围绕发展战略而采取的贸易政策也可以分为两大类：进口替代贸易政策和出口导向贸易政策。进口替代贸易政策指为保证替代进口的实现，达到保护、扶持和促进本国工业发展的目标而采取的贸易政策。出口导向贸易政策通过鼓励出口来推动本国经济的发展。无论哪种贸易政策，都是从本国工业化角度出发，根据需要实施不同程度的贸易保护政策。

（三）理论依据

发展中国家贸易保护政策的理论依据主要是普雷维什（Prebisch）的贸易保护论。

普雷维什关于发展中国家应执行贸易保护政策结论的提出基于两个论点：

1. 中心-外围论

普雷维什将世界分为中心国家和外围国家，即由发达国家构成的中心体系和由发展中国家构成的外围体系。它们是两个社会经济结构、技术结构极其不同的体系，在经济发展过程中处于不平等地位。外围国家在经济发展中缺乏自主性和独立性，经济结构呈现单一结构特征，在技术进步利益的分配中处于被动。

普雷维什认为形成这种局面的原因在于：①中心国家通过资本输出，凭借其技术和管理上的垄断优势，构筑和强化外围国家在经济上对中心国家的依赖关系；②传统的国际分工造成外围国家经济结构的单一性，使外围国家成为中心国家原料产地和制成品销售市场；③外围国家贸易条件长期恶化。

2. 贸易条件恶化论

普雷维什认为，初级产品的贸易条件具有长期恶化的趋势，外围国家以生产和出口初级产品作为国民经济支柱，因而在与中心国家的贸易过程中处于不利的局面。

普雷维什认为，形成外围国家贸易条件长期恶化的原因主要有三方面：①技术进步利益分配不均衡；②制成品的市场结构具有垄断性；③中心国家的工资刚性得到工会组织的强化。

美国经济学家辛格则从需求的角度论证了初级产品贸易条件恶化的观点。

基于以上分析，普雷维什认为，传统的国际分工-国际贸易理论虽然从逻辑上讲是正确的，但其前提条件与实际相去甚远，因而只能适用于中心国家之间，不能适用于中心国家和外围国家之间。外围国家必须通过实行保护贸易政策，独立自主地发展民族经济，实现工业化，来摆脱在国际分工与贸易中的不利地位。

（四）理论政策评价

第一，普雷维什的保护贸易理论一改过去将发达国家作为研究出发点的做法，把不发达国家作为自己的主要研究对象，在国际贸易研究领域具有开拓性。

第二，普雷维什的保护贸易理论分析了不发达国家在现存国际分工与贸易体系中的不平等，探讨了不发达国家贸易条件长期恶化的趋势，提出了实行贸易保护政策、走发展工业化道路、打破传统国际分工体系、建立国际经济新秩序的一系列政策主张。

第三，普雷维什的保护贸易理论第一次在理论上和实践上揭示了发达国家与不发达国家之间贸易关系的不平等本质。

第四，其理论也有一定的局限性，主要表现在：①没有揭示出传统贸易理论如何造成利益分配的不平等，从而导致不发达国家经济贸易状况不断恶化；②其用以解释的各种理由存在着一些不科学的成分，如对不发达国家贸易条件长期恶化的分析，应区别不同国家和产品，结合其他影响因素，做具体分析。

第五，在第二次世界大战后，特别是在20世纪60年代以后，多数不发达国家纷纷不同程度地实行了贸易保护政策，客观地说，这一政策的实施对不发达国家工业部门的建立和完善、经济结构的调整、对外贸易结构状况的改善都起到了积极的作用，取得了一定的效果，但不可避免地也带来了一些问题。

第五节 战略贸易

一、战略贸易产生的背景

20世纪70年代以后，发达国家的经济增长速度普遍放慢，欧洲国家失业率不断增加。在美国，由于工资水平上涨缓慢，导致实际购买力下降。堪称世界经济增长中奇迹的日本在20世纪90年代也开始经历长时期的经济增长停滞与下降。发达国家如何作为才能改善其经济发展的现状？一种新的要求国家干预、通过扶持某些所谓战略产业以刺激经济增长的新的理论观点，即战略贸易理论，出台了。虽然不能武断地评述自由贸易与保护贸易孰优孰劣，但从全球资源配置效率的角度看，无疑自由贸易会成为首选，贸易保护会为采用该举措的国家带来效率和利益损失。然而战略贸易理论者却认为，在一定条件下，一国可以通过采取能够赋予某些国内产业以竞争优势的政策而获得利益。

二、战略贸易理论

（一）布兰德和斯潘塞“以补贴促进出口”的论点

布兰德（Brander）和斯潘塞（Spencer）认为，传统贸易理论是建立在完全竞争的市场结构之上的，因而自由贸易政策为最优贸易政策。然而，在现实中，不完全竞争和规模经济普遍存在，市场结构以寡头垄断为特征。他们根据产业组织理论和博弈论的研究成果，创造性地探讨了在不完全竞争[①]和规模经济条件下，政府的补贴政策对一国产业发展和贸易发展的影响，建立了战略性贸易政策理论的基本框架。

他们认为，在寡头垄断市场结构下，厂商产品初始价格高于边际成本。政府通过对本国厂商生产和出口的产品进行补贴，包括直接补贴和减税，可以使本国厂商实现规模经济，降低产品的边际成本，从而使本国产品可以在国内外竞争中占有较大的市场份额和垄断利润份额。同时，未来规模经济的实现也可以为消费者带来利益。

本质上，布兰德认为政府可以运用补贴来加强国内厂商在有外国竞争者的国际市场上的战略地位。其基本思想和目的就是通过政府补贴把利润从国外厂商转移到国内厂商。

因为在寡头垄断产业中，没有一个厂商能够像完全竞争者那样采取行动，寡头厂商们能意识到，自己的利润部分地依赖竞争对手的行为。布兰德和斯潘塞认为，政府补贴在帮助国内企业获取更多利润过程中的作用主要表现在两个方面：一是使国内厂商能够扩大生产规模，降低生产成本；二是生产成本的降低会使国内企业在市场中的战略地位发生改变，可以获得更多的市场份额。最终的结果是厂商获得了从国外企业转移过来的利润，如果扶植产业选择得当，这部分利润将大于政府补贴数额，厂商的收益将大于纳税人的损失。

因而，政府可以运用补贴对国外的竞争对手构成威慑，迫使它们减产或影响它们在国际市场的战略地位，而这一点上仅有厂商的力量是达不到的。[②]

关于战略性贸易政策的行业选择标准，斯潘塞认为应考虑以下四方面因素[③]：

（1）产业或潜在产业所获得的额外收益（利润或工人能得到更多的回报）必须超过补贴的总成本。这就要求至少在一段时间内保持相当高的进入壁垒。

（2）本国产业必须面临着外国厂商的激烈竞争或潜在竞争。对本国产业的补贴要能迫使外国竞争对手削减生产计划和产出。大量的固定资本投入可能增加这类行为的机会。

（3）与出口相关的国内产业应该比外国竞争产业更集中或与其同样集中。这一标准是考虑到，实际上在生产主要面对国外消费者的条件下，该国最大的利益是维持高额垄断利润，因而要求由于补贴而导致的价格下降能保持在最低水平。这就需要国内产业集中程度比较高，因为只有在国内产业集中程度比较高的条件下，国内某一厂商扩大产量对其他厂商的价格和利润的负面影响才会较小。

（4）国内扶持政策不应引起要素价格上升得过高，否则会抵消补贴保护带来的产品成本下降。为此需要具备三个条件：①该产业没有强大的工会；②工人收入至少部分地取决于利润分成；③关键投入品的供应不能固定不变。

斯潘塞认为，如果本国产业相对于外国竞争者有相当大的潜在的成本优势，增加生产

① 不完全竞争市场并不意味着竞争不激烈或厂商的行为反常，它只是意味着在这些市场上所发生的事情不同，比用简单的供给与需求概念描述的市场要复杂得多。

② 美国厂商抱怨说，他们可以与日本厂商进行竞争，但日本厂商与日本政府联合起来后，他们就无法与之抗衡了。一些非美国厂商也抱怨说，他们无法与能够获得巨额国防合同的美国厂商竞争。这些抱怨反映出政府政策的效应。

③ 保罗·克鲁格曼．战略性贸易政策与新国际经济学．北京：中国人民大学出版社，2000.

会带来相当大的规模经济，那么扶持政策的效果将更明显。

布兰德自己也认为，战略性贸易政策的实施会招致贸易对手国家的报复。[①] 各国政府所面临的战略环境类似于寡头厂商所面临的环境，每一个参与方的所得既取决于自己的行动，也取决于竞争对手的行动。在政府是参与方的条件下，一国的福利既取决于自己的贸易政策，也取决于外国的贸易政策，但结果不外乎三种情况：

第一，一个国家通过保护使本国厂商在国际市场上获得竞争优势。

第二，所有国家都试图通过补贴保护国内厂商，但没有一个国家取得成功。

第三，所有国家都放弃补贴保护的想法和做法。

(二) 克鲁格曼“以进口保护促进出口”的论点[②]

克鲁格曼认为，在寡头垄断市场和存在规模经济的条件下，对国内市场的保护可以促进本国的出口。因为进口保护措施[③]可以为本国企业提供超过其国外竞争对手的规模经济优势，这种规模经济优势可以转化为更低的边际成本，其结果是增强了本国厂商在国内外市场的竞争能力，最终达到促进出口的目的。

也就是说，在不完全竞争和规模经济存在的条件下，一个受到保护的企业可以充分利用国内封闭起来的市场扩大生产，获取静态规模经济效益，不断降低产品生产的边际成本，通过销售经验的积累使销售成本沿着学习曲线不断下降，从而降低产品的总成本。同时，通过采用差异价格策略，在国外市场借助于倾销扩大企业的市场份额。

在动态规模经济条件下，进口保护也能达到促进出口的目的，在这里，规模经济表现为生产的边际成本随着研发支出的增加而趋于下降，而本国厂商一旦在边际生产成本的竞争中处于优势，便可以达到促进出口的目的。

实际上，以进口保护促进出口实现的具体过程表现为，该国的进口保护措施将本国市场整个封闭起来，为本国企业提供了超过国外竞争者的规模经济优势，这种规模经济优势将转化为更低的边际成本和更高的市场份额。其结果是，贸易障碍的设立进一步增强了本国厂商在对方国家和第三国市场上的竞争力，同时，削弱了外国厂商在本国及第三国市场上的竞争力。正是由于存在着“产量—边际成本—产量”之间相互作用的机制，政府通过对本国市场的保护，可以为本国企业带来不断增大的规模经济利益，从而进一步提高企业的竞争能力，使该国企业在所有市场上扩大销售量，减少外国企业的销售量。

克鲁格曼“以进口保护促进出口”的论点进一步丰富和发展了战略贸易理论，使人们更加清楚战略性贸易政策发生作用的机理。

(三)“战略支持产业的外部经济效应”的论点

所谓外部经济效应在这里是指某一产业的经济活动对其他产业产生的有利影响。新兴

---

① 克鲁格曼，M. 奥伯斯法尔德. 国际经济学. 北京：中国人民大学出版社，1998. “我们不能期望别国政府被动地无所事事，让一国政府随心所欲地运用前面所描述的政策。”保罗·克鲁格曼. 战略性贸易政策与新国际经济学. 北京：中国人民大学出版社，2000.

② Krugman, Paul R. “Import Protection as Export Promotion” //H. Kierzkowski, ed. *Monopolistic Competition in International Trade*. New York: Oxford University Press, 1984.

③ 保护措施在这里主要指关税和配额。

的高技术产业往往具有这种积极的外部经济效应，其创造的知识、技术和新产品对全社会的科技进步与经济增长有着积极的推动作用。

“战略支持产业的外部经济效应”的论点认为，在现实世界中存在着由于知识的无偿占有而导致的潜在市场失灵。也就是说，一些产业的企业所生产的知识被其他企业无偿占用，但实际上这种知识生产所带来的外部经济效应并不对该企业形成有效的激励，导致私人利益与社会利益相偏离。如果这些企业得不到政府某种形式的补偿或扶持，就会逐渐丧失投资于高技术产业的原动力，而这将有损于国家长远发展目标的实现。在这种条件下，只要外部经济效应比较重要和明显，政府的相应补贴与财政扶持从逻辑上就变得必要了。

在发达国家中，客观存在着这样一些产业，它们产业活动的核心就是不断地创造新技术，利用创造出来的新技术去制造和销售产品。政府财政支持的必要性在于，虽然这些产业的企业可以获得它们对其创造的新技术进行投资所带来的收益，但遗憾的是，它们并不能获取投资产生的全部收益。为保护企业的技术创造热情，刺激企业技术开发活动，扩大技术外溢所产生的经济效应，政府需要直接扶持这些产业的活动。

同时，这一论点还认为，对合适产业提供的战略支持不仅能促进该产业的发展，在国内外市场成功扩张，而且该国还能获取该产业作为战略支持产业得到迅速发展而产生的外部经济效应。然而，同其他战略贸易理论论点相同，战略性产业的选择和扶持程度的确定相当关键。政府的补贴或扶持必须确保落实到真正的高技术产业企业上，补贴或扶持的程度要根据外部经济效应的重要性来确定。

综合上述论点，战略贸易理论的核心是：政府通过干预对外贸易，扶持战略性产业的发展，是一国在不完全竞争和规模经济条件下获得资源次优配置的最佳选择。

三、战略性贸易政策

战略性贸易政策是指一国政府在不完全竞争和规模经济条件下，凭借对研究、开发、生产、出口进行补贴或保护国内市场的关税和配额等措施和手段，扶持本国战略性产业的成长，获取规模经济效益，增强其在国际市场上的竞争能力，夺取他国的市场份额。

应该承认，在特定的不完全竞争产业中，虽然依据规模经济的实现来推行战略性产业保护是以牺牲竞争对手国家的利益为代价的，但从促进民族产业发展、提高国内产品竞争力的角度看，这不失为一种可行的做法。然而，这一政策的实行需要具备一定的前提条件。

西方学者认为，不完全竞争和规模经济的存在是战略性贸易政策实施的必要条件。

除此之外，战略性贸易政策实施的充分条件还包括：政府必须拥有充分的信息以选定战略性产业，确定补贴程度；获得战略支持产业的垄断地位和外部经济的存在；国内相应市场拥有一定的潜力；战略保护可以设置行业进入壁垒，维护战略性产业的垄断地位；贸易对手国不采取报复措施等。倘若上述任何一个方面出现偏差，都会影响战略贸易政策实施的实际效果，甚至带来负面效果，如以下两种情况：

第一，信息不完全引起政府决策失误。一国政府制定战略性贸易政策的前提条件是获取、掌握决策所需的完全、充分的各种有关信息，并具有能够有效处理、使用这些信息的能力。政府在确定战略性扶持产业前，必须先对这一产业的组织结构、市场结构做出正确的分析，对这一产业市场潜力和潜在的可实现利润有一个较为准确的估计，其后才能判断出这一产业是否属于政府需要支持的产业以及补贴支持的程度如何等。如果信息不完全或不准确，就会导致政府扶持产业选择不当，有限的资源没有被用于具有潜在优势但未被充分认识的产业，造成资源错置，效率降低。

第二，贸易对手国的报复将引致两败俱伤。布兰德和斯潘塞的分析没有充分考虑贸易对手国对本国政府贸易干预政策可能做出的反应。在现实生活中，一国采取战略性贸易政策必然会引起贸易对手国的强烈反应乃至报复，因为它是以牺牲别国利益来提高本国福利的政策。如果报复被付诸实施，不仅将抵消战略性贸易政策的功效，无法获得转移利润和规模经济，而且将使两国正常的经贸关系受到损害，从而不利于经济发展，最终造成两败俱伤。

总之，战略性贸易政策的实施是有许多限制性条件的，有些条件是客观存在的，而有些条件不一定能够被满足。因而战略贸易政策运用的现实性和有效性就要大打折扣。

四、战略贸易理论与政策评价

战略贸易理论建立在 20 世纪 80 年代发展起来的不完全竞争理论和规模经济理论的基础之上，是它们在国际贸易政策领域的具体体现。战略贸易理论背离自由贸易的传统，通过论证在不完全竞争和规模经济存在的条件下，政府的直接干预可以转移他国利润以提高本国的福利水平，从而为国家进一步干预对外贸易活动提供了依据。

战略性贸易政策在实践中确实可以起到扶持相应产业发展的作用。然而，战略性贸易政策以牺牲他国利益为代价，因而势必会招致其他国家的报复，从而引发贸易保护主义的抬头，抵消战略性产业扶持发展的效果。

本章小结

1. 自对外贸易产生以来，基本有两种类型的对外贸易政策——自由贸易政策和保护贸易政策。其他类型贸易政策都是基于这两种形式的变种。

2. 重商主义认为国内贸易只是财富在不同群体之间的再分配，对外贸易对于财富积累的意义则不同，进口导致金银外流，会减少一国财富，出口使外国金银流入，会增加财富。这种经济思想在贸易政策上的体现就是奖励出口，限制进口，历史上称为“强制性贸易保护政策”。

3. 自由竞争时期，由于各国经济发展水平的差异，各自奉行不同的贸易政策。英国遵循李嘉图比较优势理论，实施进出口自由、无限制、无鼓励、无歧视的自由贸易政策。美国、德国在汉密尔顿和李斯特以保护生产力为出发点、保护关税为核心的“幼稚产业保护论”的指导下，执行对幼稚产业实施保护的贸易政策，这一政策的特点可以归结为其保护具有过渡性和有选择性。

4. 凯恩斯主义的贸易保护理论以对外贸易乘数论为核心，认为一国的出口与国内投资一样，有增加国民收入的作用，一国进口与国内储蓄一样，有减少国民收入的作用。一国出口与进口的变化将会对国民收入的变动产生倍数影响，国民收入的变动量将几倍于出口与进口的变动量。

5. 第二次世界大战后的贸易自由化更准确地说是有选择的自由贸易，贸易自由化通过两个方面体现：一是不同范围关税大幅度下降；二是非关税壁垒的削减和消除。然而，自由化发展也呈现出不平衡的特点，具体表现在：发达国家之间的贸易自由化超过它们对其他国家的自由化；区域性贸易集团内部的自由化超过对集团外部国家的自由化；不同商品贸易自由化程度也不同。

6. 20 世纪 70 年代中期后的新贸易保护主义主要呈现出两个特点：一是限制进口措施的重点从关税转向非关税；二是贸易保护的重心从限制进口转向鼓励出口。

7. 战略贸易理论的核心是，政府通过干预对外贸易扶持战略性产业的发展，是一国在不完全竞争和规模经济条件下获得资源次优配置的最佳选择。

战略性贸易政策是指一国政府在不完全竞争和规模经济条件下，凭借对研发、生产、出口进行补贴或者保护国内市场的关税或配额等措施和手段，扶持本国战略性产业的成长，获取规模经济效益，增强其在国际市场上的竞争能力，夺取他国市场份额，但是这一政策的实行需要具备一定的前提条件。

关键术语

自由贸易政策　　保护贸易政策　　重商主义
幼稚产业保护论　　对外贸易乘数　　超保护贸易政策
贸易自由化

思考题

1. 李斯特“幼稚产业保护论”的核心内容是什么？
2. 超保护贸易政策的特点是什么？
3. 普雷维什关于发展中国家应执行贸易保护政策的理论依据是什么？
4. 什么是战略性贸易政策？其理论依据是什么？

第五章 国家实施贸易政策的措施

学习目标

通过本章的学习，了解与掌握对外贸易政策措施中限制进口的关税、非关税措施及贸易促进措施的具体内容、运用方法、作用与影响。

第一节 关税措施

一、关税含义

关税（custom duty; tariff）是进出口商品经过一国关境时，由政府所设置的海关向进出口商征收的税收。

二、关税水平

关税水平是指一国的平均进口关税税率。然而，关税水平有不同的计算方法，包括：

1. 算术平均法[1]

$$关税水平=\frac{一国海关税则中所有税目的税率(最惠国税率)之和}{税目总数}$$

2016 年，欧盟依据最惠国税率计算的关税水平为 6.4%[2]，农产品为 24.4%，非农产品为 4.4%。2017 年 12 月底，中国最惠国税率的简单平均数为 9.3%，农产品为 14.6%，非农产品为 8.5%。[3]

---

① 对于不存在最惠国税率的进口商品选择普通税率。

② 欧盟贸易政策审议报告，2011。

③ WTO. China Trade Police Review Report，2008.

2. 加权算术平均法

（1）进口货值加权平均法。

$$\text{关税水平}=\frac{\text{一个国家一定时期内所征收的进口关税税款总额}}{\text{该国同时期进口商品的总价值}}$$

（2）有税进口货值加权平均法。

$$\text{关税水平}=\frac{\text{一个国家一定时期内所征收的进口关税税款总额}}{\text{该国同时期有税商品进口总值}}$$

三、关税的种类

（一）按照征收对象或商品流向分类

1. 进口关税

进口关税（import duty）是进口国家的海关在外国商品输入时，根据海关税则对本国进口商所征收的关税。进口关税在外国货物直接进入关境或国境时征收，或者外国货物由自由港、自由贸易区或海关保税仓库等运往进口国国内市场，在办理海关手续时征收。

进口关税主要分为最惠国税和普通税。最惠国税适用于来自与该国签订包含有最惠国待遇条款的贸易协定的国家或地区的商品。普通税适用于与该国没有签订包含有最惠国待遇条款的贸易协定的国家或地区的商品。最惠国税率比普通税率低，有时差幅较大，达十几倍，如 2002 年，中国税号为 85191000 的真空吸尘器进口关税，最惠国税率为 22.5%，普通税率为 130%。2016 年，中国税号为 2619000029 的冶炼钢铁所产生的含钡浮渣，进口最惠国税率为 4%，普通税率为 35%。

在第二次世界大战后，多数国家都加入关税与贸易总协定或者签订双边贸易条约或协定，相互提供最惠国待遇，享受最惠国税，因此最惠国税又被称为正常关税。2017 年，中国进口总额适用最惠国税率和更为优惠的关税税率。①

一些国家通过征收高额进口关税以提高进口商品的价格，削弱进口商品的价格竞争能力。我们通常提及的关税壁垒，便是指高额进口税。例如，日本允许其每年消费的 700 万吨白米中的 10%免税进口，但超过 10%的进口则征收 500%的进口关税。

2. 出口关税

出口关税（export duty）是出口国家的海关对本国产品输往国外时，对出口商征收的关税。

出口关税的征收将提高本国商品在国外市场的销售价格，削弱本国商品的竞争力，因而大多数国家都不再征收。只有一些发展中国家出于增加财政收入，或保证本国生产或市场供应的考虑，继续对其全部或部分出口商品征收出口关税，如瑞典、挪威出于保护其纸浆及造纸工业的考虑，对木材出口征收出口关税。中国出口关税征收是基于保护环境、保护能源与稀缺资源的考虑，分为法定出口关税（statutory duty）和临时出口关税（interim duty）。2017 年 10 月，法定出口征税产品涉及八位编码税则税目 102 项，临时出口征税

① WTO. China Trade Police Review Report，2008.

179 项，税率水平分别为 20%～50%、0～35%，锡矿和浓缩物的出口税率高达 50%。

3. 过境关税

过境关税（transit duty）是一国对于通过其关境或国境的外国货物所征收的关税。

目前，大多数国家在外国商品经过其领土时不再征收过境关税，只是征收少量的准许费、印花费、登记费等。

（二）按照征税的目的分类

1. 财政关税

财政关税又称收入关税（revenue tariff），是指以增加国家财政收入为目的而征收的关税。

目前，大多数国家的财政关税收入在财政总收入中的重要性都日益降低。1985 年，关税占中国财政收入的比例为 10.24%，1995 年降至 4.68%，2009 年继续下降至 3.26%①，2017 年为 2%②。

2. 保护关税

保护关税（protective tariff）是指以保护本国工业或农业发展为目的而征收的进口关税。

为达到保护的目的，保护关税的税率比较高，有时税率高达 100%以上，等于禁止进口，称之为禁止关税（prohibited duty）。

（三）按照差别待遇和特定的实施情况分类

1. 进口附加税

进口国家对进口商品，除征收一般进口关税外，有时根据某种目的与需要加征进口关税。这种对进口商品除征收一般关税以外再加征的额外关税，称为进口附加税（import surtaxes）。

进口附加税通常是一种特定的临时性措施。其目的主要有：应付国际收支危机；维持进出口平衡；防止外国商品低价倾销；对某个国家实行歧视或报复；等等。因此，进口附加税又称特别关税。

进口国家除对所有进口商品征收进口附加税外，有时还针对个别国家或个别商品征收进口附加税，这种进口附加税主要有反补贴税和反倾销税。

（1）反补贴税。

反补贴税（counter-vailing duty）又称抵消税或补偿税，是对于直接或间接地接受奖金或补贴的外国商品进口所征收的一种进口附加税。进口商品在生产、制造、加工、买卖、输出过程中接受了直接或间接的奖金或补贴，并使进口国生产的同类产品遭受重大损害，是构成征收反补贴税的重要条件（即补贴存在、构成实质性损害、两者为因果关系）。反补贴税的税额一般按“补贴数额”征收。其目的在于增加进口商品的成本，抵消出口国对该商品所做补贴的鼓励作用。

---

① 数据来自《中国统计年鉴》。

② 同①.

WTO《补贴与反补贴协议》的主要内容为：

①补贴的定义。补贴是指政府或任何公共机构对企业提供的财政捐助和政府对收入或价格的支持。

②补贴的主要分类。补贴可分为以下三种。

a. 禁止使用的补贴（prohibited subsidy）。又称禁止的补贴，禁止使用的补贴的具体内容见本章第三节“出口促进措施”中的“出口补贴”部分。

b. 可申诉的补贴（actionable subsidy）。可申诉的补贴指政府通过直接转让资金、放弃财政收入、提供货物或服务及各种收入支持和价格支持对某些特定企业提供特殊补贴。这种特殊补贴属于政府实施的有选择、有差别或带有歧视性的补贴。如果这种特殊补贴造成其他缔约方国内有关工业的重大损害时，该国可诉诸争端解决机制加以解决。

c. 不可申诉的补贴（non-actionable subsidy）①。不可申诉的补贴指普遍性实施的补贴和在事实上并没有向某些特定企业提供的补贴。

③征收反补贴税程序。该协议对征收反补贴税程序做了具体规定。

a. 申诉和调查；

b. 举证，即所有利害关系方提供书面证据；

c. 当事双方磋商解决问题；

d. 如果磋商后补贴方愿修改价格或做出其他价格承诺，补贴诉讼可暂停或终止；②

e. 如承诺无实际行动，可继续调查，算出补贴数额，征收反补贴税；

f. 日落条款，即规定征收反补贴税的期限不得超过 5 年，除非国家负责部门在审定的基础上认定，取消反补贴税将导致补贴和损害的继续或再现。

④对发展中国家的特殊优惠规定。主要包括以下几点。

a. 禁止使用的出口补贴对最不发达国家以及那些人均国民生产总值不足 1 000 美元的发展中国家（如印度、巴基斯坦等）不适用；其他发展中国家则应在 8 年内逐步取消这类出口补贴。

b. 发展中国家达到出口竞争标准的产品，在 2 年内逐步取消补贴。

c. 原产于发展中国家的产品，其总补贴额不超过单位产品金额的 2%，或者该产品不足同类产品进口总额的 4%，或所有发展中国家的所有该种产品加起来不足同类产品进口总额的 9%，则对该产品的补贴调查应立即终止。此外，从计划经济向市场经济过渡的转型经济国家的出口补贴，应在 7 年内逐步取消。

（2）反倾销税。

反倾销税（anti-dumping duty）是对于实行商品倾销的进口商品所征收的一种进口附加税。进口商品以低于正常价值的价格进行倾销，并对进口国的同类产品造成重大损害，是构成征收反倾销税的重要条件。反倾销税的税额一般以倾销差价征收，其目的在于抵制商品倾销，保护本国工业和市场。

---

① 1999 年自动失效，目前适用中的是禁止的补贴和可申诉的补贴。

② 反补贴中的价格承诺有两种形式：第一，出口商同意修改价格，以消除补贴的有害影响；第二，出口方政府同意取消或限制补贴，或采取其他可以消除补贴有害影响的措施。

关税与贸易总协定第 6 条对倾销与反倾销的规定：

①用倾销手段将一国产品以低于正常的价格挤入另一国市场时，如因此对某一缔约国领土内已建立的某项工业造成重大损害或产生重大威胁，或者对某一国内工业的新建产生严重阻碍，这种倾销应该受到谴责。

②缔约国为了抵消或防止倾销，可以对倾销的产品征收数量不超过这一产品的倾销差额的反倾销税。

③“正常价格”是指相同产品在出口国用于国内消费时在正常情况下的可比价格。如果没有这种国内价格，则是相同产品在正常贸易情况下向第三国出口的最高可比价格；或产品在原产国的生产成本加合理的推销费用和利润。

④不得因抵消倾销或出口补贴，而同时对它既征收反倾销税又征收反补贴税。

⑤为了稳定初级产品价格而建立的制度，即使它有时会使出口商品的售价低于相同产品在国内市场销售的可比价格，也不应认为造成了重大损害。

东京回合对原有规定进行修改，补充了某些规定的细则，制定了《关于实施关税与贸易总协定第六条的协议》（Agreement on Implementation of Article Ⅵ of the General Agreement on Tariffs and Trade），又称《反倾销守则》（修订本）。主要规定包括：

①征收反倾销税的程序与有关事项。根据该协议第 5 条规定，如果倾销对某些协议签字国的国内工业造成重大损害，那么受到影响的工业可提出书面要求。这种书面要求应包括下列足够证据：

a. 倾销存在；

b. 按本协议解释的总协定第 6 条范围内的损害；

c. 倾销进口货和所称损害之间存在着因果关系。

②损害的确定。根据该协议第 3 条规定，损害的确定应以无可辩驳的证据为依据，并须对下列两点做客观审查。

a. 倾销的进口货的数量及其价格对国内同类产品的影响；

b. 这种进口货对国内同类产品的生产者的影响。

③反倾销税的征收。根据协议规定，“对任何产品征收反倾销税时，应在非歧视的基础上对所有经查明进行倾销并造成损害的进口货征收适当数额的反倾销税。”“但反倾销税不应超过确定的倾销差额”。同时，如果出口商做出价格保证，即修改价格或停止按倾销价格向有关地区出口，有关当局确信倾销的损害性影响已经消除，则可在不征收反倾销税的情况下中止诉讼。

④关于磋商、调解和解决争端问题的规定。协议规定，签字国对另一个签字国提出的关于影响协议执行的任何问题，应给予同情的考虑，并提供足够的磋商机会。如磋商不能达成解决的办法，有关签字国可将问题提交反倾销措施委员会进行调解。如该组织仍未能达成相互满意的解决办法，则需成立咨询小组来解决争端。

⑤有关发展中国家的特殊规定。协议第 13 条规定，在征收反倾销税时，要求发达国家对发展中国家的特殊情况给予特殊考虑。如果反倾销税影响发展中国家的基本利益，则在征收反倾销税前应“仔细研究本协议提供建设性补救措施的可能性”。

东京回合的《反倾销守则》的某些规定仍不够明确，这就使签字国在执行中有可能在很大程度上按其本国的利益对协议做出不同的解释。因此，乌拉圭回合达成了新的《反倾销协议》。这个协议与原守则相比，在一些方面有了发展：

①在有关倾销的确定上，新协议进一步限制了使用国内销售价作为正常价格的场合，必要时可更多地使用向第三国出口价格或结构价格来计算正常价格。在新协议中，正式明确将低于成本的销售视为倾销。

②在工业损害问题上，新协议采用了累积进口的规定。累积进口是指进口国在确定工业损害时可以同时考虑来自多个国家或地区的倾销产品对其工业所造成的综合损害影响。这种规定对于那些初始进入市场的出口商的产品和产品出口量不大的出口国或地区来说具有严重的潜在影响，增加了它们的产品被裁定为损害的可能性。

③在反倾销立案调查的程序上，新协议做了某些补充规定，如反倾销申诉中必须有实质性的证据，否则申诉不能成立；对于损害或损害的威胁，要求有实际的证据表明损害或威胁事实存在。

④在对发展中国家的特殊待遇方面，重申对发展中国家予以特别照顾，在反倾销措施将影响发展中国家根本利益时，可考虑本协议规定的其他建设性的补救措施。

明确了某些具体的规定。例如，在倾销调查中，若倾销幅度为2%以下，以及来自一国的倾销产品的数量不足进口国同类产品的3%，则终止倾销调查，不征收反倾销税。但若数个这种不足3%的单个国家的产品占进口国同类产品的7%时，则倾销调查要继续进行。

然而，从发达国家的反倾销案的实际情况看，被指控倾销的出口国家大多数是发展中国家。不仅如此，在实施反倾销措施的过程中，发达国家在某些方面往往对市场经济国家和所谓非市场经济国家实行差别待遇。例如，美国在确定进口商品价格是否低于“公平价格”标准时，将商品出口国家分成两种类型：

● 对市场经济国家的出口商品价格，采用该出口国国内市场价格作为确定公平价格标准的基础；

● 对所谓非市场经济国家[①]，则采用替代计算法，即由美国商务部选定一个与该非市场经济国家在经济发展水平上相似的市场经济国家作为替代国，以该替代国的国内市场价格作为确定公平价格标准的基础。结果，往往构成倾销，或扩大倾销差额幅度，严重损害了这些国家的利益。

⑤关于反倾销措施，主要包括临时反倾销措施和最终反倾销措施两种形式。

a. 临时反倾销措施。临时反倾销措施指进口方主管机构经过调查，初步认定被指控产品存在倾销行为，并对国内相关产业造成损害，进口方机构可在全部调查结束前，通过采用征收临时反倾销税或者缴纳与临时反倾销税等额的保证金或保函的方式，防止在调查期间国内相关产业继续受到损害。[②]

b. 最终反倾销措施。在全部反倾销调查结束后，如果有充分的证据证明被调查的产

---

① 美国判定一国是否为市场经济国家的标准包括：（1）货币可兑换程度；（2）企业与劳工通过自由谈判确定工资的程度；（3）允许外资企业在国内举办合营企业或进行其他投资的程度；（4）政府对企业价格、产量等的控制程度；（5）政府对生产资料等的控制程度。

② 协议规定，进口方主管机构自反倾销立案调查之日起60天后才能采取临时反倾销措施。临时反倾销措施的实施一般不能超过4个月，特殊情况下可延长至6～9个月。

品存在倾销，国内相关产业受到损害，且倾销与损害之间存在因果关系，则进口方机构可以采取最终反倾销措施，即征收反倾销税。

《反倾销协议》规定，如出口商就修改出口价格，或停止以倾销价格向所涉及地区出口，向进口方机构做出令人满意的承诺，并使主管机构确信倾销的损害影响已经消除，主管机构可以中止或终止调查程序。实际上，价格承诺也属于反倾销措施的一种形式。

中国反倾销措施实施的依据是《中华人民共和国对外贸易法》和《中华人民共和国反倾销条例》。中华人民共和国商务部承担反倾销立案调查和损害的确定，具体机构为部属的贸易救济与调查局，[①] 国务院关税委员会裁决反倾销税的征收和税率水平。

截止到2017年6月，中国有91起反倾销措施在实施中，其中化工产品占44%，针对日本和美国分别有19起、对欧盟有17起、对韩国有10起。反倾销措施执行最长时限为10年，而后自动终止。

美国在2015—2017年发起反倾销调查133起，主要针对来自中国、欧盟、印度、日本、韩国的进口产品。截止到2018年6月，有109起反倾销措施在实施中，50.5%是针对钢铁产品的。

2. 差价税

差价税（variable levy）又称差额税。当某种本国生产的产品的国内价格高于同类进口商品价格时，为了削弱进口商品的竞争能力，保护国内生产和国内市场，按国内价格与进口价格之间的差额征收关税，就叫差价税。

由于差价税是随着国内外价格差额的变动而变动的，因此它是一种滑动关税（siding duty）。对于征收差价税的商品，有的规定按价格差额征收，有的规定在征收一般关税以外另行征收，这种差价税实际上属于进口附加税。

历史上欧盟曾对农畜产品进口征收差价税，后在乌拉圭回合《农产品协议》实施框架内，欧盟差价税转换为协定关税（fixed tariff）或关税配额（tariff-rate quotas）形式。

3. 特惠税

特惠税（preferential duty）是指对从某个国家或地区进口的全部商品或部分商品，给予特别优惠的低关税或免税待遇。但它不适用于从非优惠国家或地区进口的商品。特惠税有互惠、非互惠两种类型。

特惠税开始于宗主国与殖民地附属国之间的贸易。[②] 在第二次世界大战之后，西欧共同市场与非洲、加勒比和太平洋地区一些发展中国家之间实行特惠税，即著名的《洛美协定》（Lome Convention）。根据协定，欧洲经济共同体成员国对来自协定发展中国家全部的工业品和96%的农产品进口提供免税、不限量待遇，但不要求反向优惠。2000年6月，欧盟签署了第五个《洛美协定》，也称《科托努协定》（Cotonou Agreement）。[③]

目前，中国对来自世界最不发达国家和地区的一些商品实行特别优惠关税。

---

① 如果调查产品涉及农产品，损害调查由商务部和农业农村部联合进行。

② 1932年建立，成员国之间适用优惠关税。1973年英国加入欧洲经济共同体后，英国与其英联邦国家之间的特惠税从1974年1月到1977年7月1日逐步取消，此后，英国开始实行欧洲经济共同体的共同对外关税。

③ 包括48个撒哈拉以南非洲地区国家、15个位于加勒比地区的国家、15个太平洋岛国。《科托努协定》取代了《洛美协定》（1975—2000年）。

4. 普惠税

普惠税是普遍优惠制（generalized system of preferences，GSP）下适用的进口关税。

普遍优惠制简称普惠制，是发展中国家在联合国贸易和发展会议上进行长期斗争，在1968年通过建立普惠制决议①之后取得的。该决议规定，发达国家承诺对从发展中国家或地区输入的商品，特别是制成品和半制成品，给予普遍的、非歧视的和非互惠的关税优惠待遇。这种优惠关税称为普惠税。

普惠制的基本原则是普遍的、非歧视的、非互惠的。

普遍的，是指发达国家应对发展中国家或地区出口的制成品和半制成品给予普遍的关税优惠待遇。

非歧视的，是指应使所有发展中国家或地区都不受歧视、无例外地享受普惠制的待遇。

非互惠的，是指发达国家应单方面给予发展中国家或地区关税优惠，而不要求发展中国家或地区提供反向优惠。

普惠制的目的是：增加发展中国家或地区的外汇收入；促进发展中国家或地区工业化；提高发展中国家或地区的经济增长率。

截止到2017年，世界上已有30多个给惠国家或国家集团，实行13个普惠制方案。它们是欧盟28国②、日本、新西兰、挪威、加拿大、瑞典、澳大利亚、美国、保加利亚、独联体等，其中欧盟28个成员国执行一个共同方案。接受普惠制关税优惠的发展中国家或地区约180个 。

普惠制的给惠国，在提供普惠税待遇时，是通过普惠制方案（GSP scheme）来执行的。这些方案是由各给惠国或国家集团单独制定和公布的，各有特点，不尽相同，但主要规定有以下几个方面：

（1）对受惠国家或地区的规定。

各个普惠制方案中都列有受惠国家或地区的名单。

（2）对受惠产品范围的规定。

各给惠方案都列有自己的给惠产品清单与排除产品清单。

1988年前，除美国和加拿大按本国税则目录列出清单外，其他给惠国都按《海关合作理事会税则商品分类目录》（Customs Cooperation Council Nomenclature，CCCN）或以CCCN为基础的本国税则目录列出清单。自1988年起，给惠国（包括加拿大）都采用商品名称及编码协调制度（简称“协调制度”）列出清单。美国自1989年起也采用协调制度。

---

① 《发展中国家制成品及半制成品出口到发达国家予以优惠进口或免税进口》的第21号决议。

② 欧盟委员会新的普惠制方案于2014年1月1日开始生效，按欧盟委员会的说法，新的普惠制只给予那些最需要帮助的国家，新方案受惠国从原来的176个国家减少到89个国家，随着各国经济的发展，这个名单在不断缩减。到2014年10月，按照欧盟发布的名单，这些国家包括49个最不发达国家，大部分为非洲国家，享受EBA待遇（为最不发达国家提供的除武器以外的所有产品都可以免关税、免配额进入欧盟），有13个国家享受GSP+待遇（为经济较为脆弱、批准且能有效执行人权保护、劳工保护、环境保护相关的国际公约和有较好政府治理的国家提供额外的关税优惠），还有34个低收入和中等收入国家享受标准普惠制待遇，包括一些亚洲国家。有67个国家享受对欧盟出口的其他优惠安排，但不超过普惠制待遇。部分在过去3年被世界银行列为高收入或中高收入的国家在新方案中被除名，自2015年1月1日起，来自中国和泰国等4国的产品已全部不能享受欧盟普惠制待遇，还有一些国家自2016年起也不再享受普惠制待遇。

（3）对受惠产品减税幅度的规定。

减税幅度又称普惠制优惠幅度。受惠产品的减税幅度的大小取决于最惠国税率和普惠制税率间的差额。2014 年欧盟最惠国税平均税率为 6.4%，农产品平均税率为 4%～14%，非农产品平均税率为 4.3%，但欧盟普惠制项下的平均税率为 4.1%，其中农业产品平均税率为 12.5%，非农业产品的平均税率为 1.9%。

（4）对给惠国保护措施的规定。

各给惠国一般都在给惠方案中规定保护措施，以保护本国某些产品的生产和销售。保护措施主要包括：

①免责条款（escape clause）。又称例外条款，是指受惠国产品的进口量增加到对其本国同类产品或有直接竞争关系的产品的生产者造成或即将造成严重损害时，给惠国保留对该产品完全取消或部分取消关税优惠待遇的权利。

②预定限额（prior limitation）。指预先规定在一定的时期内某项受惠产品的关税优惠进口限额，对超过限额的进口按规定恢复征收最惠国税率。

③竞争需要标准（competitive need criterion）。又称竞争需要排除。美国采用这种标准。其规定在一个日历年内，对来自受惠国的某项进口产品，如超过竞争需要限额或超过美国进口该项产品总额的一半，或超过一定的进口金额（2016 年的标准是 1.75 亿美元），则取消下一年度该受惠国或地区这项产品的关税优惠待遇。如该项产品在以后年度进口额降至上述限额内，则下一年度仍可恢复关税优惠待遇。

④毕业条款（graduation clause）。美国从 1981 年 4 月 1 日起采用这项规定，欧盟从 1995 年 1 月 1 日起也实施这项办法。当某些受惠国或地区的某项产品或其经济发展到较高的程度，使它在世界市场上显示出较强的竞争力时，则取消该项产品或全部产品享受关税优惠待遇的资格，称之为“毕业”。

这项条款按适用范围的不同，可分为“产品毕业”和“国家毕业”。前者指取消从受惠国或地区进口的部分产品的关税优惠待遇；后者指取消从受惠国或地区进口的全部产品的关税优惠待遇，即取消其受惠国或地区的资格。

（5）对原产地的规定。

对原产地的规定又称原产地规则（rules of origin），是衡量受惠国出口产品是否取得原产地资格、能否享受优惠的标准。其目的是确保发展中国家或地区的产品利用普惠制扩大出口，防止非受惠国的产品利用普惠制的优惠扰乱普惠制下的贸易秩序。各给惠国的普惠制方案中的原产地规则，一般包括原产地标准、直接运输规则和原产地证书三部分。

①原产地标准。普惠制的原产地标准分为两大类：

a. 完全原产的产品。它是指完全用受惠国的原料、零部件并完全由其生产或制造的产品。完全原产品是一个非常严格的概念，稍微含有一点进口或来源不明的原料、零部件的产品，都不能视为完全的原产品。

b. 非完全原产的产品。又称含有进口成分的产品，是指全部或部分地使用进口（包括来源不明的）原料或零部件制成的产品。这些原料或零部件经过受惠国或地区充分加工或制造后，其性质和特征达到了“实质性变化”的程度，变成了另外一种完全不同的产品，才可享受关税优惠待遇。所谓实质性变化有两个标准：

一是加工标准（process criterion）。欧盟、日本等采用这项标准。一般规定进口原料或零部件的税则税号和利用这些原料或零部件加工后的制成品的税则税号不同，其税号发生了变化，就可以认为经过充分加工，发生了实质性的变化，该种产品就符合原产地标准，具有了原产地资格。

这里所说的税则税号指《海关合作理事会税则商品分类目录》或协调制度（HS）的四位数字级税号，其中任何一位数字的变化都算是税号的变化，但这种税号的变化并不是在所有情况下都准确地反映进口成分有了实质性变化。

因此，使用加工标准的给惠国又规定了附加的具体条件作为这一规定的例外，分别列出附加清单，区别对待。一般都列有两张清单：清单A，又称为否定清单，产品中进口成分的税号虽然改变了，但进口成分未达到实质性变化的程度，不符合加工标准的产品，除非它符合一些附加的加工条件，发生了实质性变化，才能取得原产地资格；清单B，又称肯定清单，产品中进口成分经加工后已发生实质性变化，但其税号仍未改变，该种进口成分只要符合加工标准，即可取得原产地资格。

二是增值标准（value-added criterion）。又称百分率标准，澳大利亚、新西兰、加拿大、美国等采用这项标准。它规定使用进口成分（或本国成分）占制成品价值的百分比来确定其是否达到实质性变化的标准，但各自的百分比是不相同的。例如，美国要求35%的增值要在受惠国完成。

又如，澳大利亚规定，产品的最后加工工序是在该受惠国进行，本国成分价值的百分比不得小于产品出厂成本的50%。本国成分价值是指该受惠国或其他受惠国或澳大利亚提供的原料和劳务价值。

原产地标准除了上述规定外，给惠国还不同程度地采用了原产地累积制。所谓原产地累积制（cumulative origin system）是指在确定产品原产资格时，把若干个或所有受惠国或地区视为一个统一的经济区域，在这个区域内进行生产、加工产品时所得的增值，可以作为受惠国的本国成分而加以累积。目前主要有以下几种：一为区域性原产地累积。把同属于一个区域性经济集团的国家视为一个整体，给予普惠制原产地累积待遇。二为全球性原产地累积。把世界上所有的受惠国或地区视为一个整体，给予普惠制原产地累积待遇。三为给惠国原产地累积。又称给惠国成分累积，即允许受惠国使用某个给惠国生产的原料、零部件，并全部计入该受惠国原产产品的价值中，也可视为该受惠国原产产品成分的一部分，如再出口到该给惠国时，可给予普惠制原产地累积待遇。

②直接运输规则（rule of direct consignment）。指受惠产品必须从该受惠国直接运到进口给惠国。由于地理原因或运输需要，受惠产品也可通过第三国或地区的领土运往进口给惠国，但必须置于海关监督之下，并向进口给惠国海关提交过境提单、过境海关签发的过境证明书等，才能享受普惠制待遇。

③原产地证书（certificate of origin）。出口商品要获得给惠国的普惠制的关税优惠待遇，必须向进口给惠国提交出口受惠国政府授权的签证机构签发的普惠制原产地证书格式A（Form A）和符合直运规则的证明文件，作为享受普惠税待遇的有效凭证。格式A的全称是《普遍优惠制原产地证明书（申报与证明联合）格式A》。它是受惠产品享受普惠税待遇的官方凭证，是受惠产品获得受惠资格必不可少的重要证明文件。格式A的有效期

一般为10个月，给惠国海关一旦对证书内容产生怀疑，可向给惠国签证机关或出口商退证查询，并要求在半年内答复核实结果。如核实结果表明不符合普惠制原产地的规定，证书完全失效，则取消该产品的受惠资格，征收正常关税。

（6）有效期。

根据联合国贸易和发展会议决议，普惠制的实施期限以10年为一个阶段。为适应需要，有些给惠国在方案有效期内定期或不定期地公布方案的修改内容。

自1970年实行普惠制以来，对促进和扩大发展中国家制成品和半制成品的出口起到了积极作用。

专栏5-1

关于美国、欧盟的普惠制

美国的普惠制方案目标在于通过提供进口免税待遇促进发展中国家和最不发达国家的经济增长。受惠国资格标准由美国国会设立，包括尊重仲裁裁决、不雇用童工、尊重劳工权利、提供充分有效的知识产权保护、对美国产品提供平等合理的市场准入。2018年1月1日开启新的普惠制方案，有效期至2020年12月31日。

美国新的普惠制方案对来自121个国家基于HS 8位编码的3 500种进口商品提供免税待遇，对最不发达国家提供额外1 500种进口商品免税待遇。

美国的普惠制方案每年对国家和产品资格进行审议。

欧盟的普惠制分三类：标准普惠制（standard GSP）、普惠制+（GSP+）、“除武器外一切都行”（everything but arms，EBA）。标准普惠制针对低收入、中低收入国家，欧盟对其基于海关税则占比66%的进口商品税目提供关税削减待遇；普惠制+在标准普惠制66%的税目上提供暂停关税征收待遇，但要求受惠国必须批准和执行27个国际协定；EBA针对联合国定义的最不发达国家（least developed countries，LDCs），对来自这些国家的进口，除武器之外，提供免税和无配额待遇。截至2016年，欧盟标准普惠制受惠国有30个，GSP+有9个国家，EBA有49个国家。

四、关税征收

（一）按照征收的一般方法或征税标准分类，关税可分为从量税、从价税、复合税和混合税等[①]

1. 从量税

从量税（specific duty）是以商品的重量、数量、容量、长度和面积等计量单位为标准计征的关税，如2.00瑞士法郎/公斤。

从量税额的计算公式如下：

① 2016年，在欧盟进口应征税目中，从量税占6.9%，从价税占89.4%，复合税占2.1%，混合税占0.68%。2016年，在欧盟8位编码9 414项MFN进口税目中，26.14%的税目提供免税。

从量税额＝商品数量×每单位从量税

各国征收从量税，大部分以商品的重量为单位来征收，但各国对应纳税商品重量的计算方法各有不同，分为毛重、半毛重、净重（net weight）三种标准。[①]

2. 从价税

从价税（ad valorem duty）是以进口商品的价格为标准计征一定比率的关税，其税率表现为货物价格的百分率。计算公式如下：

从价税额＝商品总值×从价税率

从价税额与商品价格有直接关系。它与商品价格的涨落成正比关系，其税额随着商品价格的变动而变动，所以它的保护作用与价格有着密切的关系。

较为复杂的问题是确定进口商品的完税价格。完税价格是经海关审定作为计征关税的货物价格，是决定税额多少的重要因素。因此，如何确定完税价格是十分重要的。发达国家所采用的完税价格标准很不一致，大体上可概括为以下三种：（1）以成本加保险费、运费价格（CIF）作为征税价格标准；[②]（2）以装运港船上交货价格（FOB）作为征税价格标准；（3）以法定价格作为征税价格标准。

关税与贸易总协定第7条对海关估价作了具体规定："海关对进口商品的估价，应以进口商品或相同商品的实际价格，而不是以国内产品的价格或者以武断的或虚构的价格，作为计征关税的依据。""实际价格"（actual value）是指"在进口国立法确定的某一时间和地点，在正常贸易过程中于充分竞争的条件下，某一商品或相同商品出售或兜售的价格"。当实际价格无法按上述的规定确定时，"海关估价应以可确定的最接近于实际价格的相当价格为依据"。

为了进一步统一各国的海关估价方法，1973年东京回合签署了《海关估价协议》。该协议于1981年1月1日生效，1986年9月启动的乌拉圭回合对《海关估价协议》的内容进行了修订，依次列出了六种估价方法作为成员国海关进口商品估价的依据。

2015年，美国约89%的税则税目采用从价税，2016年，欧盟89.4%的税目征收从价税。中国海关征收从价税，以实际交易价格（transaction value）为完税价格标准，如果在不能使用的情况下，将依据WTO估价协定关于估价方法的次序，顺延使用。

3. 复合税

复合税（compound duty）即在从价税的基础上增加或减少一个从量税，如10%＋2.00美元/公斤，20%－2.00美元/公斤，计算公式如下：

复合税额＝从价税额＋或(－)从量税额

美国从量税和复合税征税税目占总税目的11%[③]。

4. 混合税

混合税（mixed duty）是对于一种进口商品同时订有从价税和从量税两种税率，在征

---

① 中国采用净重标准。

② 欧盟对进口税目的90%征收从价税，完税价格标准采用CIF。

③ 2018年，美国协调制度税则总税目10 878项，关税配额占总税目的1.9%，免税占37.5%，进口关税简单算术平均关税水平为4.8%，WTO农产品平均税率为9.4%，非农产品为4.0%。

税时基于特定的条件，在从价税和从量税之间进行选择。例如，日本对坯布的进口征收协定税率7.5%或每平方米2.6日元，征收其最高者。但有时为了鼓励某种商品进口，也会选择其中税额低者征收。2017年，中国8位编码水平上，只有3个税目征收选择税。

5. 技术性关税

在有些情况下，关税的征收取决于复杂的技术因素，如酒精含量、含糖量或进口商品的价格水平，如8.2%+T，T表示一个特殊的计算公式，在这里它将根据产品含有的某种成分，如酒精进行公式设计。中国历史上对新闻纸征收的滑准税就属于技术性关税(technical duty)。

(二) 海关税则与国际贸易商品分类

1. 海关税则

海关税则（customs tariff）又称关税税则，是一国对进出口商品计征关税的规章和对进出口的应税与免税商品加以系统分类的一览表。海关凭以征收关税，是关税政策的具体体现。

海关税则一般包括两个部分：一部分是海关课征关税的规章条例及说明；另一部分是关税税率表。关税税率表主要包括三个部分：税则号列（tariff No. 或 heading No. 或 tariff item），简称税号；货物分类目录（description of goods）；税率（rate of duty）。2019年中国海关税则摘录如表5-1所示。

表5-1 2019年中国海关税则摘录

税则税号	货品名称	最惠国税率(%)	协定税率(%)			特惠税率(%)			普通税率(%)	增值税率(%)	计量单位	监管条件
			东盟	巴基斯坦	秘鲁	亚太2国①	老挝	柬埔寨				
0202.1000	冻的整头及半头牛	25	0	—	8.3		0	0	70	10	千克	4ABEFx
0303.2300	冻罗非鱼	7	0	5	0	0		0	40	10	千克	AB
0409.0000	天然蜂蜜	15	0	12	0	—	0	0	80	10	千克	AB
0714.2019	鲜甘薯	13	0	5	0	—	0	0	50	10	千克	AB
1202.4200	去壳花生	15	0	12	0	—	0	—	70	10	千克	AB

①孟加拉人民共和国、老挝人民民主共和国特惠税率：给予最不发达国家特别优惠税率。

资料来源：根据2019年中华人民共和国海关税则摘录整理。

2. 国际贸易商品分类体系

长期以来，发达国家税则中的货物分类极为繁细，这不仅是由于商品种类的日益增多和技术上的需要，更主要的是要保护国内市场及实行关税差别和歧视政策。对同类货物的不同类别，规定不同的税则号列，对内可以更有针对性地限制某些商品进口，对外可以成为贸易谈判的资本。

目前，国际上存在两大商品分类体系。

(1)《海关合作理事会税则商品分类目录》。

《海关合作理事会税则商品分类目录》(CCCN)是海关合作理事会编制的商品分类目录，又称《布鲁塞尔税则目录》(Brussels Tariff Nomenclature，BTN)。除去美国、加拿大，已有100多个国家或地区采用。

海关合作理事会税则目录商品分类以商品的自然属性为主，结合加工程度。它把全部商品共分为21类（section）、99章（chapter）、1 015项税目号（heading No.）。1～24章（前4类）为农畜产品，25～29章为工业制成品。税目号都用四位数表示，中间用圆点隔开，前两位数表示商品所属章次，后两位数表示该章项下的某种商品的税目号。例如，男用外衣属于第61章第1项，其税目号为61·01。按分类目录解释规则（rule for the interpretation of the nomenclature）的规定，税则目录中的类、章、项这三级的税目号排列及编制，各会员国不得随意变动；项下的细目以A、B、C……排列，各会员国对这些细目的编制有一定的机动权。

《海关合作理事会税则商品分类目录》由英法两种文字合并而成。按章目的数字排列，即从01·01直到99·06。正文部分分三栏：第一栏为税目号；第二栏为相应的联合国“国际贸易标准分类目录”号；第三栏为商品名称。该税则目录中之所以要设有相应的国际贸易标准分类号，是为了保证这两种分类体系对应的互换关系和协调统一。

目前CCCN基本为HS所取代。

（2）国际贸易标准分类。

国际贸易标准分类（United Nations standard international trade classification，SITC）将所有的国际贸易商品分为10类、67章、262组，目前使用的是2006年的第四修订版。

SITC编码由四至五位数字构成，第三位与第四位数字间有一个圆点。前两位数字表示该商品所属的类、章号，前三位数字表示组号，前四位数字表示分组号，前五位则表示该商品的子目号。

以SITC为基础编制本国税则的国家不多。1988年前美国和加拿大的税则与SITC比较相似。

根据不同商品分类体系的特点，联合国和海关合作理事会一致建议各国采用这两种体系的分类办法：海关合作理事会税则目录用于海关管理，国际贸易标准分类用于贸易统计。

（3）商品名称及编码协调制度。

《协调制度》（HS）于1988年1月1日在国际上正式开始实施。现在世界上有200多个国家采用《协调制度》[①]。我国于1992年1月1日起正式实施以《协调制度》为基础的新的海关税则，之前采取海关合作理事会编制的商品分类目录。

《协调制度》是一个新型的、系统的、多用途的国际贸易商品分类体系。它除了用于海关税则和贸易统计外，对运输商品的计费与统计、计算机数据传递、国际贸易单证简化以及普遍优惠制的利用等方面，都提供了一套可使用的国际贸易商品分类体系。

《协调制度》将商品分为21类97章，第97章留空备用，章以下设有1 241个四位数的税目，5 019个六位数的子目。四位数的税目中，前两位数表示项目所在的章，后两位数表示项目在有关章的排列次序。例如税目为01·04是绵羊、山羊，前两位数表示该项目在第一章，后两位表示该商品为第一章的第四项。六位数的子目，即表示包括税目下的

① 《协调制度》于1988年由总部位于布鲁塞尔的世界关税组织（World Custom Organization）负责执行，它的职能是简化和合理化成员的海关程序，并对所有与产品分类相关的问题负责，世界关税组织的前身是海关合作理事会。

子目，例如 5202 为废棉；5202·10 为废棉纱线。

《协调制度》实现了先前 CCCN 四位编码向六位编码的扩展。

为了适应国际贸易变化及科技发展，世界海关组织（WCO）每 4～6 年对《协调制度》进行一次全面修订。自 2017 年 1 月 1 日起新的《协调制度》开始生效使用，与 2012 年版《协调制度》相比，2017 年版共有 242 组修订（其中 9 组为后续修订），主要关注环境保护、生态可持续发展、科学技术的新变化、国际贸易新业态的发展等方面，修订后四位数品目 1 222 个、六位数子目 5 387 个。税则中的许多章注也进行了相应调整，涉及的相关关税减让协议和特惠税率产品的税目税率也将进行相应调整。

我国海关在《协调制度》目录的六位数编码基础上，加列了部分七位数子目和八位数子目。但税目在归类实际使用时会有变动，2017 年我国《税则》税目总数为 8 547 个，比 2016 年版《税则》净增 253 个。编码全部都是八位。

3. 海关税则的主要种类

海关税则主要可分为单式税则和复式税则两类。目前绝大多数国家采用复式税则。现分述如下：

（1）单式税则。

单式税则（single tariff）又称一栏税则。这种税则，一个税目只有一个税率，适用于来自任何国家的商品，没有差别待遇。现在只有少数发展中国家如委内瑞拉、巴拿马、冈比亚等仍实行单式税则。

（2）复式税则。

复式税则（complex tariff）又称多栏税则。这种税则，在一个税目下订下两个或两个以上的税率。对来自不同国家的进口商品，适用不同的税率。

如日本的关税税率基本分为三类：固定税率、协定税率、优惠税率。固定税率是根据本国的关税立法制定的，也是最高的税率；协定税率是根据双边或多边协定制定；优惠税率适应于特定可以享受优惠的国家和地区的商品。此外，在日本还有一些属于特殊情况下适用的关税，如差额关税、季节关税、反补贴税、反倾销税等，这些关税税种多数都无法在海关税则上找到明确规定的对应税率，而只是一些规则或说明，因为这些关税的征收，其主要依据是进口国家其他相关的法律和政策规定。

美国奉行最惠国关税体制，关税表中的关税税率分为两大类．第一类包括一般税率和特殊税率。一般税率指享有美国最惠国待遇的税率，特殊税率指享有美国特别优惠的税率，其税率大大低于最惠国待遇的税率。享受美国特殊税率待遇的国家包括加拿大、以色列、墨西哥、大多数加勒比国家和安第斯国家，以及享有美国普惠制待遇的国家。第二类是法定税率，是税率中最高的一栏，适用于没有取得美国最惠国待遇或特殊待遇的国家。2018 年，美国简单算术关税水平为 4.8%，进口税目的 37.5%属于免税进口，30.4%进口关税税率在 5%以下，个别关税税率很高，甚至超过 100%，主要针对农产品，纺织品和服装、鞋子的进口关税税率在平均关税税率水平以上。

中国进口关税税率设有普通税率、最惠国税率、协定税率、特惠税率、关税配额税。①

① 截止到 2008 年底，还应包括关税配额税率（tariff-quota rate）。

此外，还包括临时关税税率，一般低于最惠国税率，但适用时间一般比较短，通常是一年。中国的最惠国税率适用于原产于与中国共同适用最惠国待遇的世界贸易组织成员的进口商品，或原产于与中国签订有包含最惠国待遇条款的贸易条约、协定、关税互惠协定的国家的进口商品。协定税率适用于原产于与中国签订有互惠关税协定的成员的进口商品，如来自《曼谷协定》成员国韩国、斯里兰卡、孟加拉国等国的进口商品使用协定税率。特惠税率适用于原产于与中国签订有特殊优惠关税协定国家或地区的进口商品，2004 年，仅孟加拉国的 20 个税目的进口商品，老挝、柬埔寨、缅甸的一些税目的进口商品享受中国特惠税待遇。普通税则适用于原产于上述国家之外的国家或地区的进口商品。[①]

2017 年，中国协调制度八位编码的 8 547 条税目适用最惠国税率，99.6%适用从价税，0.4%适用从量税，向 35 个最不发达国家提供平均税率水平仅为 0.7%的特惠税。

在单式税则或复式税则中，依据进出口商品流向的不同，可分为进口货物税则和出口货物税则。有的将进出口货物的税率合在同一税则中，分列进口税率栏和出口税率栏。

在单式税则或复式税则中，依据制定税则的权限，又可分为自主税则和协定税则。

①自主税则。

自主税则（autonomous tariff）又称国定税则，是指一国立法机构根据关税自主原则单独制定而不受对外签订的贸易条约或协定约束的一种税率。

②协定税则。

协定税则（conventional tariff）是指一国与其他国家或地区通过贸易与关税谈判，以贸易条约或协定的方式确定的关税税率。这种税则是在本国原有的国定税则以外，另行规定的一种税率。它是两国通过关税减让谈判的结果，因此要比国定税率低。协定税则不仅适用于该条约或协定的签字国，而且某些协定税率也适用于享有最惠国待遇的国家，对于没有减让关税的商品或不能享受最惠国待遇的国家的商品，仍采用自主税则，这样形成的复式税则，叫作自主-协定税则或国定-协定税则。

五、关税的保护程度

目前，各国一般以平均关税水平来比较各国之间关税的高低，以名义保护率和有效保护率来表示对某种或某类商品的保护程度。

关税水平是指一国的平均进口税率。

（一）名义保护率

对于关税的名义保护率，世界银行的定义为“对一商品的名义保护率是由于实行保护而引起的国内市场价格超过国际市场价格的部分与国际市场价格的百分比”。用公式表

① 根据 2008 年《中华人民共和国海关进出口货物优惠原产地管理规定》，中国原产地规则分为优惠原产地规则与非优惠原产地规则。优惠原产地规则适用于与中国签订有优惠/自由贸易协定的国家，如中国对于来自欠发达国家的产品，只要其产品 FOB 价格中非原产地的成分在 60%以下，且直接运输至中国，即可以享受中国的关税优惠。在非优惠原产地规则下，进口产品包括完全原产地产品和非完全原产地产品。完全原产地产品指产品完全在一国或地区内完成生产或制造；对于非完全原产地产品的认定条件是，出口国应对非原产的产品进行加工、制造使其发生重大变化，从而导致在海关税则上的税目发生变化，或增值不低于产品总值的 30%。优惠原产地规则、非优惠原产地规则都要求在原产国完成生产、制造的最后环节。

示为：

$$名义保护率=\frac{国内市场价格-国际市场价格}{国际市场价格}\times 100\%$$

从公式可以看出，实际上一国关税的名义保护率等于该国对该商品征收进口关税的从价税率，因而有时我们又把名义保护率称为名义关税。在其他条件相同或不变的情况下，名义关税税率越高，对本国同类产品的保护程度越高。例如，中国 2006 年全部产品进口关税税率水平为 9.9%，农产品为 15.7%，非农产品为 9.0%；美国的分别为 3.5%、5.3%、3.3%。[①] 2011 年，欧盟最惠国税率水平为 6.4%，由 WTO 定义的农产品关税税率水平为 15.2%，非农产品为 4.1%。[②]

对于全部生产过程均在一国完成的产品，名义保护率能够真实反映现行进口关税税率对国内产品提供的保护程度，但对于一部分生产过程在国外完成，并且这部分投入在进口时也被征收了进口关税的国内产品，名义保护率不能真实反映现行关税税率对该种产品提供的保护程度。鉴于此，提出了有效保护率的概念。[③]

（二）有效保护率

有效保护率是用来测定关税或其他保护措施（主要是关税）对某类产品生产过程中每单位产出增加值的影响或提供的保护程度，又称有效关税。这一概念的提出主要是考虑一国对某一产业产品的保护由于对其生产过程中的投入也计征关税而有所下降，因而要分析进口关税的征收对某一产品的实际保护程度，不仅要考虑对该产品进口征收的关税税率水平，还要考虑由于对其生产过程中的投入物征收关税而对这种保护带来的负面影响。有效关税用公式表示，对行业 j 的有效保护率 ERP_j 为：

$$ERP_j=\frac{V_j'-V_j}{V_j}\times 100\%$$

式中：V_j' 为存在关税或其他保护措施条件下 j 行业单位产品的增加值；

V_j 为自由贸易条件下 j 行业单位产品的增加值。

我们举例来说明公式的使用。

假定在自由贸易条件下，某排气量轿车售价为 10 000 美元，其中生产过程的购入价值（投入物）是 6 000 美元，国内汽车制造商实现的增加值是 4 000 美元。现在政府对整车进口征收 50%的进口关税，而对购入价值部分（如发动机、零部件等）不征收进口关税。此时，如果不考虑其他因素，国内该车的市场价格将升至 15 000 美元，国内制造商的增加值也从原来的 4 000 美元上升到 9 000 美元。根据有效关税的计算公式，我们可以计算出现行对整车进口适用的 50%的关税税率对国内汽车制造商每辆已定排量汽车提供的有效保护程度为：

$$ERP_{汽}=\frac{(15\ 000-6\ 000)-(10\ 000-6\ 000)}{10\ 000-6\ 000}\times 100\%=125\%$$

① 数字为最惠国税率的简单平均数，来自《2006 年全球关税概评》(World Tariff Profiles 2006)。

② 简单平均数。来自 2011 年欧盟贸易政策审议报告。

③ 最早提出有效保护率概念的学者是加拿大经济学家巴伯（C. L. Barber）。

现在情况发生了变化，进口国家对购入价值部分也开始征收进口关税，税率为20%。根据有效关税计算公式，对进口整车征收的50%的进口关税对国内汽车制造商每辆已定排量汽车提供的有效保护程度为：

$$ERP_{汽}=\frac{10\ 000\times(1+50\%)-6\ 000\times(1+20\%)-(10\ 000-6\ 000)}{10\ 000-6\ 000}\times100\%$$
$$=95\%$$

如果进口国家对购入价值部分的进口关税提高到50%，对进口整车征收的50%的进口关税对国内汽车制造商每辆已定排量汽车提供的有效保护程度会发生什么变化？

$$ERP_{汽}=\frac{(15\ 000-6\ 000\times150\%)-(10\ 000-6\ 000)}{10\ 000-6\ 000}\times100\%=50\%$$

如果对购入价值部分的关税税率提高到100%，又会是什么结果？

$$ERP_{汽}=\frac{(15\ 000-6\ 000\times200\%)-(10\ 000-6\ 000)}{10\ 000-6\ 000}\times100\%=-25\%$$

通过上面对不同情况有效关税保护率的计算我们发现，当进口最终产品的名义关税税率高于购入部分的名义关税税率时，最终产品的有效关税保护率高于名义保护率；当进口最终产品的名义关税税率等于购入部分的名义关税税率时，最终产品的有效关税保护率等于名义保护率；当进口最终产品的名义关税税率小于购入部分的名义关税税率时，最终产品的有效关税保护率小于名义保护率，甚至出现负的有效关税保护率，即关税实际上起到了保护最终产品进口或鼓励进口的作用。①

考虑到生产过程中投入物的多样性和关税税率的差异性，有效关税保护率还有另外一个计算公式：

$$ERP_j=\frac{t_j-\sum a_{ij}t_{ij}}{1-\sum a_{ij}}\times100\%$$

式中：t_j 为 j 行业最终产品的名义关税；

a_{ij} 为自由贸易条件下，生产最终产品的各种投入占产品价格的比例；

t_{ij} 为对投入 i 征收的名义关税。

我们将上述情况分别代入新公式，来检验一下结果是否与前面公式计算出的结果相同。

第一种情况，对整车、生产过程购入价值部分进口不征收进口关税的条件下，不存在名义保护和有效保护问题。

第二种情况，对整车进口征收50%的进口关税，对购入价值部分不征收进口关税的条件下，有效关税保护率为：

---

① 中国进口关税结构升级特征不明显。根据2007年ISIC产业二级分类，中国的化工（chemicals）、非金属矿产品（non-metallic mineral products）、组合金属产品和机器设备（fabricated metal products and machinery）行业产品的进口关税税率随着加工程度的提高而提高，纺织、皮革行业的半加工产品进口关税低于初级加工产品，食品、饮料和烟草行业对半加工产品进口征税最高，依照税率高低排序，分别为半加工产品、产成品、初级加工产品。总体上，中国对进口产品征收的最惠国税率，非加工品高于半加工品，产成品高于半加工品。

$$ERP_{汽}=\frac{50\%-0.6\times0}{1-0.6}=\frac{0.5}{0.4}=1.25=125\%$$

第三种情况，对购入价值部分征收20%的进口关税，有效关税保护率为：

$$ERP_{汽}=\frac{50\%-0.6\times0.2}{1-0.6}=0.95=95\%$$

第四种情况，对购入价值部分征收的进口关税税率提高到50%，有效关税保护率为：

$$ERP_{汽}=\frac{50\%-0.6\times50\%}{1-0.6}=0.5=50\%$$

第五种情况，有效关税保护率为−25%。

由此看出，两个公式计算出的结果完全相同。

通过研究新公式我们发现，事实上，在对最终产品和购入价值部分（原材料等）征收的名义关税税率一定的条件下，有效关税或关税的有效保护程度的高低取决于购入价值部分在产品价格中的比重，随着购入价值部分比重的提高，关税对最终产品的有效保护程度将逐步降低。在前面的公式中，实际上也隐含着这样的事实，只是淹没在计算过程中了。

由此可见，有效关税保护率受进口国最终产品名义关税税率、进口原料（购入价值部分）名义关税税率以及所用原料在最终产品中所占比重的影响。因此，即使各国就某种进口商品的名义关税的税率相同，但对这一进口商品的有效保护率可能不同。换一种情况，即使同一国家对不同商品征收的名义关税相同，也可能由于各类商品生产过程购入价值比重不同或购入价值适用的关税税率不同而有所不同。

名义保护率与有效保护率的区别主要在于：名义保护率只考虑关税对某种成品（最终产品）价格的影响，没有考虑到由于对生产过程投入物征收进口关税及投入物价值占最终产品价值比例的不同而对成品提供保护程度的影响。有效关税成功地解决了这一问题，它能够更真实地反映现行名义关税税率对产品能够提供的实际保护程度。

第二节 非关税措施[①]

一、非关税措施的含义

非关税措施指关税以外的限制进口的各种措施。

关于非关税措施的分类有许多种，其中两种分类办法广为采用：一是联合国贸易和发展会议的分类法；二是迪尔多夫（Deardorff）和斯特恩（Stern）的分类法。[②]

联合国贸易和发展会议列举出的非关税措施见表5-2。

① 在不做特殊说明的情况下，非关税措施指非关税进口限制措施。

② Deardorff Alan V. *Non-tariff Barriers and Domestic Regulation*. Paper on World Bank，1999；Deardorff Alan and Stern，Robert M. *Measurement of Non-tariff Barriers*. Paper for OECD，No. 179. OECD/GD（97）129，1997.

表 5-2　　UNCTAD 列举的非关税措施

与进口有关的非关税税费	关税附加费；额外收费；对进口产品征收的国内税收
价格控制措施	管理定价；最低限价；海关估价制；反倾销；反补贴
财政金融措施	进口押金制；提前支付要求；多重汇率；支付延迟；外汇管制等
自动许可措施	自动许可证；提前监管
数量控制措施	非自动许可证包括提前授权；配额；禁令；出口限制安排；企业特别具体限制
垄断措施	专营；指定进口；强迫性国内服务；歧视性政府采购
技术性措施	技术法规、装运前检验；技术标准；合格评定程序；特别海关程序；使用过的产品返回义务；循环利用的义务；包装标签要求；绿色壁垒；动植物检验检疫措施

迪尔多夫和斯特恩非关税措施的分类法见表 5-3。

表 5-3　　迪尔多夫和斯特恩非关税措施的分类法

数量限制及类似的限制措施： ①进口配额 ②禁止进口 ③进口许可证 ④自动出口限制（VER） ⑤外汇管制 ⑥自制率规定 ⑦歧视性双边协定 ⑧对等贸易
影响进口成本和价格的非关税性收费： ①预先存款要求（进口押金） ②滑动关税 ③反倾销税 ④反补贴税 ⑤边境税收调整（出口退税）
政府参与贸易行为、限制性措施和一般政策： ①补贴 ②政府采购 ③政府垄断经营和特许经营 ④政府的结构性、地区性发展政策 ⑤政府资助的研究和开发项目及其他科技政策 ⑥国家税收制度和社会保险制度 ⑦宏观经济政策 ⑧竞争政策 ⑨外国投资政策 ⑩移民政策

海关程序和行政措施： ①海关估价程序 ②海关分类程序 ③海关清算程序
技术壁垒（TBT）： ①健康、卫生及品质标准 ②安全及工业标准 ③有关包装与标签的规定 ④广告及传媒推广规章

随着关税与贸易总协定发展成为世界贸易组织，成员数目已达 153 个[①]，多轮关税减让谈判使关税在各成员国家和地区的进口限制中的作用日益弱化，从第一轮多边谈判到东京回合后，美国关税税率水平降低了 92%，1987 年，美国进口平均关税税率水平为 3.3%，加拿大为 4.6%，法国为 4.9%，日本为 6.2%。乌拉圭回合之后，发达国家工业品加权平均关税税率水平为 3.8%，转型国家为 6.0%。[②] 在这种情况下，非关税措施的重要性相对显现，特别是其中的反倾销、反补贴、技术性贸易措施、绿色贸易措施，它们以市场秩序、国家安全、国民健康、保护环境的名义，对进口商品实施有效的限制。此外，世界贸易组织也允许正当的非关税措施的实施，如《实施卫生与植物卫生措施协议》规定，成员有权采取措施以国际标准或自行设立标准保护人类与动植物健康。

中国目前主要采用的非关税措施包括进口许可证、进口配额、进口限量登记、关税配额。

二、传统的非关税措施

(一) 进口配额制

进口配额制（import quotas system）又称进口限额制，是一国政府在一定时期（如一季度、半年或一年）内，对某些商品的进口数量或金额直接加以限制。在规定的期限内，配额以内的货物可以进口，超过配额不准进口，或者征收更高的关税或罚款后才能进口。它是国家实行进口数量限制的重要手段之一。

进口配额制有以下两种形式：

1. 绝对配额

绝对配额（absolute quotas）是在一定时期内，对某些商品的进口数量或金额规定一个最高额数，达到这个额数后便不准进口。这种进口配额在实施中又采取以下两种方式：

（1）全球配额。

全球配额（global quotas；unallocated quotas）属于世界范围的绝对配额，对于来自

① 截止到 2008 年 7 月 23 日。
② UNCTAD. International Trade Center；WTO. Business Guide to the Uruguay Round.

任何国家或地区的商品一律适用。主管当局通常按进口商的申请先后或过去某一时期的实际进口额批给一定的额度，直至总配额发放完为止，超过总配额不准进口。

（2）国别配额。

国别配额（country quotas）是在总配额内按国别或地区分配给固定的配额，超过规定的配额便不准进口。为了区分来自不同国家和地区的商品，在进口商品时进口商必须提交原产地证明书。

国别配额可划分为自主配额和协议配额。

①自主配额（autonomous quotas）。又称单方面配额，是由进口国家完全自主地、单方面强制规定在一定时期内从某个国家或地区进口某种商品的配额。这种配额不需征求输出国家的同意。

自主配额一般参照某国过去某年的输入实绩，按一定比例确定新的进口的数量或金额。所以进口国可利用这种配额贯彻国别政策。

②协议配额（agreement quotas）。又称双边配额（bilateral quotas），是由进口国家和出口国家政府或民间团体之间协商确定的配额。

如果协议配额是通过双方政府的协议订立的，一般需在进口商或出口商中进行分配；如果配额是双边的民间团体达成的，应事先获得政府许可，方可执行。协议配额是由双方协调确定的，通常不会引起出口方的反感与报复，并可使出口国对于配额的实施有所谅解与配合，较易执行。

2. 关税配额

关税配额（tariff quotas）是对商品进口的绝对数额不加限制，而对在一定时期内，在规定配额以内的进口商品，给予低税、减税或免税待遇；对超过配额的进口商品则征收较高的关税，或征收附加税或罚款。

关税配额按商品进口的来源，可分为全球性关税配额和国别关税配额。按征收关税的目的，可分为优惠性关税配额和非优惠性关税配额。前者是对关税配额内进口的商品给予较大幅度的关税减让，甚至免税，而对超过配额的进口商品即征收原来的最惠国税率。如在实行普遍优惠制过程中所采取的关税配额就属于这一类。后者是在关税配额内仍征收原来的进口税，但对超过配额的进口商品，则征收极高的附加税或罚款。

根据中美达成的《中美关于中国加入世界贸易组织的双边协议》，中国将全面取消农产品进口的数量限制，对于比较敏感的农产品，如小麦、玉米等适用关税配额制度。根据2002年的税目税率表提供的信息，小麦进口关税依据种类的不同，其配额内关税税率水平在1%～10%之间，而配额外关税，最惠国税率水平为71%，普通税率水平为180%，属于优惠性关税配额。

近几年，关税配额的使用比较普遍，中国产品屡遭关税配额的限制。如日本对中国大葱、鲜香菇、灯心草进口，限量以内征收3%～6%的进口关税，超出限量的征收106%～266%的进口关税。欧盟对中国出口的橘子罐头超过配额部分每吨征收155欧元的从量税。

2017年，中国保留对《协调制度》第10（小麦与混合粉、玉米、水稻）、11（小麦或混合粉之外的谷物、燕麦）、17（蔗糖、甜菜糖）、31（矿物质肥料、化肥）、51（精梳羊毛）、52（棉花）章47个税目适用关税配额。配额内征收从价税，平均关税水平为4.8%，超出配额部分税率适用约束关税（bound rates）。① 具体产品和配额内外关税税率见表 5－4。

表 5－4　　中华人民共和国 2015—2016 年农产品关税配额及税率适用

货品名称	配额外税率（%）	配额内税率（%）	关税配额量（吨）	配额内进口量（吨）	
				2015 年	2016 年
小麦			9 636 000	5 535 000	3 004 000
小麦及混合麦	65	1			
小麦或混合麦的细粉	65	6			
小麦粗粒及粗粉	65	9			
小麦团粒	65	10			
玉米			7 200 000	3 266 000	2 599 000
种用玉米	20	1			
其他玉米	65	1			
玉米细粉	40	9			
玉米粗粒及粗粉	65	9			
玉米团粒	65	10			
稻谷、大米			5 320 000	2 271 000	2 579 000
稻谷	65	1			
大米细粉	40	9			
碎米	10	9			
砂糖	50	15	1 945 000	1 945 000	1 945 000
未梳的羊毛	38	1	287 000	287 000	287 000
棉花	40	1	894 000	894 000	894 000

资料来源：Trade Policy Review Report，2018.

自 20 世纪 80 年代以来，以配额形式出现的数量限制已经逐步被反倾销、反补贴措施所取代，乌拉圭回合也要求成员实现配额关税化，因此，配额作为限制进口的非关税措施的作用大大降低。

在进口配额制度下，关于进口配额的分配（无论是绝对配额还是关税配额）主要有四种方式：一是政府直接颁发进口许可证给进口商；二是政府根据进口商和消费者的申请颁发进口许可证；三是政府公开拍卖进口许可证；四是进口政府在设置进口数量或金额后，将颁发许可证的权限交给出口国家。②

① 中国在加入 WTO 后，实行 100%的关税约束，农产品税率为 0～65%，非农产品为 0～50%。截至 2017 年，约束关税税率的平均水平为 9.8%，农产品为 15.1%，非农产品为 9%。2023 年执行最终约束关税税率，届时所有关税税率将在从价税基础上约束，仅有适用最惠国税率的 38 个税目可以采用非从价税，但折算下来不应超过设定的约束关税税率。

② 中国实施进口关税配额的 8 类产品中，除谷物和棉花由国家发展和改革委员会负责外，其他均由商务部进行配额发放管理。

(二)“自动”出口配额制

1. “自动”出口配额制的含义

“自动”出口配额制（voluntary export quotas）又称“自动”限制出口（voluntary restriction of export），也是一种限制进口的手段。

所谓“自动”出口配额制，是出口国家或地区在进口国的要求或压力下，“自动”规定某一时期内（一般为3～5年）某些商品对该国的出口限制，在限定的配额内自行控制出口，超过配额即禁止出口。

“自动”出口配额制与绝对进口配额制在形式上略有不同。绝对进口配额制是由进口国家直接控制进口配额来限制商品的进口，而“自动”出口配额是由出口国家直接控制这些商品对指定进口国家的出口。然而，就进口国家来说，两种配额都起到了限制商品进口的作用。

“自动”出口配额制带有明显的强制性。进口国家往往以商品大量进口使其有关工业部门受到严重损害，造成所谓“市场混乱”为理由，要求有关国家的出口实行“有秩序地增长”（orderly growth），“自动”限制商品出口，否则就单方面强制限制进口。在这种情况下，一些出口国家被迫实行“自动”限制出口。

“自动”出口配额最早出现在20世纪80年代的日美汽车贸易大战。美国政府在美国汽车制造企业和汽车工人联合工会的压力下，提出议案对来自日本的汽车实施进口数量限制。日本政府在得到这一消息后，主动宣布自行对输出到美国的汽车数量进行限制，先是将数量限制在一个水平上，1981年4月—1984年3月没有变化，后来限额逐步上升，到1985年，限额上涨了37%。1987年以后，日本汽车公司开始在美国生产汽车，“自动”出口配额每年都用不完，到1994年，美国取消了对日本汽车的“自动”限制出口①。

2. “自动”出口配额制的形式

(1) 非协定的“自动”出口配额。

非协定的“自动”出口配额不受国际协定的约束，而是出口国迫于进口国的压力，自行单方面规定出口配额，限制商品出口。这种配额有的是由政府有关机构规定，并予以公布，出口商必须向有关机构申请配额，领取出口授权书或出口许可证才能输出；有的是由本国出口厂商协会“自动”控制出口。

(2) 协定的“自动”出口配额。

即进出口双方通过谈判签订“自限协定”（self-restraint agreement）或“有秩序销售协定”（orderly marketing agreement）。在协定中规定有效期内某些商品的出口配额，出口国应据此配额实行出口许可证制或出口配额签证制（export visa），自行限制这些商品出口。进口国则根据海关统计进行检查。“自动”出口配额大多数属于这一种。

日美汽车“自限协定”的配额由日本政府在日本汽车制造商之间进行分配，任何制造商想增加出口都必须同拥有剩余配额的制造商进行磋商。

---

① 作为对“自动”出口配额的反应，日本汽车行业进一步提高产品质量，由于配额是限量不限值，日本汽车公司更多地向美国出售价值更高、功能更多的汽车。此外，日本汽车公司也开始在美国本土生产，绕过配额壁垒，据美国政府估计，1984年由于实施进口配额，导致日本汽车在美国售价上升，日本公司由此获取的“租金”收入是32亿美元。

中国也对一些产品出口适用出口配额，包括水稻、玉米、小麦、棉花、煤炭，与“自动”出口配额的含义不同，它是中国政府出于经济安全和保护国内消费的考虑，自主对出口进行的限制。

（三）进口许可证制

进口许可证制（import licence system）是指进口国家规定某些商品进口必须事先领取许可证才可进口。

依据进口许可证的使用对进口商品有无限制，进口许可证分为公开一般许可证和特种进口许可证。

公开一般许可证（open general licence），又称自动进口许可证（automatic import licences）。它对进口国别或地区没有限制，凡列明属于领取公开一般许可证的商品，进口商只要填写公开一般许可证后，即可获准进口，因此这类商品实际上是“自由进口”的商品。

中国全部或部分领取自动进口许可的海关税目从 2005 年的 1 205 项减少到 2017 年的 498 项①。

特种进口许可证（specific licence），又称非自动进口许可证（non-automatic import licences），进口商必须向政府有关当局提出申请，经政府有关当局逐笔审查批准后才能进口。这种进口许可证，多数都指定进口国别或地区②。

2017 年，中国申领非自动进口许可证的商品主要包括二手机械和电子设备以及臭氧损害物质。

2010 年，欧盟进口许可证主要用于以下情形：对特定进口产品实施数量限制、保护措施或进口监控的需要。如欧盟对某些钢产品和农产品进口，出于统计的目的实施进口许可证管理。对于来自一些非 WTO 成员，如俄罗斯、乌克兰、哈萨克斯坦的某些钢制品，欧盟维持数量限制的做法。

（四）外汇管制

外汇管制（foreign exchange control）是指一国政府通过法令对国际结算和外汇买卖实行限制来平衡国际收支和维持本国货币汇价的一种制度。

在外汇管制下，出口商必须把它们出口所得到的外汇收入依照官定汇率（official exchange rate），卖给外汇管制机关；进口商也必须在外汇管制机构按官定汇价申请购买外汇，本国货币的携出入国境也受到严格的限制等。

这样，国家的有关政府机构就可以通过确定官定汇价、集中外汇收入和控制外汇支出的办法，达到限制进口商品品种、数量和进口国别的目的。

① 政府部门每年发布需要领取自动进口许可证的商品名录，需要领取自动许可证的商品属于自由进口商品范围，领证的目的是出于统计的考虑。2017 年，中国有 48 类商品，涉及八位编码 498 个税则税目需要申领自动许可，包括大宗农产品、原材料和机械、电子产品。同年，需要申领非自动许可的商品涉及八位编码 89 个税则税目。

② 中国进口产品分三类：不限制、限制、禁止。限制进口的需要通过许可和进口配额的方式接受管理，2017 年中国没有需要申请进口配额的产品。中国进口许可制包括自动与非自动许可，此外，许可也用于分配关税配额。并且，对于涉及国家安全、公共利益和国际协定义务的产品需要领取进口许可证。

外汇管制的方式较为复杂，一般可分为以下两种：

1. 数量性外汇管制

数量性外汇管制是指国家外汇管理机构对外汇买卖的数量直接进行限制和分配，旨在集中外汇收入，控制外汇支出，实行外汇分配，以达到限制进口商品品种、数量和国别的目的。一些国家实行数量性外汇管制时，往往规定进口商必须获得进口许可证后，方可得到所需的外汇。

2. 成本性外汇管制

成本性外汇管制是指国家外汇管理机构对外汇买卖实行复汇率制度（system of multiple exchange rates），利用外汇买卖成本的差异，间接影响不同商品的进口。

（五）进口和出口国家垄断

进口和出口国家垄断，是指在对外贸易中，对某些或全部商品的进出口规定由国家机构直接经营，或者是把某些商品的进口或出口的专营权给予某些垄断组织。

发达国家的进口和出口的国家垄断主要集中在三类商品。第一类是烟和酒。这些国家的政府机构从烟和酒的进出口垄断中，可以取得巨大的财政收入。第二类是农产品。这些国家把对农产品的对外垄断销售作为国内农业政策措施的一部分，美国的农产品信贷公司，就是资本主义世界最大的农产品贸易垄断企业。它高价收购国内的“剩余”农产品，然后以低价向国外倾销，或按照所谓“外援”计划向缺粮国家，主要是发展中国家大量出口。第三类是武器。发达国家的武器贸易多数是由国家垄断。

如在中国政府发布的2009年中国粮食、棉花进口的关税配额中，小麦的国营贸易比例为90%，玉米为60%，大米为50%，棉花为33%。

（六）歧视性政府采购政策

歧视性政府采购政策（discriminatory government procurement policy）是指国家制定法令，规定政府机构在采购时要优先购买本国产品的做法。

美国从1933年开始实行，并于1954年和1962年两次修改《购买美国货法案》（Buy American Act，BAA）。该法案规定，凡是美国联邦政府所要采购的货物，应该是美国制造的，或是用美国原料制造的。开始时，凡商品的成本有50%以上是在国外生产的，就称作外国货。后来又对法案作了修改，即在美国自己生产的数量不够，或者国内价格太高，或者不买外国货就会伤害美国利益的情况下，可以购买外国货。优先采购美国商品的价格高出国际市场价格6%～12%。然而，美国国防部和财政部常常采购比外国产品价格高50%的美国产品。

2009年2月13日，美国国会通过了政府针对全球金融危机引发的经济衰退推出的7 870亿美元的“振兴”方案，“买美国货”条款包含在内。该条款要求获得“振兴款”的公共工程，只能使用美国制造的钢铁，欧盟、加拿大、日本以及其他与美国政府签有互惠采购协议的国家的企业可以参与投标。WTO对此做出反应，声明将加强对各国“救市”措施的监督，并采取行动，抑制贸易保护主义抬头。

截至2018年，美国政府采购适用的法律仍是《购买美国货法案》和《贸易协定法案》（Trade Agreement Act，TAA），《购买美国货法案》仍然要求联邦政府优先购买国内产品，但《贸易协定法案》授权总统可以免除这一规定的适用，但只针对 WTO 政府采购协议的签字国、贸易协定包含有政府采购条款的伙伴及特殊规定提供政府采购优惠待遇的国家。

政府实施歧视性采购确实对一些产品进口构成实际阻碍。2015 年，欧盟 28 国政府采购占当年 GDP 的 13%。美国政府每年的采购额都在万亿美元以上，占 GDP 的 20%左右。美国飞机销售额的 30%都属于政府购买。由于政府采购的商品与服务比较集中，如办公设备与用品、国防产品、各类战略物资等，并且在相关商品和服务市场上构成很大的购买量，这样，政府的歧视性做法势必导致原产于国外的这些商品和服务难以进入政府采购市场，从而对进口商品和服务形成限制。美国 2017 财年，联邦支出 4.9 万亿美元，其中公开协议采购部分仅 5 079 亿美元。2015 年欧盟政府支出 20 153 亿欧元，依照 WTO 政府采购协议和门槛采购额公开招标的规定，公开招标采购 4 502 亿欧元。

虽然东京回合就签署了《政府采购协议》①，乌拉圭回合对其内容进行了部分修订，但鉴于关税与贸易总协定和世界贸易组织关于政府采购的协议具有“诸边”协议的特点②，目前签字国家或地区与集团仅有 13 个③，无法消除各国或地区当局在采购过程中对进口商品和服务形成的歧视。因而，歧视性政府采购仍然是一种广泛采用的限制商品和服务进口的做法。

中国目前是 WTO《政府采购协议》的观察员，已于 2007 年 12 月提交加入协议的申请。在中国政府采购法案下，中国政府只在个别情况下会采购外国企业的产品，但法案不涉及中国国有企业的购买行为。

2016 年，中国政府采购 3.11 万亿元人民币，占 GDP 的 4.2%，公开招标占总金额的 64.1%，竞争性协议占 4.2%，选择性招标占 1%。

（七）国内税

国内税（internal taxes）是指在一国的国境内，对生产、销售、使用或消费的商品所应支付的捐税。一些国家往往采取国内税制度直接或间接地限制某些商品进口。

这是一种比关税更灵活、更易于伪装的贸易政策手段。国内税通常是不受贸易条约或多边协定限制的。国内税的制定和执行是属于本国政府机构的权限，有时甚至是地方政府机构的权限。

欧盟国家采用增值税（value added tax），即按销货值大于进货值的“增值”部分，对国内产品征收一定比例的税收。它适用于生产和销售的每一个环节。增值税对出口商品实行免税或退税，而对进口商品则如数征收。欧盟成员国的增值税税基相同，但税率存在差异，增值税同时适用于进口产品和本国生产产品。

在 1992 年前，中国曾对进口商品征收“调节税”，而对于本国产品不适用。

（八）进口最低限价制和禁止进口

1. 进口最低限价制

最低限价（minimum price）就是一国政府规定某种进口商品的最低价格，凡进口货

① 1981 年开始生效。

② 协议中的权利与义务只适用于签字国家或地区。

③ 它们是美国、加拿大、欧盟、荷属阿鲁巴、列支敦士登、瑞士、冰岛、挪威、以色列、日本、韩国、新加坡、中国香港。

价低于规定的最低价格，则征收进口附加税或禁止进口以达到限制低价商品进口的目的。

2. 禁止进口

一些国家往往颁布法令，公布禁止进口（prohibitive import）货单，禁止这些商品的进口。

中国禁止进口的8位编码的海关税目已经从2005年的30项增加到2007年的54项，此外的441项中的部分商品也属于禁止进口商品目录范围。2007年，中国大约6.5%的海关税目隶属于禁止进口范围。中国禁止进口考虑的因素主要包括：国家安全、公众利益、环境保护、人类、动物、植物健康、国际收支考虑、履行的国际义务。2015年，商务部发布禁止进口商品清单，列出了365种进口禁止产品（8位编码），禁止进口的商品主要包括：固体废物、机器与运输设备。

依照外贸法，中国政府可以限制和禁止幼稚产业、农业、畜牧业、渔业、稀有金属业产品的进口，截至2017年，没有此类内容发布适用。

（九）专断的海关估价制

海关为了征收关税，确定进口商品价格的制度为海关估价（customs valuation）制。有些国家根据某些特殊规定，提高某些进口货的海关估价，来增加进口货的关税负担，阻碍商品的进口，就成为专断的海关估价。

乌拉圭回合达成的《海关估价协议》规定，主要以商品的成交价格为海关完税价格。其目的在于为签字国的海关提供一个公正、统一、中性的货物估价制度，不使海关估价成为国际贸易发展的障碍。这个协议规定了下列6种不同的依次采用的新估价法：

1. 进口商品成交价格

成交价格（transaction value）是指“商品销售出口运往进口国的实际已付或应付的价格”，即进口商在正常情况下申报并在发票中所载明的价格。如果海关不能按上述规定的成交价格确定商品海关估价，那就采用第二种办法。

2. 相同商品成交价格

相同商品成交价格（transaction value of identical goods）又称为同类商品的成交价格，是指与应估商品同时或几乎同时出口到同一进口国销售的相同商品的成交价格。

如按以上两种估价办法都不能确定时，可采用以下第三种估价办法。

3. 类似商品成交价格

类似商品成交价格（transaction value of similar goods）是指与应估商品同时或几乎同时出口到同一进口国销售的类似商品的成交价格。

4. 倒扣法

倒扣法是以进口商品，或者同类或类似进口商品在国内的销售价格为基础减去有关的税费后所得的价格。其倒扣的项目包括代销佣金、销售的利润和一般费用，进口国内的运费、保险金、进口关税和国内税等。

倒扣法主要适用于寄售、代销性质的进口商品。

5. 计算价格法

计算价格（computed value）又称估算价格，是以制造该种进口商品的原材料、部件、生产费用、运输和保险费等成本费用以及销售进口商品所发生的利润和一般费用为基础进行估算的完税价格。

这种方法必须以进口商能提供有关资料和单据，并保存所有必要的账册等为条件，否则，海关就不能采用这种办法确定其完税价格。这种估价方法一般适用于买卖双方有业务关系的进口商品。

根据协议规定，第四种和第五种办法可能根据进口商品要求进行调换使用。

6. 合理法

如果上述各种办法都不能确定商品的海关估价，便使用第 6 种办法，这种办法未作具体规定。海关在确定应税商品的完税价格时，只要不违背本协议的估价原则和总协定第 7 条的规定，并根据进口商品的现有资料，任何视为合理的估价办法都可行，因此，这种办法称为合理法（reasonable means)。

中国海关对进口货物的成交价格不符合《中华人民共和国进出口关税条例》第十八条第三款规定条件的，或者成交价格不能确定的，海关经了解有关情况，并与纳税义务人进行价格磋商后，依次以下列价格估定该货物的完税价格：

(1) 与该货物同时或者大约同时向中华人民共和国境内销售的相同货物的成交价格。

(2) 与该货物同时或者大约同时向中华人民共和国境内销售的类似货物的成交价格。

(3) 与该货物进口的同时或者大约同时，将该进口货物、相同或者类似进口货物在第一级销售环节销售给无特殊关系买方最大销售总量的单位价格，但应当扣除上述条例第二十二条规定的项目。

(4) 按照下列各项总和计算的价格：生产该货物所使用的料件成本和加工费用，向中华人民共和国境内销售同等级或者同种类货物通常的利润和一般费用，该货物运抵境内输入地点起卸前的运输及其相关费用、保险费。

(5) 以合理方法估定的价格。

纳税义务人向海关提供有关资料后，可以提出申请，颠倒前款第（3）项和第（4）项的适用次序。

三、技术性贸易措施

广义的技术性贸易措施是指各国为保护人类和动植物的生命和健康、保护环境等而制定的技术法规、标准、质量认证与合格评定程序、检验检疫程序和手续以及商品包装和标签规定等。狭义的技术性贸易措施仅包括技术法规、标准、质量认证与合格评定程序内容。

(一) 技术法规、标准

技术法规主要由国家立法机构制定的法律法规，行政部门颁布的命令、决定、条例、规范、指南等构成，涉及的内容范围包括劳动安全、环境保护、卫生健康、交通、节约能源与材料等。技术法规对商品和服务的生产（提供)、材料的使用、工艺流程、污染的控制、质量控制、包装等均产生强制性约束。

WTO 要求成员各级机关采用和实施的技术法规应符合《技术性贸易措施协议》的规定，除非基于气候、地理、技术条件等因素，各成员应尽可能地采纳国际标准。

技术标准主要包括生产标准、实验与检验方法标准、安全卫生标准等。

各国或地区由于历史、社会和技术原因，采用的技术标准差异很大，如在英国、日本、中国香港、澳大利亚等国家或地区的交通规则规定，汽车在道路的左边行驶，而美国、中国等绝大多数国家或地区的规定与此相反。再如，日本对滑雪板有严格的技术标准，它强调本国雪质特殊，一般国外的滑雪板都达不到日本技术标准的要求。如果使用不合格的滑雪板，日本保险公司不给予保险，出现事故自行负责。意大利有一个“通心粉纯度法”，它规定通心粉的制作原料必须是硬质小麦，其他国家采用混合小麦制作的通心粉无法进入意大利国内市场。

发达国家由于经济、技术水平高，对于许多制成品规定了极为严格、烦琐的技术标准。进口商品必须符合这些标准才能进口，其中有些规定往往是针对具体国家的。

中国技术标准分为五类：国家、行业、地方、企业、协会，前三类标准可以是自愿的，也可以是强制性的。截止到 2017 年底，共有国家标准 35 081 项，其中 2 118 项标准为强制标准，其余为自愿标准，强制标准的 74.3%、自愿标准的 85.9%已经实现与国际标准对接。

技术法规和标准作为限制进口的手段主要体现在：一是多样化；二是标准严格；三是有些标准经过精心设计和研究，针对性强；四是这些技术标准不仅在条文本身上限制了外国产品的销售，而且在实施过程中也为外国产品的销售设置了重重障碍。

（二）质量认证与合格评定程序

质量认证与合格评定程序是指任何直接或间接用以确定产品或服务、生产与管理体系是否满足技术法规和标准所要求的程序。

质量认证与合格评定程序之所以可以起到限制进口的作用，是因为：

（1）各国依据的标准不同。由于工业发展水平不同，各国实行的标准多为国家标准，对于国家标准低的产品出口到高标准国家就受到阻碍。①

（2）质量认证与合格评定的内容不同。如在产品认证过程中，有些国家只对提供样品进行实验、检验，发达国家，如欧盟，则要求对生产商的生产环境、质量保证能力进行检查、评定，甚至要求日常监督。如对欧盟出口的牛肉，欧盟要求对牛的生长地的土壤条件、水质条件、生长区域的疫病历史、屠宰条件等进行评定，符合欧盟标准的产品才可以进口。

（3）认证机构资格确认不同。一些国家的认证机构直接由政府设立，有些国家则授权私人机构履行相关职责。各国对于认证机构的资力与资格规定差异很大，发达国家往往只接受本国认证机构或承认的第三方认证机构的认证，这样，就增加了一些国家，特别是发展中国家的出口成本。

目前，国际上著名的认证有 ISO9000 系列认证、IEC 电器设备安全标准认证、欧盟 CE 认证、美国 UL 认证等。

由于技术性措施越来越多地被用作保护贸易的手段，它已经成为国际贸易发展中的重要壁垒。《关税与贸易总协定》签署时就已经考虑到这一问题，1947 年《关税与贸易总协

① 截止到 2008 年，欧盟成员国的技术规定与标准也没有达到完全统一，但要求本国产品要同时符合本国国家标准和欧盟标准。

定》第 20 条“一般例外”中规定，缔约方为保障人类、动植物的生命和健康可采取必要的措施。第 21 条“安全例外”规定，缔约方为保护国家基本安全利益可以采取必要的措施。1970 年，关税与贸易总协定专门成立小组研究制定技术标准与质量认证程序方面的问题，并起草关于技术性贸易壁垒的协议。乌拉圭回合达成所有成员必须履行规范技术性贸易壁垒使用的《技术性贸易壁垒协议》。

中国产品认证包括自愿认证和强制认证两类，强制认证适用于国内产品和进口产品，政府机构发布强制认证产品目录。需要接受强制认证的产品，不认证或没有认证标识，就不能销售或进口。2017 年，强制认证目录含 170 种产品，具体包括汽车、家居电子设施、电动工具、通信终端设备等。

“欧盟协调标准”是指由欧洲标准化委员会、欧洲电工标准化委员会和欧洲电信标准协会根据欧盟委员会与各成员国商议后发布的命令制定并批准实施的欧洲标准。根据欧洲标准化组织的规定，各成员国必须撤销有悖于协调标准的国家标准，协调标准的标题和代号必须在欧共体官方公报上发布。目前该标准适用于 11 个领域，包括了 31 组产品和一种服务，这些产品主要包括化学品、建筑、消费者和工人保护、能源有效利用、电子和电气工程、健康工程、测量技术、机械工程和运输等。

（三）关于卫生检疫规定

随着国家之间贸易竞争的加剧，发达国家更加广泛地利用卫生检疫规定限制商品的进口。它们要求进行卫生检疫的商品越来越多，卫生检疫规定越来越严格。例如，花生：日本、加拿大、英国等要求花生黄曲霉素含量不超过百万分之二十，花生酱不超过百万分之十，超过者不准进口。茶叶：日本对茶叶农药残留量规定不超过百万分之零点二至零点五。陶瓷制品：美国、加拿大规定含铅量不得超过百万分之七，澳大利亚规定含铅量不得超过百万分之二十。

美国要求其他国家或地区输往美国的食品、饮料、药品及化妆品必须符合美国的《联邦食品、药品和化妆品法》(Federal Food，Drug and Cosmetic Act)，否则不准进口。

中国出口产品在卫生检疫规定面前频繁受阻。如日本对中国出口的冷冻蔬菜实施农药残留检查。日本在冷冻蔬菜农药残留检查中使用新鲜蔬菜的标准，使得中国对日出口的冷冻蔬菜农药残留比例大幅度上升，限制了中国该类产品的对日出口。

WTO《实施卫生与植物卫生措施协议》要求成员在非歧视的基础上，以科学为依据，参照国际标准制定和实施卫生与植物卫生措施，相关措施要公开、透明。由于发展中国家经济发展水平与技术水平比较低，因而在使用卫生检疫措施作为限制进口手段方面还不具备条件。

（四）关于商品包装和标签的规定

许多国家对于在国内市场上销售的商品要求符合各种包装和标签条例。这些规定内容复杂，手续麻烦。进口商必须符合这些规定，否则不准进口或禁止在其市场上销售。如新加坡，根据有关条例，要求黄油、人造黄油、食用油、米、面粉、白糖等依照标准进行包装，否则不得进口。许多外国产品为了符合有关国家的这些规定，不得不重新包装和改换商品标签，耗时费工，增加了商品的出口成本，削弱了商品的价格竞争能力。

另外，一些国家对于包装物料、瓶型均有具体的规定和要求。这些规定都在不同程度上限制了外国商品的进口。

在中国，关于包装和标签的规定主要适用食品、药品、化妆品、医疗器械、种子。未包装的食品或食品添加剂要求有中文标签和使用说明，必须标出产品原产地、名称、地址、国内进口代理的联系信息。

美国要求进口产品用英文标注原产国，对不同产品有不同的标注要求，如服装需要注明成分、洗涤说明，烟草要加注危害警示，食品、药品、汽车等类别的进口产品都要求有详细、规范的各种说明。

（五）绿色贸易措施

20 世纪 90 年代以来的绿色贸易措施以健康、环保为核心，主要集中在卫生检验检疫、包装标签等方面，实际也是通过法规、标准、程序等来实施的。主要包括：

1. 绿色标准与检疫要求

进口国家对商品中有害物质含量制定更为严格的标准，如食品中农药残留量的规定、陶瓷产品的含铅量规定、食品与服装的重金属含量规定等。

2019 年 1 月 18 日，苏格兰海事局发布 G/TBT/N/GBR/33 号 TBT 通报，禁止在苏格兰生产和销售塑料棒棉签。

此类棉签的塑料棒是苏格兰海滩的十大垃圾之一，对苏格兰海洋环境中的生物造成了伤害。棉签可以通过污水到达海洋中，进而威胁野生动物的健康；在经过紫外线照射后，这些塑料棒还会产生碎片，扩大它们对生态系统的影响。这种塑料棒很难被回收，并且不会自然降解，而是积聚在海洋环境中。禁令有助于防止进一步的海洋环境破坏，并减少公众对此类产品所产生的海洋环境影响的关注。

该禁令实际上也禁止了塑料棉签的进口。

塑料制品污染是全球生态环境面临的严重问题之一，不少国家和地区已经开始行动起来禁止/限制生产和销售相关产品。2016 年 10 月，法国修订《环境法案》，计划于 2020 年 1 月 1 日起禁用塑料棉签；2018 年 10 月 22 日，英国就禁用塑料棉签、吸管和搅拌棒征求公众意见；从 2019 年 1 月 1 日起，意大利禁止生产或销售不可生物降解的塑料棉签，从 2020 年 1 月起，该禁令将扩展到化妆品中使用的塑料微粒。2019 年 1 月 18 日，欧盟理事会发布减少某些塑料制品环境影响的指令草案，涉及塑料材质的饮料杯、食物容器、餐具、吸管、搅拌棒等。此外，美国加利福尼亚州、新泽西州等十几个州已开始准备立法禁止或限制塑料制品或化妆品中塑料添加制品的使用。

2. 绿色环境标志要求

产品是否拥有“绿色环境标志”成为能否进口的标准。绿色环境标志表明该产品不但质量符合标准，而且在生产、使用、消费、处理过程中符合环保要求，对生态环境和人类健康均无损害。

德国于 1978 年率先提出“蓝天天使”计划，推出“生态环境标准”标志，欧盟于 1993 年推出欧洲环境标志，凡有此标志的商品，可以在欧盟成员国自由通行。

为保护环境和世界经济的可持续增长，国际标准化组织于 1996 年开始陆续颁布系列环境管理标准 ISO14000，以期加强环境保护，控制污染，推动绿色革命，倡导绿色消费，统一全球环境保护评价标准。

3. 绿色包装、标签要求

绿色包装指节约资源、减少废弃物的产生，可回收再使用或可再生，易于自然分解，不污染环境的包装。如英国在2000年开始实行包装废弃物50%～75%重新使用标准。日本强制推行《回收条例》《废弃物清除条件修正案》。丹麦以保护环境的名义，要求所有进口的啤酒、矿泉水、软性饮料一律使用可再生的容器，否则不许进口。

美国《食品标签法》规定，美国所有包装食品，包括全部的进口食品都必须强制性使用新标签，食品中的添加剂，如防腐剂、合成色素等必须在配料标示中依照标准的专用名称如实标注。

4. 绿色补贴

一些国家政府在企业无力投资新环保技术、环保设备和开发清洁技术产品时可能会提供补贴。发达国家要求将环境和资源成本内在化，也就是执行“污染者付费”原则，因此，进口国家往往以环境补贴为由对接受补贴的进口商品提出反补贴起诉。

第三节　出口促进措施

一、出口信贷与出口信贷担保

(一) 出口信贷

1. 出口信贷的概念

出口信贷（export credit）是一个国家为增强商品的竞争能力，扩大本国商品出口，通过给予利息补贴并提供信贷担保的方法，鼓励本国银行对本国出口厂商或国外进口厂商（或进口方银行）提供低利率贷款。它是一国出口厂商利用本国银行的贷款扩大商品出口，特别是金额较大、期限较长的商品，如成套设备、船舶等出口的一种重要手段。

2. 出口信贷的种类

出口信贷一般按照贷款对象进行划分，分为卖方信贷和买方信贷。[①]

（1）卖方信贷。

卖方信贷（supplier credit）是出口方银行向本国出口厂商（即卖方）提供的低利率优惠贷款。这种贷款协议由出口厂商与出口方银行之间签订。实际上，卖方信贷是出口厂商通过将其货物买卖合同中远期收汇的权益抵押给贷款银行，从银行获取资金融通的过程。

卖方信贷通常用于大型机械及成套设备、船舶等资本品的出口。由于这些商品出口涉及的资金量较大、时间较长，进口厂商一般都要求采用延期付款的办法。出口厂商为了加速资金周转，往往需要取得银行的贷款。出口厂商付给银行的利息、费用有的包括在货价

① 目前，出口信贷在原有卖方信贷和买方信贷的基础上，又出现了一些新的形式，如混合信用贷款、福费廷、信用安排限额等。

内，有的在货价外另加，但最后都转嫁给进口厂商负担。因此，卖方信贷是银行直接资助本国出口厂商向外国进口厂商提供延期付款，以促进商品出口的一种方式。

在采用卖方信贷的条件下，通常在签订买卖合同后，进口厂商先支付货款10%～15%的订金，作为履约的一种保证金，在分批交货、验收和保证期满时，再支付10%～15%的现汇货款，其余的货款在全部交货后若干年内分期摊还，并付给延期付款期间的利息。出口厂商把所得的款项与利息按贷款协议的规定偿还给本国的贷款银行。因此，卖方信贷实际上是出口厂商从贷款银行取得贷款后，再向进口厂商提供延期付款。银行与出口厂商之间属于银行信用，出口厂商与进口厂商之间是一种商业信用。

（2）买方信贷。

买方信贷（buyer credit）是出口方银行直接向外国的进口厂商（即买方）或进口方的银行提供的贷款。其附带条件就是提供的贷款必须用于购买债权国的商品，因而起到促进商品出口的作用。买方信贷也被称为约束性贷款（tied loan）。

在采用买方信贷的条件下，当出口方贷款银行直接贷款给外国进口商时，进口厂商先用自己的资金，以即期付款方式向出口厂商交纳买卖合同金额15%～20%的订金，其余货款以即期付款的方式将银行提供的贷款付给出口厂商，然后按贷款协议所规定的条件，向贷款银行还本付息；当出口方贷款银行贷款给进口方银行时，进口方银行也以即期付款的方式代理进口厂商支付应付的货款，并按贷款协议规定的条件向贷款银行归还贷款和利息等。至于进口厂商与本国银行的债权债务关系，则按双方商定的办法在国内结算清偿。买方信贷不仅使出口厂商可以较快地得到货款和减少风险，而且使进口厂商对货价以外的费用比较清楚，便于它们与出口厂商讨价还价。因此，这种方式较为流行。

在买方信贷中，如果贷款对象是进口方银行，涉及的合同关系就比较复杂，主要包括进出口商之间的货物买卖合同、出口方银行与进口方银行之间的贷款协议、出口方银行与出口信贷担保机构之间的担保协议、进口方银行与进口商之间的转贷协议、出口方银行与出口商之间的出口信贷担保保费支付协议等。保费协议是出口买方信贷担保的前提，出口信贷担保协议是出口信贷的前提。

战后，一些发达国家还使用“福费廷”（forfeiting）来鼓励大型生产设备等的出口。“福费廷”是指在延期付款的大型生产设备贸易中，出口商把经进口商承兑的、期限在6个月至5年（甚至更长）的远期汇票，无追索权（without recourse）地售予出口商所在地的银行或大金融公司，提前取得现金的一种资金融通形式。

二、出口信贷国家担保制

出口信贷国家担保制（export credit guarantee system）是指国家为了扩大出口，对于本国出口厂商或银行向外国进口厂商或银行提供的信贷，由国家设立的专门机构出面担保，当外国债务人拒绝付款时，这个国家机构即按照承保的数额给予补偿，专门机构承担的政策性保险不以营利为目的。

出口信贷国家担保制的主要内容如下：

1. 担保的项目与金额

通常商业保险公司不承保的出口风险的项目都可向担保机构进行投保。风险一般分为两类：

（1）政治风险。

进口国发生政变、革命、暴乱、战争以及政府实行禁运、冻结资金或限制对外支付等政治原因致使货物无法入境、货款（或贷款本金和利息）无法收回或无法正常收回、货币无法兑换等所造成的损失，可给予补偿。这种风险的承保金额一般为合同金额的85%～95%。

（2）经济风险。

进口厂商或进口方银行因破产倒闭无力偿付、货币贬值或通货膨胀等经济原因致使合同无法履行、货款（或贷款本金和利息）无法回收或无法正常回收、出口收入减少等所造成的损失，可给予补偿。担保金额一般为合同金额的70%～80%。

为了扩大出口，有时对于某些出口项目的承保金额达到100%。

2. 担保对象

主要分为以下两种：

（1）对出口厂商的担保。

出口厂商输出商品时提供的短期商业信用或中长期商业信用可向国家担保机构申请担保。有些国家的担保机构本身不向出口厂商提供出口信贷，但它可以为出口厂商从其他商业金融机构取得出口信贷提供有利条件。例如，有的国家采用保险金额抵押的方式，允许出口厂商将所获得的承保权利，以“授权书”方式转移给贷款银行而取得出口信贷。这种方式使银行提供的贷款得到安全保障，一旦债务人不能按期还本付息，银行即可从担保机构得到补偿。

（2）对银行的直接担保。

通常银行所提供的出口信贷均可申请担保，这种担保是担保机构直接对贷款银行承担的一种责任。有些国家为了鼓励出口信贷业务的开展和提供贷款安全保障，往往给银行更为优厚的待遇。例如，英国出口信贷担保署（Export Credit Guarantee Department）对商业银行向出口厂商提供的某些信贷，一旦出现过期未能清偿付款，该署可给予百分之百的偿付，而不问未清付的原因。但保留对出口厂商要求偿付的追索权。如果出口厂商不付款的原因超出了它所承保的风险范围，该署可要求出口厂商偿还。这种办法有利于银行扩大出口信贷业务，客观上促进了一国商品输出。

3. 担保期限与费用

根据出口信贷期限，担保期限通常可分为短期与中长期。短期信贷担保为6个月左右，承保范围往往包括出口厂商、贷款银行所有的与商品出口直接相关的短期信贷交易。为了简化手段，有的国家对短期信贷采用综合担保（comprehensive guarantee）的方式。出口厂商或供款银行只要一年办理一次投保，就可承保在这期间的一切短期信贷交易。一旦债务人拒付，即可得到补偿。至于中长期信贷担保，由于金额大、时间长，因而采用逐笔审批的特殊担保（specific guarantee）方式。中长期担保时间通常为2～15年。承保时间可从出口合同成立日起到最后一笔款项付清为止，也可以从货物装运出口直到最后一次付款为止。

这些担保机构的主要目的在于担保出口厂商与供款银行在海外的风险，以扩大商品出口，因此所收的费用一般不高，以减轻出口厂商和银行的负担。通常保险费率根据出口担保的项目、金额大小、期限长短和输往的国别或地区而有所不同。此外，各国保险费率也不一样，英国一般为0.25%～0.75%，德国为1%～1.5%。

许多发达国家设立专门机构从事出口信贷担保业务，例如英国的出口信贷担保署、法国的对外贸易保险公司、德国的信贷保险公司，目前，美国的进出口银行为美国境内主要承担出口信贷担保业务的机构。

出口信贷国家担保制旨在消除和减轻出口厂商、贷款银行在商业信用、银行信用提供过程中可能面临的各种风险，增强出口商品在国际市场上的竞争力。第二次世界大战后，发达国家基本形成了完善的出口信贷保险制度。目前，世界上有50多家出口信贷保险机构，其中包括一些发展中国家的机构，如中国进出口银行。OECD成员国在OECD框架或指导原则内向本国出口厂商、国外进口厂商、银行和本国银行等提供出口信贷和出口信贷担保服务。由出口信贷机构承保的出口额已经占到世界总出口额的约15%。①

三、出口补贴

出口补贴（export subsidies）又称出口津贴，是一国政府为了降低出口商品的价格，增强其在国外市场上的竞争力，在出口某种商品时给予出口厂商的现金补贴或财政上的优惠待遇。

（一）出口补贴的方式

出口补贴的方式有两种：

1. 直接补贴

直接补贴（direct subsidies）包括价格补贴和收入补贴两种形式。

价格补贴是政府或专门设立的机构根据出口商出口商品的数量或价值直接给予的现金补贴，如每出口一数量单位或单位价值的商品，政府补贴多少现金的做法，历史上韩国曾经使用这一办法促进出口。价格补贴也可以采取补贴差价的方式。一些国家在出口产品的国内价格高于国际市场价格的情况下，按国际市场价格出口就会出现亏损或少盈利，它们的政府就会根据国际市场价格与本国出口产品价格的差价给予补贴，通过补贴使得本国产品获得与其他国家相同产品同样的价格竞争能力，并且能够保证正常的盈利。欧盟农产品出口补贴就是采取补贴差价的方式。差价补贴的幅度和时间的长短，往往随着国内市场与国际市场之间的差价的变化而变化。有时为了鼓励某种商品出口，补贴金额甚至大大超过实际差价。根据掌握的资料，差价补贴主要针对农产品出口，特别是欧美。

收入补贴主要指政府或专门设立的机构对出口亏损企业进行补贴或补偿。这种做法非常少见，中国经济体制改革前，政府对外贸企业发生的亏损全额承担。

欧盟对农产品出口实施直接补贴。欧盟接受直接补贴的产品主要包括：小麦和面粉、粗谷物、大米、糖、黄油、脱脂奶粉、奶酪、其他奶制品、牛肉、猪肉、家禽肉、鸡蛋、红酒、新鲜水果和蔬菜、加工水果和蔬菜、烈性酒及酒精制品等。从补贴额度看，欧盟向WTO通报的补贴占WTO成员通报总补贴额度的90%以上。②

---

① 商业保险公司承保的部分不包括在内。

② 2007年WTO对欧盟贸易政策审议的相关报告，英文版。

2. 间接补贴

间接补贴（indirect subsidies）是指政府对某些出口商品给予财政上的优惠，以降低出口商品的成本，增强出口商品的价格竞争力。如政府对出口厂商直接提供优惠利率的贷款，或对其获得的其他商业机构贷款给予利率补贴；政府退还或减免出口商品生产过程中进口原料、设备等已经缴纳的进口关税，退还于国内销售同类产品所缴纳的各种国内税；政府直接向出口厂商提供低价的公共设施服务，如低价的水、电等供应；政府免费为出口商品的企业做推销宣传（如通过海外商务处）、免费提供海外市场信息、免费提供咨询服务等。

（二）禁止使用出口补贴的情况

长期以来，各国对出口补贴问题争论不休，为此，乌拉圭回合谈判中达成的《补贴与反补贴协议》将补贴分为禁止使用补贴、可申诉补贴和不可申诉补贴三类，并规定除农产品外任何出口产品的下列补贴，均属于禁止使用的出口补贴：

（1）政府根据出口实绩对某一公司或生产企业提供直接补贴；

（2）外汇留成制度或任何包含有奖励出口的类似做法；

（3）政府对出口货物的国内运输和运费提供了比国内货物更为优惠的条件；

（4）政府为出口产品生产所需的产品和劳务提供优惠的条件；

（5）政府为出口企业的产品，全部或部分免除、退还或延迟缴纳直接税或社会福利税；

（6）政府对出口产品或出口经营，在征收直接税的基础上，对出口企业给予的特别减让超过对国内消费的产品所给予的减让；

（7）对出口产品生产和销售的间接税的免除和退还，超过用于国内消费的同类产品的生产和销售的间接税；

（8）对于被结合到出口产品上的货物的先期积累间接税给予免除、退还或延迟支付，仍属于出口补贴之列；

（9）超额退还已结合到出口产品上的进口产品的进口税；

（10）政府或由政府控制的机构所提供的出口信贷担保或保险的费率水平极低，导致该机构不能弥补其长期经营费用或造成亏本；

（11）各国政府或政府控制的机构以低于国际资本市场利率提供出口信贷，或政府代为支付信贷费用；

（12）为公共利益的目的而开支的项目，构成了总协定第16条意义上的出口补贴。

在世界贸易组织框架下，出口补贴是被严格限制的，但农产品例外。欧盟是世界上最大的实施出口补贴的国家集团，1993—1995年，欧盟的农业补贴占总的农业产出的比例高达49%。日本为72%、74%、77%。① 1995—1998年，欧盟年均出口补贴达到60亿美元，占全球总出口补贴的90%②，瑞士约占5%，美国占2%左右，欧盟、瑞士、美国、

① 出口补贴基本针对农产品出口，因而出口补贴构成各国农业补贴的一部分。

② 为了帮助食糖生产者，按照共同农业政策，欧盟付给农民每吨甜菜50欧元的补贴，由于高额补贴，欧洲农民才可以以远低于世界市场的价格出售用甜菜生产的食糖。结果，欧洲成为世界上主要的食糖供应者，尽管亚热带或热带气候国家拥有天然的比较优势。美国对棉花种植者提供生产补贴，同时对购买美国棉花做原料的企业提供补贴，这样，美国棉花的生产与销售都得到补贴。

挪威的出口补贴占全球的97%。从数量上看，出口补贴最多的是粮食，从价值上看，是牛肉和奶产品。[①] 虽然乌拉圭回合签署的《农业协议》(Agreement on Agriculture) 也将减少农产品补贴作为奋斗目标（在实施期结束时，出口补贴的预算支出比1986—1990年基期减少36%，享有出口补贴的出口数量减少21%），但在执行过程中，成员补贴价值往往超过承诺水平，从而使得取消补贴成为一个更加漫长的过程。2005年WTO中国香港会议集中在农产品补贴议题，达成了协议，但并未被相关国家立法机构批准。

在出口补贴问题上，美国与凯恩斯集团[②]主张全面终止一切形式的出口补贴；欧盟则主张渐进式地削减出口补贴；以印度、东盟为代表的发展中国家希望按照《农业协议》规定的方式和步骤逐步削减出口补贴，到2009年全面终止出口补贴，但给予发展中国家一定的灵活性。取消农产品出口补贴将是一项非常艰巨的任务，因为它直接关系到世界贸易大国的经济、政治利益。

四、商品倾销

商品倾销（dumping）是指一些国家的出口企业以低于国内市场的价格，甚至低于商品生产成本的价格，在国外市场抛售商品，打击竞争者以占领市场。商品倾销通常由私人企业进行，但是随着国家对经济生活介入的程度不断加深，一些国家也设立专门机构直接对外进行商品倾销。例如美国政府设立的农产品信贷公司（Commodity Credit Corporation)，实施价格支持政策，以高价在国内收购过剩的农产品，而按照比国内价格低一半的价格在国外倾销农产品。[③]

商品倾销按照倾销的具体目的和时间长短的不同，可分为以下几种形式：

1. 偶然性倾销

偶然性倾销（sporadic dumping）通常是因为销售旺季已过，或因公司改营其他业务，在国内市场上不能售出“剩余货物”，而以倾销方式在国外市场抛售。这种倾销对进口国的同类生产当然会造成不利的影响，但由于时间短暂，进口国家通常较少采用反倾销措施。

2. 间歇性或掠夺性倾销

间歇性或掠夺性倾销（intermittent or predatory dumping）的方法，是以低于国内价格甚至低于成本的价格，在某一国外市场上销售商品，在打垮或摧毁所有或大部分竞争对手，垄断市场之后，再提高价格。这种倾销的目的是占领、垄断和掠夺国外市场，获取高额利润。具体来说，有的是为了击败竞争对手，以扩大和垄断产品的销路；有的是为了阻碍当地同类产品或类似产品的生产和发展，以继续在当地市场维持其垄断地位；有的是为了在国外建立和垄断新产品和销售市场；等等。这种倾销严重地损害了进口国家的利益，

---

① 海闻，P. 林德特，王新奎. 国际贸易. 上海：上海人民出版社，2003.

② 凯恩斯集团（Cairns Group）于1986年在澳大利亚的凯恩斯成立。该集团致力于建立一个公正的农产品贸易体系，在WTO内部要求发达国家削减和取消农产品补贴，支持发展中国家粮食安全和寻求农业持续发展的努力。该集团主要由农业生产国组成，包括加拿大、澳大利亚、新西兰、阿根廷、巴西、泰国、印度尼西亚等19个国家，主要是发展中国家。目前集团成员国占有世界农产品出口市场35%的份额。

③ 有时采取提供农产品商品信贷的方式倾销产品。

因而许多国家都采取征收反倾销税等措施进行抵制。

3. 长期性倾销

长期性倾销（long-run dumping）是企业长期以低于国内市场的价格，在国外市场出售商品。这种倾销具有长期性，其出口价格至少应高于边际成本，否则商品出口将长期亏损。因此，倾销者往往采用规模经济扩大生产以降低成本。有的出口厂商还可通过获取本国政府的出口补贴来进行这种倾销。

倾销商品可能会使企业利润暂时减少甚至亏本。它们一般采用以下办法取得补偿：(1) 在贸易壁垒的保护下，用维护国内市场上的垄断高价或压低工人的工资等办法，获取高额利润，以补偿出口亏损；(2) 国家提供出口补贴以补偿出口企业倾销时的亏损；(3) 出口企业在国外市场进行倾销，打垮国外竞争者、占领国外市场后，再抬高价格，攫取高额利润，弥补已发生的损失。

五、外汇倾销

(一) 外汇倾销的含义

外汇倾销（exchange dumping）是出口企业利用本国货币对外贬值的机会，争夺国外市场的特殊手段。当一国货币贬值后，出口商品以外国货币表示的价格降低，提高了该商品的价格竞争力，从而实现扩大出口。

(二) 外汇倾销的条件

外汇倾销不能无限制和无条件地进行，只有具备以下两个条件才能起到扩大出口的作用：

1. 货币贬值的程度大于国内物价上涨的程度

货币贬值必然引起一国国内物价上涨的趋势。当国内物价上涨的程度赶上或超过货币贬值的程度时，对外贬值与对内贬值差距也随之消失。外汇倾销的条件也不存在了。然而，国内价格与出口价格的上涨总要有一个过程，并不是本国货币一贬值，国内物价立即相应上涨。在一定时期内它总是落后于货币对外贬值的程度，因此出口企业就可以获得外汇倾销的利益。

2. 其他国家不实行同等程度的货币贬值和采取其他报复性措施

如果其他国家也实行同幅度的贬值，那么两国货币贬值幅度就会相互抵消，汇价仍处于贬值前的水平，而得不到货币对外贬值的利益。如果外国采取提高关税等其他限制进口的报复性措施，也会起到抵消出口国货币贬值的作用。

六、促进出口的行政组织措施

为了扩大出口，许多国家在行政组织方面采取了各种措施。

第一，设立专门机构或组织向政府提供政策咨询，向出口企业提供信息、情报方面的服务。

第二，组织贸易中心和贸易展览会。政府出资建设贸易中心，设立常年商品展示场所，或通过政府提供补贴，组织、帮助出口企业到国外举办贸易展览或展销会。

第三，组织贸易代表团出访和接待来访。2004 年，中法文化年，法国总统带队的贸易代表团在访华期间签署了价值 40 亿欧元的合同。

第四，组织出口商的评奖活动。这种做法属于精神鼓励。美国、日本、法国等对出口业绩卓著的企业授予各种奖章、证书，奖励它们对于本国经济，特别是国际收支平衡做出的贡献。

本章小结

1. 关税依照不同的标准可以划分为许多种形式，但无论何种形式，进口关税的征收由于其间接税的性质都会不同程度地导致进口商品价格上升，从而削弱进口商品的价格竞争力。但是，应该注意的是，关税对进口商品的限制是间接的，它是通过影响进口商品在国内的销售价格，对进口产生影响。

2. 进口关税的征收对进口国家相关产业保护程度的测度有两个指标：一是名义保护率，通过一国海关税则进口税目关税税率可以体现；二是有效保护率，它是用来表明现有关税税率对相关产业产品自身增值部分提供的保护程度。有效保护指标综合考虑到由于对生产过程投入物征收进口关税及投入物价值占最终产品价值比例不同而对产品保护程度的影响，能够更真实地反映现行最终产品名义关税税率水平对产品的实际保护程度。

3. 非关税措施对进口的限制在更多情形下是直接的，与关税措施比较起来，作用更直接、更明显，使用起来更隐蔽，有些时候更具有欺骗性。随着双边、多边体制层面贸易自由化的推进，在不同的范围内，越来越多的非关税措施的使用受到约束，在这种条件下，各种以国民健康、保护环境为名义的技术性贸易壁垒、绿色贸易壁垒措施得到迅速发展，并日益成为非关税措施的主体形式。

4. 由于各种限制进口的措施，包括关税和非关税措施都不同程度地在使用范围、作用力度上受到局限，并且容易招致贸易对手的反感和报复，因而，出口鼓励显得更为重要。出口鼓励措施多采用出口信贷、出口信贷担保、出口补贴、商品倾销、外汇倾销的形式。

关键术语

关税	进口附加税	从价税
最惠国税	有效关税	非关税措施
进口配额制	外汇管制	海关估价
技术性贸易措施	出口信贷	出口信贷国家担保制
出口补贴	商品倾销	外汇倾销

思考题

1. 出口补贴作为促进出口的重要手段在使用上受到哪些约束？
2. 外汇倾销需要具备什么条件？

第六章 国际贸易条约与协定

学习目标

通过本章的学习，掌握国际贸易条约与协定的基本类别和适用的主要法律待遇条款，了解国际商品协定的主要经济条款和主要国际商品协定。

第一节 贸易条约与协定概述

一、贸易条约与协定

贸易条约与协定（commercial treaties and agreements）是指两个或两个以上的主权国家为确定彼此的经济关系，特别是贸易关系方面的权利和义务而缔结的书面协议。

贸易条约与协定的缔约方可以是有正式外交关系的国家和地区，也可以是没有建立正式外交关系的国家和地区①，不同国家的政府和民间组织也可以成为协定的缔约方。

贸易条约与协定的内容与一国的国内法规有着密切的关系。一国在贸易方面的相关立法和行政措施往往是该国与其他国家进行贸易条约与协定谈判的基础；而一旦签署贸易条约和协定，缔约方必须要承担贸易条约与协定所规定的义务，其国内相关立法和行政措施也要受到贸易条约与协定的约束，并要根据条约与协定的内容进行修订。

作为一种国际性的条约与协定，贸易条约与协定的签署和运行一般要受到国际法规的约束。如果国内法规与国际法规发生冲突，国际法规的约束力会优于国内法规。

一般来讲，国家的最高权力机关对条约的缔结有决定权，它也可以将该权力授予行政机关来行使，各国具体负责谈判的机构一般是行政机关中负责对外经贸关系的部门。

① 1955 年中国和埃及签订双边贸易协定，中埃于 1956 年才正式建立外交关系。

《中华人民共和国宪法》规定，全国人民代表大会决定批准和废除同外国缔结的条约。商务部是负责对外经贸谈判的主要部门，在对外谈判中，根据谈判对象、谈判所涉及范围，相关的部委和部门，如中国人民银行、海关总署、农业农村部、专利局等可以成为谈判代表团的成员。

欧盟对外谈判权利由欧盟统一行使，一般由执行委员会在欧洲理事会的批准和授权下负责谈判。

二、贸易条约与协定的内容结构

贸易条约与协定一般由序言、正文和结尾三个部分组成。

序言一般为固定格式，通常说明缔约双方发展贸易关系的愿望及缔结条约或协定所遵守的基本原则。

正文部分，是贸易条约与协定的主要组成部分，是关于各缔约方权利、义务的具体规定。不同种类的贸易条约与协定，其正文包括的条款和内容有所不同。

结尾部分包括条约与协定的生效条件、有效期、延长或废止的程序、份数、文字等内容，还有签订条约与协定的地点及双方代表的签名。

贸易条约与协定一般使用缔约方的文字写成，并规定两种文字的版本具有同等法律效力。

缔结条约和协定的地点对于需要经过批准的条约和协定有特别的意义，如果条约是在一方首都签订的，按照惯例，批准书就应在对方国家首都交换。

三、贸易条约与协定所适用的主要法律待遇条款

在贸易条约与协定中，通常适用的法律待遇条款是最惠国待遇条款、国民待遇条款、互惠待遇条款。

（一）最惠国待遇条款

1. 最惠国待遇条款的定义

最惠国待遇条款（most favored nation treatment）是贸易条约与协定中非常重要的法律待遇条款。它的基本含义是：缔约方一方现在和将来给予任何第三方的一切特权、优惠和豁免，也同样给予缔约方对方。它的基本要求是使缔约一方在缔约另一方享有不低于任何第三方享有或可能享有的待遇。

2. 最惠国待遇条款的分类

最惠国待遇分为无条件的最惠国待遇和有条件的最惠国待遇。

无条件的最惠国待遇最早起源于英国，也被称为欧式最惠国待遇。它是指缔约方一方现在和将来给予任何第三方的一切优惠待遇，立即无条件地、无补偿地、自动给予缔约对方。现在的国际贸易条约与协定大多采用无条件的最惠国待遇条款。

有条件的最惠国待遇最早起源于美国，也被称为美式最惠国待遇。[①] 它是指缔约方相

① 1922年的《福德尼-麦坎伯关税法》使美国从有条件的最惠国转为无条件的最惠国，根据有条件最惠国待遇的规定，对某个国家提供的关税减让，只有在交换关税减让的互惠国条件下才能提供给其他国家。M. M. 波斯坦. 剑桥欧洲经济史：第8卷. 北京：经济科学出版社，2002：164.

互给予对方的最惠国待遇，是以对方给予相应的补偿为前提条件的。如果缔约方甲给缔约方乙提供了更为优惠的待遇，其他任何第三方若想享受这种优惠，则必须向缔约方甲提供相应的优惠待遇作为补偿。

在GATT和WTO下，最惠国待遇是无条件的，双边谈判成果会自动适用于WTO其他成员方。[①] 但对于非WTO成员方来讲，最惠国待遇只能通过分别与各成员方进行谈判，在互惠互利、互做减让的基础上得到。一旦双方关系出现问题，双边实施的最惠国待遇就可能被取消。因此，WTO框架下的最惠国待遇允许一些小的国家获取大国间谈判成果产生的贸易利益。

3. 最惠国待遇的适用范围

最惠国待遇可以适用于缔约方经济贸易关系的各个方面，也可以只在贸易关系中的几个具体方面适用。缔约方在签订贸易条约与协定时，往往会对最惠国待遇的适用范围加以列举。在列举范围以内的事项适用最惠国待遇，在列举范围之外的不适用最惠国待遇。

一般来讲，最惠国待遇的适用范围主要包括以下几个方面：

（1）进口、出口、过境商品的关税及其他捐税；

（2）商品进出口、过境、存储、转运方面的海关规则、手续和费用；

（3）进口和出口许可证发放的行政程序及其他限制措施的适用及程序；

（4）船舶驶入、驶出和停泊时的各种税收、费用和手续；

（5）自然人和法人的法律地位、移民、投资、商标、专利、知识产权及铁路运输方面的待遇；

（6）外汇管制方面。

在具体签订贸易条约与协定时，缔约双方可以根据两国关系和发展贸易的需要，在最惠国待遇条款中确定具体的适用范围或方面。

4. 最惠国待遇适用的例外

最惠国待遇适用的例外，是指某些具体的经贸事项不适用于最惠国待遇。

在现代贸易条约与协定中，最常见的最惠国待遇例外有以下情形：

（1）边境贸易。一些国家对国家边境15公里以内的小额贸易在关税、海关通关手续上给予的优惠。

（2）关税同盟或区域性贸易协定。关税同盟或区域性贸易协定中，成员之间在关税和非关税措施上的优惠待遇。

（3）在沿海贸易和内河航行权上给予他国的优惠。

（4）国家按照多边国际条约或协定承担的义务。

（5）武器进口、金银外币的输出入、文物、贵重艺术品的出口限制和禁止等。

（二）国民待遇条款

1. 国民待遇条款的定义

国民待遇条款（national treatment）的基本含义是指一国给予其他缔约方的公民、船

① 除非互不适用情形。

舶、企业的权利和优惠，不应低于本国公民、船舶和企业享有的权利和优惠。这里仅指公民、企业、船舶在民商事方面的待遇，并不包括政治权利。

2. 国民待遇条款的适用范围

国民待遇条款一般适用于外国公民/企业的经济权利，如缔约方国内捐税、铁路运输和转口过境的条件、船舶在港口的待遇、商标注册、版权及发明专利权的保护等。

然而，国民待遇条款只在一定范围内适用，并不是将本国公民、企业所享有的一切权利都包括在内。例如，沿海航行权、领海捕鱼权、购买土地权等，通常都不包括在国民待遇范围之内。

（三）互惠待遇条款

互惠待遇条款（reciprocally treatment）是指缔约双方根据协议相互给予对方法人或自然人以对等的权利和待遇。这是一个基本原则，但一般不单独使用，需要与其他特定权利或制度内容结合在一起，才具有法律意义。例如，1979 年签订的《中华人民共和国和美利坚合众国贸易关系协定》第 6 条规定，双方同意在互惠的基础上，相互给予法人、自然人申请商标注册和商标的使用权。

互惠的法律意义在于，基本上可以防止一国及其法人、自然人在另一国单方面享有特权，也可以保证这些组织和个人在外国享有的对等权利不受限制或歧视。

在经贸关系实践中，特别是在投资领域，国民待遇的给予往往与一国的国内经济发展现状和方向有着密切的关系，因而存在着事实上的非互惠国民待遇，即一国给予其他国家的公民与企业以国民待遇，但并没有获得其他国家给予的互惠，这种现象往往是由于各国的开放程度不同造成的。在国际经贸的谈判中，各国往往根据互惠原则来决定国民待遇适用的范围。

第二节　双边贸易条约与协定

双边贸易条约与协定是指由两个缔约方谈判、签署的条约与协定。它可分为全面贸易条约与协定和专门贸易条约与协定。

一、通商航海条约

通商航海条约（treaty of commerce and navigation，也称通商条约、友好通商条约等）是全面规定两国间经济贸易关系的条约。其内容比较广泛，常涉及缔约国之间经济贸易关系的各个方面。

通商航海条约一般由国家元首或其委派的全权代表来签订，并经国内法律程序完成批准手续，交换批准文件才可生效。

通商航海条约期限较长，一般为 3～5 年，到期后可续延。

一般地，通商航海条约正文部分主要包括以下内容：

（一）关于缔约国双方进出口商品关税和通关待遇

这是条约中的主要内容。通常规定，在进出口商品关税、附加捐税、海关手续、海关估价等方面遵循最惠国待遇原则。

(二) 关于缔约国双方公民和企业在对方国家享有的经济权利

这些经济权利通常包括移民权、财产购置权、工商企业经营权、税负以及相关的法律保护等，一般适用最惠国待遇或国民待遇原则。

(三) 关于船舶航行、港口设施使用问题

通常规定缔约国一方船舶进入另一方港口卸货、装货、缴纳税费时，应享受最惠国待遇或国民待遇。

(四) 关于铁路运输和过境问题

规定缔约国双方在运送旅客、货物及办理铁路运输手续方面应相互给予的待遇。由于铁路运输方面已签订若干国际多边条约，通常在条约中直接引用。

(五) 关于知识产权保护问题

对缔约国双方公民或企业在对方境内享有和利用专利权、商标权、版权等问题做出规定，通常直接引用相关的国际公约来确定双方的权利和义务。

(六) 关于进口商品的国内税费问题

通常规定适用国民待遇原则，以保证与国内货物的公平竞争。

(七) 关于仲裁裁决的执行问题

通常规定相互承认对方仲裁机构的仲裁效力，并由各自国内执行机构予以强制执行，从而保证双方仲裁的有效性。

上述内容只是通商航海条约的常见内容，随着缔约国具体情况的变化，条约内容也会有相应的变动和增减。

二、贸易协定与贸易议定书

(一) 贸易协定

贸易协定（trade agreement）是缔约国间调整相互贸易关系的一种书面协议。与通商航海条约相比，它针对缔约国之间比较具体的贸易问题，签订程序比较简单，只要双方的政府首脑或其代表签署就可以生效，不需要国家立法机构的批准。

贸易协定通常包括以下几方面内容：

1. 最惠国待遇条款的规定

协定中通常规定最惠国待遇条款及适用范围和例外，以减少和避免缔约国双方执行过程中的分歧。

2. 进出口商品货单和进出口贸易额的规定

有的协定规定得比较原则，只对双方进出口商品和贸易额的增长表达一种愿望。

有的协定内容具体规定在协定有效期内双方进出口商品的货物清单和贸易额，具体做法有三种：

(1) 明确规定双方相互供应的货物品种和贸易数量或金额，双方政府必须保证实现；

（2）在进出口货单中列出几种主要商品的进出口数量或金额，由缔约双方政府保证实现，其余商品只列品名，由双方企业自行确定成交数量和金额；

（3）货单中仅列出商品种类及品名，不列出数量或金额，双方政府仅需保证发放进出口许可证。

3. 作价原则和交易货币的规定

协定中通常规定，合同价格以该种商品国际市场价格为基础，由双方贸易公司协商确定。交易货币可以在协定中明确规定，也可以由贸易伙伴自行确定。

4. 支付和清偿办法的规定

根据缔约国双方的经济实力、具体情况确定支付和清偿办法，可以是现汇支付，也可以是记账结算。

5. 优惠关税的规定

双方可以在协定中具体规定某些商品（包括税目和商品名称）的进口优惠税率，也可以申明某些商品会享受到免税或低税待遇，但并不规定具体的优惠税率水平。

6. 其他事项

贸易协定通常会对贸易过程所涉及的一些事项，如商品检验程序及效力、仲裁效力、商务机构的设立、展览的举办、广告宣传和保障条款等做出规定。

（二）贸易议定书

贸易议定书（trade protocol）是缔约国就贸易关系中某项具体问题达成的书面协议。它经常作为贸易协定的补充、解释或修改而签订，它可以是协定的附件。一般情况下，在签订长期贸易协定时，关于年度贸易的具体事宜往往通过贸易议定书的方式加以规定。贸易议定书的签订程序和内容更加简单，由缔约国有关行政部门代表签署即可生效。

专栏 6-1

中华人民共和国政府和土耳其共和国政府贸易议定书

中华人民共和国政府和土耳其共和国政府为了进一步加强两国之间的友好和贸易关系，愿意在一九七四年七月十六日签订的贸易协定范围内在平等互利的基础上进行商品交换，达成协议如下：

第一条

两国政府应按本议定书的规定，根据两国各自现行的规章和条例采取适当的措施便利和发展两国之间的贸易。

第二条

两国之间的商品交换将在本议定书所附“甲”、“乙”两个参考货单的范围内进行。经双方同意，上述货单可以扩大和修改。

本议定书对上述货单以外的商品交换并无限制之意。

第三条

双方应鼓励本国有关的公司和机构签订合同或协议以便利本议定书附属货单所列商品的交换。

第四条

本议定书范围内的商品购买将根据国际市场通行的商业条件和价格进行。

第五条

在本议定书范围内交换的商品的付款将按一九七四年七月十六日签订的贸易协定的规定办理。

第六条

一九七四年七月十六日签订的贸易协定的各项规定适用于本议定书未涉及的事项。

第七条

本议定书自签字之日起临时生效，并在双方按照各自的手续予以核准之后正式生效，有效期两年。

本议定书于一九八一年五月十八日在北京签订，用中文、土耳其文和英文写成，三种文本具有同等效力。如有不同解释时，以英文本为准。

附表“甲”

中国向土耳其出口的主要商品年度参考货单（单位：万美元）

品 名	金 额
1. 化工产品（包括农药）	500
2. 颜料和染料	500
3. 石油化工产品	1 000
4. 医药原料和医疗器械	1 500
5. 机械设备和机床	1 500
6. 其他工业产品	500～1 500

附表“乙”

土耳其向中国出口的主要商品年度参考货单（单位：万美元）

品 名	金 额
1. 棉花	2 000
2. 榛子	1 000～2 000
3. 橄榄油	100
4. 铬矿砂	300

5. 铬铁	100
6. 硼砂	100
7. 安哥拉山羊毛	200
8. 烟叶	1 000
9. 其他工业产品	600

三、支付协定

支付协定（payment agreement）是两国间关于贸易和其他方面债权、债务结算办法的书面协议。支付协定是外汇管制的产物，在实行外汇管制的条件下，一种货币不能自由兑换成另一种货币，对一国拥有的债权不能用来抵偿对第三国的债务，结算只在双边基础上进行。因此，就需要通过缔结支付协定的办法来解决两国间的债权债务问题。

支付协定主要有以下几方面内容：

（一）清算机构的规定

支付协定的目的在于避免支付外汇和黄金，而采用直接抵消债权债务的办法进行两国之间的结算。因此，必须设立清算机构。通常双方都指定它们的中央银行作为清算的负责机构，处理双边的清算工作。

（二）清算账户的规定

清算机构办理清算业务是通过清算账户进行的。清算账户主要有两种：

（1）单边账户（single account）：只在缔约一方的中央银行开立清算账户。

（2）双边账户（bilateral account）：缔约双方的中央银行，互为对方国家开立清算账户，目前绝大多数的清算账户都是双边账户。

（三）清算项目与范围的规定

清算项目与范围是指两国间的贸易和非贸易往来应通过清算账户进行结算的项目与范围。该项目与范围，除进出口贸易外，还包括进出口贸易的从属费用，如运费、保险费、佣金等。此外，也可包括一些其他项目，如侨汇等。凡未列入清算范围的项目结算，仍用现汇支付的方法办理。

（四）清算货币的规定

在单边账户下，用开立清算账户国家的货币记账并进行支付；在双边账户下，使用的货币分为记账货币和支付货币两种。记账货币可以用一方的货币，也可以用第三国的货币，用何种货币记账由双方谈判后在协定中确定。而双方的债权人和债务人，在具体办理收付时，则应分别使用本国的货币。支付货币一般为缔约国双方接受的第三国的硬通货。

（五）清算方法的规定

缔约国双方的债务人，主要是进口商，要用本国货币把应付款项，通过指定银行，交入负责清算的本国中央银行，贷记对方国家的清算账户，结清所欠债务；而缔约国双方的债权人，主要是出口商，也应通过指定银行，从本国中央银行的清算账户领取本国货币，收回货款。缔约国双方的中央银行，要把收付款项互相通知，以便了解双方债权债务清算的情况，尽量保持双方清算账户的平衡。

清算账户不平衡对负债国有利，而对债权国不利。针对这种情况，在第二次世界大战后，支付协定中通常规定信用“摆动额”（swinging limit），即双方国家根据协定互相提供信用的限额，一般为年度出口额的5%～10%，在信用“摆动额”的范围内，虽然清算账户上没有存款，但中央银行仍然办理付款，实际上是给对方国家以信用。对超过信用“摆动额”的部分，中央银行可停止付款，并可要求负债方用现汇、黄金或货物偿还。

（六）清算账户差额处理

支付协定都规定有效期，协定到期时，协定所规定的清算项目仍可进行一段时间，一般为3～4个月，清算账户的差额才进行总结算。

清算账户差额的处理方法主要有以下四种：

（1）在一定期限内由债务国向债权国输出商品；

（2）用双方同意的可兑换的货币或黄金支付；

（3）用双方同意的其他不可兑换的货币支付；

（4）将金额转入下年度清算账户内。

第三节　国际商品协定

一、初级产品和发展中国家

在第二次世界大战后，特别是20世纪60年代以后，多数发展中国家的出口商品结构发生巨大变化，工业制成品成为主要的出口产品，但初级产品的出口仍然对一些发展中国家经济增长起着非常重要的作用。拉丁美洲、加勒比海、亚洲和非洲的一些发展中国家，初级产品出口仍然是外汇收入的主要来源，约50%的非洲国家初级产品出口收入占外汇收入的80%，约46%的发展中国家仅依靠3～4种初级产品的出口来获取其50%的外汇收入。[①]

初级产品价格总的趋势是下降的，波动性远大于工业制成品，且持续时间较长。研究表明，初级产品价格下降趋势会持续很长时间。[②] 对1957—1998年60种初级产品的价格变动的研究表明，价格冲击的影响是持久的，17种产品的价格波动持续5年以上，现有的初级产品价格稳定机制和收入补偿机制的运行非常困难。

初级产品价格的不断下降和大幅波动是发展中国家外汇收入和国际收支不稳定的主要原因，也加剧了发展中国家经济的脆弱性。20世纪80—90年代，初级产品价格平均下降

① UNCTAD网站。

② Cashin, Liang, and Mcdermott. “How Persistent are Shocks to World Commodity Prices?” *IMF Staff Paper*, 2000, 47 (2).

50%成为世界性债务危机发生的原因之一。1980—2002年，初级产品的国际市场价格急剧下降，世界银行初级产品价格指数下降47%，2002年咖啡的真实价格只是1980年价格的14.2%。世界咖啡价格的下跌，使得咖啡主要出口国埃塞俄比亚的贸易收入下降40%，国家真实收入下降6%。

初级产品价格牵动着世界各国的生产和贸易。事实上，稳定初级产品价格不仅对于发展中国家，而且对于发达国家同样具有重要意义。发达国家已经不仅仅是历史意义上的世界主要初级产品进口国，它们也是世界重要的初级产品出口国。因而，在世界初级产品出口国家，特别是发展中国家的积极倡导下，世界主要的初级产品出口国和进口国达成一致，通过一定方式稳定初级产品的市场价格，稳定发展中国家的经济增长，稳定世界经济增长。国际商品协定和国际商品综合方案是为实现此目标而采取的重要方式。

二、国际商品协定及其演进

国际商品协定（international commodity agreement，ICA）是某项初级产品的主要生产国与消费国为稳定该项商品价格和保证供销等目的而签订的政府间多边贸易协定。

在第二次世界大战后签订的国际商品协定是在《哈瓦那宪章》（Havana Charter）关于政府间商品协定订立原则基础上进行的，其主要宗旨是：防止价格过分波动；建立起长期的初级产品生产与消费的均衡；建立适当的干预市场机制以保证实现上述目的。

在第二次世界大战后，在联合国贸易和发展会议的倡导和组织下，自1963年起，一些国家开始陆续就一些主要的初级产品签署国际商品协定。1972—1989年，有5个初级产品的国际商品协定在运行，但问题重重。1985年，国际锡协定停止运行，其原因在于协定中确定的支持价格太高，协定没有足够的资金去支持体制的正常运行。国际糖协定也因为缺乏足够的资金支持在1983年中止运行。国际可可协定由于恶劣的市场环境在1988年暂时中止，1993年重新开始运行。国际咖啡协定则因为生产国无法就高价收益的分配方案达成一致于1989年暂时中止。只有国际天然橡胶协定一直在运行，但对价格的干预也只是保持在较低水平。

协定面对的共同问题是：如何采取措施保证供应商在价格不断下降的条件下，能够遵守分配给它的配额，以限制总体产量？

自20世纪90年代以来，一些国际商品协定重新续签。由于大部分商品供应变得十分充分，消费国并不太关心供应的保障问题，而对于生产国来说，维持价格已不是主要目的，为争夺市场，它们往往降价竞争。在这一背景下，一些新的商品协定已经不再含有稳定价格机制的内容。

在这种情形下，多数国际商品协定都在不断地修订其宗旨和目标，把初级产品的可持续发展作为协定的根本任务，为该项产品的可持续发展建立一个基本框架；注意初级产品的生产与环境保护间的协调；促进该领域内私营经济的发展。同时，更多的协定参加国意识到，价格稳定固然重要，但更重要的是与价格相关的一系列因素，如供给、需求、市场营销、产品质量、初级产品的加工和产业链的发展、技术对生产的影响等。因此，协定对产品的质量、技术进步和转让、市场营销和产业链的发展给予了更多的关注和资金融通。

目前运转的国际商品协定共有8个，包括国际可可协定、国际咖啡协定、国际黄麻和黄麻制品协定、国际天然橡胶协定、国际橄榄油及食用橄榄协定、国际热带木材协定、国际糖协定、国际谷物协定。

三、国际商品协定的结构与内容

绝大部分商品协定都包括序言、宗旨、经济条款、行政条款、最后条款等部分。其中，经济条款和行政条款是国际商品协定的核心内容。

（一）序言与宗旨

各个协定都有不同的目标阐述。随着时代变迁和初级产品生产与消费的变化，国际商品协定也在不断修订其宗旨和目标。

传统意义上，国际商品协定的宗旨是：防止或减少由于初级产品的产销不能及时调整而造成的严重困难，防止初级产品价格的过分波动。目前最新修订的商品协定都把实现初级产品的可持续发展作为根本任务之一，要求成员加强在初级产品领域的国际合作，保持世界市场的稳定以维护成员的利益；提高私营企业地位，扩大产品贸易，为促销活动提供资金融通；促进相关领域的研究与发明。

（二）经济条款

经济条款是确定各成员权利和义务的依据，它关系到各成员的具体权益，曾经是国际商品协定中最重要的内容。商品不同，相关的经济条款内容也不尽相同。值得注意的是，在目前新修订的协定中，传统的价格稳定机制基本不复存在。

1. 缓冲存货

缓冲存货（buffer stock）的运行机制如下：各成员方首先提供一定数量的实物和资金，建立缓冲存货，然后确定该商品价格波动范围，确定最高限价和最低限价，授权协定执行机构运用存货（实物和资金）干预市场，稳定价格。当市场价格涨到最高限价以上时，抛售缓冲存货的实物，将价格降至最高限价之下；当市场价格跌到最低限价以下时，利用缓冲存货的资金进行收购，把价格提升到最低限价之上。缓冲存货的成功运行主要取决于执行机构对市场前景的预测和把握，以及存货的规模。

历史上曾经采用缓冲存货干预机制的国际商品协定包括国际锡协定、国际可可协定和国际天然橡胶协定。但目前这些协定都取消了该条款。

2. 出口限额

出口限额是指主要的产品出口国通过协商，确定各自产品出口的数量，通过较少的产量维持或增加整体收益。

成员根据市场需求和价格变动，确定当年出口限额。年度出口限额按固定部分和可变部分分配给有基本限额的各出口成员。一般来讲，固定部分占全部年度限额的70%，可变部分占30%。可变部分按出口成员库存量占全体出口成员总库存量的比例进行分配。国际咖啡协定曾采用这种方式。

出口限额安排存在明显的缺陷。在通常情况下，协定初级产品的需求在长期内是缺乏弹性的，如果通过控制供给提高价格，可能会减少出口收益，最终导致替代品的出现和产品销售量的不断下降。

3. 多边合同规定

在多边合同（multilateral contract）条款实施中，初级产品的生产国和消费国逐一分别签订合同。按照规定，消费国必须在合同规定的价格幅度内，向各出口国购买一定数量的产品；出口国则必须在合同规定的价格幅度内，向各消费国出售一定数量的产品。当合同双方完成合同义务后，可以在市场上对该种商品进行自由贸易，即可以以任何价格购买或销售任何数量的该种商品。国际小麦协定曾采用这种方式维持价格和数量的稳定。

4. 出口限额与缓冲存货相结合

协定要求同时采用出口限额和缓冲存货两种办法控制市场和稳定价格。国际可可协定曾经采用过这种做法。其具体运行如下：首先，规定可可豆的最高限价和最低限价。其次，确定指示价格。指示价格是纽约可可交易所和伦敦可可集散市场 15 个连续营业日的每日价格的平均数。最后，当指示价格超过最高限价或低于最低限价时，可可理事会就采取出口限额和缓冲存货所规定的办法调节价格，使价格恢复到最高限价与最低限价的幅度内。

(三) 行政条款与最后条款

该条款主要涉及权力机构和表决票的分配。商品协定的权力机构有理事会、执行委员会和监督机构。虽然名称不一，但都是协定的最高权力机构的常设机构。由于权力机构关系到协定的履行和管理，涉及各方的切身利益，因而职位的分配往往是各出口国和各进口国所关心的重要问题。各权力机构达成的协议，除采用协商一致的办法外，一般要通过表决决定。

最后条款主要规定协定的签字、批准、生效、有效期、加入、退出等具体程序和手续。

尽管国际商品协定在不断续签，成员在不断增加，协定的目标也在不断更新，但总的来讲，国际商品协定的运行并不理想。首先，通过产出控制或其他手段来影响价格的做法并不奏效。尤其是当有新的生产国出现时，它的生产和销售并不受协定限制，产品供给就会增加。其次，由于生产者的生产效率存在差异，确定一个对所有生产者都比较公平的价格波动幅度，或是比较精确地预测长期价格趋势比较困难。再次，缺乏强有力的执行机制协调各成员利益，出现了“搭便车”等问题，使协定的执行困难重重。最后，一些发达国家对商品协定的漠然和协定缺乏充足资金也是其运行困难的原因。

(四) 主要的国际商品协定及内容

现存国际商品协定可以划分为三类：第一类是带有经济条款的国际商品协定，目前只有 1993 年国际可可协定和 1995 年国际天然橡胶协定。第二类是管理性协定（administrative agreement）。这些协定的主要目标是：确保国际合作；提供国际咨询论坛；促进国际贸易的增加；作为信息搜集、交换和发布的中心；促进研究；鼓励和增加商品的消费。尽管管理性协定不包含价格稳定的具体方法，但大多数协定也都考虑到价格的稳定问题，这类协定包括 1994 年国际咖啡协定、1992 年国际糖协定、1995 年国际谷物协定。第三类协定是开发性协定，包括 1994 年国际热带木材协定、1994 年国际橄榄油协定、1989 年国际黄麻和黄麻制品协定。这类协定的主要目标是在生产者和消费者之间提供一个合作和咨询的机构；在诸如研究与开发、贸易扩展、市场促销、降低成本和提高市场信息等领域实施一些项目。下面对 8 个协定的主要内容进行介绍。

1. 国际可可协定[①]

(1) 生效时间与成员。

第一个国际可可协定（international cocoa agreement）于 1973 年签订，到目前为止，共签署了 7 个协定。最新协定于 2010 年在日内瓦签订，2012 年 10 月 1 日生效，包括 53 个成员，出口成员 12 个，均为发展中国家，进口成员 29 个，主要是欧盟国家，还包括俄罗斯。

到 2005 年，协定成员的生产量已超过世界可可生产总量的 85%、消费总量的 60%。协定的重要贡献包括设立非常清晰、明确的"建设可持续可可经济"目标，成立了世界可可经济协商委员会（Consultative Board on the World Cocoa Economy）。

(2) 协定的目标。

2010 年，第七个《国际可可协定》的宗旨如下：

①加强在可可领域的国际合作，促进可可经济发展；

②为政府间、政府与私营部门之间就可可事务进行沟通提供适当场所；

③积极帮助可可经济项目从相关机构获得资金支持；

④通过公平定价，使可可价值链中的生产国和消费国获得公平经济利益，有利于所有协定成员；

⑤在经济、社会、环境等方面促进可持续的可可经济；

⑥通过推动培训和宣传计划，便利适合可可的技术向成员的转让，鼓励研究并实现研究成果；

⑦增强世界可可经济的透明度，特别是可可贸易的透明度，促成贸易壁垒的消除；

⑧与私营部门密切合作，促进和鼓励巧克力和可可制品的消费以扩大对可可的需求，尤其是宣传可可的良好特性，包括对健康的益处；

⑨鼓励成员提倡重视可可产品质量，开发合适的可可食品安全生产程序；

⑩鼓励成员制定和执行各种措施，旨在增强地方社区和小农从可可生产中获益，实现减贫战略目标；

⑪促进可可生产者更便利地获取资金融通和其他服务信息。

(3) 协定执行机构。

协定执行机构为国际可可组织，总部设在英国。

(4) 经济条款内容。

国际可可协定的经济条款内容为出口限额与缓冲存货结合，现已取消。

2. 国际天然橡胶协定

(1) 建立时间与成员。

最早的协定签订于 1944 年，最新的国际天然橡胶协定于 1995 年签署，成员包括欧盟

---

① www.icco.org.

（15国）和其他18个国家[1]。协定内容覆盖了世界橡胶工业的各个方面，包括橡胶原材料、橡胶制成品的市场营销、运输、分销和贸易渠道等。

（2）协定目标。

协定的目标为：稳定天然橡胶的价格，实现天然橡胶供应与需求的均衡增长。

（3）协定执行机构。

协定的执行机构为国际天然橡胶组织，总部设在马来西亚的吉隆坡。

（4）协定的经济条款。

历史上，协定就成员权利与义务的规定适用缓冲存货条款，建立由天然橡胶和资金组成的干预基金，确定价格范围，建立由参考价格、上限价格、下限价格和干预价格组成的干预价格参照体系。干预价格的确定是以参考价格为中心，增减一个百分比，当世界天然橡胶价格达到干预价格水平时，干预基金就必须启动，开始通过抛售或购买的方式，使价格回归到干预价格范围之内。目前运行的国际天然橡胶协定已不包含经济条款的内容。

3. 国际咖啡协定[2]

（1）建立时间与成员。

第一个国际咖啡协定（international coffee agreement）正式诞生于1963年。到目前为止，有7个咖啡协定。最新协定于2007年9月28日在英国伦敦签订，在2011年2月2日生效。有效期为10年。

国际咖啡协定的内容已经被2007年9月27—28日在伦敦参加国际咖啡组织会议的所有成员接受。它有77个成员，包括原1994年协定中的63个成员和参加2007年论坛的其他国家和地区。其中主要的出口成员均为发展中国家，它们的产量占世界咖啡生产的98%；进口成员的消费量占全球咖啡消费的67%。

（2）协定目标。

协定主要目标是：

①确保与世界咖啡经济有关的国际合作得到加强；

②为协定参加国政府之间的磋商和谈判提供论坛，寻求世界咖啡供给与需求达到合理的平衡的方法；

③搜集、分析和发布有关咖啡生产、销售等方面的统计数字；

④公布指标价格和其他市场价格以利于国际咖啡贸易的扩大，同时提高世界咖啡经济的透明度；

⑤使协定成为搜集、交换和公布与咖啡有关的经济信息和技术信息的中心；

⑥促进咖啡领域的研究和调查，鼓励、增加对咖啡的消费；

⑦鼓励成员发展可持续咖啡经济；

⑧建立环境标准；

⑨为私营企业提供论坛；

---

① 包括中国。

② www.ico.org.

⑩加大市场营销，促进咖啡消费，提高咖啡质量，促进生产人员培训和技术转让。

新增目标包括：

①鼓励成员在咖啡生产领域制定适宜的食品安全程序；

②鼓励成员制定战略，以帮助当地社区和小规模农场主从咖啡生产中获益；

③促进与金融工具和服务相关的信息可获得性。

(3) 协定执行机构。

国际咖啡组织是国际咖啡协定的执行和监督机构，总部设在英国伦敦。

专栏 6-2

国际咖啡协定内容的变迁

咖啡是一种重要的初级产品，但价格深受供给、气候和各国经济状况的影响，波动剧烈。咖啡价格波动的基本趋势是：较长时期的过度供给和低价，然后是较短时期的供给不足和高价。咖啡的生产国和消费国为保障自己的利益，开始签订咖啡协定以保证咖啡价格和供需的稳定。

最早的国际咖啡协定于 1962 年签署，协定主要通过配额机制来稳定价格，保证供需。[①]

1968 年协定和它的两次延期继续使用配额机制。1973 年协定中，配额条款被废除。

1976 年、1983 年协定中，重新引入经过修改的配额条款：市场价格高时中止配额条款，价格低时引入配额条款。

1994 年、2001 年、2007 年协定已不再提及配额条款。

国际商品协定条款内容的变化，反映出初级产品市场的变化。

最初的咖啡协定单方面强调通过经济条款的配额机制来控制供给，保证产品价格的稳定性。但由于咖啡的供给和需求模式的变化，导致 1973 年咖啡价格的大幅上升，从而使协定的配额管理制度崩溃。

1975 年巴西自然灾害致使全球咖啡供给短缺，1976 年、1983 年的咖啡协定重新引入配额机制，并对它的运行进行调整，以保障咖啡的供给和需求平衡。1991—1992 年，咖啡价格跌到历史最低水平，配额机制无法实现价格稳定，而且各国无法在价格管理机制上达成一致，协定成员只能决定从其他方面来进行国际合作，促成了 1994 年咖啡协定。

经济条款的失效，反映出通过控制产出稳定价格的局限性，说明协定缺乏强有力的管理机制来协调各国利益。

新咖啡协定主要关注：提高咖啡产量和质量；采取措施促进咖啡的消费；成立世界咖啡协会；提供最新的研究报告和数据资料；提供最新的生产技术，供各国使用；希望咖啡的主要生产商和消费商参与到协定中，以保证咖啡产业的可持续发展和消费量的持续扩大；开始关注咖啡生产领域内工人的生产和生活状况。

资料来源：UNCTAD 网站。

---

① 国际商品协定经济条款的一种形式。

4. 国际糖协定[①]

（1）建立时间与成员。

第一个国际糖协定建立于第二次世界大战之前，最新的国际糖协定于1992年签署，1993年1月20日生效。成员74个，覆盖世界糖生产量的84%、消费量的64%、出口量的89%和进口量的34%。

（2）协定目标。

协定的主要目标：

①确保与世界糖制品及其相关问题的国际合作的加强；

②提供政府间讨论糖和发展世界糖业经济方法的论坛；

③搜集和提供世界糖市场及其他甜料的信息，为糖的国际贸易提供便利；

④开辟新途径，利用各种方法刺激对糖的需求。

（3）协定执行机构。

国际糖组织是管理和监督协定执行的机构。国际糖组织的职能包括：搜集和发布有关世界原糖、精炼糖和其他甜料的生产、价格、进出口、消费和储存、税收的统计信息。为此，专门建立了一个对糖的市场评估、消费和统计委员会。国际糖组织的总部设在英国伦敦。

5. 国际谷物协定[②]

（1）建立时间与成员。

新的国际谷物协定于1995年7月1日生效。国际谷物协定包括谷物贸易公约和食品援助公约，取代1986年的小麦贸易和食品援助公约。谷物贸易公约拥有成员26个，其中，发达国家6个，其余为发展中国家及东南欧和独联体国家。食品援助公约拥有成员23个，其中包括1个发展中国家，其余均为发达国家。

（2）协定内容。

谷物贸易公约的内容包括：

①谷物范围为包括小麦在内的所有谷物。

②谷物贸易公约的宗旨为：进一步稳定和扩大谷物市场，提高世界谷物供应的安全性；提供扩大和改进对成员方的统计和市场信息服务，为成员方之间的磋商创造和提供机会。

谷物贸易公约的监督和执行机构是市场条件委员会。

食品援助公约的目标是通过国际社会的共同努力，保证每年向发展中国家提供1 000万吨适合食用的谷物。其方式是以提供最大可能数量的谷物或现金方式进行捐赠。得到食品援助的条件：要首先得到经济合作与发展组织的发展委员会的认可。在给予援助时，应优先考虑最不发达国家、其他低收入国家或中低等的收入国家。

1996年，WTO新加坡会议接受了最不发达国家和食品完全依靠进口的发展中国家的一些建议，于1997年对食品援助公约重新进行协商谈判，新的食品援助公约在1999年7

① www.isosugar.org.

② www.igc.org.uk.

月 1 日生效。在食品援助公约中，成员每年要向发展中国家以谷物或其他产品提供最低限度的食品援助，保证国际食物安全，提高国际社会应对发展中国家饥荒紧急事件的能力，进一步提高国际食品援助的有效性，2005 年最低的援助金额为 479 万吨小麦和 1 300 万美元。

(3) 协定执行机构。

协定执行机构为国际谷物理事会。

6. 国际黄麻和黄麻制品协定①

一个新的国际黄麻研究集团（International Jute Study Group）在 2002 年 4 月 27 日成立，取代 2000 年 4 月 11 日到期的国际黄麻和黄麻制品协定，成为其合法继任者。此新协定有效期为 8 年，期满后可以延长两次，每次两年。

所有对黄麻和黄麻制品生产、消费、贸易感兴趣的国家都可以成为该集团的成员。目前成员主要包括中国和亚洲 4 国、瑞士和欧盟 27 国，覆盖全球黄麻贸易的 60%。

(1) 协定目标。

新协定的主要目标：为成员提供一个关于世界黄麻经济国际合作、协商和政策发展的有效框架；通过维持现有市场，开发新市场、新产品、新用户的方式，扩大黄麻和黄麻制品的国际贸易；为黄麻领域的私营企业发展提供发展论坛；关注黄麻领域内的贫困和就业问题，提高生产者的生活水平；通过提高生产率和产品质量，促进新技术应用，提高黄麻制品的产品结构和产业结构；提高消费者对黄麻制品的环保意识。

(2) 协定执行机构。

国际黄麻组织是该协定的监督和执行机构。它通过国际黄麻理事会来运作，其主要活动是确定和挑选在研究和开发、市场促销与降低成本领域内的项目，并为之开展准备工作、实施这些项目并监督其执行。

国际黄麻组织的总部设在孟加拉国的达卡。

7. 国际橄榄油协定

(1) 建立时间与成员。

1993 年，联合国橄榄油与食用橄榄大会对 1986 年国际橄榄油协定进行修订和补充，形成 1994 年新协定，新协定又被称为《1986 年国际橄榄油协定及 1993 年议定本》。

自 1986 年协定签订以来，橄榄油与食用橄榄市场出现了两大变化：第一，技术发展成为橄榄生长和加工的重要决定因素；第二，消费者意识到橄榄油对健康的作用，需求急剧上升。因此，关于国际橄榄油与食用橄榄的最新协定于 2015 年在日内瓦签订，2017 年 1 月 1 日最终生效。它对前协定内容进行了相应的更新，以适应市场的最新发展。

(2) 协定目标。

协定目标是开展国际合作与共同行动，促进橄榄培育、橄榄油提炼和食用橄榄油加工的现代化；增加橄榄产品的国际贸易；制定橄榄产品的标准化；在橄榄及橄榄油加工方面考虑到环境因素。

---

① http://www.jute.org.

新的协定在原有基础上，强调各个有代表性的橄榄产品间的合作，强调环境保护及成员间的技术转让；提高橄榄的产量，改进橄榄油的提炼和加工过程；帮助技术落后国家引进吸收最新技术，提高产品质量，对市场营销活动提供资金融通。

2015年协定目标更明确，进一步强调国际橄榄油理事会作为橄榄树及其产品资料和信息中心、作为商议相关事务场所的重要性，同时强调标准化和研究、信息共享和橄榄经济的重要意义。

（3）协定执行机构。

国际橄榄油理事会是国际橄榄油协定的执行与管理机构，总部设在西班牙的马德里。它的任务是跟踪市场发展，制定规则以确保国际橄榄油的正常贸易并制定产品标准；实施技术合作计划，开展消费者教育运动，鼓励在橄榄油的生物效应方面的研究；促进任何可以使世界橄榄产品经济协调发展的行动。

8. 国际热带木材协定[①]

（1）建立时间与成员。

最新签署的国际热带木材协定是2006年的国际热带木材协定，它强调世界热带木材经济的可持续发展和对资源的管理，关心木材贸易和工业发展，鼓励扩大木材贸易，同时关注自然资源的可持续发展。协定将更多的资金和精力投入木材的加工、森林再造和森林管理方面的研发和市场营销，提高对森林的管理能力。

从2006年4月3日起，任何被邀请参加1994年协定修改的政府都可以签字加入。到2008年2月1日或之后，只要拥有60%投票权的12个生产成员和拥有60%投票权的10个消费成员同意签署该文件，则该协定生效。它的74个成员中，36个生产成员都是发展中国家，38个消费成员大部分是发达国家，代表了全球热带森林量的80%和全球热带木材交易的90%。

（2）协定目标。

2006年国际热带木材协定的主要目标：为成员提供一个和世界木材经济相关的国际合作、政策发展框架；提供一个促进非歧视性木材贸易的磋商论坛；致力于可持续发展进程，为可持续发展和减轻贫困而努力；提高成员从可持续有管理的资源中出口木材的能力；提供充分市场信息，促进正常木材贸易活动；促进国际热带木材贸易的扩展和多元化发展；支持木材方面的研究与开发；鼓励成员方发展热带木材森林再造和恢复退化森林土地等活动。

（3）协定机构。

国际热带木材组织（International Tropical Timber Organization，ITTO）是国际热带木材协定的实施与管理机构。其总部设在日本神户，职能包括：提供有利于成员和国际社会有关热带木材的经济信息，提供市场情报以确保热带木材市场更高的透明度；同国际非热带木材商品组织保持紧密联系；进行贸易和环境方面的政策研究，如研究热带木材贸易与可持续发展的联系以及木材制品的认证；在由联合国可持续发展委员会建立的政府间森林小组内有关贸易与环境问题上起领导作用。

① www.itto.int. 中国1986年加入该协定。

本章小结

1. 贸易条约与协定是两个或两个以上的主权国家为确定彼此的经济关系，特别是贸易关系方面的权利和义务而缔结的书面协议。

2. 贸易条约与协定中通常适用的法律待遇条款包括最惠国待遇条款、国民待遇条款、互惠待遇条款。

最惠国待遇条款是指缔约国一方现在和将来给予任何第三国的一切特权、优惠及豁免，也同样给予缔约对方。最惠国待遇的基本要求，是使缔约一方在缔约另一方享有不低于任何第三国享有的待遇。

国民待遇条款的基本含义是指缔约国一方保证缔约国另一方的公民、企业和船舶在本国境内享受与本国公民、企业和船舶同等的待遇。

互惠待遇条款是法律待遇条款的一种。它的基本要求是：缔约双方根据协议相互给予对方的法人或自然人以对等的权利和待遇。

3. 双边贸易条约和协定的主要形式包括：通商航海条约、贸易协定、贸易议定书、支付协定。

4. 国际商品协定是指某项商品的主要出口国和进口国为了稳定该项商品价格和保证供销等目的所缔结的政府间多边贸易协定，主要对象是初级产品。国际商品协定关于参加国权利义务的规定通过协定的经济条款体现。经济条款的主要形式包括缓冲存货、出口限额、多边合同、缓冲存货与出口限额相结合。

关键术语

贸易条约与协定	最惠国待遇	国民待遇	国际商品协定
缓冲存货	出口限额	多边合同	

思考题

1. 贸易条约与协定中适用的法律待遇条款主要包括哪些？其主要内容是什么？
2. 什么是国际商品协定？国际商品协定中缓冲存货机制是如何运行的？

第七章

区域经济一体化

学习目标

通过本章的学习，理解区域经济一体化的含义、类型，了解区域经济一体化发展的历程、特点及影响因素，认识和掌握区域经济一体化的主要理论和观点。

第一节 区域经济一体化概述

一、区域经济一体化的名称与内涵

现实中存在的关于区域经济一体化的名称很多，如欧盟、北美自由贸易协定、中美共同市场、加勒比共同体、海湾合作理事会等。有些名称可以不同程度地反映该一体化组织在某些方面取得的进展或未来发展目标，更多的称谓与实质内容不存在多大的关联，如东部和南部非洲共同市场（Common Market for Eastern and Southern Africa，COMESA）。

巴拉萨（B. Balassa）认为，“经济一体化既被定义为一个过程，又被定义为事物的一种状态。作为一个过程，它包含着旨在消除不同国家经济单位之间的歧视；作为事物的一种状态，它表示各国民经济之间不存在各种形式的歧视。”[①]根据这一定义，经济一体化有两个重要特征：(1) 一体化的最终目标是要在成员国之间建立单一的经济空间，实现经济的完全联合；(2) 经济一体化通过一定的方式，有步骤、分阶段地实现其最终目标，是一个由低级向高级发展的过程，在不同阶段将采取不同的形式，具有不同的特点，发挥不同的作用。

① Balassa，B. *The Theory of Economic Integration*. London：Allens and Unwin，1961.

一般而言，区域经济一体化是指两个或两个以上的国家或地区通过签订协议或条约，相互取消阻碍经济贸易发展、经济融合的障碍，进行不同程度的政策和制度合作，以促进彼此之间经济与贸易的发展。

二、区域经济一体化的形式

按照经济一体化程度的不同，区域经济一体化组织分为六种类型：优惠贸易安排、自由贸易区、关税同盟、共同市场、经济与货币联盟、政治联盟。[①]

（一）优惠贸易安排

优惠贸易安排（preferential trade arrangement）又称特惠关税区，是指在优惠贸易安排成员国间，通过协定或其他形式，对全部商品或一部分商品相互给予削减关税的优惠待遇，而对区外各国仍然维持原有的关税水平，实行独立的关税政策。如战前的“英帝国关税特惠制”（empire preference）。

优惠贸易安排是层次最低、最松散的区域经济一体化形式，成员国经济还看不出整合为一体的迹象，但成员国已经开始以降低关税为手段整合区域性商品市场。

（二）自由贸易区

自由贸易区（free trade area）由签订自由贸易协定的国家组成，在成员国间对相互的商品流动免除关税和数量限制，使区域内各国之间的商品可以完全自由移动，但同时保留各自对非成员国的贸易政策。如欧洲自由贸易联盟[②]、拉丁美洲自由贸易协会等。

作为区域经济一体化的一种形式，自由贸易区的一体化程度仍然较低，经济联合主要涉及商品交换领域。自由贸易区内关税与限额的消除，使各国原本分离的商品市场合并为一个新的大市场，成员国之间通过商品市场的扩展、商品流通量的扩大，推动各自经济的发展。

（三）关税同盟

关税同盟（customs union）是指两个或两个以上的国家通过缔结协定或条约结成同盟，相互间完全取消关税和其他贸易壁垒，对区外非成员国实行统一的关税税率，并通过实施某些共同的对外贸易政策，使同盟国的商品在统一关境以内的市场上处于有利的竞争地位。

欧洲经济共同体在实现关税同盟后，对非成员国实施的统一关税税率做出如下安排：对于来自非洲、加勒比和太平洋地区，欧洲经济共同体联系国的产品适用特惠税率；对于来自欧洲自由贸易联盟、地中海沿岸国家的产品适用协定关税；对于来自普惠制下发展中国家的产品适用普惠税率；对于来自关税与贸易总协定缔约方的产品适用最惠国税率；对于来自除上述国家之外的国家或地区的产品适用普通税率。税率水平由低向高排列顺序

① 巴拉萨在其1961年的著述《经济一体化理论》（*The Theory of Economic Integration*）中将经济一体化依照程度划分为五种形式：自由贸易区（FTA）、关税同盟（customs union）、共同市场（common market）、经济联盟（economic union）、完全经济一体化（total economic integration）。

② 欧洲自由贸易联盟（European Free Trade Association，EFTA），成立于1960年。创始成员国包括奥地利、丹麦、瑞典、瑞士、葡萄牙、英国。EFTA的重点是工业品的自由贸易，力争到1970年实现工业产品的自由流动，对农产品没有做出安排。1960—1966年，成员国之间消除了工业品关税和数量限制。1973年，英国、丹麦、爱尔兰加入欧洲经济共同体。1973—1977年，欧洲经济共同体与仍留在欧洲自由贸易联盟中的成员国之间取消了工业品关税与数量限制，建成欧洲工业品自由贸易区，实现工业产品的完全自由流动。现有成员国包括挪威、冰岛、列支敦士登、瑞士。

为：特惠税率、协定税率、普惠税率、最惠国税率、普通税率。

关税同盟在一体化程度上比自由贸易区更进了一步，商品交换领域整合的内容和范围扩大了，对外统一的关税政策和部分统一的对外贸易政策的实施要求有一个强有力的管理机构来监督与协调组织内外的贸易关系，从而使得超国家机构变得必要，在关税同盟阶段要求建立超国家机构，如欧洲经济共同体的执行委员会。

世界上其他的关税同盟还包括新的安第斯条约组织，其成员包括玻利维亚、哥伦比亚、厄瓜多尔、秘鲁、委内瑞拉。安第斯条约组织成员国之间已经实现了自由贸易，但对来自非成员国的商品征收5%～20%不等的进口关税。

（四）共同市场

共同市场（common market）是指在成员国之间完全废除关税与数量限制，建立统一的对外关税，允许生产要素跨国界自由流动，即除商品自由流动之外，资本、服务、人员均可以不受阻碍地在成员国之间自由流动。欧洲经济共同体1992年年底实现的“大市场”基本达到了这一层次的经济一体化。

共同市场一体化整合的内容已经超出商品自由流动的范围，具有非同一般的意义。除商品市场一体化、资本市场一体化、服务市场一体化、劳动力市场一体化之外，生产过程一体化的动力和潜能大大提高，势必刺激经济的增长，创造更多的就业机会，增强企业的竞争力，提高效率和效益，降低成本等。

建立共同市场要求成员国在财政、货币、就业政策方面高度协调和合作，这充分表明成员国之间的一体化已经上升到经济政策的协调，甚至一些共同的经济政策制定与执行的高度。

由阿根廷、巴西、巴拉圭、乌拉圭组成的南方共同市场的终极目标是建立经济一体化的共同市场。

（五）经济与货币联盟

经济与货币联盟是指在实施商品、服务和生产要素自由流动的同时，统一各成员国货币或实现成员国间不可逆转的固定汇率，并且对包括货币金融、财政在内的各种经济政策通过共同的权力机构进行协调和统一。经济与货币联盟使成员国经济一体化的范围从商品交换，扩展到生产、分配乃至整个国民经济，形成一个庞大的经济实体。

货币统一和经济政策一体化要求共同的决策机构必须具备一定程度的超国家权力与经济一体化的运行相适应，必然涉及国家主权的让渡，成为真正的超国家权力，以各成员国共同操纵的方式存在。

欧盟初步实现了经济与货币联盟，但还需要进一步完善，具体内容在本章第二节有比较详细的论述。

（六）政治联盟

在政治联盟一体化形式中，成员国在经济、金融、财政等政策方面实行统一化，完全废除在商品、服务、资本、劳动力等自由流动上的人为障碍，建立起拥有更多权力的超国家机构，在各经济领域推行完全一致的经济政策，使各成员国变为一体化区域内的各个地区，从而在经济上达到一体化的最高程度。同时，经济一体化高度发展也要求成员国在政治上的联合，以确保经济联合的持久性，并且，历史发展也证明，共同的经济利益必将演化为共同的政治利益，因而要求超国家机构进一步全面协调成员国的社会及对外政策。《马斯特里赫特条约》的实施使欧盟正朝着这一目标努力，自20世纪70年代起，欧洲议会开始由欧盟各国公民直接选举产生，欧盟的决策机构——部长理事会由各国部长组成[①]，欧盟已经开始向国外派驻大使。欧盟正在试图以一个声音及一体的形象出现在世界政治、经济舞台上。

在理论及内容上，区域经济一体化的六种形式有较强的前后逻辑联系。但在实践中，各种形式并无必然的前后继起关系。区域经济一体化的起点并不一定从最初级的优惠贸易安排开始，而是可以从自由贸易区或关税同盟开始，如欧洲自由贸易联盟；建立自由贸易区或关税同盟后也并不一定要向更高级的经济一体化形式发展，也可能实现商品的自由流动就是一些一体化组织的最高目标。

区域经济一体化的六种形式之间存在的这种承继或层递关系，依照一体化程度由低向高排列的顺序为：优惠贸易安排、自由贸易区、关税同盟、共同市场、经济与货币同盟、政治联盟。

专栏7-1

主要的区域贸易组织或协定

主要的区域贸易组织或协定如表7-1所示。

表7-1　主要的区域贸易组织或协定

名称缩写	全称	主要成员	范围	类型
AFTA	东盟自由贸易区	文莱，柬埔寨，印度尼西亚，老挝，马来西亚，缅甸，菲律宾，新加坡，泰国，越南	货物	FTA
BA	曼谷协定	孟加拉国，中国，印度，韩国，老挝，斯里兰卡	货物	PSA
CAN	安第斯共同体	玻利维亚，哥伦比亚，厄瓜多尔，秘鲁，委内瑞拉	货物	CU
CARICOM	加勒比共同体	安提瓜和巴布达，巴哈马，巴巴多斯，伯利兹，多米尼克，格林纳达，圭亚那，海地，牙买加，蒙特塞拉特，特立尼达和多巴哥，圣基茨和尼维斯，圣卢西亚，圣文森特和格林纳丁斯，苏里南	货物与服务	CU & EIA
CACM	中美洲共同市场	哥斯达黎加，萨尔瓦多，危地马拉，洪都拉斯，尼加拉瓜，巴拿马	货物	CU
CEFTA	中欧自由贸易协定	阿尔巴尼亚，波斯尼亚和黑塞哥维那，克罗地亚，马其顿，摩尔多瓦，黑山，塞尔维亚，联合国科索沃临时行政当局特派团	货物	FTA

① 现在最高决策机构是欧盟理事会。

续前表

名称缩写	全称	主要成员	范围	类型
CEMAC	中部非洲经济和货币共同体	喀麦隆，中非共和国，乍得，刚果，赤道几内亚，加蓬	货物	CU
CIS	独联体	阿塞拜疆，亚美尼亚，白俄罗斯，哈萨克斯坦，摩尔多瓦，俄罗斯，乌兹别克斯坦，塔吉克斯坦，吉尔吉斯斯坦	货物	FTA
COMESA	东部和南部非洲共同市场	布隆迪，科摩罗，刚果（金），吉布提，埃及，厄立特里亚，埃塞俄比亚，肯尼亚，马达加斯加，马拉维，毛里求斯，卢旺达，利比亚，塞舌尔，苏丹，斯威士兰，突尼斯，索马里，乌干达，赞比亚，津巴布韦	货物	FTA
EAC	东非共同体	肯尼亚，坦桑尼亚，乌干达，布隆迪，卢旺达	货物	CU
EAEC	欧亚经济共同体	白俄罗斯，哈萨克斯坦，吉尔吉斯斯坦，俄罗斯，塔吉克斯坦	货物	CU
EU	欧盟	奥地利，比利时，保加利亚，塞浦路斯，克罗地亚，捷克，丹麦，爱沙尼亚，芬兰，法国，德国，希腊，匈牙利，爱尔兰，意大利，拉脱维亚，立陶宛，卢森堡，马耳他，波兰，葡萄牙，罗马尼亚，斯洛伐克共和国，斯洛文尼亚，西班牙，瑞典，荷兰，英国	货物与服务	CU & EIA
ECO	经济合作组织	阿富汗，阿塞拜疆，伊朗，哈萨克斯坦，吉尔吉斯斯坦，巴基斯坦，塔吉克斯坦，土耳其，土库曼斯坦，乌兹别克斯坦	货物	PSA
EEA	欧洲经济区	欧盟 27 国，冰岛，列支敦士登，挪威，瑞士	服务	EIA
EFTA	欧洲自由贸易联盟	冰岛，列支敦士登，挪威，瑞士	货物与服务	FTA & EIA
GCC	海湾合作委员会	巴林，科威特，阿曼，卡塔尔，沙特阿拉伯，阿拉伯联合酋长国	货物	CU
LAIA	拉美一体化协会	阿根廷，玻利维亚，巴西，智利，哥伦比亚，古巴，厄瓜多尔，墨西哥，巴拉圭，秘鲁，乌拉圭，委内瑞拉	货物	PSA
MERCOSUR	南方共同市场	阿根廷，巴西，巴拉圭，乌拉圭	货物与服务	CU & EIA
NAFTA	北美自由贸易区	加拿大，墨西哥，美国	货物与服务	FTA & EIA

续前表

名称缩写	全称	主要成员	范围	类型
PAFTA	泛阿拉伯自由贸易区	巴林，埃及，伊拉克，约旦，科威特，黎巴嫩，利比亚，摩洛哥，阿曼，卡塔尔，沙特阿拉伯，苏丹，叙利亚，突尼斯，阿拉伯联合酋长国，也门，巴勒斯坦，阿尔及利亚	货物	FTA
SACU	南部非洲关税同盟	博茨瓦纳，莱索托，纳米比亚，南非，斯威士兰	货物	CU
SADC	南部非洲发展共同体	安哥拉，博茨瓦纳，科摩罗，莱索托，马拉维，毛里求斯，莫桑比克，纳米比亚，南非，斯威士兰，坦桑尼亚，赞比亚，津巴布韦，塞舌尔，马达加斯加，刚果（金）	货物	FTA
APEC	亚太经济合作组织	日本，中国，韩国，新加坡，印度尼西亚，马来西亚，泰国，菲律宾，文莱，越南，墨西哥，加拿大，美国，澳大利亚，智利	货物、服务、资本流动等	EIA

注：FTA：free trade agreement；CU：custom union；EIA：economic integration agreement；PSA：partial scope agreement.

资料来源：www. wto. org，2019.

三、区域经济一体化发展呈现出的特点

（一）发展中国家经济一体化趋势加强，但一体化进程缓慢

为增强自身的竞争力，加强谈判地位，加快本国的经济发展，保护本国的利益，发展中国家间的经济一体化趋势也在加强。如拉丁美洲的阿根廷、巴西、巴拉圭和乌拉圭四国于 1991 年 3 月签署条约，成立南方共同市场；1990 年，安第斯条约现存成员国委内瑞拉、哥伦比亚和厄瓜多尔、秘鲁、玻利维亚发表《加拉帕戈斯宣言》，宣布经历 5 年过渡，到 1995 年建成共同市场；西亚的伊朗、巴基斯坦、土耳其与中亚 5 国于 1992 年 2 月建立经济合作组织；等等。

然而，发展中国家组成的区域性经济一体化组织多因为国内面临众多的、各不相同的经济、政治问题困扰，成员国之间的政策难以协调，多数一体化停留在自由贸易区，甚至更低层次，终极目标无法按照计划实现。如安第斯条约组织原计划到 1995 年实现共同市场，实际上关税同盟的实现都推迟了半年，鉴于成员国之间巨大的差异，如委内瑞拉的人均 GNP 是玻利维亚的 4 倍，而厄瓜多尔弱小的制造业根本无法与哥伦比亚、委内瑞拉先进的工业相竞争，一个真正的共同市场所要求的政策协调根本无法实现，从而导致一体化进程搁浅。南方共同市场的发展在 1998 年遇到困难，经济的衰退致使一些成员国恢复已经削减或消除的关税，中止对外统一关税，2003 年，南方共同市场走向完全关税同盟的步伐重新开始启动。成立于 1973 年的加勒比共同体一直未能在一体化方面取得进展，它

曾于1991年宣布创建关税同盟，但最终没能实现。

（二）发达国家与发展中国家间的区域性经济一体化组织开始出现

20世纪80年代以来，面对世界经济的全球化，越来越多的发展中国家开放国内市场，积极引进外资，努力扩大出口，发展外向型经济，南北经济关系有了新的发展，相互之间的依赖程度在逐步提高，南北经济一体化成为一种必然的趋势。面对发达国家日益加强的贸易保护主义和激烈的国际竞争，争取加入区域性经济贸易集团、加强区域性的南北经济合作、实现区域贸易的自由化成为发展中国家的一种现实的战略选择。发达国家则出于全球战略的考虑，也希望通过有选择地将一些发展中国家纳入其体系，增强其对发展中国家经济的渗透力，获取在发展中国家的竞争优势地位。

北美自由贸易协定就是南北地区经济一体化的一次成功尝试。正处于协议之中的美洲自由贸易区、计划2020年建成的亚太自由贸易区以及未来的大欧洲经济区（包括中东、北非、海湾地区）都是南北经济一体化的形式。

（三）区域性经济一体化突破了国土相邻的限制，出现了跨洲、跨洋的区域性经济联合体，多数采取自由贸易区的形式

除陆地相邻国家之间建立各种形式的区域性经济一体化组织外，一些跨洲、跨洋，陆地本不相邻的国家之间通过签署协议，组建了一体化程度不同的经济共同体。

如以色列与美国建立的自由贸易区，中国与智利签署的自由贸易协定。2004年，南方共同市场开始与欧盟进行谈判，准备建立一个跨大西洋自由贸易区。日本与墨西哥就建立自由贸易区达成了协议。美国和澳大利亚、美国与新加坡签署了自由贸易区协议。

目前存在且仍在实施的区域性经济一体化组织多采取自由贸易区的形式，占总数的70%以上。

（四）世界上多数国家都成为不同形式的区域性经济一体化组织的成员，区域经济一体化组织成员交叉，身份重叠

目前，除中国的三个单独关税区香港、澳门、台湾尚未正式签署区域性贸易协议之外，WTO成员均至少参加了一个区域性贸易协议，而多者则达30个以上。

现实中，一些大的区域性经济一体化组织往往包含着次一级区域性经济联合组织，比较典型的如亚太经合组织内，存在着北美自由贸易区、东南亚联盟、澳新自由贸易区、美国与智利的自由贸易协定等多个区域性经济一体化组织或协定。这样就使得一些国家同时为多个区域性经济联合体的成员，在不同的区域性组织中享受着不同的权利，承担着不同的义务。

（五）区域性经济一体化组织迅猛发展与多边贸易体制职能强化并存

20世纪80年代中期后，世界范围内掀起了第二次区域性经济一体化浪潮，以欧共体建成统一大市场为先导，美加贸易协定、亚太经合组织等相继启动。进入20世纪90年代，区域经济一体化浪潮不仅势头未减，反而出现了强劲的发展态势，美国政府也一反冷漠的做法，积极投入区域性经济一体化事务中，与其他国家、经济贸易集团频繁展开双边自由贸易协议谈判。进入21世纪，跨太平洋伙伴关系协定（TPP）、跨大西洋贸易与投资伙伴协议（TTIP）的谈判，都在很大程度上助长了区域性经济一体化的发展势头，扩大

了区域性经济一体化组织对世界经济和多边贸易体制的影响。

与此同时，多边贸易体制的发展也进入了新的历史阶段。世界贸易组织建立，协调领域从货物贸易扩展到服务贸易；知识产权保护和与贸易有关的投资措施等新领域产生。新的多边贸易体制的威信与职能空前强化。

WTO 多哈回合从 2001 年启动谈判至今，没有取得进展，主要源于欧美农产品领域的分歧，以双边替代陷入僵局的多边，也成为区域性经济一体化迅速发展的重要原因。

自 2002 年起，中国已经与多个国家和地区[①]签署了 16 个 FTA。根据中国海关总署的数据，2016 年中国与 FTA 伙伴的贸易规模占总贸易规模 38.8%（包括中国香港、中国澳门、中国台湾），来自这些国家和地区进口的关税免除和降低金额达人民币 422 亿元。

专栏 7 - 2

中国与格鲁吉亚自由贸易协定（FTA）

签字与生效日：2017 - 5 - 13/2018 - 1 - 1

过渡期：

A—生效即执行，占关税税目的 90.9%（中国）、96.5%（格鲁吉亚）；

B—5 年过渡，3%（中国）、0%（格鲁吉亚）；

C—在自由化范围之外，6.1%（中国）、3.5%（格鲁吉亚），主要产品包括硬质小麦、玉米种子、硬质小麦种子、黄豆制品、燕麦、马铃薯淀粉、砂糖、配方奶粉、烟草等。

2016 年双边货物贸易，中国从格鲁吉亚进口 1.7 亿美元，出口 5.47 亿美元。

与 WTO 相关的文件：没有通告。

涵盖的其他内容：服务、知识产权、竞争、电子商务、投资、横向法律和制度条款（包括争端解决）。

相关网站：http：//fta. mofcom. gov. cn。

专栏 7 - 3

中国与马尔代夫自由贸易协定（FTA）

签字与生效日：2017 - 12 - 7/还没有正式生效

过渡期：

A—生效即执行，占关税税目的 91.1%（中国）、70.3%（马尔代夫）；

B—5 年过渡，4.3%（中国）、20.3%（马尔代夫）；

C—8 年过渡，0%（中国）、5.0%（马尔代夫）；

E—自由化范围之外，4.6%（中国）、4.4%（马尔代夫），主要产品包括：中国（水稻、小麦、棉花、可食用品、油类、糖、烟草、木材、纸张等）；马尔代夫（鱼类产品、

① 包括东盟、澳大利亚、智利、哥斯达黎加、格鲁吉亚、中国香港、冰岛、韩国、中国澳门、马尔代夫、新西兰、巴基斯坦、秘鲁、新加坡、瑞士、中国台湾。

猪肉产品、酒、烟、酒精等）；

2016 年双边货物贸易，中国从马尔代夫进口 24 万美元，出口 3.2 亿美元。

与 WTO 相关的文件：没有通告。

涵盖的其他内容：服务、投资。

相关网站：http：//fta. mofcom. gov. cn。

除此之外，中国还通过协定向最不发达国家和地区提供单方面优惠，截至 2018 年，中国已经向 36 个国家提供免税待遇，涉及产品占关税税目的 97%，3 个国家涉及 94%，1 个国家涉及 61%。①

第二节　区域一体化实践：欧洲一体化进程

一、欧洲一体化渊源

（一）欧洲联合统一：消除战争、争取和平的手段

欧洲人认为，欧洲原本是一个统一的整体，他们有共同的文明、共同的宗教信仰。在第二次世界大战前，欧洲只有短暂的和平，从查理曼帝国到哈布斯堡王朝，从拿破仑到希特勒，历史上屡次用战争统一欧洲的做法，都曾经使欧洲人民饱受摧残，各种关于欧洲联合、统一思想的萌芽与发展都反映出欧洲人民消除战争、实现和平的愿望。

最早，古罗马帝国的思想家们提出以基督教统一欧洲，14 世纪、16—17 世纪法国的思想家提出建立法国领导下的欧洲联盟，以抵御外部异族的入侵。随着启蒙和自由民主思想的传播，欧洲联合思想最终离开基督教和王权下实现统一的方向，英国的威廉·佩恩（William Penn，1644—1718）提议建立欧洲议会以结束欧洲国家分离的局面，这一观点后来得到法国启蒙主义者让-雅克·卢梭（Jean-Jacques Rousseau，1712—1778）的支持。1814 年，昂利·圣西门（Henri Saint-Simon，1760—1825）提出组建欧洲合众国以实现欧洲统一的方案，实现一个君主、一个政府和一个议会，三权分立。19 世纪，随着资本主义的发展，国家之间竞争加剧，各种矛盾激化的结果是第一次世界大战的爆发，战争结束后，欧洲更加分裂与动荡，各国经济发展走向保护主义。在这种形势下，欧洲一体化思潮重新掀起，建立“泛欧洲同盟”“欧洲合众国”的呼声高涨，代表人物有奥地利的理查德·康登霍维-凯勒奇（Richard Coudenhove-Kalergi，1894—1972）、德国的赫尔穆特·冯·毛奇（Helmuth von Moltke，1800—1891）等。值得注意的是，在第二次世界大战前的欧洲联合是以保持独立的国家作为欧洲联合的政治基础，在第二次世界大战后，一种新的欧洲联合思想出现了，即欧洲要成为一个联合国家或政治共同体。关于欧洲一体化的思想也吸引着欧洲的一些政治家，他们也希望通过欧洲的联合避免战争的重创、遏制德国，实现欧洲特别是西欧的经济复兴，并通过政治、军事上的合作保证西欧在冷战中的安全。

① 以上数据来自 2018 年发布的《中国贸易政策审议报告》。

在第二次世界大战前，欧洲联合运动主要停留在民间层次。欧洲政府领导人关于欧洲联合的想法与思想家们不同，他们主张首先进行经济上的联合，通过建立关税同盟或自由贸易区实现经济一体化，而后推进政治一体化，最终实现欧洲的全面联合。在第二次世界大战后，欧洲政府领导人关于一体化的主张占据上风，并身体力行，20 世纪 50 年代，欧洲一体化进程启动。

（二）第二次世界大战后的欧洲一体化浪潮与美国的推动

在第二次世界大战后，促使欧洲联合运动启动的直接原因有三点：第一，战争结束后西欧各国经济衰弱，社会问题严重，各国面临社会稳定与经济恢复的双重任务。同时，殖民地、半殖民地的独立使得西欧丧失了世界中心的地位。西欧各国只有联合起来才能恢复其在世界事务中的话语权。第二，德国问题的存在。为防止德国军国主义东山再起，法国等西欧国家希望把德国置于欧洲国家联合控制和监督之下，消除德国的威胁。第三，由于冷战的原因，美国迫切需要欧洲在政治、军事、经济上的联合，保障西欧的安全，对付苏联可能的扩张。①

总之，西欧对经济恢复与发展、永久和平及恢复西欧在世界经济政治舞台原有地位的渴望促使西欧走向一体化。

二、欧洲一体化进程

欧洲一体化实际上是西欧部分国家在美国的支持下，从建立欧洲经济合作组织开始，历经欧洲经济共同体、欧洲共同体、欧盟的过程。这一过程通过部分地让渡国家主权，实现超国家机构对西欧经济的协调，使西欧经济不断融合。经济一体化的高度发展又推动着欧洲在政治、社会方面逐步、有条件地走向联合，直至全面融合，成为真正意义上的邦联。下面我们对欧洲一体化进程依照重大事件划分的阶段进行阐述。

（一）欧洲煤钢共同体

欧洲煤钢共同体（European Coal and Steel Community）的建立要追溯到法国人莫内（Monnet）制订的“法德煤钢生产联营计划”。莫内是欧洲一体化的倡导者，他认为，建立欧洲经济联合就必须要寻求参加国家利益的交合点，通过建立超国家机构，实现部分主权的转移。对于联合的突破口，莫内认为应该是法、德的煤与钢产业。法、德煤钢联营既有利于法国积极地控制德国的工业和军事力量，保证法国煤炭资源的获取，又可以促进法、德和解与欧洲的合作。于是，莫内提出了“法德煤钢生产联营计划”，得到时任法国外长舒曼的支持。他代表政府提议将法德两国的煤钢生产置于共同的高级机构的管理之下，这一机构同时向欧洲其他国家开放。煤钢联营能够为经济发展建立共同的基础，并被认为是走向联合的第一步。这就是著名的“舒曼计划”。舒曼计划的重要性在于它通过把法德两国重要的战略资源置于一个超国家机构之下，为欧洲经济一体化开辟了新途径。

1950 年 6 月，法国、联邦德国、意大利、荷兰、比利时、卢森堡发表公报，表达建立

① 在欧洲长期流传一个笑话，欧盟委员会应该为约瑟夫·斯大林塑一座雕像，要不是他的野心勃勃的对外政策，西欧各国缺乏进行合作和建立欧洲经济共同体的动力。查尔斯·W. L. 希尔. 国际商务. 5 版. 北京：中国人民大学出版社，2005：272。

煤钢共同体的愿望。1951 年 4 月 18 日，上述六国在法国签署《欧洲煤钢联营集团条约》，条约的基本目标有两个：一是在六国间建立取消关税、取消数量限制和其他技术性歧视措施的煤钢共同市场；二是建立超国家权力机构——高级机构、共同议会、部长特别理事会、法院，并逐步向政治一体化方向发展。1952 年 8 月 10 日，高级机构设立表明欧洲煤钢共同体正式成立。

煤钢共同体成立初期取消了关税与数量限制，消除对煤钢价格起决定作用的运费方面的歧视待遇，建立煤钢的国际价格。但是共同体的运转也遇到诸多困难，如高级机构虽然拥有行动权，但受到部长理事会的约束，成员国经常以损害本国利益为由，执行独立的政策，这说明超国家机构缺乏明确的权威，无法真正承担起欧洲经济联合的重任。

欧洲煤钢共同体加强了成员国之间的相互了解，为欧洲经济共同体的建立创造了条件。

(二)《罗马条约》与欧洲经济共同体

1.《罗马条约》签署与欧洲经济共同体的建立

1958 年，西欧六国——法国、联邦德国、意大利、比利时、卢森堡、荷兰，根据《罗马条约》建立欧洲经济共同体（European Economic Community，EEC）。

《罗马条约》规定，EEC 的初级目标是“通过建立一个共同市场和成员国经济的协调、稳步和平衡的发展，提高人民生活标准，密切各国的联系”。EEC 的政治目标是实现政治联合。

《罗马条约》的主要内容包括：

(1) 在 12 年内，分三阶段逐步取消现有的关税与贸易限额，建立工业品关税同盟。

(2) 筹建农产品共同市场，并实行共同农业政策。只有时间表，没有具体规定。

(3) 在过渡期结束前，在共同体范围内实现人员、服务、资本的自由流动。

(4) 为确保共同体内部“自由和平等的竞争”，共同体成员实施某些共同的原则和经济政策。

(5) 协调社会政策，建立欧洲社会基金，促进共同体内工人就业与流动。

(6) 设立欧洲投资基金，开发落后地区经济。

(7) 同共同体海外领地实行联系国制度。

《罗马条约》没有期限，没有规定退出条约的程序，但是欢迎欧洲其他国家加入，说明《罗马条约》为建立一个更广泛的欧洲共同体奠定了基础。

在机构问题上，欧洲煤钢共同体的共同议会扩大成对三个共同体发挥作用的欧洲议会。新的执行机构包括欧洲原子能联营委员会和欧洲经济共同体委员会，部长理事会仍行使决策权，欧洲法院继续保留，但一共面对三个共同体①。

2. EEC 的发展进程

EEC 在建立后致力于关税同盟的建立和共同农业政策的实施。

(1) 20 世纪 70 年代初实现了关税同盟和共同农业政策。

①实现关税同盟。EEC 关税同盟的主要内容是取消工业品关税，对外统一关税。到 1961 年，EEC 工业品关税已基本取消，配额限制大部分取消，成员国内部贸易已经扩大到对非成员国贸易的 2 倍。EEC 的关税同盟于 1968 年正式建立。对外关税收入成为 EEC

① 第三个共同体是欧洲原子能共同体。

共同预算的来源。1958—1970 年，EEC 内部贸易额增长 5 倍，与非成员国贸易额增长 2 倍。1958 年，共同体成员国间贸易占共同体对外贸易总额的比例为 30%，1972 年上升到 50%以上。1960—1970 年，成员国 GNP 年均增长率，法国为 8.9%，德国为 9.9%，意大利为 10.4%，卢森堡为 7.5%，比利时为 8.5%，荷兰为 16%。这些成就的取得，关税同盟的建立是重要因素之一。

②实施共同农业政策。共同农业政策与关税同盟一起并列为 EEC 经济一体化的两大支柱。由于农业在各成员国经济中的地位不同，因而对于共同农业政策的内容，各方一直分歧很大。1962 年初，经过长时间的讨价还价，部长理事会布鲁塞尔会议确定了共同农业政策的基本原则：

- 单一市场原则：实现农产品自由流通，取消关税和其他贸易限制，取消干扰竞争的各种补贴，实施共同农产品价格，对外来产品的竞争实行统一的保护政策。
- 共同体优惠原则：在各成员国市场上，本地农产品销售优先。进口产品只能以高于目标价格的价格水平出售。
- 建立共同农业基金：共同价格管理和价格保证需要共同的资金，建立的农业基金初始来源是成员国的资金，1971 年开始纳入“共同预算”。农业基金分为保证与指导两部分：保证部分用于干预收购和出口补贴，是基金的主体；指导部分用于促进成员国农业结构改革。

根据《罗马条约》和农业共同政策的三个基本原则，共同农业政策实施过程中主要包括以下三部分内容：

- 建立各种农产品的共同市场，实行统一的农产品价格管理。成员国充分贯彻执行单一市场原则和共同体优惠原则，统一的价格管理是通过设立目标价格、门槛价格、干预价格实现的。为鼓励农产品出口，基金根据共同体农产品价格与国际市场价格的差额提供出口补贴。
- 促进成员国农业结构改革，提高劳动生产率。
- 建立欧洲农业指导和保证基金，为农业政策实施提供资金来源。

(2) 1965 年，六国签署《布鲁塞尔条约》，将欧洲煤钢共同体、欧洲经济共同体、欧洲原子能共同体合并为欧洲共同体（European Community，EU），并规定从 1967 年起合并三个共同体的执行机构，建立单一的部长理事会和执行委员会。单一管理机构的建立对于欧洲一体化进程的推动有重要意义。

到这一时期，共同体的行政职能包括决策、监督和仲裁。决策机构是部长理事会（Council of Ministers），负责制定欧共体的政策和法规。1975 年，欧洲理事会取代部长理事会成为决策机构，其成员由各国首脑和委员会主席组成。欧共体委员会是共同体的执行机构，具有明显的超国家性质。欧共体委员会的职能包括：立法创议权和审议权、对共同体条例执行的监督权、管理日常事务，是共同体利益的维护者。欧洲议会是监督机构。它不享有立法权，但又参与立法。1975 年后，欧洲会议开始参与决策，主要体现在对欧共体财政预算的控制上。欧洲法院是司法仲裁机构。

(3) 1972 年以后，EEC 发展缓慢，虽然在组织上接受英国、丹麦、爱尔兰为新的成员国，但内外政策没有重大变化。1978 年，EEC 通过了关于建立欧洲货币体系的协议，协议于 1979 年 3 月生效，EEC 20 世纪 80 年代的主要任务是建立欧洲货币体系。其主要内容包括：

● 建立用于记账和结算的欧洲货币单位 ECU[①]，以此作为将来欧洲单一货币的前身。

● 建立半固定汇率制度，使成员国间的汇率保持相对稳定。

● 逐步建立欧洲货币基金，以加强干预外汇市场和提供贷款的能力，最终向欧洲中央银行过渡。

欧洲货币体系建立最突出的作用在于稳定了成员国的货币汇率，一年内，使成员国货币对 ECU 的平均波动降低到 1.3%，低于此前 6 年 5.2%的平均波动。

3. EEC 统一大市场的目标

建立欧洲统一大市场的目标是由《罗马条约》确定的。20 世纪 70 年代初期，关税同盟的建立没有取消非关税壁垒，烦琐的过境手续、复杂苛刻的技术标准、自成体系的国内税制度制约着 EEC 的发展。与此同时，美国、日本和“亚洲四小龙”经济取得快速发展。在此背景下，1985 年欧共体委员会发表《完成内部市场》(Completing the Internal Market) 白皮书，重申《罗马条约》确定的建立统一大市场的目标，并就统一大市场的建立实施提出行动纲领和方案。同年 12 月，欧共体首脑会议通过了《欧洲一体化文件》，决定在 1992 年 12 月 31 日前建立没有边界的欧洲内部统一大市场，并确定内部市场正常运行所需要法律的一致性，统一规定了符合共同市场利益的间接税制度。1987 年，基于《欧洲一体化文件》的《单一欧洲法案》(Single European Act) 成为欧共体的法律。

在《单一欧洲法案》中，关于商品、人员、服务和资本的自由流通是指：

(1) 消除对货物过境的控制。取消各种边界限制和拖延，如入境规定、健康规定、安全规定和税收规定等。

(2) 取消对人员的过境控制。各成员国的居民可以自由定居、自由谋取职业、自由选择生活。具体而言，包括相互承认学历、文凭；避免对个人所得双重课税；享受当地居民的一切福利待遇；实行公开职业招聘和公平竞争；允许自由职业者在任何成员国境内开业；允许企业家自由雇用、采购、销售、信贷、合并等。

(3) 实现服务的自由流通，取消阻碍服务自由开展的各方面限制。如将原来局限于国内的银行业务扩展到整个 EEC 成员国范围内。这就需要制定银行经营许可，对储蓄、信贷的保险以及银行破产的担保制定和实施统一的监督和管理条例。此外还有保险业务、证券市场、运输业务、电信、信息和数据网络服务等均需实行统一标准，采用规范技术。

(4) 实现资本的自由流通。资本的自由流通是大市场实现的必备条件之一，其内容主要包括：促使各国规定趋于一致；各国货币稳定，趋于统一；促进资本优化配置等。要实现以上目标需要取消外汇管制，实现货币自由兑换；取消银行开立账户的限制，实现资本自由转移；取消信贷和投资限制，实现资本的自由使用；统一税收，保护投资，协调各国的财政与货币政策。实现资本自由流动的最终目标是建立一个真正的一体化的金融市场。

此外，在《单一欧洲法案》中还规定，在产品标准上使用“相互认同”原则，向成员国开放公共采购市场，消除运输通行权的限制等。

① 属于一揽子货币，货币篮子中各国货币所占比重由各国 GNP 水平和其在欧洲经济共同体内部贸易中的比例确定。

4. EEC统一大市场的建立

统一大市场的四大流通目标意味着EEC的经济一体化从商品的自由交换向生产要素的自由流动过渡，这种过渡带有质的变化。

1993年1月1日，欧洲统一大市场如期建立。实质上，欧洲统一大市场的建立是一个渐进的过程，至此，仅是具备了欧洲大市场的雏形，原因在于：

（1）有关消除市场障碍的90%以上的措施已得到EEC各立法机构的批准，79%转化为各成员国法规。

（2）1993年1月1日，EEC 12国消除了内部边界，实现了人员、商品的自由流动，实际上人员的流动在各成员国已提前实现。

（3）主要经济部门的内部市场已经形成，1993年航空业全部放开价格，允许新的国际航空公司注册；电信业，在设备和电信服务方面将公开竞争，20世纪90年代中期将取消对跨国界电话业的控制；金融业，1993年银行业全部放开，1994年保险业全部放开，20世纪90年代后期放开投资服务业。

（4）建立统一市场目标与实现《欧洲一体化文件》的其他目标同步进行。

（三）欧洲联盟条约

统一市场的建立要求成员国在相关财政、货币金融政策上保持高度协调和必要的一致性，因而全面、完整的经济货币联盟列入了欧洲一体化的议事日程。

1991年12月9—10日，第46届EEC首脑会议在荷兰马斯特里赫特举行，经过两天的激烈辩论，草签了《马斯特里赫特条约》，也称《欧洲联盟条约》。《马斯特里赫特条约》由经济与货币联盟条约、政治联盟条约组成。1992年2月7日，EEC 12国外长与财长正式签署了《马斯特里赫特条约》，按照计划在1992年年底前各国完成批准程序，于1993年1月1日生效。《马斯特里赫特条约》的签署标志着欧洲经济一体化进入一个新阶段，由过去的经济联合开始走向经济、政治、社会的多元联合。《马斯特里赫特条约》生效后，欧洲经济共同体正式改名为欧洲联盟（European Union，EU）。

1. 欧洲经济与货币联盟条约（EMU）

经济与货币联盟条约确定了20世纪末欧洲共同体经济一体化的目标与步骤。最终目标是要在密切协调成员国经济政策和实现欧洲内部统一市场的基础上，形成共同的经济政策，具体包括实现单一货币、统一货币兑换率、建立统一的欧洲中央银行体系。上述目标分三步走：

（1）1990年7月1日—1993年12月31日。

这一时期的主要任务是实现所有成员国加入欧洲货币汇率机制；实现资本自由流动（此时有四个成员国未能实现）；协调各成员国之间的宏观经济政策，并建立相应的监督机制。

（2）1994年1月1日—1997年1月1日（或最迟不超过1999年1月1日）。

这一时期的主要任务是进一步实现各成员国宏观经济政策的一体化，特别是协调和监督各成员国中央银行的运作；建立独立的欧洲货币机构，作为欧洲中央银行的前身，以协调和监督成员国中央银行的货币政策和外汇储备，但该机构不能直接干预各国中央银行的运作。

(3) 1997年1月2日—1999年1月1日或1999年1月1日后。

主要任务是实现统一的欧洲货币；建立独立于各国政府之外的欧洲中央银行。

为实现这一目标，欧洲经济共同体对成员国进入第三阶段提出以下前提条件：

①其通货膨胀率不能高于3个最低成员国水平的1.5%；

②利率水平不得超过上述水平的2%；

③政府财政赤字不能超过GDP的3%；

④公共债务不能超过GDP的60%。

在1996年年底之前，共同体将评估各成员国实现上述条件的程度，如果有9个国家达到标准，将可以在1997年1月进入第三阶段。为减少实现经济与货币联盟的阻力，在条约的附加协定上，EEC也做出了必要的让步，如允许英国享有推迟参加联盟的例外权，丹麦可以在举行公民投票后再决定是否加入联盟，建立特别基金以加速不发达成员国，如西班牙、葡萄牙、爱尔兰的经济发展。

1998年6月1日，欧洲中央银行在德国的法兰克福成立。1999年1月1日，欧元诞生，奥地利、比利时、芬兰、法国、德国、爱尔兰、意大利、卢森堡、挪威、葡萄牙、西班牙将欧元确定为官方货币。2002年1月1日，欧元正式流通，与此同时，包括希腊货币在内的12国原有货币不再使用。

2. 欧洲政治联盟条约

政治联盟表明EEC在加快经济一体化的同时，开始向政治、外交、防务、社会一体化方向迈进。主要内容有：

(1) 共同的外交政策。规定共同体今后在外交方面的基本政策将由各国首脑组成的欧洲理事会一致决定，具体的实施步骤则由各成员国部长组成的部长理事会多数表决决定。

(2) 共同的防务政策。对此，各方意见并不统一。英国、意大利认为北约是维护欧洲安全的唯一有效联盟，主张把欧洲联盟作为北约的一个补充。法国、德国强调EEC应建立独立的防务体系。最后的结果是走向折中，独立与补充同在。

(3) 共同的社会政策。11国达成保障工人权利的社会宪章协议，英国没有参加。

(4) 继续扩大共同体超国家机构——欧洲议会的权力，使其从过去的咨询机构转变为拥有部分权力的机构，例如在科研、卫生、环保、消费者保护、内部市场建设等方面与部长理事会拥有共同决策权。

3.《马斯特里赫特条约》的批准

《马斯特里赫特条约》是对《罗马条约》的修订，按照法律程序，该条约须经12国一致通过才能生效。12国中，丹麦、爱尔兰、法国须由全民投票决定是否批准《马斯特里赫特条约》，其他国家由议会批准，爱尔兰多数通过，法国微弱多数通过，丹麦两次公决获得通过。

(四) 欧盟的西进与东扩

1. 欧洲经济区协定

(1) 欧洲自由贸易区。

1973年，EEC与EFTA签署协定，组建欧洲自由贸易区（瑞士于12月6日经公民投票决定退出），到1977年实现工业产品的自由流动，部分农产品实施优惠关税。

（2）欧洲经济区协定的签署。

1991年10月22日，EEC与EFTA在卢森堡签署了欧洲经济区（European Economic Area，EEA）协定。根据该协定，从1993年1月1日起，EEC与EFTA将建立一个北起冰岛，南到希腊，包括18个国家、3亿人口、占世界贸易43%的世界上最大的自由贸易区。

（3）欧洲经济区协定的内容。

欧洲经济区协定的主要内容包括：

①自1993年1月1日起，在EEC与EFTA成员国之间实行商品、人员、资本和服务的自由流动。经济区成员国之间取消贸易壁垒（关税、配额），劳动者自由选择就业国家，银行、保险、通信等可以跨国经营。

②EEC统一大市场的法律体系将成为欧洲经济区运行的基础。EFTA成员国在一年的时间里将引进和实行EEC 1 400余项法律（在某些领域可以享有过渡或例外权）。

③双方暂时保留各自现行的农业政策，但将逐步开放农产品市场。在汽车过境运输和渔业市场等问题上做出双方可以接受的安排。

④为缩小经济区成员国之间经济发展水平的差异，EFTA每年拿出24亿美元作为协调发展基金以贷款或赠与的方式援助EEC经济发展相对落后的国家，如西班牙、葡萄牙、希腊、爱尔兰。

⑤欧洲经济区法律方面的分歧将根据不同的情况分别由欧洲法院、EFTA和欧洲经济区联合委员会处理解决。

但是欧洲经济区协定并没有涵盖欧洲联盟的所有内容，具体表现在：

①欧洲经济区仅是自由贸易区，不是关税同盟，EU和EFTA各自保有对第三国关税、非关税及其他优惠措施的权利。

②EEA并没有开放双方内部边界，人员、货物边境检查制度继续存在，参加EEA的成员国有权对产业或各自区域在出现经济、社会、环境问题时采取保护措施，如劳工移动、公司的设置等。

③农产品不在自由流通产品范围内。

④严格执行原产地规则的规定，EEA内生产的产品享受自由流通的保护，第三国产品不在保护范围内。

1993年1月1日，欧洲经济区建立。

2. 欧洲协定

欧盟东扩，体现了欧盟大欧洲的理想以及地缘政治、现实经济利益的考虑，也迎合了东欧国家“回归欧洲”、快速发展经济、保障安全的愿望。

1991年起，EEC（之后是欧盟）分三批与东欧国家签署联系国协定，也称欧洲协定。12月6日与波兰、匈牙利、捷克和斯洛伐克，1993年与保加利亚、罗马尼亚，1994年与波罗的海三国及斯洛文尼亚分别签署欧洲协定（Europe Agreements），建立联系国制度，为日后加入欧盟做准备。

欧洲协定包括经济、政治、社会多方面内容，是一个综合性文件。其基本目标是在约10年东欧国家转轨期间，在EEC与联系国之间建立自由贸易区。

在此，我们仅以EEC与波兰、匈牙利、捷克和斯洛伐克签署的欧洲协定为例，对协定的主要内容进行介绍。

协定将双方的合作分为两个阶段：

①前5年，EEC对波兰、匈牙利、捷克和斯洛伐克大幅度减免进口关税，放宽进口配额。

②后5年，波兰、匈牙利、捷克和斯洛伐克开始对EEC开放市场。

从以上内容可以看出，双方的合作是依照不对等的原则以循序渐进的方式进行的。除商品自由流动之外，欧洲协定还包括其他的内容：

①投资经营范围。协定规定三国将逐步对EEC成员国开放投资领域，第一个5年后，即1996年年底，绝大多数领域应实现开放，金融部门可稍晚。10年后应全部开放。国防工业、房地产和某些采掘业暂不包括。

②资本流通。协定明确了促进资本自由流动的原则，在第一个5年中，三国要逐步创造条件向EEC有关法律靠拢，1996年年底后，三国将全面实行EEC法律。

③关于公平竞争。协定强调防止垄断和国家不当干预等限制竞争的行为，以及贯彻EEC公平竞争法律的重要性。

2004年5月1日，塞浦路斯、捷克、斯洛伐克、爱沙尼亚、匈牙利、拉脱维亚、立陶宛、马耳他、波兰、斯洛文尼亚正式成为欧盟的新成员国。2007年1月，保加利亚、罗马尼亚正式加入欧盟。2013年，克罗地亚加入欧盟，成员国扩展到28个。2016年6月23日，英国举行脱欧公投，根据公投结果，英国选择退出欧盟。

（五）欧盟的超国家机构与职能

欧洲一体化进程是由其所设立的超国家机构负责运作的，目前主要包括欧洲议会（European Parliament）、欧洲理事会（European Council）、欧盟理事会（Council of the European Union）、欧盟委员会（European Commission）、欧洲法院（Court of Justice）。其中，欧洲理事会和欧盟理事会代表成员国利益；欧洲议会、欧盟委员会、欧洲法院是欧盟的超国家机构，代表欧盟的整体利益。下面我们对各机构的职能进行介绍。

1. 欧洲议会

欧洲议会是欧盟的立法机构。它享有三方面的权力：

（1）立法权。欧洲议会主要通过三个程序行使立法权：一是咨询程序（consultation procedure）。在欧盟委员会的议案为欧盟理事会采纳之前，必须征求欧洲议会的意见。二是协调程序（cooperation procedure）。议会有权对提交的法律议案提出修改意见，并进行补充。三是共同决策程序（co-decision procedure）。有关欧盟的重大决定均由议会与部长理事会共同决策，这一方面体现在由欧洲议会和部长理事会共同建立的调停委员会（Conciliation Committee）中，欧洲议会与理事会各占成员的一半，并享有否决权；另一方面体现在《阿姆斯特丹条约》对欧洲议会的授权，规定欧洲议会在3/4的立法领域与部长理事会拥有同等的决策权力。此外，欧盟国际协定的签署也需要得到欧洲议会的同意，这包括新成员的加入、与第三国建立联系国等。

（2）对财政预算的审议权。欧洲议会每年审议欧盟的财政预算提案，它有权对欧盟委员会提交的议案提出修改和补充意见，除在农业开支等几方面，理事会拥有最后的表决权外，其他项目的开支都由议会与理事共同决定。同时，议会还对财政预算方案的执行拥有监督权。

（3）管理权。欧洲议会负责任命欧盟委员会主席和其主要的组成人员。

2. 欧洲理事会

它由各成员国首脑和欧盟委员会主席组成，是欧盟的最高决策机构。理事会的职责是解决主要的政策问题和确定政策方向。欧洲理事会做决策的方式一般采取多数通过和一致通过的做法。理事会在正式表决之前，都要在成员国间进行磋商、调解，力求观点一致。对于欧盟的外交、安全、法律执行以及与成员国国内相关事务的决策必须采取一致通过的做法。

3. 欧盟委员会

欧盟委员会是欧盟政治、经济一体化的中枢，欧盟的绝大多数立法都是经由委员会提案，议会与（或）理事会审议通过方能生效。委员会的职能主要有三方面：一是为立法做提案；二是作为欧盟条约的监护者，监督条约的执行；三是作为欧盟政策的执行者和管理者、国际贸易关系的协调者，使欧盟正常地运转。

4. 欧盟理事会

即部长理事会，欧盟委员会提交的提案只有得到部长理事会的同意才能成为欧盟法律。部长理事会拥有欧盟内部的最终控制权。

5. 欧洲法院

欧洲法院是欧盟的执法、仲裁机构，它负责解释《马斯特里赫特条约》和欧盟的各项法律、法规，对执行《马斯特里赫特条约》和欧盟的各项法律、法规过程中发生的纠纷进行审理和裁决。

三、欧洲一体化进展：《欧盟宪法条约》与《里斯本条约》

2004 年 5 月，欧盟在接纳 10 个新成员国，完成历史上最大规模的扩大后，着手推进欧洲一体化进程。6 月，25 个成员国在布鲁塞尔举行首脑会议，一致通过《欧盟宪法条约》草案的最终文本。同年 10 月，欧盟 25 国领导人在罗马签署《欧盟宪法条约》，并约定如果条约能够获得所有成员国和欧洲议会批准，将于 2006 年 11 月 1 日生效。2005 年，法国和荷兰先后在全民公决中否决了《欧盟宪法条约》。

（一）《欧盟宪法条约》

《欧盟宪法条约》的主要内容包括：

第一，设立欧盟理事会主席和欧盟外交部长。主席由欧盟理事会以有效多数表决方式选举产生，任期两年半，可连选连任一次，主席不能同时在成员国任职。欧盟外交部长由欧盟理事会以有效多数表决方式选举产生，主要负责欧盟共同外交与安全事务，同时担任欧盟委员会副主席。

第二，改革欧盟委员会，扩大欧洲议会权力。《欧盟宪法条约》规定，条约生效后产生的第一届欧盟委员会仍实行一个成员国一名委员的做法。从第二届起，欧盟委员会委员的人数将是欧盟成员国数目的三分之二。《欧盟宪法条约》扩大了欧洲议会同欧盟部长理事会在立法和预算方面进行共同决策的领域，赋予欧洲议会在欧盟理事会提名的前提下选举欧盟委员会主席的权力。

第三，欧盟理事会和欧盟部长理事会的表决机制。除特别规定外，欧盟理事会和欧盟部长理事会均以有效多数表决方式进行决策，决议的通过只需得到55%的理事会成员（这些成员需来自至少15个成员国并代表65%以上的欧盟人口）的赞同。然而，如果要否决欧盟委员会或欧盟外交部长的提案，则需要有72%的理事会成员（代表65%以上的欧盟人口）的反对。

第四，欧盟成员国必须尽其所有的军事和民用能力用于欧盟共同防务政策的实施，最终目标是发展欧盟共同防务。条约规定，一旦某个成员国受到外来侵略或恐怖袭击，其他成员国必须提供一切资源进行援助，包括军事资源。

2007年1月，德国接任欧盟轮值主席国后，重启《欧盟宪法条约》谈判。在与欧盟成员国进行积极磋商并广泛听取各方意见的基础上，最终提出一份旨在重新启动《欧盟宪法条约》进程的路线图，用一个修正条约取代《欧盟宪法条约》，以期在2009年欧洲议会选举前获得各成员国的通过。

（二）《里斯本条约》

2007年12月13日，欧盟各国首脑在里斯本签署《里斯本条约》，随后交由各成员国批准。2009年11月3日，捷克正式批准条约，由此条约获全部成员国批准，并于2009年12月1日正式生效。

《里斯本条约》是在原《欧盟宪法条约》的基础上修改而成的，主要包括：

第一，设立常任欧盟理事会主席职位，取消目前每半年轮换一次的轮替机制。主席任期2年半，可以连任。

第二，将目前负责外交和安全事务的高级代表和欧盟委员会负责外交的委员职务合并，统一为欧盟外交和安全事务高级代表一职，全面负责欧盟对外政策。

第三，将更多政策领域划归到以有效多数表决制决策的范围，简化决策过程。司法、内政等敏感领域的一些政策也将以有效多数表决制表决，成员国不再一票否决。但在税收、社会保障、外交和防务等事关成员国主权的领域，仍遵循一致通过原则。

第四，各成员国在有效多数表决制下的加权票数重新调整。

第五，以双重多数表决制取代目前的有效多数表决制，即有关决议必须至少获得55%的成员国和65%的欧盟人口的赞同，才算通过。新表决制将在2014年开始实施，2014—2017年为过渡期。

第六，从2014年起，欧盟委员会的委员人数将从27人减至18人，委员会主席的作用将加强。

第七，欧洲议会的权力将增强，议会的议席数将从目前的785减至750，一些国家所占议席数将根据其人口数量进行调整。

第八，成员国议会将在欧盟决策过程中发挥更大的作用。如果一项欧盟立法草案遭到三分之一成员国议会的反对，将返回欧盟委员会重新考虑。

第九，新条约确认《欧盟基本权利宪章》对各成员国的法律约束力。但英国和波兰获得部分豁免，以免其国内的一些法律与宪章有抵触。

《里斯本条约》为欧盟扩大以后的有效运作提供了持久、稳定的法律与制度框架。

第三节 区域经济一体化理论

一、关税同盟理论[①]

系统提出关税同盟理论的是美国学者瓦伊纳（J. Viner）和利普西（R. G. Lipsey）。按照瓦伊纳的观点，完全形态的关税同盟应具备三个条件：一是完全取消参加国间的关税；二是对来自非成员国或地区的进口设置统一的关税；三是通过协商方式在成员国之间分配关税收入。瓦伊纳和利普西关于关税同盟的建立对成员国及非成员国影响的分析结论可以归纳为两个方面：一是关税同盟的静态效应；二是关税同盟的动态效应。

（一）关税同盟的静态效应

关税同盟的静态效应包括贸易创造效应、贸易转移效应、贸易扩大效应。

1. *贸易创造效应*

贸易创造效应（trade creation effect）由生产利得和消费利得构成。关税同盟成立以后，成员国之间取消关税壁垒，商品实现自由流动，从而促使成员国在比较优势的基础上进行专业化生产。这样，成员国国内企业生产的一些成本较高、价格较高的产品将被其他成员国生产的成本较低、价格较低的产品所替代，来自成员国的低价进口商品取代了昂贵的国内生产，贸易在国家间得以创造。需要注意，这种由于关税取消带来的进口被称为贸易创造（trade creation）。贸易创造效应是促进成员国资源流向有效率、有竞争力的产业，从而提高资源的使用效率，扩大生产利益；同时，低价商品进口使本国该项产品消费开支减少，需求增大，贸易量增加，社会福利水平提高。

下面我们举例说明贸易创造的经济意义。

假定在给定汇率下，X 产品的价格在 A 国为 35 美元、B 国为 26 美元、C 国为 20 美元。现在假定 A、B 两国结成关税同盟，相互取消关税，B 国的 X 产品在 A 国的价格也为 26 美元（不考虑由于出口到 A 国需要支付的商品运输、保险等费用）。

在缔结关税同盟前，A 国凭借保护关税，自己生产 X 商品，需要征收 75%以上的关税[②]。现在假定 A 国针对 X 产品进口征收 100%的进口关税。在这一条件下，A、B、C 三国 X 产品在 A 国国内市场的价格如表 7-2 第一列所示。A 国消费者从价格因素考虑将选择购买本国生产的产品。

在 A 国同 B 国组成关税同盟、相互取消关税后，假定 100%成为 A 、B 两国针对从非成员国进口 X 产品的共同关税。此时，A、B、C 三国 X 产品在 A 国国内市场的价格如

① Viner，J. *The Customs Union Issue*. New York：Carnegie Endowment，1950. Lipsey，R. G. “The Theory of Customs Unions：Trade Diversion and Welfare”. *Economica*，1957，24，pp. 40-46.

② 因为在 75%的进口关税税率下，B 国 X 产品在 A 国的价格水平为 26×(1+75%)=45.5 美元，C 国 X 产品在 A 国的价格水平为 20×(1+75%)=35 美元，所以只有关税税率提高到 75%以上，C 国 X 产品才无法进入 A 国国内市场。

表7-2第二列所示。A国的消费者从价格因素考虑转向购买从B国进口的X产品，只需要支付26美元，低于本国生产产品35美元的价格。此时，A国X产品生产停止（除非在成本可变的情况下，生产商降低X的生产成本，直至价格减到26美元或以下）。在本例中，建立关税同盟后，A、B两国对来源于非成员国X产品的进口关税税率必须保持在30%以上的水平，否则A国的消费者将选择购买C国的X产品。这样，组建关税同盟前，A国对X产品设有保护关税，虽然B、C两国都生产X产品，并且价格低于A国，但A国与B、C两国之间没有X产品的贸易。关税同盟建立后，则创造出A国从B国进口X产品的新贸易，X产品贸易在A、B两个国家之间得到创造。这时候，A国消费者可以用低于国内的价格，26美元，买到X产品，这减少了消费支出，提高了福利水平。同时，由于X产品的生产从高成本的A国转向了低成本的B国，A国原来生产X产品的生产资源或投入转向A国富有效率、具有竞争力的产业部门，提高了资源使用效率。对B国而言，充分发挥了比较优势，扩大了X的生产和出口，可以获取生产方面的利益。而对C国而言，无福利影响。但如果把组建关税同盟国家增加的收入可能用来增加进口的动态效果计算进去，C国也可能会有利可得。因此，贸易创造对A、B、C三国都是有利的。上述的各种利益都源于A、B两国X产品贸易创造的结果或效果，贸易创造产生了积极效果。

表7-2　　贸易创造效应

建立关税同盟前，A、B、C三国X产品在A国国内的价格	建立关税同盟后，A、B、C三国X产品在A国国内的价格
A：35美元	A：35美元
B：26×(1+100%)=52美元	B：26美元
C：20×(1+100%)=40美元	C：20×(1+100%)=40美元

2. 贸易转移效应

假定关税同盟组建之前，A国不生产X产品，而是从世界上生产效率最高、成本最低的国家进口；在关税同盟建立以后，成员国对外实行统一的保护关税，关税同盟国A的该项产品转由从同盟内生产效率最高的国家进口，贸易发生转移，从外部世界转向关税同盟成员国。但如果同盟内生产效率最高的国家不是世界上生产效率最高的国家，则原来从外部世界进口的较低廉的X产品变为来自成员国的较昂贵X产品的进口，该国进口成本较之前增加，同盟国A的社会福利水平下降。从全球资源配置角度讲，由于一部分X产品从高效率国家转向低效率国家生产，降低了资源的配置效率，这就是贸易转移效应（trade diversion effect）。

我们仍运用例子说明。

假定缔结关税同盟前A国不生产X商品，而采取从外国进口的做法，假定进口关税税率为40%，那么A国的消费者当然选择从价格最低的供给者C国进口，如表7-3第一列所示。

在A国同B国缔结关税同盟后，A、B两国组成的关税同盟按照C国20美元与B国

26美元的价格差距，仍需要对X产品进口征收30%以上的统一关税[①]，假定仍然保持40%的进口关税税率。此时，B、C两国X产品在A国国内的价格水平如表7-3第二列所示。于是，A国消费者将X产品的进口从关税同盟以外的C国换为同盟内的B国，这种X进口从低价格的供给来源向高价格的供给来源的转换，就是贸易转移。我们分析一下，贸易转移带来了什么？首先，A国消费者为X产品支付的价格从28美元减少到26美元，消费支出减少，福利有所增加；但是，从一个国家整体来看，为获得一单位X产品的支出却增加了。因为建立关税同盟前，A国进口一单位X产品只需要向C国出口商支付20美元，A国消费者支付的28美元的价格中，有8美元的进口关税，由A国政府作为财政收入拿走了。在关税同盟建立后，由于A、B两国间取消关税，消费者转向B国26美元的X产品，个人支付减少了，但从整个国家来看，为一单位X产品进口的支出从20美元增加到26美元。其次，贸易转移使A国需要的这部分X产品的生产从高效率的C国转移到B国，本来没有优势的B国却在扩大X产品的生产，而有生产优势的C国却在缩减生产，降低了世界的资源配置效率。从以上可以看出，贸易转移更多地带来了消极影响。

表7-3　　贸易转移效应

建立关税同盟前，B、C两国X产品在A国国内的价格	建立关税同盟后，B、C两国X产品在A国国内的价格
B：26×(1+40%)=36.4美元	B：26美元
C：20×(1+40%)=28美元	C：20×(1+40%)=28美元

3. 贸易扩大效应

如前两例所示，在建立关税同盟后的A国消费者购买X产品价格一般会比关税同盟建立前要低。因此，如果A国对X产品存在价格需求弹性，则A国对X产品的需求就会增加，从而A国对X产品的进口就会增加，这就是贸易扩大效应（trade expansion effect）。贸易扩大是从需求方面形成的概念。关税同盟无论是在贸易创造还是在贸易转移条件下，一般都能产生贸易扩大的效果。从这个意义上看，关税同盟的建立可以促进贸易的扩大，提高贸易国的经济福利。

组建关税同盟对成员国还可以产生其他方面的积极影响，具体包括：

1. 减少行政支出

关税同盟建立后，彼此之间废除关税，故可以减少征收关税的行政支出。

2. 减少走私

关税同盟建立后，商品可以在关税同盟国间自由流动，消除了产品走私的根源。它不仅可以减少查禁走私的费用支出，还有助于提高社会的道德水准。

3. 增加同盟对外谈判力量

关税同盟建立以后，整体经济实力增强，可以统一对外进行关税减让谈判，这有利于关税同盟国贸易地位的提高和贸易条件的改善。

---

① 否则，关税同盟内A、B两国的X产品市场就要被C国价格低廉的X产品占领。

(二) 关税同盟的动态效应

关税同盟的动态效应主要表现为：

1. 提高专业化分工程度，强化竞争，提高资源使用效率

在关税同盟建立后，商品实现自由流动，由此可以提高成员国的专业化分工程度，并且通过刺激竞争，消除垄断，提高资源的使用效率，提高成员国的经济福利。但也有人认为，关税同盟的建立有助于规模经济的实现，反而容易形成垄断。

2. 实现规模经济

在关税同盟建立以后，成员国市场成为一体，市场范围的扩大使企业可以获取专业化与规模经济的利益。

3. 刺激投资与技术创新

在关税同盟建立以后，市场扩大了，企业生产的风险与不稳定性降低，从而会吸引成员国厂商增加投资。在关税同盟建立以后，商品的自由流动会提高竞争激烈程度。为提高产品竞争能力，企业将增加各类投资，特别是研发投入，不断地推出新产品、改进产品品质、降低生产成本，推进企业的技术创新活动。

在关税同盟建立后，成员国之间关税完全免除，对外统一关税。其结果会吸引关税同盟以外国家的企业到同盟国内设立避税工厂，以求获得关税豁免的利益。这也是欧洲经济共同体成立后，美国、日本等国到欧共体国家投资激增的主要原因。

4. 提高生产要素的自由流动程度，合理配置区内生产要素

在关税同盟建立后，市场趋于统一，生产要素可在各成员国间自由移动，因此提高了要素的流动性，促进了要素的合理配置，降低了要素闲置的可能性。

二、共同市场理论

共同市场理论的基础是超越静态关税同盟理论的动态的大市场理论。这一理论认为，以前各国之间推行狭隘的只顾本国利益的保护贸易，把市场分得过于细小又缺乏弹性，因而只能提供狭窄的市场，无法实现规模经济和大批量生产的利益。共同市场的目的就是把那些被保护主义肢解得分散、孤立的小市场统一起来，结成大市场，通过大市场内的激烈竞争，实现大批量生产的技术利益。共同市场理论的主要代表人物是西托夫斯基（T. Scitovsky）和德纽（J. F. Deniau）。

大市场理论的核心：（1）其目的是通过扩大市场才有可能获得规模经济，从而实现技术利益；（2）依靠因市场扩大化而竞争激化的经济条件实现上述目的。两者的关系是目的与实现目的的手段的关系。

西托夫斯基提出一个西欧的“高利润率恶性循环”或者说“小市场与保守的企业家态度的恶性循环”的命题来论述其大市场理论。

西托夫斯基认为，西欧（与美国相比）陷入了高利润率、低资本周转率、高价格的矛盾之中。

对这一情况的发生，西托夫斯基的解释是：由于人们处于狭窄市场、竞争消失、市场停滞和阻止新竞争企业的建立等原因，高利润率长期处于平稳停滞状态。因为价格高，耐用消费品等到不了大众之手，普及率很低，不能转入大量生产，因而陷入了高利润率、高

价格、市场狭窄、低资本周转率这样一个恶性循环之中。能够打破这个恶性循环的是共同市场或贸易自由化条件下的激烈竞争。如果竞争激化，价格下降，就会迫使人们转向大量生产。多数产业都这样做，还会产生以企业家之间交易的相互依存性为基础的外部经济。同时，随着消费者实际收入水平的提高，过去只供少数人消费的高档商品将会转为多数人的消费对象。也就是产生大市场化→向大生产方式转换（以及其他的合理化）→成本下降→大众的大量消费（市场的扩大）→竞争进一步激化……这样一种积极扩张的良性循环①。

德纽认为，“（由于大市场化）机器的充分利用、大量生产、专业化、最新技术的应用、竞争的恢复，所有这些因素都会使生产成本和销售价格下降；再加上取消关税也可能使价格下降一部分。这一切必将导致购买力的增加和实际生活水平的提高。购买某种商品的人数增加之后，又可能使这种消费增加和投资进一步增加。”“这样一来，经济就会开始其滚雪球式的扩张。消费的扩大引起投资的增加，增加的投资又导致价格下降、工资提高、购买力全面增强……只有市场规模迅速增大，才能促进和刺激经济扩张。”②

最根本的问题是：实现规模经济这一目的与竞争激化这一手段是否真能导致共同市场内部贸易的创造与和谐的扩大？对此，德纽百分之百地予以肯定，而西托夫斯基却是相当怀疑的。西托夫斯基认为，关税同盟原理所说的静态的贸易创造效应，即使有，也很小。共同市场的有利效应大部分可能是竞争激化所产生的动态效应。

如果说大市场的利益是生产技术上的规模经济恢复并促进经济竞争，当然是世界范围的自由贸易更好。既然如此，那么偏好共同市场的理由或者说必须建立共同市场的理由是什么？一种解释就是世界范围的自由贸易是不稳定的，其实现是渺茫的；相比之下，在狭小的地理范围内建立一个统一体，确实是一种次优的解决办法。

另一种说法是，要开展自由贸易，就要求与之有关的各种条件具有一定的一致性（unity），具备这种一致性的特定地区必须是能够和谐地重新改组这些条件的地区，是地理上接近，发展阶段、收入水平、文化水平等大致相同的国家所构成的地区。

本章小结

1. 依照经济一体化程度，区域经济一体化组织可以分为优惠贸易安排、自由贸易区、关税同盟、共同市场、经济与货币联盟、政治联盟。

2. 关税同盟理论提出完全关税同盟应具备的条件，指出组建关税同盟的静态和动态效应。静态效应主要包括贸易创造效应、贸易转移效应、贸易扩大效应。无论是贸易创造还是贸易转移，都会产生贸易扩大效应。动态效应包括：第一，提高专业化分工程度，强化竞争，提高资源使用效率；第二，实现规模经济；第三，刺激投资与技术创新；第四，提高生产要素的自由移动程度，合理配置区内资源。

3. 共同市场理论的基础是大市场理论，其核心内容是：组建大市场的目的是要借助市场的扩大，实现规模经济。而市场扩大引发竞争的激化是实现规模经济的重要条件。

---

① T. Scitovsky. *Economic Theory and Western European Integration*. Stanford: Stanford University Press, 1958.

② J. F. Deniau. *The Common Market: Its Structure and Purpose*. New York: Frederick A. Praeger. 1960.

关键术语

优惠贸易安排	自由贸易区	关税同盟	共同市场
经济与货币联盟	政治联盟	贸易创造	贸易转移

思考题

1. 关税同盟的静态效应是什么？
2. 共同市场理论的核心内容是什么？
3. 你从欧洲经济一体化进程中获得了什么启示？

第八章

世界贸易组织

学习目标

通过本章的学习，了解关税与贸易总协定发展成为世界贸易组织的历史，理解和掌握多边贸易体系对成员权利与义务进行规范的基本原则，知晓其组织建制，熟悉其运行机制。

第一节　关税与贸易总协定

关税与贸易总协定（General Agreement on Tariff and Trade，GATT，简称“关贸总协定”），是由23个国家于1947年10月30日在日内瓦签订的关于调整缔约国对外贸易政策和国际经济贸易关系方面相互权利和义务的国际多边协定，于1948年正式生效。

一、关税与贸易总协定的宗旨、职能、组织机构与基本原则

（一）宗旨

关贸总协定的宗旨是“缔约国各国政府，认为在处理它们的贸易和经济事业的关系方面，应以提高生活水平，保证充分就业，保证实际收入和有效需求的巨大持续增长，扩大世界资源的充分利用以及发展商品生产与交换为目的，期望达成互惠互利协议，导致大幅度削减关税和其他贸易障碍，取消国际贸易中的歧视待遇以对上述目的做出贡献”。

（二）职能

关贸总协定的职能可以归纳为：

（1）组织多边贸易谈判，实现缔约方之间的贸易自由化。

（2）通过无条件最惠国待遇条款的实施，消除国际贸易中的歧视，同时允许存在例外，如关税同盟例外、边境贸易例外等，以此来解决国际贸易中出现的实际问题。关贸总协定的这一规定充分体现了灵活性与原则性相结合的特点。

（3）通过协商和争端解决程序，解决缔约方之间的贸易分歧与纠纷，避免采取危害总协定成员贸易利益的行动。

（4）加强研究，出版各种刊物，使各国贸易政策的透明度不断加强，为世界贸易的顺利发展提供条件。

（三）组织机构

关税与贸易总协定在发展中建立了一套完整的组织机构。

1. 缔约方全体

缔约方全体（the Contracting Parties）是关税与贸易总协定的最高决策机构，缔约方全体的联合行动具有最高权威性，同时，拥有对总协定条款、规定的解释权。

2. 代表理事会

代表理事会（the Council of Representatives）于1960年成立，它是缔约方全体休会期间的机构。它负责处理总协定日常的，包括紧急的事务，主要处理缔约方大会休会期间的事宜，监督并指导缔约方大会以及理事会所属各委员会、工作组的工作。

3. 专门委员会

专门委员会主要是根据东京回合的协议和守则的规定，就具体的问题而建立的委员会，如纺织品委员会、反倾销委员会、技术性贸易壁垒委员会等。

4. 贸易与发展委员会

1964年，关贸总协定附增了第四部分：贸易与发展。根据第四部分“建立某些必要的机构以促进总协定第36条所规定的目标和贯彻实施总协定第四部分的规定”，贸易与发展委员会于1964年建立，其主要职能是监督各缔约方履行第四部分条款的情况，研究发展中国家贸易政策，从发展中国家经济发展的角度研究修订关贸总协定的有关条款。贸易与发展委员会中分别设有保障措施委员会和最不发达国家贸易委员会。

5. 常设委员会

常设委员会是由理事会建议设立的常设机构，负责处理总协定有关的事务。例如，18国咨询小组，1979年11月正式确立为关贸总协定的常设机构。其18位代表来自不同类型的国家，具有比较广泛的代表性。根据授权，该小组的任务是便利缔约方履行其职责，重点在于寻求与坚持同关贸总协定原则与宗旨相符的贸易政策，尽可能防止对多边贸易体系和国际贸易关系形成普遍干扰，并在出现干扰时采取相应的行动予以解决。一般地，关贸总协定中的许多重大问题的决定首先是在咨询小组内达成一致，而后交由理事会讨论通过，形成向缔约方大会提交的行动建议。

6. 工作组和专家小组

工作组包括工作小组和调查小组。工作组是为处理一些更具体的技术事务而成立的，它们在其职权范围内对有关问题进行研究，写出报告，之后便例行解散。调查小组是为解决争端而成立的，其任务是调查争端事实，帮助争端各方进行磋商，直至消除分歧，解决争端。工作组成员是以缔约方政府代表的身份参加工作的，而调查小组成员则是以个人身份进行工作的。

作为事实上的国际贸易组织，其最高行政官员是总干事，由总干事领导的秘书处是总协定的日常事务机构，其任务是为协定的各种会议和谈判进行筹备并提供服务，处理总协定的日常事务，提供咨询和技术援助等。

（四）基本原则

关贸总协定的原文分为序言和四大部分，共计 38 条款，另附若干附件和一份暂时适用议定书。其体现了如下基本原则：

1. 非歧视原则

非歧视（non-discrimination）原则是关贸总协定中最为重要的原则，这个原则是通过关贸总协定的最惠国待遇条款和国民待遇条款体现的。关贸总协定的最惠国待遇条款和国民待遇条款主要针对进出口商品与有关事项。

关贸总协定的最惠国待遇条款是无条件的。它要求每一个缔约方应该在进出口方面以相等的方式对待所有其他缔约方，而不应采取歧视待遇。根据总协定的第 1 条规定：一缔约国对来自或运往其他国家的产品所给予的利益、优待、特权或豁免，应当立即无条件地给予来自或运往所有其他缔约国的相同产品。这样，一缔约国可根据最惠国待遇条款，享受任何缔约国通过谈判达成的所有关税减让和其他贸易上的优惠待遇。这样，最惠国待遇就从双边互惠推广到多边互惠，但这项条款在实施过程中有若干例外。

关贸总协定的国民待遇条款要求每一缔约国对任何缔约国的产品进入其国内市场时，在国内税或其他国内商业规章等方面应与本国产品给予同等待遇，不应受到歧视。例如总协定第 3 条规定：一缔约国领土的产品输入另一缔约国领土时，不应对它直接或间接征收高于相同的国内产品所直接或间接征收的国内税或其他国内费用。其目的在于保证进口产品与国内产品在国内市场上以同等的条件进行竞争。

2. 关税保护和关税减让原则

关贸总协定规定一缔约国只能通过关税来保护本国产品，而不应采取其他限制进口的措施。在实行关税保护方面，关贸总协定要求缔约国之间应通过关税减让谈判逐步降低关税。

关税减让的原则是各缔约国彼此做出互惠与平等的让步，达成关税减让协议。关税减让协议达成的“固定”（consolidated）税率，任何缔约国都无权单方面予以改变，至少在一定时期内不得改变。但是，总协定对此又有一些灵活规定：如果有关产品进口剧增，使缔约国的同类产品受到重大损害或重大威胁时，该进口国可与有关的缔约国重新谈判，给予对方适当的补偿，即可修改或撤销其原来的关税减让。同时关贸总协定还规定，发展中国家为了保护其国内工业和农业，如果上述“固定”税率不利于它们的国际收支平衡，可在关税保护方面免除上述原则的适用。但这是暂时的，如有滥用，其他缔约国可以采取报复措施。正如前面所提到的，关税减让谈判是在双边基础上进行的，但根据最惠国待遇原则，在多边基础上实施，也就是双边关税减让的成果在多边范围实施。

3. 一般禁止数量限制原则

为了保证关税作为唯一的保护手段，关贸总协定一般禁止数量限制。关贸总协定第 11 条规定：任何缔约国除征收税捐或其他费用外，不得设立或维持配额、进出口许可证或其他措施限制或禁止其他缔约国领土的产品输入，或向其他缔约国领土输出或销售出口产品。但是考虑到这些禁令一时难以奏效，因此又规定了一些例外，这些例外包括以下三种情况：①为了稳定农产品市场；②为了改善国际收支；③为促进发展中国家经济发展的需要，缔约方可以在非歧视的基础上实施或维护数量限制。

4. 公平竞争原则

为使贸易在公平的基础上进行，关贸总协定第 6 条规定禁止缔约国在出口方面实行倾销，并授权缔约国在其某项工业由于倾销造成重大损害或产生重大威胁时，可征收反倾销税。

关贸总协定对出口贴补也做出了某些限制。关贸总协定第 16 条规定：对初级产品以外的任何产品，各缔约国不应再直接或间接给予使这种产品的输出售价低于同样产品在国内市场出售时的可比价格的任何形式的贴补。同时还规定：缔约国应力求避免对初级产品的输出实行贴补。如出口贴补对另一个缔约国国内工业造成重大损害或产生重大威胁，该国可征收反贴补税。

5. 豁免与紧急行动原则

关贸总协定有豁免承担总协定某项义务和争取保障措施的规定。关贸总协定第 19 条规定：如因意外情况的发生或因一缔约国承担本协定义务（包括关税减让在内）而产生的影响，使某一产品输入这一缔约国领土的数量大增，对这一领土内相同产品或与它直接竞争产品的国内生产造成重大损害或威胁时，这一缔约国在防止或纠正这种损害所必需的程度和时间内，可以对上述产品全部或部分地暂停实施其所承担的义务，或者撤销或修改减让。但采取这项保障措施必须遵守三个原则：

（1）实施保障措施行动之前，应与有关的缔约国磋商。

（2）如磋商不能取得一致意见，允许进口国单方面采取保障措施，也允许出口国采取对等的报复措施。

（3）采取保障措施要在无歧视基础上适用于所有从缔约国进口的同类产品。

6. 磋商调解原则

为了维护缔约国在总协定中获得的正当权益，缓和、解决缔约国之间的贸易矛盾和争端，关贸总协定规定了磋商调解和解决贸易争端的程序和办法。磋商调解是总协定解决缔约国之间争端的重要原则。这项原则的目的不在于保证争端的解决严格符合总协定的规定，而在于找到当事人各方均能接受的解决争端的办法。因此，关贸总协定中解决贸易争端并不是对一国违反总协定规定的行为进行法律制裁，而是通过解决争端来保持缔约国之间权利和义务的平衡。

7. 对发展中国家特殊优惠待遇原则

自 20 世纪 60 年代起，关贸总协定的条款中增加了一些有利于发展中国家的特殊优惠待遇条款。这些条款包括：

（1）第 18 条关于政府对经济发展的援助。它规定发展中国家为建立某一特定工业可以实施关税保护；为国际收支的目的实施数量限制。但这一保护实施的批准程序十分烦琐，必须经缔约方全体批准后方能执行。在实施过程中，如对其他缔约方的利益产生不利影响，则允许其他缔约方的报复行为。

（2）关贸总协定第四部分关于贸易和发展的第 36～38 条规定：

①非互惠原则。发达缔约国对它们在谈判中对发展中缔约国的贸易所承诺的减少或撤销关税和其他壁垒的义务，不能希望得到互惠。

②发达缔约国尽量承担义务的规定。这些义务主要包括：优先降低和撤销与发展中缔

约各国目前或潜在的出口利益特别有关的产品的贸易壁垒；对上述发展中缔约国的这些出口利益产品不设立新的关税或非关税壁垒，或加强已有的壁垒；在制定和调整财政政策时，优先放宽或撤销阻碍发展中国家初级产品出口的财政政策。

③建立贸易与发展委员会，以促进和贯彻总协定的第四部分内容。

(3) 授权条款。它是东京回合的成果。内容是缔约国可能给予发展中国家差别的和更为优惠的待遇，而无须按照最惠国待遇原则将这种待遇给予其他缔约国，也无须得到总协定的批准。授权范围包括：①普通优惠制；②多边贸易谈判达成的有关非关税措施的协议；③发展中国家之间区域性或全球性的优惠关税安排；④对最不发达国家的特殊待遇。

8. 贸易政策法规在全国统一实施和透明原则

缔约方所有政策法规原则上都应提前公布，使缔约方有一定时间熟悉它，然后才开始实施。其目的在于接受其他缔约方对其政策法规的检查、监督和纠正，以保证缔约方政策法规符合关贸总协定的原则。

二、关税与贸易总协定主持下的多边贸易谈判

自关税与贸易总协定生效以来，其条款一直是通过多边贸易谈判所达成的协议不断地进行补充和修订的。在关贸总协定的主持下，从 1947 年至今已完成了八轮多边贸易谈判，世界贸易组织主持之下的第九轮多哈多边贸易谈判处于进程中。

第一轮谈判于 1947 年 4—10 月在日内瓦举行，参加成员总数为 23 个，包括中国。通过谈判达成 123 项双边关税减让协议，涉及的产品达 4.5 万多项，占世界贸易额的 1/5。最终占资本主义国家进口值 54%的商品平均降低关税 35%。

第二轮谈判于 1949 年 4—10 月在法国的安纳西举行，参加成员 33 个，共达成双边协议 147 项，涉及产品 5 000 多项，使应征关税进口值 56%的商品平均降低关税 35%。

第三轮谈判于 1950 年 9 月—1951 年 4 月在英国的托尔基举行，参加成员 39 个，共签订双边关税减让协议 150 项，涉及产品 8 700 项，使占进口值 11.7%的商品平均降低关税 26%。

第四轮谈判于 1956 年 1—5 月在日内瓦举行，参加成员 28 个，使占进口值 16%的商品平均降低关税 15%。

第五轮谈判于 1960 年 9 月—1961 年 7 月在日内瓦举行，历史上被称为“狄龙回合”，参加成员 45 个，使占进口值 20%的商品平均降低关税 20%，涉及商品 4 400 多项。

第六轮谈判于 1964 年 5 月—1967 年 6 月在日内瓦举行，史称“肯尼迪回合”。参加成员 54 个，使工业品进口关税平均下降 35%，涉及商品 3 万多项、6 万多种，并首次进行了非关税壁垒削减的谈判，通过了第一个反倾销协议。

第七轮谈判于 1973 年 9 月—1979 年 11 月在东京后移至日内瓦举行，史称“东京回合”。这次多边贸易谈判的参加成员达到 99 个，其中包括一些总协定的非正式成员，参加成员数目超过以往任何一次谈判。这次谈判的成果主要表现在：(1) 关税进一步下降。根据协议，从 1980 年 1 月 1 日起，在 8 年的时间内，全部商品的关税平均下降 33%，减税商品范围从工业品扩大到部分农产品。此外，纺织品、鞋类、皮革制品、食品等劳动密集型产品仍以“敏感性”为由排除在减税商品范围之外。(2) 这次谈判的重心在于非关税壁

垒措施的削减。达成了 9 项协议，包括：《关于实施关税与贸易总协定第七条的协议》(Agreement on Implementation of Article Ⅶ of The General Agreement on Tariffs and Trade)，此协议也称《海关估价准则》；《关于解释和应用关税与贸易总协定的第六条、第十六条和第二十三条的协议》（Agreement on Interpretation and Application of Articles Ⅵ，ⅩⅥ and ⅩⅩⅢ of General Agreement on Tariffs and Trade)，又称《补贴和反贴补税守则》；《关于实施关税与贸易总协定第六条的协定》(Agreement on Implementation of Article Ⅵ of The General Agreement on Tariffs and Trade)，又称《反倾销守则》(修订本)；《进口许可证手续协议》(Agreement on Import Licensing Procedures)；等等。

第八轮谈判于 1986 年 9 月 15 日在乌拉圭埃斯特角城举行，被称为“乌拉圭回合”。在新一轮多边贸易谈判的部长宣言中，规定了这次乌拉圭回合的目标和谈判内容。宣言共分两部分，第一部分是指货物贸易谈判，第二部分是关于服务贸易的谈判。谈判于 1993 年 12 月 15 日在日内瓦结束。1994 年 4 月 15 日，在摩洛哥马拉喀什城由参加乌拉圭回合的谈判方草签乌拉圭回合最后文件和建立世界贸易组织协议，由此正式宣布了乌拉圭回合谈判的结束。1995 年 1 月 1 日，世界贸易组织正式成立，1996 年关税与贸易总协定失效，由世界贸易组织协议及其附件所替代。

第二节　乌拉圭多边贸易谈判

一、乌拉圭回合的目标和议题

（一）乌拉圭回合的目标

1986 年 9 月 15—20 日，在乌拉圭埃斯特角城举行的缔约方部长会议上，通过了《乌拉圭回合部长宣言》。其中提出，每个参加方在承诺维持现状和逐步回退的前提下，力求达到以下目的：制止和扭转保护主义，消除贸易扭曲现象；维护总协定的基本原则和促进总协定的目标；建立一个更加开放的、具有生命力和持久的多边贸易体制。

为了达到上述目的，应实现下列具体目标：

第一，为了所有缔约国的利益，特别是欠发达缔约国的利益，进一步放宽和扩大世界贸易，包括通过减少和取消关税、数量限制和其他非关税措施与壁垒来改善进入市场的条件。

第二，加强关贸总协定的作用，改善建立在关贸总协定原则和规则基础上的多边贸易体制，把更大范围的世界贸易置于统一的、有效的和可实施的多边规则之下。

第三，增加关贸总协定体制对不断演变的国际经济环境的适应能力，特别是促进必要的结构调整，加强关贸总协定同有关国际组织的联系。

第四，促进国内和国际合作行动，以加强贸易政策与其他影响增长和发展的经济政策之间的内部联系，做出持续、有效和坚决的努力，为改善国际货币体制的职能、促进金融和实际投资资源向发展中国家流动做出贡献。

（二）乌拉圭回合的议题

宣言确定乌拉圭回合多边贸易谈判分为两个部分，共 15 个议题。

1. 第一部分：货物贸易

这部分共含 14 个议题，分别为：（1）关税；（2）非关税措施；（3）热带产品；（4）自然资源产品；（5）纺织品与服装；（6）农产品；（7）关税与贸易总协定条款；（8）保障条款；（9）多边贸易谈判协议和安排；（10）补贴与反补贴措施；（11）争端解决；（12）与贸易有关的知识产权问题，包括冒牌货贸易问题；（13）与贸易有关的投资措施；（14）关税与贸易总协定体制的作用。

2. 第二部分：服务贸易

通过服务贸易谈判制定处理服务贸易的多边原则和规则的框架，包括对各个部门制定可能的规则，以便在透明和逐步自由化的条件下扩大服务贸易，并以此作为促进所有贸易伙伴的经济发展的一种手段。

二、乌拉圭回合多边贸易谈判所取得的成果

乌拉圭回合多边贸易谈判达成的《乌拉圭回合多边贸易谈判成果的最后文件》（The Final Act Embodying the Result of the Uruguay Round of the Multilateral Trade Negotiations），简称《最后文件》。这是一个“一揽子文件”，即必须全部接受或全部拒绝，不能接受一部分，拒绝另一部分。该文件包括 28 个协议和协定，涉及的主要议题有：关税、非关税措施、热带产品、自然资源产品、原产地规则、装船前检验、反倾销、补贴和反补贴、技术性贸易壁垒、进口许可证程序、海关估价、政府采购、农产品贸易、纺织品和服装、保障条款、统一的争端解决制度、总协定体制的运行、与贸易有关的投资措施、与贸易有关的知识产权、服务贸易、国营贸易、动植物检疫、贸易政策审议机制、民用航空器贸易、国际收支、奶制品贸易、牛肉贸易和世界贸易组织等。参加世界贸易组织各成员方除遵守所有这些协议和协定的规则外，还必须具备三个减让表，即农产品减让表、非农产品减让表和服务贸易减让表。这个最后文件于 1994 年 4 月 15 日正式签署，1995 年 1 月 1 日正式生效。

乌拉圭回合多边贸易谈判达成的 28 个协议与协定可分为三类：

第一类是修订原有的关税与贸易总协定和货物贸易规则，以有效处理长期存在的一些老问题，如反倾销、反补贴、数量限制、保障条款中的问题，将农产品贸易和纺织品贸易重新回归总协定规则的问题。

第二类涉及制定新规则、规范和贸易有关的新问题，如知识产权保护、服务贸易和投资措施。

第三类属于体制建设问题，其中最重要的是建立世界贸易组织，取代原来的关税与贸易总协定。

现仅就乌拉圭回合谈判达成的某些协议的主要内容简介如下。

（一）工业品关税大幅度下降方面

各缔约方平均减税幅度近 40%，减税幅度涉及的贸易额高达 1.2 万亿美元，其中有 20 个产品实行零关税，有些产品关税下降 50%。发达国家工业品加权平均关税降至 3.8%，关税税目约束比例由乌拉圭回合前的 78%扩大到 99%。发展中国家同期的税目约束比例则由 21%剧增到 73%，工业品进口关税税率下降到 14.4%。

关于关税削减的实施，从1995年1月1日起，5年内结束，除非减让表中另有规定。

(二) 农产品贸易方面

根据《农业协议》的规定：

第一，所有参加方必须将一切非关税壁垒措施转换成关税措施，实行关税化，对于现行关税和关税化而征收的新关税的平均关税率在2002年以前应削减36%，发展中国家可只削减24%，对每项关税细目至少降低15%，发展中国家只削减10%，所有关税都要受到约束。

第二，对于需要关税化的农产品，必须承诺相当于国内消费量3%～5%的最低市场准入量。

第三，对农产品产生影响的国内支持措施减少20%，并对国内支持措施进行分类，分为“绿箱”“黄箱”“蓝箱”措施，针对不同的措施提供不同的处理办法。对于政府提供，对生产者不具有价格支持的“绿箱”措施，成员无须承担约束和削减义务；对于政府直接进行的价格干预和补贴的“黄箱”措施，成员必须承担约束和削减义务。

第四，出口补贴削减36%，发展中国家可削减24%。出口补贴的承诺应适用特定的产品，如小麦和面粉、粗粮、油籽、脱脂奶粉、食糖等。

(三) 纺织品与服装贸易方面

根据《纺织品与服装协议》的规定：

第一，在世界贸易组织生效后的10年内（1995年—2005年1月1日）分三个阶段逐步取消进口数量限制，对尚未取消配额的限制产品，提高进口年增率，以实现纺织品和服装贸易自由化。

第二，在发达进口国逐步取消数量限制的同时，发展中国家也必须开放国内市场。

第三，在过渡期内，如进口商品激增，对进口国造成破坏性的冲击，允许进口国对造成这种损害的国家实行进口配额限制，但一般应在磋商基础上实行，特殊情况下可先实行，后磋商和公布实施，限制期限为3年。

第四，进出口国必须加强配合打击非法转口，如打击无效，进口方可扣减配额。

第五，协议规定建立纺织品监督机构，以监督协议的实施，任何有关协议实施的争端将由纺织品监督机构负责审理。

(四) 进口许可证程序方面

根据《进口许可证程序协议》的规定：

第一，对于那些仍保留着许可证要求和程序的成员来说，在申请自动和非自动许可证的程序方面所做的任何变化都必须在实施这些程序变化之前至少21天公布。

第二，进口商提交许可证申请的期限至少必须为21天，在某种情况下还可以延长。

第三，对于非自动许可证的程序必须加强旨在为实施这些程序而制定的措施，除非绝对必要，不得在行政上增加任何累赘。对非自动许可证的审批必须在30天内完成，如果所有申请同时处理时，必须在60天内完成。

第四，自动许可制主要用于统计和监督，对进口申请一律给予批准，不能对进口货物构成限制。

第五，限制成员如果要制定颁发许可证的新程序或改变现行程序，必须在 60 天内将有关规定通知进口许可证委员会。

(五) 与贸易有关的投资措施方面

《与贸易有关的投资措施协议》（Trade-Related Investment Measures，TRIMs）由 9 个条款和 1 个附录组成。这个协议的前言指出本协议的目的，即促进世界贸易的增长和自由化，简化投资的跨国流动，加速全体贸易方，特别是发展中国家的经济增长，并确保自由竞争的进行。该协议的主要内容如下。

1. 禁止采取不符合 1994 年关贸总协定的国民待遇原则和一般取消数量限制原则的与贸易有关的投资措施

主要包括以下几项。

(1) 禁用不符合总协定国民待遇原则的投资措施，包括国内法或行政条例的义务性或强制性的措施，或取得优惠所必需的诱引性规定，具体有以下两方面：①当地成分要求。如要求外资企业购买或使用当地生产的产品或原料，规定特定产品、产品的数量或价值额或当地生产产品的数量或价值额的一定比例。②进出口平衡要求。如对外资企业使用进口原料、零部件、机械设备的一般限定，或对该企业产品的出口量或出口值的一定比例的限定。

(2) 禁用不符合总协定一般取消进出口数量限制原则的措施，包括国内法或行政条例规定的义务性或强制性的措施，或取得优惠所必需的诱引性的规定，具体有以下三方面：①进出口平衡要求。如对外资企业进出口数量或金额的一定比例的限定。②进口用汇限制。外资企业进行生产所需的进口额被限制在属于该企业流入的外汇的一定比例内。③国内销售要求。限定外资企业的产品必须有一部分在东道国国内销售。

2. 对发展中国家的特殊优惠

发展中国家在执行这些协议时，可以享受以下两方面优惠：

(1) 发展中国家可以在该协议生效后 5 年的过渡期内，最不发达国家在 7 年的过渡期内，取消与该协议规定不相符的投资措施，到期时，发展中国家向货物贸易委员会提出充分理由和申请，还可延展其过渡期，而发达国家的过渡期只有 2 年。

(2) 按总协定第 18 条，允许发展中国家暂时背离该协议中关于国民待遇和数量限制的规定。

3. 通知义务和透明度要求

在该协议生效后的 90 天内，缔约方应将它们所实施的同该协议不一致的与贸易有关的投资措施，包括一般或特别实施的与贸易有关的投资措施及其主要特征，一并通知世界贸易组织货物贸易委员会。

缔约方应遵守总协定第 10 条关于透明度的义务，及时公布有关法律、法规和规章制度。缔约各方，包括那些适用关税与贸易总协定的区域性或地方政府，都应将所知的与贸易有关的投资措施通知世界贸易组织秘书处的出版局，但成员方可以不公开有碍法律执行或公共利益或对特定企业的合法商业利益可能造成损害的信息。

4. 磋商与争端解决

总协定第 22 条与第 23 条争端解决程序与规则，以及这两条之下的《关于争端解决的规则与程序的谅解》，适用于该协议项下的磋商与争端解决。

5. 建立与贸易有关的投资措施委员会

该委员会将选举主席与副主席，一年至少开会一次。该委员会的职责为：

（1）执行货物贸易委员会分配的任务，并向成员方提供咨询服务。

（2）监督该协议的运行与执行情况，并向货物贸易委员会作年度报告。

6. 货物贸易委员会评审

该协议生效5年内，货物贸易委员会将对协议的实施情况进行评审，如果需要修改则进行修改，并考虑是否对缔约方投资政策和投资者的竞争政策做补充规定。

（六）与贸易有关的知识产权方面

《与贸易有关的包括冒牌货贸易的知识产权协议》（Agreement on Trade-Related Aspects of Intellectual Property Rights，TRIPs）有7部分，共73条。第1部分为总则和基本原则；第2部分为知识产权适用范围和标准；第3部分为知识产权的实施；第4部分为获取和维护知识产权及其有关程序；第5部分为争端的防止和解决；第6部分为过渡性安排；第7部分为机构设置和最后条款。

该协议在前言中确认了知识产权为民事权利，肯定了指导各国保护知识产权的公共政策的目的。该协议的目标是为了"减少国际贸易中的不公正和障碍的愿望，考虑到有必要加强对知识产权的充分有效保护，确保实施知识产权的措施及程序对合理贸易不造成任何障碍"。该协议的主要内容如下。

1. 基本原则

（1）最低保护标准原则。规定其成员有义务实施该协议，除非明确表示，在该协议第3条至第5条中没有任何因素能阻止成员提供比该协议更广泛的保护。在有关知识产权保护的最低要求、权利的维护等方面，其成员还应遵守《保护工业产权的巴黎公约》《保护文学艺术作品的伯尔尼公约》《保护唱片、录音制品的罗马公约》《保护集成电路知识产权的华盛顿公约》等所规定的义务。

（2）国民待遇原则和最惠国待遇原则。

（3）透明度原则。

2. 保护的范围与标准

该协议第2部分详细规定了保护的范围与标准，是协议的核心部分。共分8个方面，即版权及相关权利、商标、原产地标志、工业品外观设计、专利、集成电路的布图设计、商业秘密和许可合同中限制性条款的控制。

3. 知识产权的保护实施

该协议规定了知识产权保护实施程序，具体措施可分为：

（1）民事和行政程序措施。

（2）临时措施。

（3）边境措施。

（4）刑事程序。

4. 知识产权的取得和保持程序

协议规定，知识产权的取得和保持应配合本协议的有关规定。知识产权的取得以知识产权被授予或注册为准。缔约方应依据取得知识产权的实质性要件，确立授予或注册的程序，允许权利在合理时间内获得授予或注册。

5. 争端的防止和解决

协议要求缔约方按照总协定透明度原则，对涉及知识产权保护的有关法律、条例、司法规定和行政规定，应及时公布。遵守总协定的第 22 条和第 23 条及相关规定解决有关的争端。缔约方应修改其国内立法和相关程序，以保证所有措施符合该协议和上述规定。

协议还确认了缔约方可借助跨行业的“交叉报复”来维护自己的贸易利益。所谓交叉报复是指一方在知识产权方面因被侵权而受到损失，如未能得到妥善解决，则可通过中止履行与案件直接有关的产品或其他产品的关税减让来报复，以迫使对方尽可能地遵守知识产权协议。

6. 过渡安排

协议规定，各缔约方应采取必要的步骤来保证协议生效后不超过 1 年的时间内，使他们的法律、条例和实践与该协议的各条款规定相一致。同时规定，发展中国家可享有 5 年的过渡期；发展中国家对食品、药品、化学品等在协议生效时未予保护的技术领域，可享有 10 年的过渡期；最不发达国家的过渡期为 10 年。

7. 机构安排、最后条款

建立知识产权委员会对本协议的实施进行监督，特别是应在争端解决程序方面按缔约方的请求提供援助。缔约方应在它们国内设立联系处，以就侵权商品贸易情况相互交流资料和加强海关当局的合作。协议规定，非经缔约方的多数同意，任何缔约方不得对该协议的任何条款做出保留。

（七）服务贸易方面

《服务贸易总协定》(General Agreement on Trade in Services，GATS) 由三大部分组成：一是协定条款本身；二是部门协议；三是各国的市场准入承诺清单。

1.《服务贸易总协定》条款

该协定条款共分 6 个部分、35 个条款和 1 个附录，其主要宗旨是要实现服务贸易自由化。希望建立一个服务贸易准则和规定的多边框架，从而在透明度和逐步自由化的条件下扩大该类贸易，并以此促进各方的经济增长和发展中国家的经济与社会发展。该协定的主要内容包括：

(1) 范围与定义。该协定适用于各成员影响服务贸易的各种措施和“服务部门参考清单”所列 12 种服务部门的服务贸易，并确定服务贸易的定义包括跨界供应、境外消费、商业存在和自然人流动等四方面的含义。

(2) 义务和原则。该协定所规定的义务分为两类：一类是普遍性义务，指适用于各个部门的义务，例如，不论成员方是否开放这个或这些部门，都必须相互给予无条件最惠国待遇。另一类是具体承诺的义务，是指经过双边或多边谈判达成协议所承担的义务。这些义务（如市场准入和国民待遇）只适用于各成员方承诺开放的服务部门，而不适用于未开放的服务部门。

该协定所规定的一些原则与总协定的基本原则相似，但由于服务贸易与货物贸易有所不同，因而具有了特定的含义。例如，①最惠国待遇原则。这一原则是多边货物贸易体制的基础，也是多边服务贸易的基础。各成员方都应接受。但在该协定中的最惠国待遇条款规定，各缔约方应立即和无条件地给予他方服务和服务提供者以不低于其给予某一缔约方相似服务和服务提供者的待遇。如果一缔约方无法取消与上述规定不符的措施，则应在协定生效前申请最惠国待遇的例外。②国民待遇原则。该协定规定，给予外国服务和服务提供者的待遇，不应低于给予本国相同服务和服务提供者的待遇。但这种待遇不是自动给予的，而是经过谈判减让的结果，具体反映在减让承诺清单中。承诺清单可以对国民待遇规定某种条件和限制，这种待遇只适用于承诺开放的部门。③透明度原则。协定规定各成员，除非在紧急情况下，都应立即并最迟在协定生效前，公布其所采取的所有与服务贸易或对该协定的执行产生影响的措施，并要求各缔约方建立一个或多个咨询点，以便尽快地回答其他成员的询问。④对发展中国家的特殊优惠原则。根据发展中国家的更多参与条款的规定，发达国家应采取具体措施，旨在加强发展中国家国内服务业，为发展中国家的服务出口提供市场准入的条件；发达国家应在协定生效后的2年内建立“联系点”，向发展中国家的服务提供者提供有关服务供给的商业和技术方面的信息。

协定还允许发展中国家根据国内政策目标和服务业务发展水平逐步实现服务贸易自由化，允许发展中国家开放较少的市场，逐步扩大市场的开放程度，允许发展中国家对于外国服务或服务提供者进入本国市场设置一些限制条件，对最不发达国家予以特殊优惠，准许这些国家不必做出具体的开放市场方面的承诺，直到国内服务业具有竞争力。

（3）市场准入。根据协定规定，市场准入是一种经过谈判具体承诺的义务，各成员应为其他成员的服务与服务供应者能够进入市场提供可行的渠道，而这种渠道必须不低于其在具体承诺细目表上已同意提供的条件和待遇。若在一成员的细目表上给予了不止一种有关服务提供的准入渠道，那么别国的服务提供者可以进行自由选择。在该协定具体承诺中的市场准入条款与国民待遇条款都不是作为普遍性义务，而是作为具体承诺与各个部门或分部门开放联系在一起，这样可以使分歧较小的部门早日达成协议。

协定就六种禁止使用的限制市场准入措施达成一致，它们包括：

①限制服务提供者的数量。

②限制交易金额或资产额。

③限制服务的总产出量。

④限制雇用的自然人数量。

⑤限定外国服务提供者提供服务的法律组织形式，如分支机构还是子公司。

⑥限制外方在公司中的持股比例或最大资本投入数量。

（4）逐步自由化。这是关于各成员逐步扩大服务贸易自由化的谈判时间、适用范围、具体承诺的细目表以及细目表的修改所做的规定。协定规定，为了进一步提高服务贸易自由化的目标，各成员应进行多轮谈判，最晚从《建立世界贸易组织协定》生效后5年开始，并在此后定期举行谈判，谈判的目的是减少和消除对服务贸易产生不良影响的措施，以实现有效的市场准入，谈判应尊重各成员的政府目标和各国的发展水平。对某些发展中国家应允许有一定的灵活性，允许其有选择地开放部门和交易类型。

2. 关于《服务贸易总协定》的部门协议

该协定的部门协议共五个：

（1）关于提供服务的自然人的移动协议。

（2）关于航空运输服务协议。

（3）关于金融（含保险）服务协议。

（4）关于电信服务协议。

（5）关于海运服务协议。

3. 关于初步承诺减让表

初步承诺减让表是各国在谈判基础上提交的开放市场的承诺，是《服务贸易总协定》不可分割的部分，具有法律约束力。初步承诺减让表中的内容是参加方在双边谈判基础上承担的关于国民待遇和市场准入的义务，列明有关服务部门和这些部门中的活动，保证其市场准入，同时还应明确注明对于这些部门实施国民待遇和市场准入的限制。各参加方只有提交初步承诺减让表，才能成为《服务贸易总协定》的成员。

在主要的服务部门，减让表中所涉及的范围主要包括：

（1）国际运输服务。

①货物运输服务，如航空运输、海洋运输、铁路运输、管道运输、内河和沿海运输、公路运输，也包括航空发射及运输服务。

②客运服务。

③船舶服务，包括船员雇佣。

④附属于交通运输的服务，主要指报关行、货物装卸、仓储、港口服务等。

（2）国际旅游服务。

①宾馆与饭店。

②旅行社及旅游经纪人。

③导游服务。

④其他服务。

（3）国际金融服务。

①银行存款服务。

②与金融市场运行管理相关的服务。

③贷款服务。

④与债券市场相关的服务，主要涉及经纪业、股票发行和注册管理、有价证券管理等。

⑤附属于金融中介的其他服务，如贷款经纪、金融咨询等。

（4）国际电信服务。

允许外国公司持有本国电信企业的部分股份，业务范围包括电话、数据传输、用户电报、传真、专用电路业务、卫星通信、移动电话、移动数据等。

（5）国际保险服务。

①生命、事故与健康保险服务，具体包括人寿保险、养老金或年金保险、伤残及医疗费用保险、财产保险等。

②非生命保险服务，如货物运输保险，其中包括海运、航空运输及陆路运输中的货物运输保险等。

③再保险服务。

④与保险有关的辅助服务，如保险经纪业、保险代理业、保险咨询、保险数据与统计等。

《服务贸易总协定》的作用在很大程度上取决于成员通过谈判承诺的具体义务，1994年协定签署时，发达国家承担的具体义务涉及服务贸易总额的47.3%，发展中国家的这一比例仅为16.2%。如果具体义务只考虑取消市场准入的各种限制，实施完全的国民待遇情形，发达国家的相应比例降到24.8%，发展中国家降到6.9%。[①]

第三节　世界贸易组织的宗旨、职能与基本原则

世界贸易组织（World Trade Organization，WTO，简称“世贸组织”）是根据乌拉圭回合多边贸易谈判达成的《建立世界贸易组织协定》于1995年1月1日建立，取代了原来的关税与贸易总协定，并按照乌拉圭回合多边谈判达成的最后文件所形成的一整套协定和协议的条款作为国际法律规则，对各成员之间经济贸易关系的权利和义务进行监督、管理和履行的正式国际经济组织。

一、宗旨

在《建立世界贸易组织协定》的序言中指出了其宗旨和目标：世界贸易组织成员“在处理它们的贸易和经济领域的关系时，应以提高生活水平、确保充分就业、大幅度和稳定地增加实际收入和有效需求、拓展货物和服务的生产和贸易、持久地开发和合理地利用世界资源、努力保护和维持环境，并通过与各国在不同经济发展水平的需要和相符合的方式，来加强环保”。

二、职能

根据《建立世界贸易组织协定》，世界贸易组织的职能为：

第一，促进世界贸易组织目标的实现，监督和管理其统辖范围内的各项协议的贯彻实施；

第二，组织实施各项多边贸易协议，为各成员方提供多边贸易谈判的场所，按一体化的争端解决规则与程序，主持解决各成员方之间的贸易纠纷；

第三，按照有关贸易政策审议机制，负责定期审议各成员方的贸易制度和与贸易相关的国内经济政策；

第四，协调与国际货币基金组织和世界银行的关系，以保障全球经济决策的一致性；

① Bernard Hoekman and Carlos A. Primo Braga. “Protection and Trade in Services”. Working Paper, World Bank, 1997.

第五，编写年度世界贸易报告和举办世界经济贸易研讨会；

第六，向发展中国家和转型经济国家提供必要的技术援助。

三、基本原则

世界贸易组织取代关税与贸易总协定以后继承了总协定的基本原则，并在其所管辖的服务贸易、与贸易有关的知识产权以及与贸易有关的投资措施等新的领域中予以适用并加以发展。基本原则主要包括以下几点。

（一）贸易自由化原则

所谓贸易自由化就是各成员方通过多边贸易谈判降低和约束关税，取消其他贸易壁垒，消除国际贸易中的歧视待遇，扩大本国市场准入。贸易自由化原则是达到世界贸易组织所设定目标的一个重要手段。

但考虑到各成员经济发展的不平衡，贸易自由化的含义可以解释为：

（1）不是绝对意义的贸易自由化。

（2）贸易自由化是一个渐进的过程。

（3）允许发展中国家贸易自由化的程度低于发达国家。

（4）世界贸易组织对经济转型国家采取适当的政策措施，鼓励其经济向市场经济转变。

（5）世界贸易组织不是一个自由贸易机构，它只是致力于逐步实现贸易自由化，促使成员方开放，由此营造一个公平无扭曲的竞争环境。

（二）非歧视原则

非歧视原则是通过最惠国待遇、国民待遇、互惠待遇条款体现的，它要求缔约方在实施某种优惠或限制措施时，不要对缔约对方实施歧视待遇。

（三）关税保护与取消数量限制原则

鉴于关税保护的透明度高，关贸总协定自创建以来就主张以关税作为保护国内市场的主要手段，同时提出一般取消数量限制的原则，要求在特殊情况下，如需要采取数量限制措施时，要在非歧视的基础上实施。

在世界贸易组织中，除继续坚持以关税作为货物贸易的主要保护手段外，在一般取消数量限制方面取得重大进展，具体表现在：

第一，采取“逐步回退”办法逐步减少配额和许可证的使用，如长期背离关税保护的纺织品贸易将通过采取“逐步回退”办法逐步减少配额和许可证的使用，逐步实现自由化。

第二，把一般取消数量限制原则扩大到货物贸易之外的领域，如《服务贸易总协定》在市场准入部分规定，不应限制服务提供者的数量，不应采取数量限制的办法限制服务总量。

（四）可预见性、稳定发展贸易原则

成员通过约束关税减让水平为世界货物贸易提供一个稳定的、可以预见的基础；通过承诺义务、开放服务市场稳定服务贸易的发展；通过约束和减少非关税壁垒措施的使用，

减少其对国际贸易的消极影响。

（五）促进公平竞争原则

为了使贸易活动在公平的基础上进行竞争，WTO 协议条款规定，成员可以通过反倾销、反出口补贴，防止形成不公平竞争；对于长期游离于多边贸易体制之外的纺织品、服装和农产品贸易的不公平竞争问题，则通过一定的过渡期给予最终解决；就与贸易有关的知识产权保护不力所引发的不公平竞争行为，也通过有关协定措施的实施予以纠正；对于政府采购市场的不公平竞争的问题，则在东京回合中规定了解决方案，但 WTO 协议将政府采购市场的公平竞争问题扩展到服务领域，包括地方一级政府和公用事业单位的采购市场。

（六）对发展中国家特殊优惠原则

关贸总协定对发展中国家曾通过增加条款的第四部分和授权条款确立了发展中国家可以享受特殊的优惠政策。WTO 继承和发展了总协定对发展中国家特殊优惠的原则，具体表现在：

第一，允许发展中国家在履行义务时有较长的过渡期，如在农产品关税削减上，发达国家在 6 年内必须使关税降低 36%，发展中国家则是在 10 年内使关税降低 24%，最不发达国家可以免除降低关税的义务。

第二，允许发展中国家在履行义务时有较大的灵活性，如农产品协议规定原则上取消、禁止使用进口数量限制，但在特定的条件下，发展中国家可以实施进口数量限制，时间可长达 10 年之久。

第三，规定发达国家为发展中国家提供技术援助，以使发展中国家更好地履行义务。如《服务贸易总协定》规定，发达国家要在技术获得、销售渠道、信息提供等方面帮助发展中国家，并主动向发展中国家开放自己的服务市场。

（七）区域性贸易安排

WTO 继承并发展了关贸总协定对区域性贸易安排的有关规定。首先，确定自由贸易区和关税同盟等经贸集团对成员间、世界经贸发展的贡献；其次，把经贸集团贸易自由化的范围从货物贸易扩展到货物贸易以外的领域；最后，重申成立自由贸易区和关税同盟的约束条件。

（八）透明度原则

关贸总协定要求缔约方贸易政策措施的充分透明。乌拉圭回合建立的贸易政策审议机制使透明度原则得到继承和加强。

（九）允许例外和实施保障措施

WTO 继承和发展了关贸总协定允许例外和实施保障措施的原则。考虑到成员经济发展水平的不同和为减少经济发展中出现的不稳定及突发因素的破坏作用，允许成员采取例外和保障措施，即不承担或不履行已承诺的义务，对进口采取紧急保障措施，如提高关税、实施数量限制等。

WTO 的发展进程见图 8-1。

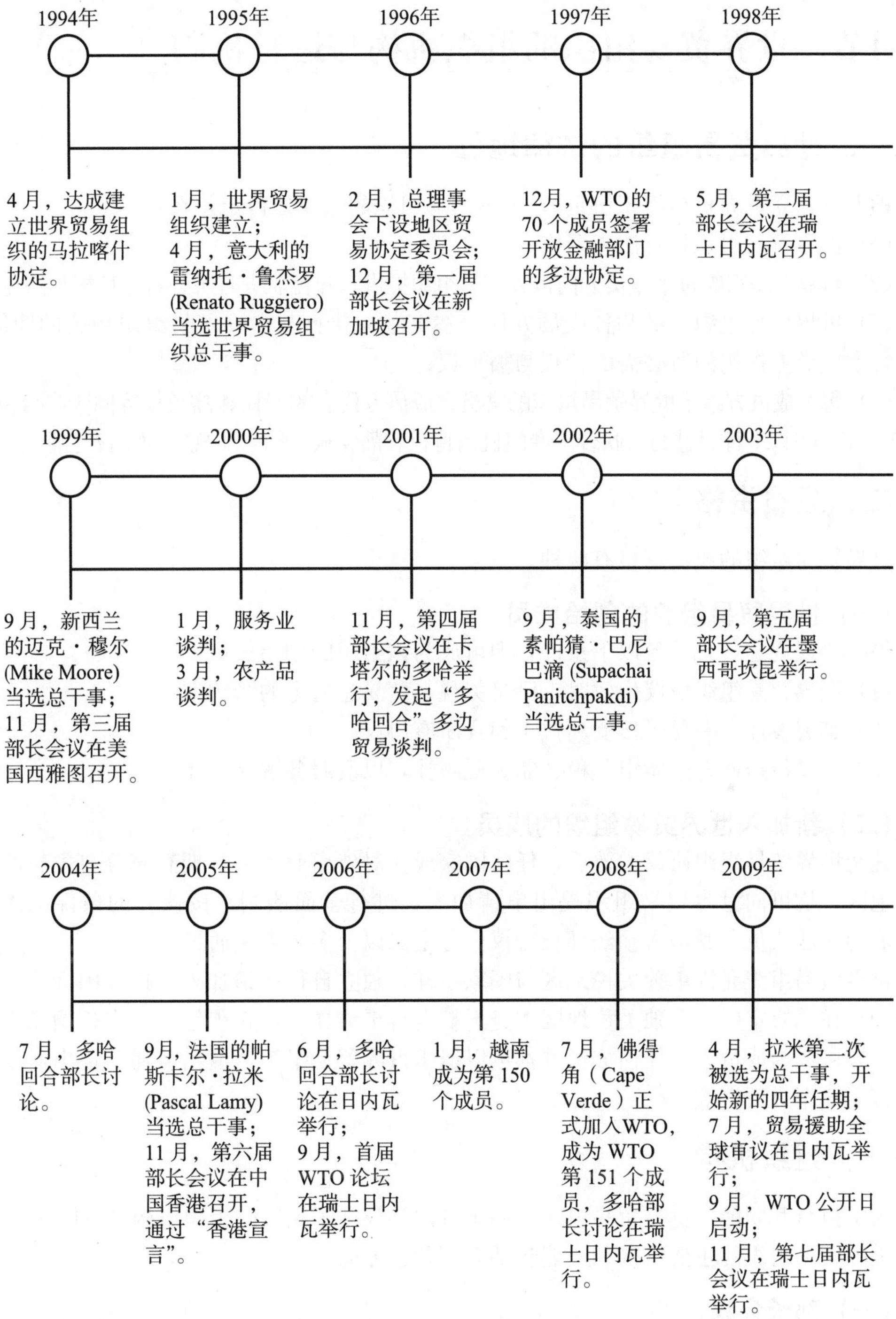

图 8-1　WTO 的发展进程

资料来源：WTO官网（更新至2015年）。

第四节　世界贸易组织的组织机构与运行机制

一、世界贸易组织的法律地位

根据《建立世界贸易组织协定》，世界贸易组织的法律地位定位在：

(1) 世界贸易组织具有法人资格；

(2) 世界贸易组织每个成员方向世界贸易组织提供其履行职责时所必需的特权和豁免权；

(3) 世界贸易组织官员和各成员方代表在其独立执行与世界贸易组织相关的职能时，享有每个成员方提供的所必需的特权与豁免权；

(4) 每个成员方给予世界贸易组织的官员、成员方代表的特权和豁免权等同于联合国大会于1947年11月21日通过的《联合国专门机构特权和豁免权公约》所规定的特权与豁免权。

二、成员资格

世界贸易组织的成员资格有两种。

(一) 世界贸易组织的创始成员

根据协议规定，凡具备以下条件，即可成为该组织的创始成员：

(1) 世界贸易组织协议生效时，已是关税与贸易总协定的缔约方；

(2) 签署参加、一揽子接受乌拉圭回合所有协议；

(3) 在乌拉圭回合中做出关税、非关税减让，以及服务贸易减让。

(二) 新加入世界贸易组织的成员

凡在世界贸易组织协议生效后，任何国家或在对外商业关系上拥有充分自主权的单独关税地区，均可向世界贸易组织提出申请加入，进行全面谈判，按谈妥的条件加入该组织，成为一般成员。其加入须经部长会议三分之二以上多数表决通过。

世界贸易组织允许单独关税地区与国家一样，独立自行申请加入，这在国际法上是一个先例。在总协定中，单独关税地区本身无权自行申请加入，必须经有关主权国家同意和推荐，方可成为成员方。任何成员方都可以退出世界贸易组织，退出从递交退出通知被总干事接受6个月后生效。

三、组织机构

为了执行其职能，世界贸易组织在瑞士日内瓦设立了相应的组织机构（见图8-2）。

世界贸易组织的主要机构和职能包括以下几个方面。

(一) 部长会议

部长会议（The Ministerial Conference）是世界贸易组织的决策机构，由世界贸易组织成员方的部长组成，取代了关贸总协定的缔约方全体。部长会议至少每两年召开一次，有权对该组织管辖的重大问题做出决定。

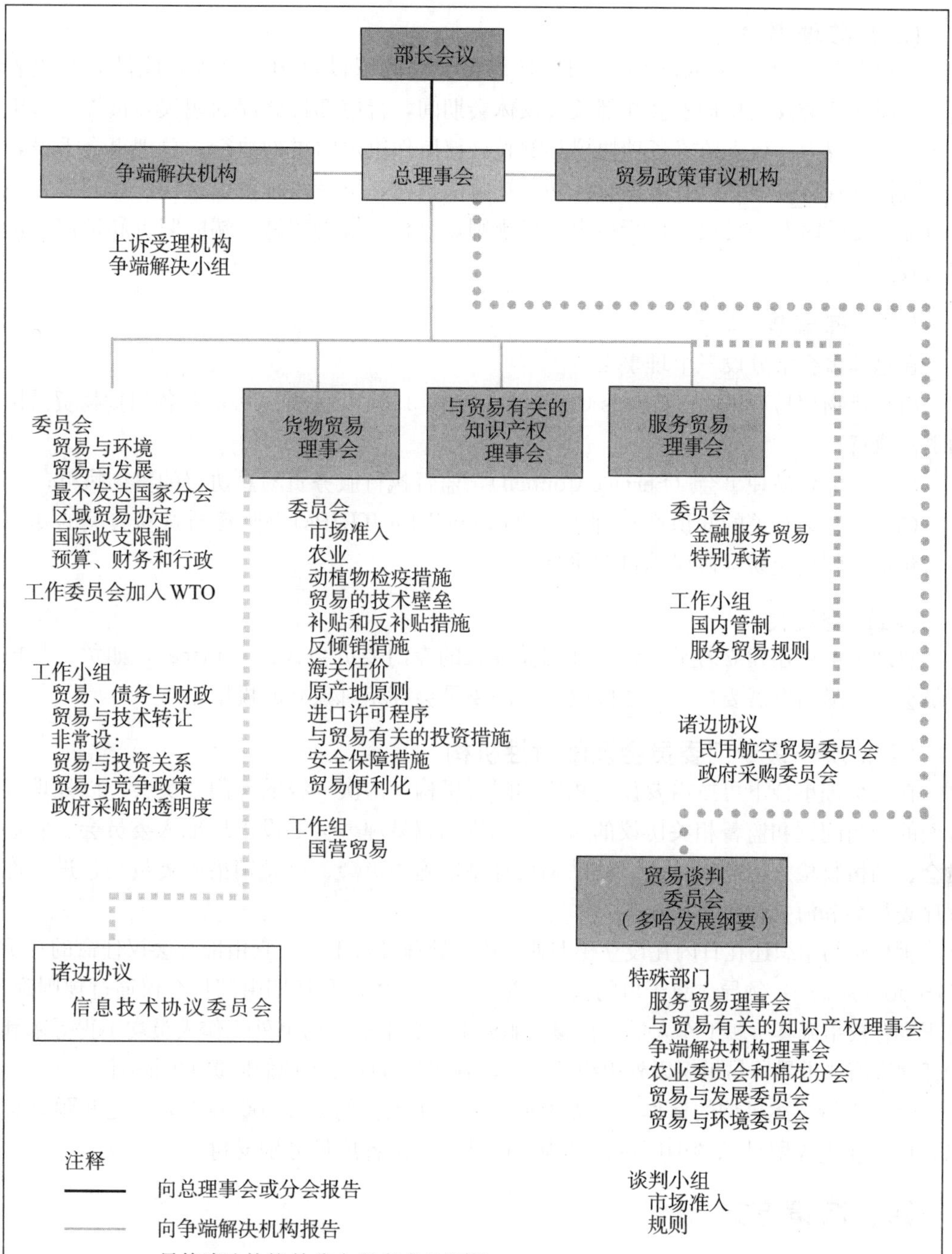

图 8-2　世界贸易组织的组织机构

资料来源：WTO 官网，2019.

（二）总理事会

总理事会（The General Council）是部长会议的下设机构，由所有成员方的代表组成，定期召开会议。总理事会在部长会议休会期间，行使部长会议的职权和世界贸易组织赋予的其他权力。负责监督各项协议和部长会议所作决定的贯彻执行。总理事会下设若干附属机构分管有关协议或有关事宜，如争端解决机构、贸易政策审议机构。总理事会还可视情况需要随时召开会议，自行拟定议事规则，履行其解决贸易争端的职责和审议成员的贸易政策职责等。

（三）理事会

在总理事会下分设三个理事会：

（1）货物贸易理事会（Goods Council），负责 1994 年关贸总协定和各项货物贸易协议的贯彻执行；

（2）服务贸易理事会（Service Council），监督执行服务贸易总协议的贯彻执行；

（3）与贸易有关的知识产权理事会（Council for TRIPs），监督与贸易有关的知识产权（包括冒牌货交易）协议的贯彻执行。

（四）委员会

总理事会下还建立若干负责处理相关事宜的专门委员会（committee），如贸易与环境委员会、贸易与发展委员会、国际收支限制委员会等相对独立的机构。

（五）次一级专门委员会及临时性机构

在三个理事会下可按需要设立相应的附属机构，即次一级的专门委员会，以处理有关方面的专门问题和监督相关协议的执行。如货物贸易理事会下设市场准入委员会、农业委员会、动植物检疫措施委员会、补贴和反补贴措施委员会、反倾销措施委员会、进口许可程序委员会和海关估价委员会等。

世界贸易组织还在日内瓦设立秘书处，负责处理日常工作。它由部长会议任命的总干事（Director-General）领导。总干事的权力、职责、服务条件和任期由部长会议通过规则确定。总干事有权指派其所属工作人员。在履行职务中，总干事和秘书处工作人员均不得寻求和接受任何政府或世界贸易组织以外组织的指示，各成员方应尊重他们职责的国际性。

为了支持上述机构的运作，世界贸易组织每年预算约为 8 300 万美元，这些预算金额以其成员在世界贸易总额中所占份额为基础计算，由各成员分别支付。

四、决策方式

世界贸易组织承袭关税与贸易总协定协商“一致同意”的决策方式，只有当无法达成共识时，再以投票方式进行表决。每一个成员方在部长会议及总理事会均拥有一票，欧盟的票数则和其成员在世界贸易组织的成员数相同。世贸组织对不同的问题，规定具体的通过票数如下：

（一）解释和决议

对任何多边贸易协议的解释和决议，须经部长会议和总理事会成员的四分之三以上多数通过。

（二）修订

对有关条款的修订，须经三分之二多数通过。

（三）豁免

豁免某一成员所应承担的义务，须经四分之三以上多数通过。但对有的义务在规定的“过渡期”内（如 5 年）可暂不履行，在过渡期后如要继续豁免，就须“一致同意”才行。

五、争端解决机制

关贸总协定原有的争端解决机制存在着一些缺陷，例如，争端解决的时间拖得很长、专家小组的权限很小、监督后续行动不力等，因此这种争端解决机制不甚健全。

世界贸易组织所实施的综合争端解决机制是一套较为完善的机制。目前世界贸易组织的争端解决机制的程序和规则如下：

（一）协商

如有争端，应先行协商，一方提出要求后的 30 天内，必须开始协商，如 60 天后未获解决，一方可申请成立专家小组，世界贸易组织的争端解决机构（Dispute Settlement Body，DSB）在接到申请后的第二次会议上必须做出同意或不同意的决定，只有当争端解决机构全体反对，专家小组才不能成立，这意味着在世界贸易组织体制下较总协定体制下更容易成立专家小组，因为在总协定体制下，可以以“协商未完”为借口拖延专家小组的成立。

（二）专家小组

专家小组由世界贸易组织秘书处向争端双方推荐人选组成，如双方在 20 天内对人选未能达成一致意见，则由世界贸易组织总干事同争端解决机构和有关委员会协商后确定，以免延误。专家小组按有关规定所授予的职权接管案件，必须在 6 个月内完成最终报告，即做出裁决。

如情况紧急，则应在 3 个月内完成。最终报告送交争端解决机构后，通常在 60 天内对该报告做出通过和否决的决定。这样就对做出裁决的期限做了约束，有利于争端解决。而在总协定中，往往用“合理的时间”等作为要求，拖延最终裁决，使案件旷日持久，不得解决。

（三）上诉审查

如有一方对最终报告的裁决不服，可以上诉。在争端解决机构内有常设的受理上诉团，由 7 人组成，通常在世界贸易组织成员的代表中选出。该团须在 60 天（最多不得超过 90 天）内复审完毕，予以公布并送交争端解决机构审核，该机构在 30 天内做出同意或否决复审结果。这个程序在一定程度上维护了争端当事人的合法利益和裁决的公正性。

（四）裁决的执行

在复审结果通过后，争端双方应无条件接受。如有一方不愿遵照执行，则可商定一个双方都能接受的补偿办法。如 20 天后仍未达成补偿办法，则投诉方可申请争端解决机构授权，对另一方中止履行已承诺的义务。如另一方又表示反对，则就交付仲裁，可由原来的专家小组仲裁，也可由世界贸易组织总干事所指定的小组仲裁。仲裁应在60天内完成，仲裁结果是最终的，不得再上诉并必须遵照执行。这些规定不仅提高了仲裁的权威性，而且加强了仲裁决议履行的有效性。值得指出的是，任何一方“中止义务”，通常应在与案件直接有关的领域中实施，但经争端解决机构同意，也可在其他领域实施，这被称为交叉报复或跨部门报复（cross sectoral retaliation）。

六、贸易政策评审机制

世界贸易组织对成员的贸易政策实行定期评审制度。定期评审的目的在于：

第一，了解成员遵守和实施多边协议的法律和承诺的情况。通过定期评审，世界贸易组织作为监督者，确保规则的真正实施。

第二，更好、更及时地了解成员的贸易政策以及实施情况，以把握成员贸易政策调整后的变动方向，确定其与世界贸易组织规则是否相符并采取相应的措施。

世界贸易组织对其成员贸易政策评审的频率取决于各成员在世界贸易中的重要性，通常以其在世界贸易中所占比例来测定。目前，欧盟、美国、日本、加拿大是每2年评审一次，有16个成员每4年评审一次，其余成员是每6年评审一次，对于最不发达国家，评审的时间相隔更长。对各成员贸易政策的评审是在接受评审的成员自行准备的材料和世界贸易组织秘书处准备的情况材料的基础上进行的。世界贸易组织的总理事会为贸易政策评审机构。在评审结束后，总理事会公布各成员就贸易政策的国别报告和秘书处准备的报告，以及有关的各种讨论记录及材料。

本章小结

1. 关贸总协定是关于调整缔约国对外贸易政策和国际经济贸易关系方面相互权利义务的国际多边协定，其主要职能是通过多边贸易谈判推动世界贸易自由化的发展。关贸总协定自建立以来已经主持了八轮谈判，在降低关税壁垒、削减和消除非关税壁垒、加速世界贸易自由化方面取得了重大成就。1995年，关贸总协定为世界贸易组织所取代。

2. 世界贸易组织继承了关贸总协定的宗旨，并将贸易自由化的范围拓展到服务贸易，知识产权问题、与贸易有关的投资措施问题、可持续发展问题也已纳入世界贸易组织的统辖范围。

3. 与关贸总协定相比，世界贸易组织具有法人地位，权威性增强；管辖的范围更广；成员权利与义务更加平衡统一；争端解决机制更富有效率。

关键术语

关税与贸易总协定　　世界贸易组织　　非歧视原则　　关税保护与减让原则
公平竞争原则　　透明度原则　　对发展中国家优惠待遇原则

思考题

1. 世界贸易组织的基本原则包括哪些？具体含义是什么？
2. 世界贸易组织如何解决成员之间的贸易争端？

第九章

国际贸易术语

学习目标

通过本章的学习，充分认识贸易术语的含义、作用及相关国际贸易惯例的性质与主要内容，特别是要了解、领会并掌握《2010年国际贸易术语解释通则》中主要贸易术语项下买卖双方的义务，以便为将来的进出口贸易运作打下基础。

第一节　贸易术语的含义与作用

一、贸易术语的含义

与国内贸易相比，国际贸易的复杂性显而易见。货物的运输距离长，交易涉及面广，货物遭遇自然灾害或意外事故而导致损坏或灭失的风险更大。当事人在洽商交易、订立合同时，要考虑的问题必然更多，主要包括以下几个重要问题：卖方在什么地方，以什么方式办理交货；风险何时由卖方转移给买方；由谁负责办理货物的运输、保险以及检验、通关过境的手续；由谁负责取得进出口的许可证和其他官方许可；由谁来负责办理进口、出口海关手续；由谁承担办理上述事项时所需的各种费用；买卖双方需要交接哪些有关的单据；等等。

如果每笔交易双方都要就上述问题进行磋商，势必耗费大量的时间和精力，降低国际贸易的效率，最终阻碍国际贸易的发展。因此，经过长期的国际贸易实践，逐渐形成了许多贸易术语，即用英文字母的缩写或代号表明交货地点、划分双方责任与费用、明确风险转移的界限的专门用语，如FOB、CIF等。因此，弄清楚每一个术语的具体含义对买卖双方有着至关重要的意义。

由于在不同的贸易术语项下，买卖双方在交接货物时各自承担的风险、责任和费用各不相同，这直接影响双方的经济利益，最终反映在价格上。因此，贸易术语又叫价格术语，在买卖合同中，贸易术语也是价格的一个重要组成部分，如某商品的价格为每公吨 2 000 美元 CIF New York，其中 CIF 就是贸易术语。

二、贸易术语的作用

贸易术语在国际贸易中的作用，主要表现在以下几个方面：

（一）简化交易手续、缩短洽商时间

每种贸易术语都有特定的含义，形成了有关的国际贸易惯例，并已经在国际上被广泛接受。因此，在进行交易磋商时，买卖双方只要商订按何种贸易术语成交，即可明确双方在货物交接方面所应承担的风险、责任和费用，从而缩短洽商时间，降低交易成本。

（二）利于双方进行价格比较和加强成本核算

对买卖双方来说，不同的贸易术语意味着承担不同的风险、责任和费用。因此，对一方报出的每一个价格，另一方都能知道自己所要承担的风险、责任和费用，从而较准确地计算出自己的成本。

（三）有利于妥善解决贸易争端

买卖双方在商订合同时，可能对某些问题规定得不明确，致使履约中产生的争议不能依据合同的规定解决。在这种情况下，法院和仲裁机构可以援引有关贸易术语的一般解释来处理。

三、有关贸易术语的国际贸易惯例

有关贸易术语的国际贸易惯例主要有三种，即《1932 年华沙-牛津规则》《1990 年美国对外贸易定义修订本》和《2010 年国际贸易术语解释通则》（以下简称《2010 通则》）。

（一）《1932 年华沙-牛津规则》

《1932 年华沙-牛津规则》是国际法协会专门为解释 CIF 合同而制定的。

19 世纪末 20 世纪初，CIF 贸易术语开始在国际贸易中得到广泛运用，但是对使用这一术语时买卖双方需要承担的具体义务，却没有统一的规定。对此，1928 年，国际法协会在波兰华沙开会，讨论并制定了有关 CIF 合同规则的《1928 年华沙规则》；其后，它又在 1932 年牛津会议上对华沙规则进行了修正，同时将规则定名为《1932 年华沙-牛津规则》。该规则全文共 21 条，主要阐述了 CIF 合同下，买卖双方当事人的风险、费用和责任的划分以及货物所有权转移的方式等。由于其制定的年代久远，其中的一些规定已经很难符合现代交易的需要，因而使用的频率很低。

（二）《1990 年美国对外贸易定义修订本》

早在 1919 年，美国的几个商业团体即共同制定了有关对外贸易定义的统一解释，供外贸人员参考使用，原称《美国进出口报价及其缩写条例》。后鉴于贸易做法的演变，在 1940 年第 27 届美国对外贸易会议上要求对原有定义进行修改。1941 年 7 月，美国商会、

美国进口商协会和美国对外贸易协会所组成的联合委员会正式通过并采用了此项定义，并由美国对外贸易协会发行，此项定义定名为《1941年美国对外贸易定义修订本》(Revised American Foreign Trade Definitions 1941)。至1990年，美国商业团体又对该文本加以修订，改称《1990年美国对外贸易定义修订本》(Revised American Foreign Trade Definitions 1990)(见表9-1)。

值得注意的是，该定义修订本把FOB又分为6种类型，其中只有第五种，即指定的装运港船上交货（FOB vessel）与《2010通则》中FOB的含义大体相同，而其余五种FOB的含义则完全不同。因此，我国外贸企业同美国、加拿大以及其他美洲地区的企业商谈时，不能笼统地规定采用某种术语，而要明确所适用的国际贸易惯例及版本。否则，极易引起误解，从而产生本不必要的贸易纠纷。

表9-1　《1990年美国对外贸易定义修订本》中的六种贸易术语分类

贸易术语英文名称	术语缩写	贸易术语中文名称
ex works	EXW	工厂交货（指定地点）
free on board	FOB	在运输工具上交货（指定装运地）
free along side	FAS	在运输工具边交货（指定装运地）
cost and freight	CFR	成本加运费（指定目的地）
cost, insurance and freight	CIF	成本加保险费、运费（指定目的地）
delivered ex quay	DEQ	码头交货（指定目的港）

（三）《2010年国际贸易术语解释通则》

《国际贸易术语解释通则》(International Rules for the Interpretation of Trade Terms，即通常说的INCOTERMS)，它是国际商会为了统一对各种贸易术语的解释而制定的，也是目前在国际贸易中最流行的有关贸易术语的国际惯例。最早的版本于1936年颁布，随后为了适应新的贸易形势的发展以及国际货物运输方式的新发展，又分别于1953年、1967年、1976年、1980年、1990年和2000年进行了修订。

为了适应国际贸易的快速发展和国际贸易实践领域发生的新变化，国际商会于2007年发起对《2000通则》进行修改的动议，并历时3年，最终版本《2010通则》于2010年9月面世，并于2011年1月1日起正式生效。然而，在《2010通则》实施之后，并非《2000通则》就自动作废。国际贸易惯例在适用的时间效力上并不存在“新法取代旧法”的说法，因此，当事人在订立贸易合同时仍然可以选择适用《2000通则》。

《2010通则》是在《2000通则》的基础上修正和补充而成的，其主要变化如下：

1. 买卖双方义务的表述方式的变化

《2010通则》中的每个术语对于买卖双方义务的规定方法，由过去的合在同一标题下的罗列式变成了现在的分为两个标题的镜像对照式，即将各个术语的当事人的相关义务编列为10个标题，在卖方义务的每个标题对照着有关同一事项的买方义务，一目了然，便于比较和对照，如表9-2所示。

表 9-2　《2010 通则》中买卖双方义务的表述形式

A 卖方义务	B 买方义务
A1 卖方一般义务	B1 买方一般义务
A2 许可证、授权、安检通关和其他手续	B2 许可证、授权、安检通关和其他手续
A3 运输与保险合同	B3 运输与保险合同
A4 交货	B4 收货
A5 风险转移	B5 风险转移
A6 费用分摊	B6 费用分摊
A7 通知买方	B7 通知卖方
A8 交付单据	B8 交货证明
A9 核对—包装—标记	B9 货物检验
A10 信息协助和相关费用	B10 信息协助和相关费用

2. 贸易术语数量与分类的变化

《2010 通则》已经将原来的 13 种不同的贸易术语减为 11 种。其中增加了两个适用于任何运输方式的新术语 DAT 和 DAP，而删除了《2000 通则》中的 DAF、DES、DEQ 和 DDU 四种术语。

至于贸易术语的分类，《2010 通则》将上述 11 种术语分成了截然不同的两类（见表 9-3）。

表 9-3　《2010 通则》中的 11 种贸易术语分类

适用于任何运输方式或多种运输方式的术语	适用于海运及内河水运的术语
EXW（ex works）：工厂交货 FCA（free carrier）：货交承运人 CPT（carriage paid to）：运费付至 CIP（carriage and insurance paid to）：运费、保险费付至 DAT（delivered at terminal）：运输终端交货 DAP（delivered at place）：目的地交货 DDP（delivered duty paid）：完税后交货	FAS（free alongside ship）：船边交货 FOB（free on board）：船上交货 CFR（cost and freight）：成本加运费 CIF（cost，insurance and freight）：成本加保险费、运费

第一类包括那些适用于任何运输方式或者多式运输的 7 种术语，即 EXW、FCA、CPT、CIP、DAT、DAP 和 DDP 术语。

第二类实际上包含了比较传统的只适用于海运或内河运输的 4 种术语。在这类术语条件下，卖方交货点和货物运至买方的地点均是港口，FAS、FOB、CFR 和 CIF 均属于此类术语。需要注意的一点就是，后三种贸易术语省略了“货物越过船舷”作为交货点的表述，而使用的是“船上交货”的陈述和要求。这样规定更加符合当今的商业现实，后文风险转移问题中会具体解释这一变化。

3. 贸易术语适用范围的变化

由于世界上一些地区的大型贸易集团的存在，如东盟和欧盟，使得原本实际存在的边界通关手续变得不再那么有意义。对此，国际商会在《2010 通则》的副标题中明确写明“国际商会制定的适用国内和国际贸易的术语通则”，即这些术语对国内和国际销售合同都是适用的。因此，《2010 通则》在一些地方做出了明确说明，只有在适用的地方，才有义务遵守出口/进口所需的手续。如在 FCA 术语中，“如适用时，FCA 要求卖方办理货物出口清关手续”。同时，只有适用时，各方当事人才承担各自相关的风险和费用。

必须指出，上述各项国际贸易惯例并不具有普遍的约束力，双方当事人可以采用，也可以不采用，完全由当事人决定。如双方当事人在合同中采用了某种贸易惯例，它对当事人就具有约束力。

第二节 F 组贸易术语

F 组共包括三种贸易术语：FOB、FAS 和 FCA。该组术语被称为“主要运费未付”术语，按这些术语成交时，卖方要在约定的时间、约定的地点，按约定的方式完成交货。买方负责安排运输，将货物从交货地点运至目的地，运费也由买方承担。

一、FOB 术语

FOB 的全称是 free on board（… named port of shipment），即装运港船上交货（……指定装运港）。

FOB 是国际贸易中常用的贸易术语之一。按该术语成交，卖方要在合同中约定的日期或期限内，将货物运到合同规定的装运港口，并交到买方指派的船只的船上，即完成其交货义务。此外，FOB 术语只适用于海运和内河运输；如货物装在集装箱里并在集装箱码头交货，则应采用 FCA 贸易术语。

根据《2010 通则》的规定，买卖双方的基本义务如下：

1. *卖方义务*

（1）在合同规定的装运港、日期或期限内，将符合合同规定的货物交至买方指派的船上，并及时通知买方。

（2）自负风险和费用，取得出口许可证或其他官方批准的证件，并负责办理货物出口所需的一切海关手续。

（3）负担货物在装运港交到买方所派船只的船上之前的一切费用和风险。

（4）负责提供商业发票和证明卖方已按规定交货的清洁单据，如果买卖双方约定采用电子通信，则所有单据均可被具有同等效力的电子数据交换信息（electronic data interchange message，EDI message）代替。

2. *买方义务*

（1）根据买卖合同的规定受领货物并支付货款。

（2）负责租船或定舱，支付运费，并将船名、装船地点和交货时间及时通知卖方。

（3）自负风险和费用，取得进口许可证或其他官方批准的证件，并负责办理货物进口所需的一切海关手续。

(4) 负担货物在装运港交到买方所派船只的船上之后的一切费用和风险。

使用FOB应注意的是关于风险划分点变更的问题。

在《2000通则》中，FOB术语的风险划分点以货物在指定的装运港指定的船只“越过船舷”为界。以“越过船舷”为界表明货物在装上船之前的风险，包括在装船时货物跌落码头或海中所造成的损失，均由卖方承担；在货物装上船之后，包括在起航前和在运输过程中所发生的损坏或灭失，则由买方承担。但在《2010通则》中，对FOB条件下风险划分的界限做了实质性的变更，即不再规定以“越过船舷”为界，而是规定以货物装到船上为界限，这时风险才由卖方转移给买方。

在此应注意，关于FOB术语的风险划分点变更问题，根据规则，同样适用于CFR和CIF术语。

专栏9-1

买卖双方按照FOB条件签订了一笔化工产品柠檬酸（细小颗粒状）的买卖合同。在装船前检验时，货物品质良好，符合合同规定。在货到目的港后，买方收货时搬运工发现袋内结有硬块，后经证实是部分结块，并导致货物品质发生变化。经调查确认，货损的原因在于货物包装没有按合同规定密封好，在运输途中吸收了空气中的水分所致。于是，买方提出索赔。但是卖方指出，货物在装船前是合格的，品质变化是在运输途中发生的，也就是货物上船之后才发生的，按照国际贸易惯例，其后果应该由买方承担，因此，卖方拒绝赔偿。双方为此发生争执。

分析：在本案中，卖方应承担赔偿责任。虽然货物品质发生变化的情况是发生在运输途中，即货物上船之后，但是货损是由于包装不良造成的，这就说明导致货物损失的原因在装船前已经存在了。因此，货物发生损失已不是偶然因素造成的，而带有必然性。处理这类问题时，卖方不能仅仅以损失发生在货物上船之后作为理由拒绝承担责任，而要看导致货物损失的因素是存在于货物上船前还是货物上船后。

此外，前面已提到，在《2010通则》实施之后并非《2000通则》就自动作废，当事人在订立贸易合同时仍然可以选择适用《2000通则》。但在《2000通则》中并未就FOB术语明确规定装货费用的负担划分问题，所以买卖双方最好在合同中就该项事宜及有关的风险和费用的承担做出明确规定，以免产生贸易纠纷。

(1) FOB班轮条件（FOB liner terms）：这一变形是指装船费用按照班轮的做法处理，即由船方或买方承担。所以采用这一变形，卖方不负担装船的有关费用。

(2) FOB吊钩下交货（FOB under tackle）：这一变形是指卖方负担将货物交到买方指定船只的吊钩所及之处的费用，而吊装入舱以及其他各项费用均由买方负担。

(3) FOB理舱费在内（FOB stowed）：这一变形是指卖方负责将货物装入船舱并承担包括理舱费在内的装船费用。理舱费是指货物入舱后进行安置和整理的费用。

(4) FOB平舱费在内（FOB trimmed）：这一变形是指卖方负责将货物装入船舱并承担包括平舱费在内的装船费用。平舱费是指对装入船舱的散装货物进行平整所需的费用。

(5) FOB理舱费、平舱费在内（FOB stowed and trimmed，FOBST）：这一变形是指卖方承担包括理舱费和平舱费在内的装船费用。

专栏 9-2

我国某公司从美国一公司进口特制钢材 100 公吨，价格条件为 FOB vessel San Francisco 每公吨 860 美元，采用信用证方式支付。按照规定，我方通过国内某银行开立了金额为 10 万美元的不可撤销即期信用证。然而，对方收到信用证后回电称，“贵方信用证金额不足以保证合同的履行，还应增加 1 万美元以办理出口相关手续及费用”。我方感到十分不解，认为该术语下出口手续及费用按照《2000 通则》应由卖方（美方）办理，对此，美方回复称，按其习惯做法及《1941 年美国对外贸易定义修订本》有关规定，该术语下卖方无义务办理出口清关及费用支付等，并且成交时合同并未注明受《2000 通则》约束。而此时由于我方急需该批货物，最终只好通过银行将信用证金额增至 11 万美元。试问：在本案例中，美方的要求是否合理？我方应从中吸取什么教训？

分析：本案涉及相关国际贸易惯例问题，在该案例中我方正是因为没有充分认识不同国家适用不同惯例这一点而遭受了损失。

二、FAS 术语

FAS 的全称是 free alongside ship（... named port of shipment），即船边交货（……指定装运港）。FAS 术语通常被称作装运港船边交货。根据《2010 通则》的解释，FAS 术语只适用于海运和内河运输。按这一术语成交，卖方要在约定的时间内将合同规定的货物交到指定的装运港买方所指派的船边，在船边完成交货义务。买卖双方负担的风险和费用均以船边为界。如果买方所派的船只不能靠岸，卖方则要负责用驳船把货物运至船边，并在船边交货，而后装船的责任和费用由买方承担。

根据《2010 通则》的规定，买卖双方的基本义务如下：

1. 卖方义务

（1）负责将货物按规定的期限交到指定的装运港买方所指派的船边。

（2）负责办理货物的出口手续，承担出口清关的费用。

（3）承担自货物在指定地点交由买方船边为止的风险和费用。

2. 买方义务

（1）接受卖方提供的有关单据，受领货物，并按合同规定支付货款。

（2）承担货物在指定地点交由船边为止的风险和费用。

（3）自负风险和费用，取得进口许可证或其他官方批准的证件，并且办理货物进口所需海关手续，支付关税及其他有关费用。

值得注意的是，《2010 通则》中的 FAS 术语与《1990 年美国对外贸易定义修订本》中的 FAS 术语的规定有较大差别。按照美国术语的解释，FAS 的全称是 free along side，即指货交各种运输工具的旁边，包括陆运在内均适用。因此，对美国出口时需要在 FAS 之后加上 vessel 字样才表示《2010 通则》中 FAS 的含义。

三、FCA 术语

FCA 的全称是 free carrier（... named place），即货交承运人（……指定地点）。按照

《2010 通则》的解释，“承运人”指任何人在运输合同中，承诺通过铁路、公路、空运、海运、内河运输或上述运输的联合方式履行运输或由他人履行运输。FCA 术语适用于各种运输方式，包括公路、铁路、江河、海洋、航空运输以及多式联运。

根据《2010 通则》的规定，买卖双方的基本义务如下：

1. 卖方义务

(1) 在合同规定的时间、地点，将合同规定的货物置于买方指定的承运人控制下，并及时通知买方。

(2) 自负风险和费用，取得出口许可证或其他官方批准的证件，并办理货物出口所需的一切海关手续。

(3) 承担将货物交给承运人控制之前的一切费用和风险。

(4) 提交商业发票或具有同等效力的电子信息，并自负费用提供通常的交货凭证。

2. 买方义务

(1) 签订从指定地点承运货物的合同，支付有关的运费，并将承运人名称及有关情况及时通知卖方。

(2) 自负风险和费用，取得进口许可证或其他官方批准的证件，并且办理货物进口所需的一切海关手续。

(3) 根据买卖合同的规定受领货物并支付货款。

(4) 承担受领货物之后所发生的一切费用和风险。

按照《2010 通则》的解释，交货地点的选择直接影响装卸货物的责任划分问题。如果双方约定的交货地点是在卖方所在地，卖方负责把货物装上买方安排的承运人所提供的运输工具即可，因为承运人很难将装卸工具都随车带来，而在卖方的所在地，卖方通常较容易找到装卸工具。因此，这种规定是为了便于合同的履行。同理，如果交货地点是在其他地方，卖方就要将货物运交给承运人，在自己所提供的运输工具上完成交货义务，而无须负责卸货。

专栏 9－3

北京 A 公司向日本 B 公司出口货物一批，共 2 000 公吨，B 公司提出按每公吨 100 美元 FOB 新港（天津）成交，而 A 公司提出将贸易术语改为 FCA 北京。试问：该修改对 A 公司有何影响？

分析：对卖方 A 公司来说，每公吨 100 美元 FCA 北京比每公吨 100 美元 FOB 新港更有利。因为对它而言，使用两个术语所得到的收入是一样的，但使用第一个术语所承担的责任、费用和风险都比第二个术语小。

(1) 交货时间和地点。在使用 FCA 北京时，A 公司只需在合同约定的时间在北京将货物交给承运人即可；而使用 FOB 新港时，A 公司必须在该时间内将货物交到天津新港。

(2) 费用。使用 FCA 北京时，A 公司不必承担从北京到天津新港的运费。

(3) 风险。使用 FCA 北京时，A 公司不必承担从北京到天津新港的风险。

第三节 C组贸易术语

C组共包括三种贸易术语：CFR、CIF、CPT和CIP。该组术语被称为“主要运费已付”术语，按这些术语成交时，卖方要在约定的时间负责安排运输事宜，并在约定的装运港将货物装上船，以及承担海运费。

一、CFR术语

CFR的全称是cost and freight（... named port of destination），即成本加运费（……指定目的港）。它是国际贸易中常用的贸易术语之一。按照《2010通则》的解释，卖方应在合同规定的装运港和规定的期限内，将货物装上船后支付全程海运费，并及时通知买方。货物上船以后发生的灭失或损害的风险，以及因货物交付后发生的事件所引起的任何额外费用，自交付之日起即由卖方转移给买方。此外，CFR术语只适用于海运和内河运输。

根据《2010通则》的规定，买卖双方的基本义务如下：

1. 卖方义务

（1）负责在合同规定的时间和装运港，将约定的货物装上船，运往指定目的港，并及时通知买方。

（2）负责办理货物出口手续，取得出口许可证或其他官方批准的证件。

（3）负责租船或订舱，并支付至目的港的正常运费。

（4）负担货物在装运港交到自己安排的船上之前的一切费用和风险。

（5）负责提供符合合同规定的货物和商业发票，或具有同等效力的电子数据交换信息，以及合同规定的运输单据和其他相关凭证。

2. 买方义务

（1）负责按合同规定支付价款。

（2）自负风险和费用，办理货物进口手续，取得进口许可证或其他官方批准的证件。

（3）负担货物在装运港交到自己安排的船上之后的一切费用和风险。

（4）按合同规定接收货物，接受运输单据。

应注意的问题是，在采用CFR术语成交时，由于运输合同和保险合同分别由卖方和买方负责订立，为了使买方能及时办理海运货物保险，卖方在装运港装船后要及时向买方发出装船通知。根据惯例和有关法律的规定，如果由于卖方漏发通知，导致买方漏保，对由此产生的后果，卖方不能推卸责任。在实际业务中，作为CFR合同的卖方，除了应注意在装船后及时发出装船通知外，还应注意所发信息的准确性，否则，也会带来意想不到的后果。

专栏9-4

我国某进出口公司与F国H公司以CFR条件成交一笔水产品业务，信用证方式支付。进出口公司按规定装运完毕并取得海运提单，连同其他单据向议付行交单议付，4天后以电传向H公司发出装货通知，告知货运细节。但三天后H公司致电称，“由于你装运通知太迟，船到港无人接货，又因你提单系空白抬头，船到港后船方又无法与我收货人联系，致使货物到港后因气候炎热变质，我方不能支付你方全部货款。”进出口公司反驳，称其已完成交货义务，不应再承担货物在装运港装船后灭失或损坏的一切风险。翌日开证行又通知进口公司单证不符，最后该进出口公司只好做出让步，降价处理结案。

分析：CFR术语的卖方义务包括装船后及时通知买方并承担货物在装运港越过船舷前的一切费用和风险等。由于在CFR术语下，由卖方租船定舱，因此卖方的通知义务显得尤其重要。一般来说，卖方的装船通知在内容上应包括合同号、信用证号、货物名称、数量、总值、启运港、启运日期、运输工具名称及预计到达目的港的日期。在本案中，尽管卖方对CFR下双方风险划分有明确的把握，然而却疏忽了其装船通知义务的履行，没有准确认清其装船通知应发出的规定时间，从而没有尽到充分通知买方的义务。

此外，由于世界各港的惯例不同，对于卸货费用也有不同的规定。为了解决有关卸货费用问题，买卖双方必须在贸易合同中明确由谁负担卸货费。实践中是在CFR贸易术语或CIF贸易术语后加附加条件来说明，由此便产生了CFR或CIF的变形。CFR或CIF的变形各有以下四种。

(1) CFR班轮条件（CFR liner terms）或CIF班轮条件（CIF liner terms）：这种变形是指卸货费用按班轮办法处理，由船方或卖方承担，即买方不负担卸货费用。

(2) CFR卸到岸上（CFR landed）或CIF卸到岸上（CIF landed）：指由卖方负担卸货费，包括因船不能靠岸，需将货物用驳船卸到岸上支出的驳运费在内的费用。

(3) CFR吊钩下交货（CFR under ship's tackle）或CIF吊钩下交货（CIF under ship's tackle）：指卖方负担将货物从船舶吊起卸到吊钩所及之处（码头上或驳船上）的费用。

(4) CFR舱底交货（CFR ex ship's hold）或CIF舱底交货（CIF ex ship's hold）：指货物运到目的港后，由买方自行启舱，并负担货物从舱底卸到码头上的费用。

专栏9-5

我国某出口公司（以下简称“卖方”），同德国V公司（以下简称“买方”）以CFR术语签订了一笔农产品买卖的合同。买方开出信用证后，卖方未能在信用证规定的装运期限内装船，事前也没有将不能按期装运的情况通告买方，直到装运期满后才要求延长装运期。买方虽同意延长装运期，但要求卖方进行价格补偿。卖方拒绝了。当时适遇行市上涨，买方借口从市场高价补进这些货物，要求给予损害赔偿。双方多次协商未果。最后买方向中国对外贸易仲裁委员会提出仲裁申请。仲裁庭认为卖方未按合同规定的期限装运，又没有在合同规定的装运期内将不能装运的情况通知买方。因此，卖方应对未能如期装运承担责任，并应赔偿买方由此而引起的损失。

分析：在CFR条件下，卖方是在装运港货完成其交货义务的，合同的装运期实际上就是交货日期。对于卖方来说，按合同装期交货具有重要意义。卖方未能按期装运，如若原因不同，卖方的责任也就不同。如果由于卖方责任或过失造成交货迟延，卖方应当负延迟履行合约的全部责任。如果由于买方的责任或过失，或不可抗力而交货迟延时，就不能将责任归咎于卖方。在本案中，运输和装卸迟缓的影响使卖方未能在合同规定的时间内装船，尽管该合同交货迟延是国内承运人的责任，而非卖方本身的过失，但作为CFR的卖方，仍应承担不能按期装运的责任。

二、CIF术语

CIF的全称是cost，insurance and freight（... port of destination），即成本加保险费、运费（……指定目的港）。它是国际贸易中最常用的贸易术语之一。采用CIF术语成交时，卖方负责按通常条件租船订舱，必须支付货物运至指定目的港所需的费用和运费，但是货物交付后的灭失或损坏的风险，以及因货物交付后发生的事件所引起的任何额外费用，自交付时起由卖方转移给买方承担；卖方还应当为货物在运输中灭失或损坏的风险办理海上保险，保险金额为合同金额的110%，并加保最低险（合同另有规定除外）。此外，CIF术语只适用于海运和内河运输。

根据《2010通则》的规定，买卖双方的基本义务如下：

1. 卖方义务

（1）负责合同在规定的期限内，在装运港将符合合同的货物交至运往指定目的港的船上，并给予买方充分的通知。

（2）负责办理货物出口手续，取得出口许可证或其他官方批准的证件。

（3）负责租船或订舱，并支付至目的港的运费。

（4）负责办理货物运输保险，并支付保险费。

（5）负担货物在装运港交到自己安排的船上之前的一切费用和风险。

（6）负责提供货物运往指定目的港的通常运输单据、商业发票和保险单，或具有同等效力的电子信息。

2. 买方义务

（1）负责办理货物进口手续，取得进口许可证或其他核准书。

（2）收取卖方按合同规定交付的货物，接受与合同相符的单据并按合同规定支付价款。

（3）负担货物在装运港交到自己安排的船上之后的一切费用和风险。

应注意的问题是，CIF是一种典型的象征性交货（symbolic delivery）方式。所谓象征性交货是针对实际交货（physical delivery）而言的。前者指卖方只要按期在约定地点完成装运，并向买方提交合同规定的，包括物权凭证在内的有关单证，就算完成了交货义务，而无须保证到货；后者则是指卖方要在规定的时间和地点将符合合同规定的货物提交给买方或其指定的人，不能以交单代替交货。在象征性交货方式下，卖方是凭单交货，买方是凭单付款。只要卖方如期向买方提交了合同规定的全套合格单据（名称、内容和份数相符的单据），即使货物在运输途中损坏或灭失，买方也必须接受有关单据并履行付款义务；反之，如果卖方提交的单据不符合要求，即使货物完好无损地运达目的地，买方仍有权拒收单据、拒付货款。但是必须指出，按CIF术语成交，卖方履行其交单义务只是得到买方付款的前提条件，除此之外，卖方还必须履行交货义务。如果卖方提交的货物不符合要求，买方即使已经付款，仍然可以根据合同的规定向卖方提出索赔。

专栏 9-6

CIF 下的象征性交货

我国某公司按 CIF 条件向欧洲 A 商出口某种货物，合同规定采用信用证方式支付。我公司向中国人民保险公司投保了一切险，并在合同规定的期限和装运港将符合合同规定的货物装船完毕，然后凭提单等合格的单据向银行结算了货款。结款后第二天，我公司收到 A 商来电称：因装货的海轮在海上失火，出口货物全部烧毁，故要求我公司向中国人民保险公司索赔，否则，要求我公司退回全部货款。你认为 A 公司的要求是否合理？请阐明理由，并提出解决方案。

分析：A 公司的要求不合理。因为在 CIF 术语下，卖方只承担货物装上船前的风险，而买方要承担此后的风险。在本案中，货物的损失发生在装上船后，而且卖方没有过失，所以应该由买方自己承担损失，我公司不必退回货款。由于我公司向中国人民保险公司投保了一切险，而且向银行递交了包括保险单在内的单据，A 商应该向银行支付货款以换回单据，然后向保险公司索赔。

三、CPT 术语

CPT 的全称是 carriage paid to (... named place of destination)，即运费付至（……指定目的地）。根据《2010 通则》的解释，CPT 适用于包括多式联运在内的各种运输方式。在掌握了 CFR 术语后，我们只讲解 CPT 与 CFR 的不同。

（一）适用的运输方式不同

CFR 只适用于水上运输，而 CPT 适用于一切运输方式。《2010 通则》对两个术语项下卖方运输义务的规定没有任何实质性的不同。当然，由于 CPT 适用于一切运输方式，所以卖方所提交的运输单据取决于其所使用的运输方式，可能是可转让提单、不可转让海运单、内河运输单据、空运货运单、铁路运单、公路运单或多式联运单据。

（二）交货地点不同

CFR 的卖方是在装运港船上完成交货义务的，而 CPT 的卖方则是将货物交给承运人时完成交货义务的。如还有接运的承运人时，卖方将货物交给第一承运人即完成交货义务。由于风险和费用的划分也是以交货为界，所以两者在交货上的不同也就带来了风险和费用划分上的不同。CFR 的风险以装运港船舷为界，而 CPT 以货交承运人为界。CFR 费用划分的基本点是装运港船舷，而 CPT 是货交承运人。其余规定都没有实质性的不同。

四、CIP 术语

CIP 的全称是 carriage and insurance paid to (... named place of destination)，即运费、保险费付至（……指定目的地）。

根据《2010通则》的解释，CIP适用于包括多式联运在内的各种运输方式。CIP与CPT的唯一区别在于保险，即由于CIP货价中含有保险费，所以CIP的卖方必须自负费用签订保险合同，并提交保险单据。《2010通则》中对CIP卖方的保险义务的规定和CIF的几乎完全一样。但由于CIF只适用于水上运输，所以其投保的是水上运输保险；而由于CIP适用于一切运输方式，买方所投保的保险是和其运输方式相对应的保险，而不一定是水上运输保险。

专栏 9-7

FOB、CFR、CIF和FCA、CPT、CIP的异同比较

联系	FCA、CPT、CIP分别是在FOB、CFR、CIF的基础上发展起来的	
区别	FOB、CFR、CIF	FCA、CPT、CIP
运输方式	只适用于海运或内河运输	适用于包括多式联运在内的多种运输方式
交货地点	装运港	承运人收货地点
风险转移	装运港船上	货交承运人
装卸费用	视术语变形而定	若涉及租船运输，则不存在装卸费用问题
运输单据	海运提单	视运输方式而定
投保险别	水上运输险	视运输方式投保相应险别

第四节 E组和D组贸易术语

E组和D组共包括四种贸易术语：EXW、DAT、DAP和DDP。其中EXW是卖方责任最小的术语，而D组术语属于到货合同，卖方通常要在进口国完成交货义务。

一、EXW术语

EXW的全称是ex works（... named place），即工厂交货（……指定地点）。根据《2000通则》的解释，EXW术语适用于各种运输方式。

按这一术语成交时，卖方要在规定的时间和约定的交货地点（通常为卖方自己的处所，如工厂、工场和仓库等）将合同规定的货物准备好并通知买方，由买方自己安排运输工具到交货地点接收货物，并且自己承担一切风险、责任和费用将货物从交货地点运到目的地。卖方不办理出口清关手续或将货物装上任何运输工具。由此可见，采用EXW条件成交时，卖方承担的风险、责任以及费用都是最小的。同时，卖方没有提交任何交货凭证或运输单据的义务。此外，EWX也是唯一由买方负责出口清关的术语。

专栏 9-8

B出口商与A进口商签订出口女式上衣的合同。合同规定EXW汕头，纸箱包装，6月15日前交货。6月10日，B通知A，货物已经备妥，并单独存放于某仓库，随时可供提取。11日，A派代表前来验收，该批货物全部验收合格。该代表向B提出将货物暂存该仓库，等办妥有关事宜后再来提货。B表示同意，但该代表12日表示：要到14日上午才能安排车来拉货。不料，在14日凌晨，该仓库突遭火灾，全部厂房及物资均化为乌有。A拒付货款，理由是他并未提货，货物被焚应由B方负责。

分析：卖方B在11日已经完成了交货义务，是在合同规定日期内、在指定的交货地点而且货物符合买方的要求。买方自工厂点收货物后即应承担货物灭失和损坏的一切风险，而不是等到其将货物提走之后。

二、DAT术语

DAT的全称是delivered at terminal（... named terminal at port or place of destination），即运输终端交货（……指定港口或目的地的运输终端）。

DAT术语是《2010通则》中新增加的术语，取代了《2000通则》中的DEQ。然而，DAT术语的使用范围要远大于DEQ，该术语是适合于任何运输方式的贸易术语，包含多式联运在内的一种或者多种运输方式。

按照DAT条件成交时，卖方要负责将合同规定的货物按照通常航线和惯常方式，在规定期限内运至目的港或目的地指定的运输终端，将货物卸下，并承担卸货费用。当卖方在指定港口或目的地的指定运输终端将货物从抵达的载货运输工具上卸下，交给买方处置时，即完成交货。其中，“运输终端”意味着任何地点，而不论该地点是否有遮盖，例如码头、仓库、集装箱堆积场或公路、铁路、空运货站等。

使用时应注意的问题是，要尽可能清晰地约定“运输终端”的明确位置。由于术语中的“运输终端”可以是任何地点，而这一地点又是风险和费用从卖方转移至买方的关键地点，买卖双方应当事先达成一致，对这一地点进行尽可能详细的具体描述，谨慎地确定该“运输终端”的明确位置，最好可以具体到某一地的某一点（如货场的具体位置、卸货港的具体码头位置等）。卖方应订立一份与这一双方认可的精确地点相匹配的运输合同，以免产生不必要的纠纷和额外的费用。

三、DAP术语

DAP的全称是delivered at place（... named place of destination），即目的地交货（……指定目的地）。

DAP术语是《2010通则》中新增加的术语，取代了《2000通则》中的DAF、DDU、DES，适合于任何运输方式，包含多式联运在内的一种或者多种运输方式。

当使用DAP术语成交时，卖方要负责将合同规定的货物按照通常航线和惯常方式，在规定期限内将装载于到达的运输工具上准备卸载的货物交由买方处置，即完成交货，卖方负担将货物运至指定地为止的一切风险。

使用时应注意的问题是，注意区分DAT和DAP术语。其主要区别有两个：一是卸货费的分担；二是交货地的适用范围。在卸货费用方面，DAT术语规定卖方有义务将货物从运输工具上卸下供买方处置，而DAP术语则规定买方应履行卸货义务。前文中建议在订立合同时，为了避免纠纷，尽量以合同条款明确卸货费用问题，而不要只依赖于术语本身的解释。因此，如果使用了合同条款明确这一问题，则两个术语在这一问题上的区分就意义不大了。在交货地点方面，DAT 术语适用的交货地点为“运输终端”，主要适用于集装箱运输；而 DAP 术语规定的交货地点为任一指定目的地。而无论使用二者中的哪一个，都建议对交货地做出尽量具体的描述。因此，DAP 中的“目的地”实际上包含了 DAT 中的“运输终端”。

专栏 9-9

我国 A 公司出口一批货物，DAP 术语成交，不可撤销信用证付款，2 月 20 日交货。1 月下旬，A 公司的货物装船驶向目的港。此时买方要求货物装船后卖方将全套提单空邮买方，以便买方及时凭之办理进口通关手续，我方即以照办。由于海上风浪过大，船舶迟到几天才到达目的港，遭到买方降价要挟，经过争取对方才未予以追究。货物到达目的港后，对卸货费用由谁负担的问题，双方发生了争议。最后，由我方负担卸货费用。

分析：在此案中，虽然按照《2010 通则》的规定，采用 DAP 术语时应该由买方承担卸货费用，但最终由卖方承担。这主要是由于该进口国的习惯做法是由出口方承担卸货费用，与《2010 通则》产生了冲突。因此，与其纠纷发生之后再解决，不如提前使用合同条款明确这一问题。

四、DDP 术语

DDP 的全称是 delivered duty paid（... named place of destination），即完税后交货（…… 指定目的地）。该术语适用于各种运输方式。

DDP 是《2010 通则》中包含的贸易术语中卖方承担风险、责任和费用最大的一种术语，也是唯一由卖方负责进口清关义务的术语。

卖方在指定的目的地，办理完进口清关手续，将在交货运输工具上尚未卸下的货物交与买方，完成交货。卖方必须承担将货物运至目的地的一切风险和费用，而买方承担交货后的一切风险和费用。

本章小结

1. 贸易术语来源于国际贸易惯例，它是在长期贸易实践的基础上发展起来的。目前国际上较有权威性的惯例主要有：《1932 年华沙-牛津规则》、《1990 年美国对外贸易定义修订本》及《2010 年国际贸易术语解释通则》。其中，《2010 通则》在现今国际贸易上的影响最为深远。

2.《2010 通则》将贸易术语分为适合各种运输方式和适合水上运输方式的两个组，共 11 种术语。E 组术语只有 EXW，是卖方义务最小的贸易术语；F 组贸易术语的特点是主运费未付，使用 F 组贸易术语时，买方有办理主运输的义务；C 组贸易术语的特点是主运费已付，卖方有办理主运输的义务；而 D 组贸易术语是到达进口国类的贸易术语。

关键术语

贸易术语　　国际贸易惯例　　《2010 通则》　　EXW

FOB	FAS	FCA	CFR
CIF	CPT	CIP	DAT
DAP	DDP		

思考题

1. 什么是贸易术语？
2. 有关贸易术语的国际贸易惯例有哪些？
3. 试比较 FOB、CFR 和 CIF 三种术语的异同。
4. 试比较 FCA、CPT 和 CIP 三种术语的异同。
5. 试比较 CIF 和 DES 的异同。

案例分析题

1. 某公司以 FOB under tackle 条件与外商成交一批货物，当货物装船时，一件货物落入海中，外商要求补足货物。我方以货物在吊钩下完成交货为由拒绝补足货物。试分析该如何处理？

2. 买卖双方按 CIF 条件签订了一笔初级产品的交易合同。在合同规定的装运期内，卖方备妥了货物，安排好了从装运港到目的港的运输事项。在装船时，卖方考虑到从装运港到目的港距离较近，且风平浪静，不会发生什么意外，因此没有办理海运货物保险。实际上，货物也安全及时抵达目的港，但卖方所提交的单据中缺少了保险单，买方因市场行情发生了对自己不利的变化，就以卖方所交的单据不全为由，要求拒收货物拒付货款。请问，买方的要求是否合理？

第十章 标的物及与其相关的条款

学习目标

通过本章的学习，掌握商品名称和品质的重要性，了解数量机动幅度的基本内容，熟悉商品包装的具体做法。

第一节 合同的标的物

一、合同中列明标的物的意义

在国际贸易中的标的物（subject matter），是指用于换取对价的货物。一般而言，要构成买卖中的标的物必须具备三个条件：（1）必须是被卖方所占有的；（2）必须是合法的；（3）必须是双方当事人一致同意的。标的物通常以商品的名称来表示。

众所周知，国际贸易在交易过程、交易条件、贸易做法和所涉及的法律问题上，都远比国内贸易复杂。因此，在国际货物买卖合同中，明确买卖的标的物，规定其名称，就成为必不可缺的。

从法律角度看，在合同中明确规定买卖标的物的具体名称，关系到买卖双方在交接货物方面的权利和义务。按照有关的法律和商业惯例的规定，对交易标的物的具体描述，是构成商品说明（description）的一个主要组成部分，是买卖双方交接货物的一项基本依据。若卖方交付的货物不符合约定的品名或说明，买方有权拒收货物或撤销合同并提出损害赔偿。

从进出口业务角度看，品名的规定是交易赖以进行的物质基础和前提条件。只有在明确规定具体内容的前提下，卖方才能安排生产、加工或收购；买卖双方才能据此决定包装和运输方式、承保险别和支付方式，并在此基础上就价格问题进行具体的磋商，达成协议。

二、品名条款的内容

国际货物买卖中交易的标的物都是具体的商品。由于进入国际贸易领域的商品种类繁多，即使是同一种商品，也可因品种、品质、产地、花色、外形设计、型号等不同而存在千差万别。

按照我国和国际上的通常做法，合同中的标的物的品名条款一般比较简单，一般是在“商品名称”或“品名”（name of commodity）的标题下予以限定，列明交易双方成交商品的名称。有时为了省略起见，也可不加标题，只在合同的开头部分，列明交易双方同意买卖某种商品的文句，例如，计算机、移动通信设备等。但由于成交商品的品种、型号、等级和特点不同，因此，为了明确起见，也可把有关品种或品质产地、型号的概括性描述包括进去，作进一步限定。

三、规定品名条款的注意事项

国际货物买卖合同中的品名条款，是合同中的主要条件。因此，在规定此项条款时，应注意下列事项：

（一）商品的品名必须做到内容明确、具体

用文字来描述和表达商品的名称，应能确切地反映商品的用途、性能和特点，切忌空泛、笼统或含糊，以免给合同的履行带来不应有的困难。

（二）商品的品名必须实事求是，切实反映商品的实际情况

从卖方而言，品名必须是卖方所能生产或供应的品种和型号；就买方而言，品名必须是买方所需要进口的商品。凡做不到或不必要的描述性词句，都不应列入。

（三）商品的品名要尽可能使用国际上通用的名称

如果必须使用地方性的名称，交易双方应事先就其含义达成共识。对于一些新商品的定名及其译名，应力求准确、易懂，并符合国际上的习惯。

（四）确定品名时应恰当地选用合适的名称

如果有一种商品具有不同的名称，则在确定品名时，必须注意有关国家的海关税则和进口限制的有关规定。

（五）确定品名时还应考虑其与运费的关系

目前通行的运送货物的班轮运费是按照商品名称规定收费标准的，但由于商品的名称不统一，存在着同一商品因名称不同而收取的费率迥异的现象。从这个角度来看，选择合适的品名，是节省运费开支和降低成本的一个重要方面，应予以重视。

专栏 10－1

品名条款引发的争议

韩国仁川某公司向我国某山东公司订购一批大蒜。双方在缮制合同时，由于山东胶东半岛地区是大蒜的主要产区，通常我国公司都以此为大蒜货源基地，所以山东公司就按惯

例在合同品名条款打上了“山东大蒜”。可是在临近履行合同时，大蒜产地由于自然灾害导致歉收，货源紧张。山东公司紧急从其他省份征购，最终按时交货。但仁川公司来电称，所交货物与合同规定不符，要求山东公司要么提供山东大蒜，要么降价，否则将撤销合同并提出贸易赔偿。

分析：本案是由于商品品名条款所引发的争议。仁川公司的要求合理。品名和品质条款是合同中的重要条件，一旦签订合同，卖方必须严格按合同的约定交货。另外，在表示商品品质的方法中，有一种是凭产地名称买卖，产地名称代表着商品的品质。不同产地的同种货物品质可能存在着很大的差别，因此仁川公司要求提供山东大蒜是合理的。

第二节　商品的品质

一、品质的含义及重要性

商品的品质（quality of goods）是指商品的内在质量和外观形态的综合。前者包括商品的物理性能、机械性能、化学成分和生物特征等自然属性；后者包括商品的外形、色泽、款式和透明度等外在属性。品质的优劣，是决定商品使用效能和影响商品市场价格的重要因素，也是加强对外竞销的重要手段之一。因此，必须加强对品质的全面管理，切实把好质量关。

合同中的品质条件是构成商品说明的重要组成部分，是买卖双方交接货物的依据。《英国货物买卖法》把品质条件作为合同的要件。《联合国国际货物销售合同公约》规定，卖方交付货物，必须符合约定的质量。如卖方交货不符合约定的品质条件，买方有权要求损害赔偿，也可以要求修理或交付替代货物，甚至拒收货物和撤销合同，这就进一步说明了品质的重要性。

二、品质的表示方法

在国际贸易中，由于交易的商品种类繁多，特点各异，故表示品质的方法也不相同。概括起来，它包括以实物表示和凭说明约定两大类。

（一）以实物表示商品品质

以实物表示商品品质通常包括凭成交商品的实际品质和凭样品两种表示方法。前者为看货买卖；后者为凭样品买卖。

1. 看货买卖

看货买卖（sales by looking at goods）是指买卖双方根据成交商品的实际品质进行交易。通常是先由买方或其代理人在卖方所在地验看货物，达成交易后，卖方即应按验看过的商品交付货物。只要卖方交付的是验看的商品，买方就不得对品质提出异议。这种做法多用于寄售、拍卖和展卖业务中。

2. 凭样品买卖

样品（sample）通常是指从一批商品中抽取出来的或由生产、使用部门加工和设计出来的，足以反映和代表整批商品品质的少量实物。凡是以样品表示商品品质并以之作为交货依据的称为凭样品买卖（sale by sample）。

在国际贸易中，样品种类很多，根据提供方的不同可分为卖方样（seller's sample）、买方样（buyer's sample）和对等样（counter sample）三种。卖方样和买方样分别指卖方和买方提供样品。而对等样是指卖方根据买方提供的样品，加工复制出一个类似的供买方确认的样品，有时也称之为“回样”或“确认样”。

凭样买卖一般适用于一些在造型上有特殊要求或具有色、香、味方面特征的商品。目前我国出口的某些工艺品、服装、轻工业品等常采用这种方式表示其品质。

（二）凭说明约定商品品质

凡以文字、图表、相片等方式来说明商品的品质者，均属凭说明（description）约定商品品质的范畴，具体包括下列几种：

1. 凭规格买卖

商品的规格（specification）是指一些足以反映商品品质的主要指标，如化学成分、含量、纯度、性能、容量、长短、粗细等。用规格表示商品品质的方法具有简单易行、明确具体，而且可以根据每批货物的具体情况灵活调整的特点，所以在国际贸易中应用较广。

2. 凭等级买卖

商品的等级（grade）是指同一类商品，按其规格上的差异，分为品质优劣各不相同的若干等级，通常是由制造商或出口商根据其长期生产和了解该项商品的经验，在掌握其品质规律的基础上制定出来的。但由于不同等级的商品具有不同的规格，为了便于履行合同和避免争议，在品质条款列明等级的同时，最好一并规定每一等级的具体规格。

3. 凭标准买卖

商品的标准（standard）是指将商品的规格和等级予以标准化。商品的标准，有的由国家或有关政府主管部门规定，有的由同业公会、交易所或国际性的工商组织规定。在国际贸易中，有些商品习惯于凭标准买卖，作为说明和评定商品品质的依据。

4. 凭说明书和图样买卖

在国际贸易中，对于机器、电器和仪表等技术密集型产品的品质，通常是以说明书并附以图样、照片、设计、图纸、分析表及各种数据来说明其具体性能和结构特点。按此方式进行交易，称为凭说明书和图样买卖（sale by illustrations or patterns）。采用它时，除列入说明书的具体内容外，往往要订立卖方品质保证条款和技术服务条款。

5. 凭商标或牌号买卖

商标（trade mark）是指生产者或商号用来说明其所生产或出售的商品的标志，它可由一个或几个具有特色的单词、字母、数字、图形或图片等组成。牌号（brand）是指工商企业给其制造或销售商品所冠的名称，以便与其他企业的同类产品区别开来。一个牌号可用于一种产品，也可用于一个企业的所有产品。凭商标或牌号买卖（sales by trade mark of brand），一般只适用于一些品质稳定的工业制成品或经过科学加工的初级产品。

6. 凭产地名称买卖

在国际货物买卖中，有些产品，因产区的自然条件、传统加工工艺等因素的影响，在品质方面具有其他产区的产品所不具有的独特特色。对于这类产品，一般也可用产地名称来表示其品质（sales by origin），如长白山人参、良乡板栗等。

上述表示商品品质的方法，可以单独运用，也可以根据商品的特点、市场或交易的习惯，将几种方式结合运用。但要注意，在规格与样品同时使用的进出口贸易中，必须明确表明是以规格为准，还是以样品为准，因为根据国外一些法律的规定（如《英国货物买卖法》），凡是既凭样品又凭规格达成的交易，卖方所交货物必须既符合样品，又要与规格保持一致，否则买方有权拒收货物，并可以提出索赔要求。

专栏 10－2

品质标准确定不适致损案

中国A公司曾向B外商出售一批农产品。在成交前，该公司给外商寄送过样品。在签约时，在合同品质条款中规定了商品的具体规格。在签约后，卖方经办人员又主动电告买方，确认“成交商品与样品相似”。在货物装运前，中国进出口商品检验检疫局进行了检验并签发了品质规格合格证书。但该批货物运到目的地后，买方认为，所交货物品质比样品低，要求减价。卖方认为，合同并未规定凭样成交，而且所交货物经检验符合约定的规格，故不同意减价。于是买方便请当地检验机构检验，出具了交货品质比样品低7%的证明，并据此提出了索赔要求，卖方拒赔。由于合同中未规定仲裁条款，而发生争议后双方又达不成仲裁协议，买方遂请中国仲裁机构协助处理解决此案争议。鉴于签约前卖方给买方寄送过样品，签约后，卖方又主动确认“成交商品与样品相似”且存样已经遗失，故在仲裁机构的协调下，最后以A公司赔付了一笔差价而结案。

分析：本案是关于品质表示方法采用不当所产生的纠纷。从合同的条款来看，只规定了品质规格条款，并未规定凭样交货。但在签约前A寄了样品，而签约后A又电报确认了货物品质与样品相似。这个电报可以理解为，交货与样品相似是合同中品质规格条款的补充。因此，从整个交易过程来判断，该交易不仅仅是凭规格买卖，而是既凭规格又凭样品的买卖。

三、关于品质机动幅度的规定

在国际货物买卖中，为了避免交货品质与合同稍有不符而造成违约，保证交易的顺利进行，可以在合同条款中做出某些变通规定，即允许交付的货物的品质在一定范围内高于或低于合同规定。

（一）公差条款

公差条款（quality tolerance）是指工业制成品由于科技水平或生产水平所限而产生的公认的误差。在国际贸易中，卖方所交付的商品品质只要在合同规定的品质幅度内，买方不得拒收货物，也不得要求调整价格。公差条款可以由买卖双方共同议定，也可以采用国际同行业所公认的误差。它有两种做法：一种做法是只做出笼统规定，例如，“质地、重量、尺寸、颜色均允许合理差异”；另一种做法是明确规定一定幅度的公差，例如，“尺码或重量允许有±3%～5%的合理公差”。

（二）品质机动幅度

品质机动幅度（quality latitude）是指对某些初级产品，由于卖方所交货物品质难以完全与合同规定的品质相符，为便于卖方交货，往往在规定的品质指标外，加订一定的允许幅度，卖方所交货物品质只要在允许的幅度内，买方就无权拒收，但可根据合同规定调整价格，这就是在进出口业务中所谓的“品质增减价条款”。例如，合同中规定：“货物到达目的地时，如发现与样品不符，但货未发现质变，或货物仍可销售，买方仍应照常提货，但合同价将就酌减，其数额由双方协定。未得卖方同意，不得退货。”

四、品质条款的内容

在买卖合同中，品质条款的内容有繁有简，一般视不同商品和不同表示品质的方法而定，包括商品的品名、规格、等级、品牌、标准以及交付货物的品质依据等。订立品质条款应注意下列问题：

第一，应根据不同的商品特点，正确使用表示商品品质的方法。在国际贸易中，表示商品品质的各种方法（或品质依据）都有其特殊的含义和范围，哪些商品适于凭样品买卖，哪些商品适于凭规格、等级、标准等买卖，都有行业习惯可循。另外，还应防止把品质指标订得过于烦琐，以免顾此失彼，难以兼备，而影响合同的正常履行。

第二，要从国内的生产实际出发，实事求是地规定适当的品质指标。确定品质条款时，既要考虑国外客户的具体要求，又要考虑我国生产的实际情况，恰如其分地确定商品的品质。如果品质订得过高，把不可能达到或者很难达到的指标贸然列为品质条件，则势必会给生产和履行合同带来困难。当然，如果品质指标订得过低，则会影响成交商品的售价、销路及商品的声誉，甚至降低出口商品的信誉，使对方产生疑虑而不敢成交。

第三，品质条件应明确、具体。为了便于检验和明确责任，在规定品质条件时，应力求明确、具体，不宜采用诸如“大约”“左右”“合理误差”之类的笼统含糊字眼，以免在交货品质问题上引起争议。然而，也不宜把品质条件订得过死，要有一定的灵活性，以利于合同的履行。

第三节　商品的数量

在进出口业务中，数量的掌握运用得当，可以促进交易的达成，还有利于正确地掌握成交价格。

一、商品数量的重要性

商品数量的多少，是制定单价和计算总金额的重要依据。合同中的数量条款涉及成交数量的确定、计量单位和计量方法的规定，以及数量机动幅度的掌握等内容。买卖双方约定的数量是交接货物的依据，卖方所交货物的数量如果与合同不符，买方有权提出索赔，甚至拒收货物。

根据《联合国国际货物销售合同公约》的规定，买方可以收取也可以拒绝收取全部多交货物或部分多交货物；如果卖方短交，可允许卖方在规定交货期届满之前补齐，但不得使买方遭受不合理的不便或承担不合理的开支，即使如此，买方也保留要求损害赔偿的权利。

二、数量的计量单位

在国际贸易中，任何商品都同一定的数量联系在一起，任何数量都同一定的计量单位相联系。国际贸易中所使用的计量单位常见的有以下几种。

(一) 按重量计算

重量（weight）是目前国际贸易中使用最多的一种计量方法。大宗农副产品、矿产品以及一部分工业制成品习惯于采用按重量计量。

(二) 按个数计算

大多数工业制成品，尤其是日用消费品、轻工业品、机械产品以及一部分土特产品，习惯于按个数（number）进行买卖。

(三) 按长度计算

长度（length）单位多用于金属、绳索、布匹、绸缎等类商品的买卖。常见的计量单位有米（meter）、英尺（foot）、码（yard）等。

(四) 按面积计算

有些商品，例如玻璃板、地毯、皮革等，习惯于以面积（area）作为计量单位。常见的有平方米（square meter）、平方英尺（square feet）、平方码（square yard）等。

(五) 按体积计算

按体积（volume）成交的商品不多，仅用于木材、天然气以及化学气体的买卖。常用的计量单位有立方米（cubic meter）、立方码（cubic yard）等。

(六) 按容积计算

容积（capacity）常见的计量单位有公升（litre）、加仑（gallon）、蒲式耳（bushel）等。

目前，国际贸易中通常使用的有公制（the metric system）、英制（the british system）、美制（the US system）以及在公制基础上发展起来的国际单位制（the international system of unit）。所以在与外商洽谈交易和签订合同时，必须明确规定采用哪一种度量衡制度，避免因此而造成误会和引起纠纷。

三、重量的计算方法

在国际贸易中，采用按重量计算的商品很多。根据有关法律规定，在买卖合同中如未规定按毛重和净重计算商品价格者，应按照净重计价。在计算重量时，通常有以下几种方法。

（一）毛重

毛重（gross weight）是商品本身的重量加包装重量。它在多数情况下只作为搬运及装卸等场合的计重。这种计量方法一般适用于价值较低的交易。

（二）净重

净重（net weight）是指商品本身的实际重量，不包括包装（皮重）的重量，即净重等于毛重减去皮重。在国际贸易中，对以重量计量的商品，大部分都按净重计价，这是最常见的计量方法。然而，有些商品因包装本身不便分别计量（如卷筒白报纸），或因包装材料与商品价格差不多（如粮谷、饲料等价值较低的农副产品），采用按毛重计价，即习惯上称之为“以毛作净”（gross for net）。

（三）公量

有些商品有较强的吸湿性，其重量也就很不稳定，因而国际上有一种专门计算此类商品重量的方法，即用科学的方法除去其所含的实际水分，然后再加上国际公认的标准含水量，称为公量（conditioned weight），即“公定重量”。这种计算重量的方法比较适合于经济价值较高、含水量又极不稳定的商品，如生丝、羊毛和棉花等。公量的计算公式为：

公量＝干量＋标准含水量

＝实际重量×(1＋标准回潮率)/(1＋实际回潮率)

（四）理论重量

对于一些按固定规格形状和尺寸所生产和买卖的商品，如马口铁、钢板等，只要其规格和重量一致、尺寸大小一致，则每件商品的重量大体是相同的，所以一般从其件数就能推算出总重量，此称为理论重量（theoretical weight）。它一般只作为计算实际重量的参考。

（五）法定重量和实物净重

按照一些国家海关法的规定，在征收从量税时，商品的重量是以法定重量计算的。所谓法定重量（legal weight）是商品重量加上直接接触商品的包装物料（如销售包装等）的重量。而除去这部分重量所表示出来的纯商品的重量，则称之为实物净重（net met weight）。此方法大多用于海关征税。

专栏 10-3

商品数量多装受损案

某年，我国某进出口A公司出口一批牛肉到韩国，共50吨，合同规定，“该批货物应装于1 500箱子，每箱净重33.2千克。如按规定装货，则总重量应为49.8吨，余下200千克可以不再补交”。当货物运抵釜山港后，韩国海关在抽查该批货物时，发现每箱净重不是33.2千克而是40千克，即每箱多装了6.8千克。但在所有单据上都注明装了49.8吨。议付货款时也按49.8吨计算，白送了10吨牛肉给客户，造成A方损失。

分析：本案中由于A方的失误，给自己造成了损失并带来了麻烦。究其原因，主要由于工作中各个环节没有衔接好。加工部门收到加工通知单后，仍按常规每箱装了40千克牛肉。而在出口货物报关、装船时，又没有将每箱净重和箱数相乘，仅凭申报的重量49.8吨办理有关手续，而不知实际上已经装出了60吨货物。

四、关于数量机动幅度的规定

在进出口贸易实际履约过程中，由于商品特性、生产条件、运输工具的承载能力以及包装方式的限制，卖方要做到严格按量交货确有一定的困难。为避免因卖方实际交货不足或超过合同规定而引起的法律责任，方便合同的履行，对于一些数量难以严格限定的商品，如大宗的农副产品、矿产品、煤炭以及一些工业制成品，通常在合同中规定，交货数量允许有一定范围的机动幅度，并明确溢短装部分由谁选择和作价原则，这种条款被称为“溢短装条款”（more or less clause）。凡是做出这类规定的合同，卖方的交货数量只要在增减幅度范围之内，即为按合同规定交货，买方不得以交货数量与合同不符为由而提出拒收或索取损失赔偿。

（一）规定机动幅度的方法

数量的机动幅度是指卖方可按买卖双方约定某一具体数量多交或少交若干的幅度。在出口业务中，关于交货的机动幅度，大致有以下几种规定方法：

（1）合同中明确具体地规定数量的机动幅度。这种做法是在合同中具体规定允许交货数量有一定范围的机动，一般仅适用于矿产品、煤炭、粮谷、化肥等大宗交易。

（2）合同中未明确规定数量机动幅度，但在交易数量前加上“约”字。但由于各国和各行业对这类词语的解释不一，有的理解为2%的伸缩，也有的理解为5%，甚至10%的伸缩，因此容易引起争议。

（二）机动幅度的选择权

在合同规定有机动幅度的条件下，一般是由卖方行使多交或少交的选择权，有时也可由买方选择。如果涉及海洋运输，由于交货量的多少与承载货物的船只的舱容关系非常密切，交货的机动幅度一般由安排舱容和装载货物的一方，根据具体情况做出选择。例如，采用FOB条件成交，由买方负责签订运输合同，安排租船订舱，则数量的机动幅度一般就由买方和船方共同协商予以确认；如果采用CIF或CFR条件成交，由卖方负责安排租船订舱，则数量的机动幅度一般由卖方和船方来决定。

（三）溢装、短装数量的计价方法

目前，对在机动幅度范围内超出或低于合同数量的多装或少装部分，一般是按合同价格计价结算。然而，由于在数量上的多装或少装在一定条件下关系到买卖双方的利益，在国际货物买卖中，尤其是大宗货物，买卖双方从签订合同开始到实际履行合同，需要相当长一段时间，买卖双方所约定的商品价格可能会发生较大的波动，尤其是那些商品价格较敏感或季节性较强的商品更是如此。为了防止有权选择溢短装的当事人利用行市的变化，有意多装或少装，以获取额外的好处，有的合同中规定，多装或少装部分不按合同价格计算，而代之以按装船日的行市或目的地的市场价格计算；如果双方未能就装船日或到货日，或是市场价格取得协议，则可交由仲裁机构解决。

第四节　商品的包装

一、包装的重要性及约定包装条件的意义

商品的包装是实现商品价值和使用价值的重要手段之一，是商品生产和消费之间的桥梁。绝大多数商品只有通过适当的包装，才能进入流通领域进行销售，以实现其使用价值和价值。

在国际贸易中，除少数商品由于本身的特点，可以用散装或裸装外，大多数商品都需要有一定的包装。包装费用属于生产性质的费用，追加在包装上的费用，可以通过提高售价而得到补偿。从这个意义上看，包装又是促使商品增值的一种手段。

包装不仅能起保护商品和美化商品的作用，而且包装本身还是货物说明的组成部分。因此，凡买卖需要包装的商品，交易双方必须在合同中对包装条款做出明确规定。按照一些国家的法律解释，如果一方违反了所约定的包装条件，另一方有权提出索赔，甚至可以拒收货物。由此可见，包装条件是国际货物买卖合同中的重要交易条件。

二、包装的种类

商品的包装，按其在流通领域中所起作用的不同，分为运输包装和销售包装。此外，还有中性包装与定牌等。

（一）运输包装

运输包装（shipping package），又称大包装或外包装，也叫工业包装，是指以方便运输和仓储运作、保护货物为目的的包装。

运输包装的方式和造型多种多样，包装材料和质地各不相同，包装程度也有差异，这就导致运输包装具有多样性。

（1）按包装方式，可分为单件运输包装和集合运输包装。前者是指货物在运输过程中作为一个计件单位的包装；后者则指将若干个单件运输包装组合成一件大包装，以便更有效地保护商品，提高装卸效率和节省运输费用。在国际贸易中，常见的集合运输包装有集装包和集装袋。

（2）按包装造型不同，可分为箱、袋、桶和捆等不同的包装。

（3）按包装材料不同，可分为纸制包装、金属包装、木制包装、塑料包装、麻制品包装、玻璃制品包装、陶瓷制品包装以及竹、柳、草制品包装等。

（4）按包装质地不同，可分为软性包装、半硬性包装和硬性包装。

（5）按包装程度不同，可分为全部包装和局部包装。

（二）销售包装

销售包装（sale package），是指直接盛装商品，并同商品一起出售给消费者的包装，

又称小包装或零售包装，也称内包装。

为了使销售包装能更好地适应国际市场的需要，在设计和制作销售包装时，应体现以下要求：(1) 便于陈列展销，以吸引顾客和供消费者选购；(2) 便于识别商品，以便消费者了解、看货成交；(3) 便于携带和使用，为消费者提供方便；(4) 要有艺术吸引力，以便吸引顾客、提高售价和扩大销路。如中高档烟酒、化妆品通过别致考究的包装彰显品牌独特而华贵的形象，而低档的文具、日用品，如灯泡仅仅用不厚的纸套环绕灯泡，通过简单、实用的包装传递物美价廉的信息。

销售包装可采用不同的包装材料和不同的结构造型与式样，这就导致了销售包装的多样性。常见的销售包装有以下几种：挂式包装、携带式包装、堆叠式包装、喷雾式包装、礼品式包装、透明式包装以及易开式包装等。

专栏 10-4

出口包装的重要性

某年我国某粮油进出口公司出口一批货物到加拿大，交货期为当年 9 月 20 日之前，目的港为魁北克。合同规定用塑料袋包装，每件要使用英、法两种文字的唛头。但我公司实际交货改用牛皮纸包装代替，并仍使用只有英文的唛头，加拿大商人为了适应当地市场的销售要求，不得不雇人重新更换包装和唛头，而后向我方提出索赔。

分析：从本案来看，卖方未严格按照合同规定的包装条件履行交货义务，应视为违反合同。具体来说，卖方的错误有两方面：一是擅自更换包装材料；二是未按合同规定使用唛头。目前许多国家对于在市场上销售的商品规定了有关包装和标签管理条例，进口商品必须符合这些规定，否则不准进口或禁止在市场上出售。由于加拿大部分地区属于法语区，为此，销售产品除英文外常还要求加注法文。总之，为了顺利出口，必须了解和适应不同国家规定的特殊要求，以减少不必要的麻烦。

(三) 中性包装

中性包装 (neutral package) 是指既不标明生产国别、地名和厂商名称，也不标明商标或品牌的包装，即在出口商品包装的内外都没有产地和厂商的标记。

中性包装的做法是国际贸易中常见的方式。采用中性包装，其目的是为了避开某些进口国家与地区的关税和非关税壁垒，以及适应交易的特殊需要 (如转口销售等)，它是出口国家厂商加强对外竞销和扩大出口的一种手段。

值得注意的是，采用中性包装的出口商品，如因故转为内销时，必须重新拆开包装，分别在产品及包装上依照我国有关产品质量方面的法律要求，附上产品的质量检验合格证、中文书写的产品名称、规格型号、生产厂家、厂址、生产日期等。

三、条形码

商品包装上的条形码 (bar code) 是一组按特定编码规则排列起来的、粗细不等、黑白相间的平行线条，可以利用专用的光电扫描读码装置将其转换为一定的脉冲信号，并解读为一定的数字或字母，标示生产国、制造商、商品名称、生产日期、图书分类号、邮件起止地点、类别、日期等各种信息的特殊代码语言。

条形码技术产生于美国，自1949年问世后，被广泛应用于各种生产和流通领域，通过零售渠道直接销售给最终用户的商品几乎都适合采用条码。此外，条码还广泛应用于储运包装上，以实现运输、仓储、发货、收货等业务的自动化管理。最常见的条形码是零售店中印制在各种商品销售包装上的条码，是由反射率相差很大的黑条（简称条）和白条（简称空）组成的，条码的宽度和排列顺序遵循一定的规则（见图10-1）。

6 901234 567892

图10-1 条形码

目前，世界许多国家都在商品包装上使用条形码，只要将条形码对准光电扫描器，计算机就能自动地识别条形码的信息，确定品名、品种、数量、生产日期、制造厂商、产地等，并据此在数据库中查询其单价，进行货款结算，打出购货清单，这就有效地提高了结算的效率和准确性，也方便了顾客。采用条形码技术，还有利于提高国际贸易信息传递的准确性，并使交易双方能及时了解对方商品的有关资料和本国商品在对方的销售情况。

目前，许多国家的超市都使用条形码技术进行自动扫描结算，如商品包装上没有条形码，即使是名优商品，也不能进入超市，而只能当作低档商品进入廉价商店，有些国家对包装上无条形码标志的某些商品还不准进口。对此，应给予高度重视。

四、包装标志

包装标志（package mark）就是在商品包装的外部印制、粘贴或书写的图形、文字和数字等标识，内容包括商品的名称、品牌、规格、等级、数量、体积等。它是识别商品的重要依据，其中，销售包装的标志主要是为销售服务，运输包装的标志则与物流运作息息相关。

（一）销售包装标志

在销售包装上，一般都附有装潢画面和文字说明的标志。在设计和制作销售包装标志时，应做好以下方面的工作：

1. 包装的装潢画面

销售包装的装潢画面要美观大方，富有艺术上的吸引力，并突出商品的特点，其图案和色彩要适应有关国家的民族习惯和爱好，以利扩大出口。

2. 包装上的文字说明

销售包装上应有必要的文字说明，如商标、品牌、品名、产地、数量、规格、成分、用途和使用方法等。文字说明应同装潢画面紧密配合、互相衬托、彼此补充，以达到宣传和促销的目的，使用的文字还须简明扼要，并能让销售市场的顾客看懂，必要时也可以中外文同时并用。

3. 包装上的标签

标签是指附在商品或包装上用以简介生产国别、制造厂商、货物名称、商品成分、品质特点、使用方法等内容的标志。在销售包装上制作标签时，应注意有关国家的标签管理条例的规定。一些发达国家常以这些规章制度作为限制国外进口的一种手段，对此应引起足够的重视。以欧盟为例，欧盟在商品标签方面有一系列的规定，基本内容就是商品本身或外包装上必须带有内容全面、可读、可理解、正确的标签。

（二）运输包装标志

运输包装标志的作用是为了便于运输、仓储、商检和验关工作的进行，以及发货人与承运人和承运人与收货人之间的货物交接，避免错发错运。根据其作用、用途的不同，分为以下几种：

1. 运输标志

运输标志又被称为“唛头”，是区别一批货物同其他同类货物的依据。它的主要内容包括目的地信息、收货人信息、件数/批号等，有的还包含货物的名称、规格、型号、毛重、装箱尺码、出厂时间等。按照贸易惯例，运输标志可以由卖方提供，而且不是必须在合同中做具体规定。若买方要求由其指定唛头时，卖方也可接受，但必须在合同中规定提出唛头后通知卖方的日期，以免影响备货、出运和结汇等工作。现举例说明运输包装标志（见图 10-2）。

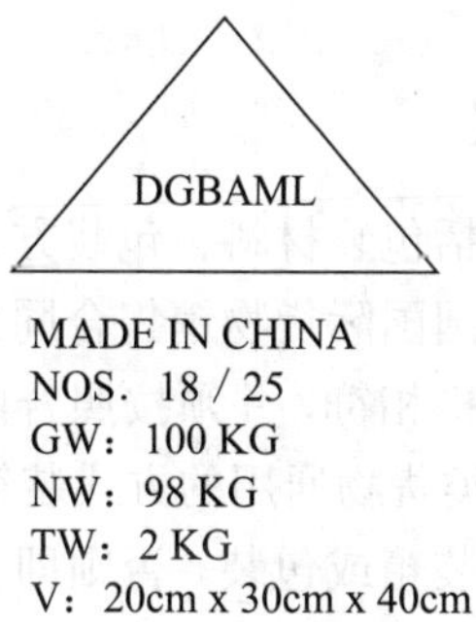

图 10-2　运输包装标志

鉴于运输标志的内容比较多，加之各个国家和各种运输方式之间对运输标志的要求差异较大，不利于电子计算机在运输和单证流转方面的应用，为此，联合国欧洲经济委员会简化国际贸易程序工作组在国际标准化组织和国际货物装卸协调协会的支持下，制定了标准运输标志，向各国推荐使用。

标准化的运输标志完全由数字和字母信息组成，不包括几何图形，也不加任何广告性宣传及图形，主要内容包括：

- 收货人或买方的英文名称缩写或简称，如 ABCD；
- 参照号，如运单号、合同号或发票号，如 1234；
- 目的地，如 NEW YORK；
- 件数号码，如 1/25。

2. 指示性标志

指示性标志是提示人们在装卸、运输和保管过程中需要注意的事项，一般都是以简单、醒目的图形和文字在包装上标出，故又称其为注意标志。2008 年 5 月，中华人民共和国国家质量监督检验检疫总局和中国国家标准化管理委员会发布了《包装储运图示标志》（Packaging-Pictorial Marking for Handling of Goods）强制性国家标准，并于 2008 年 5 月 1 日开始实施。

3. 警告性标志

警告性标志又称危险货物包装标志。凡在运输包装内装有爆炸品、易燃物品、有毒物品、腐蚀物品、氧化剂和放射性物资等危险货物时，都必须在运输包装上标明用于各种危险品的标志，以示警告，使装卸、运输和保管人员按货物特性采取相应的防护措施，以保护物资和人身安全。2009 年，中华人民共和国国家质量监督检验检疫总局和国家标准化管理委员会发布了《危险货物包装标志》（Packing Symbol of Dangerous Goods），并于 2010 年 5 月 1 日正式实施。本标准规定了危险货物包装图示标志（以下简称“标志”）的分类图形、尺寸、颜色及使用方法等。该标准中标志分为标记和标签，标记 4 个，标签 26 个，其图形分别标示了 9 类危险货物的主要特性。

此外，联合国政府间海事协商组织也规定了一套《国际海运危险品标志》，这套规定已被许多国家采用，有的国家进口危险品时，要求在运输包装上标打该组织规定的危险品标志，否则不准靠岸卸货。因此，在我国出口危险货物的运输包装上，要标打我国和国际海运所规定的两套危险品标志。

五、合同中的包装条款

交易合同中的包装条款主要包括包装材料、包装方式、包装规格、包装标志，有时也包括包装费用等内容。根据《联合国国际货物销售合同公约》的规定：卖方交付的货物必须与合同所规定的数量、质量和规格相符，并须按照合同所规定的方式装箱或包装。除双方当事人另有协议，货物应按照同类货物通用的方式装箱或包装，如果没有此种通用方式，则按照足以保全和保护货物的方式装箱或包装，否则即为与合同不符。因此，对合同中包装条款的订立应慎重。

（一）对包装的要求应当明确具体

明确规定包装材料、造型和规格。例如，“木箱包装，每箱 50 纸盒，每盒一打”。除了传统商品，不宜采用“按惯常方式包装”（customary packing）、“适合海洋运输包装”（sea worthy packing）或“卖方习惯包装”（seller usual packing）等含糊的包装术语。

（二）应订明包装费用由何方负担

按照国际贸易惯例，包装费用一般都包括在货价之内，不另计价，在包装条款中无须另行订明。但在有些情况下，如买方坚持要求特殊包装，使产品成本增加，则需要在包装条款中订明包装费用的负担。

（三）明确由何方提供运输标志

按照国际贸易惯例，运输标志可以由买方提供，也可由卖方决定。如果由卖方决定，可不订入合同中，或只订明“卖方标志”，由卖方设计后通知买方。

本章小结

1. 品名是买卖双方交接货物的重要依据。品质是决定商品价格高低的重要因素。在国际贸易中，表示品质的方法有两大类：以实物表示品质和以说明表示品质。为了便于交货，可加列公差条款或品质机动幅度条款。

2. 数量条件是买卖双方交接货物的依据。统一度量衡制度对买卖双方非常重要。为了便于交货，对于某些商品，在合同中应加订数量的机动幅度，即溢短装条款。商品包装是商品生产的继续。包装根据其在流通领域中的作用可分为运输包装和销售包装。而条形码更是进入国外超级市场的必要条件。运输包装上的标志可分为运输标志、指示性标志和警告性标志。

关键术语

标的物	品质	凭样品买卖	公量
溢短装条款	运输包装	销售包装	中性包装
定牌	条形码	运输标志	

思考题

1. 在买卖合同中为什么要规定商品名称？规定品名条款时应注意哪些事项？
2. 表示商品品质的方法有哪些？试从法律角度说明品质条款的重要性。
3. 从法律角度说明合同数量条款的重要性。
4. 什么叫溢短装条款？为什么在某些商品的买卖合同中要规定溢短装条款？
5. 什么叫条形码？在包装上采用条形码有何意义？

案例分析题

1. 在双方签订的贸易合同中，规定成交货物为不需包装的散装货。而卖方在交货时采用麻袋包装，但净重与合同规定完全相符，且不要求另外加收麻袋包装费。货到后，买方索赔，该索赔是否合理？

2. A 公司按凭样品买卖的方式，从国外 B 公司进口当饲料用的谷物。由于 B 交货品质太好，使 A 公司的国家海关误以为是供人食用的谷物而课以重税，使 A 增加了税收负担。因此，A 要求 B 赔偿因交货品质与样品不同而造成的关税差额损失。请评析此案。

第十一章 国际货物运输

学习目标

通过本章的学习，了解国际货物运输的主要方式，特别是海洋运输的相关知识，熟悉国际货物运输合同中装运条款的内容，特别是分批装运和转运条款，掌握海运提单的种类和作用。

第一节 运输方式

在国际货物运输中，使用的运输方式很多，其中包括海、陆、空、江、邮等运输方式。为了合理地选择运输方式，必须对各种运输方式的特点及其运营的有关知识有所了解。

一、海上运输

海上运输（ocean transport），是指以船舶为工具，通过海上航道运送旅客或货物的一种运输方式。海上运输历史悠久，发展也极为迅速。尤其是在第二次世界大战以后，国际海上货运量迅速增加。从总体上看，无论是现在还是将来，海上货物运输在对外贸易中都将占据绝对的主导地位。目前，世界外贸海运量在国际货物运输总量中占80%以上。

（一）海洋运输的特点

海上运输之所以被如此广泛采用，是因为它与其他国际货物运输方式相比，具有明显的优点：通过能力强、货运量大、运费低廉及对货物适应性强。但同时，海洋运输也存在不足之处。例如，由于船舶体积大，水流阻力大，造成运输速度慢；海上运输会受到气候和自然条件的影响，遇险的可能性较大，船舶航行日期也不易准确预计，因而风险系数较高。

（二）海上运输经营方式

按照船舶的经营方式，国际贸易海上运输主要有班轮运输（liner transport）和租船运输（shipping by chartering）两种。

1. 班轮运输

班轮运输，又称定期船运输，是指船舶在固定的航线上和港口间按事先公布的船期表航行，从事客、货运输业务并按事先公布的费率收取运费。

班轮运输有以下特点：

（1）“四固定”，即航线固定、港口固定、船期固定和费率相对固定。这是班轮的基本特点。

（2）不规定货物的装卸时间。由于班轮须按船期表规定的时间到港和离港，运价内已包括装卸费用，货物由承运人负责配载、装卸，承运人和托运人双方不计算滞期费和速遣费。

（3）在班轮运输业务中，承运人和托运人双方的权利、义务、责任、豁免均以船公司按照国际公约和有关国内法规签发的提单条款为依据。

班轮运输特别适合一般杂货和小额贸易货物的运输需要。由于班轮公司派出的船舶一般技术性能好，设备齐全，质量较好，船员技术水平也较高，且在班轮停靠的港口班轮公司一般都有自己的专用码头、仓库和装卸设备，因此能够提供较高的运输质量。

班轮运费（freight）是班轮承运人为承运货物收取的报酬，而计算运费的单价（或费率）则称班轮运价。班轮运价具有相对稳定性，即在一定时期（如半年、一年或更长时期）内保持不变。

班轮运价一般是由基本费率（basic freight rate）和多种附加费（additionals or surcharges）两个部分构成。

基本运费即班轮航线内基本港之间对每种货物规定的必须收取的费率，包括各航线等级费率、从价费率、冷藏费率、活牲畜费率及议价费率等。

基本运费是按班轮运价表规定的标准计算收取的。在班轮运价表中，根据不同的商品，通常采取下列几种对运费的计收标准：

（1）按货物毛重，也称重量吨（weight ton）。在运价表内用“W”表示。一般以一公吨为计算单位重量吨的实际计量，吨以下取两位小数。

（2）按货物的体积计收，也称尺码吨（measurement ton）。在运价表中用“M”表示。一般以一立方米为计算单位或40立方英尺为一尺码吨计算。

（3）按货物的毛重或体积计收运费，计收时取其数量较高者。在运价表中以“W/M”表示。按惯例，凡一重量吨货物的体积超过一立方米，即按体积收费；一重量吨货物其体积不足一立方米，则按毛重计收。

（4）按货物的价格计收运费，又被称为从价运费。一般按商品FOB货价的百分之几（百分之零点几到5%不等）计算运费。运价表内用“A. V.”或“Ad. Val”表示。高值货物较多使用该标准计收。

（5）按货物重量或体积或价值三者中最高的一种计收，在运价表中用“W/M or Ad

Val.”表示。也有按货物重量或体积计收，然后再加收一定百分比的从价运费，在运价表中以“W/M plus Ad Val.”表示。

（6）按货物的件数计收，如活牲畜按头和车辆按辆计费。

（7）大宗低值货物按议价计收运费。如粮食、豆类、煤炭、矿砂等。上述大宗货物一般在班轮费率表内未被规定具体费率。在订舱时，由托运人和船公司临时洽商议定。议价运费比按等级运价计算的运费低。

（8）起码费率（minimum rate），是指按每一提单上所列的重量或体积所计算出的运费，尚未达到运价表中规定的最低运费额时，则按最低运费计收。

附加费是对一些需要特殊处理的货物或由于客观情况的变化使运输费用大幅度增加，班轮公司为弥补损失而额外加收的费用。附加费的种类很多，而且随着客观情况的变化而变化。以下为几种常见的附加费：超重附加费（over weight surcharge）；超长附加费（over length surcharge）；燃油附加费（bunker surcharges or bunker adjustment factor, baf）；港口附加费（port surcharge）；港口拥挤附加费（port congestion surcharge）；货币贬值附加费（devaluation surcharge or currency adjustment factor）；绕航附加费（deviation surcharge）；转船附加费（transshipment surcharge）；直航附加费（direct additional）；等等。各种附加费的计算方法主要有两种：一种是以百分比表示，即在基本费率的基础上增加一个百分比；另一种是用绝对数表示，即每运费吨增加若干金额，可以与基本费率直接相加计算。

专栏 11-1

班轮运费计算实例说明

天津运往蒙巴萨港口门锁一批，300箱，每箱体积为20厘米×30厘米×40厘米，毛重为20公斤，当时燃油附加费为30%，蒙巴萨港口拥挤附加费为10%，门锁属于小五金类，计收标准是W/M，等级为10级，基本运费为每吨运费433港元，计算应付运费多少？

分析：W=20公斤=0.02公吨，M=0.2×0.3×0.4=0.024立方米。

由于M>W，所以采用M计算。

$$\begin{aligned}运费&=基本运费\times(1+附加费率)\times总货运量\\&=433\times(1+30\%+10\%)\times(300\times0.024)=433\times140\%\times7.2=4\ 364.64(港元)\end{aligned}$$

2. 租船运输

租船运输又称不定期船（tramp）运输。它和班轮运输不同，船舶没有预定的船期表、航线及港口。船期、航线及港口均按租船人（charterer）和船东（ship owner）双方签订的租船合同（charter party）规定的条款行事。也就是说，根据租船合同，船东将船舶出租给租船人使用，以完成特定的货运任务，并按商定的运价收取运费。租船运输通常适应于大宗货物的运输。

目前，国际租船运输包括定程租船（voyage charter）、定期租船（time charter）和光船租船（bare boat charter）。

（1）定程租船。

定程租船又称航次租船，是以航次为基础的租船方式。在这种方式下，船方必须按租船合同规定的条件，按时抵达装货港口，装上一定数量指名的货物，在驶抵卸货港卸下货物，完成整个航程的运输任务，并负责船舶的经营管理。在定程租船条件下，除了少数几项费用，如货物装卸费、隔离费、平舱费、船舶滞期费等通常由租船人负担外，其他运输费用，如船员工资、港口使用费、港口代理费、船用燃料、隔垫物料费等费用都由船东承担，租船人按约定支付运费。

（2）定期租船。

定期租船简称期租船。它是由船舶出租人将船舶出租给租船人使用一定期限，并在规定的期限内由租船人自行调度和经营管理。租金按月（或 30 天）、按日（一般每半个月预付一次）或按每载重吨（DWT）若干金额计算。

（3）光船租船。

光船租船也称船壳租船。船东只负责提供空船，不负责提供船员，由租方自行配备船员，提供工资给养，负责船舶的经营管理和航行各项事宜。在租期内，租船人实际上对船舶有着支配权和占有权。由于雇用和管理船员的工作很复杂，因此，光船租船在租船市场上很少采用。

定程租船运费的计算方法有两种：一种是按规定运费率（rate freight），即按每单位重量或单位体积规定的运费额计算；另一种规定整船包价（lump-sum freight），费率的高低主要取决于租船市场的供求关系，但也与运输距离、货物种类、装卸率、港口使用、装卸费用划分和佣金高低有关。合同中对运费按照装船重量（taken quantity）或卸船重量（delivered quantity）计算，运费是预付或到付，需要在合同中订明。特别要注意的是，应付运费时间是指船主收到的日期，而不是租船人付出运费的日期。

定程租船装卸费用的划分方法有以下几种：

①船方负担装货费和卸货费（gross terms；liner terms 或 berth terms）条件。又称“班轮条件”。

②船方管装不管卸（free out，FO）条件。

③船方管卸不管装（free in，FI）条件。

④船方不负担装货费和卸货费（free in and out，FIO）条件。采用这一条件时，还要明确理舱费和平舱费由谁负担。一般都规定租船人负担，即船方不负担装卸、理舱和平舱费（free in and out，stowed and trimmed，FIOST）条件。

专栏 11－2

运输合同案例

A 国某贸易公司（进口方）与我国 J 公司（出口方）签订合同购买一批玻璃制品，价格条件为 CIF 洛杉矶，支付条件为不可撤销跟单信用证。出口方随后与某运输公司（承运人）签订运输合同。出口方将货物备妥并装上承运人派来的货车。途中车出故障，错过了信用证规定的装船日期。出口方立即与进口方洽商，要求延展信用证的有效期和装船期，进口方称同意延期，但要求降低货价。最终出口方让步。事后出口方作为托运人向承运人就有关损失提出索赔。承运人开始只同意承担有关仓储的损失，但是利息损失只赔一半，对货价损失不予理赔。在出口方的坚持下，承运人最终赔偿了各方面的损失，但仍然不足以弥补出口方的全部损失。

分析：在采用CIF订立贸易合同时，出口方同时以托运人的身份与运输公司即承运人签订运输合同。在出口方向承运人交付货物，完成运输合同项下的交货义务后，并不意味着出口方已经完成了贸易合同项下的交货义务。出口方仍要承担货物装船前的一切风险和损失。而在货物交由承运人掌管后，托运人已经丧失了对货物的实际控制权。出口方在其已经丧失了对货物的实际控制权的情况下继续承担责任和风险，这就存在损失出口方权益的隐患。在本案中，出口方就因此受到了较大损失。

二、其他运输方式

除海洋运输外，国际贸易中常用的运输方式还包括铁路运输，国际航空货物运输，集装箱运输，国际多式联运，公路、内河、大陆桥运输以及邮政运输等，下面就对这些运输方式分别进行介绍。

（一）铁路运输

铁路是国民经济的大动脉，铁路运输是现代化运输业的主要运输方式之一。与其他运输方式相比较，铁路运输具有准确性和连续性强、比较快、安全可靠等特点。但同时，铁路运输也有建设初期投资大、建路工程艰巨复杂等缺点。

铁路运输可以分为国际铁路货物联运和国内铁路货物运输。

1. 国际铁路货物联运

国际铁路货物联运是指使用一份统一的国际联运票据，经过两个或两个以上国家铁路的全程运输，并由一国铁路向另一国铁路移交货物时，不需要发货人和收货人参加，这种运输被称为国际铁路货物联运。

通过国际铁路货物联运出口货物的一般程序如下：

（1）托运与承运。发货人在托运货物时，向车站提出货物运单和运单副本，车站接到运单后，审核通过，即交给签证车站在运单上签证表示受理托运。发货人按指定的日期将货物运到指定的货位，装车完毕，发站在货物运单上加盖承运日期，即为承运。

（2）发运。货物进站、请车、拨车、装车、加固和密封。

（3）取得运单和运单副本。运单是发货人、收货人与铁路之间的运输契约，运单副本是贸易双方结算货款的依据。二者不能互相替代。

2. 国内铁路运输

国内铁路运输是指仅在本国范围内按《国内铁路货物运输规程》的规定办理的货物运输。我国出口货物经铁路运输至港口装船及进口货物卸船后经铁路运往各地，均属国内铁路运输的范畴。

对港澳地区的铁路运输按国内运输办理，但又不同于一般的国内运输。货物由内地各始发站装车后，经深圳直接过轨至香港九龙车站。发货人在内地车站填写国内铁路运单，办理发货地至深圳北站的国内运段运送，以深圳外运分公司为收货人。深圳外运公司作为发货人的代理，在口岸与铁路办理货物运送票据的交接，并向铁路部门租车，然后向海关办理出口申报手续，经联检部门如海关、商检、动植物检验、边防等查验放行后，过轨至香港九龙。货车过轨后，由深圳外运分公司在香港的代理——香港中旅货运有限公司，向香港九龙铁路公司重新起票办理港段铁路运送。因此，对香港地区的铁路运输的特点是：租车方式、两票运输。澳门与内地没有铁路直通，因此内地各省市运往澳门的货物，先由铁路部门办理国内运输运至广州南站，之后再转水运至澳门。

（二）国际航空货物运输

国际航空货物运输作为一种新兴的现代化运输方式，具有许多其他运输方式无可比拟的优越性，如运输速度快，不受地面条件影响，安全准确，可以节约包装、保险、利息等费用等特征。

航空货物运输方式主要有以下几种：

1. 班机运输

班机运输（scheduled airline）有固定的航线、固定的停靠港、固定的航期，因此使用班机运输方式来运送货物，特别是国际货物流通，能够保证货物安全迅速地到达世界上各通航地点，便利收发货人确切掌握货物起运和到达时间，这对贵重物品、市场上急需的商品、鲜活易腐货物的运送是非常重要的。班机运输在一定时间内有相对固定的收费标准，便利进出口商在贸易合同签署之前核算运费成本，在一定程度上保障了合同的履行，因此成为多数贸易商的首选航空货运形式。

2. 包机运输

通常情况下，包机运输（chartered carrier）可分为整机包机和部分包机两种形式。整机包机是指航空公司或包机代理公司按照合同中双方事先约定的条件和运价将整架飞机租给包机人，从一个或几个航空站装运货物至指定目的地的运输方式。部分包机则是指由几家航空货运代理公司或发货人联合包租一架飞机，或者是由包机公司把一架飞机的舱位分别卖给几家航空货运代理公司的货物运输形式。一吨以上但货量不足整机的货物，适合采用部分包机运输。

3. 集中托运

集中托运（consolidation）指航空货运代理公司将若干批单独发运的货物组成一整批，向航空公司办理托运，采用一份航空总运单集中发运到同一目的站，由集中托运人在目的地指定的代理收货，再根据集中托运人签发的航空分运单分拨给各实际收货人的运输方式。目前这种运输方式是航空货物运输中开展最为普遍的一种运输方式。

4. 航空快递业务

航空快递业务（air express service）是指具有独立法人资格的企业将进出境的货物或物品从发件人所在地，通过自身或代理的网络运至收件人的一种快速运输方式。其中采用这种运输方式进出境的货物、物品被称为“快件”。快件业务又可分为快件文件和快件包裹两大类。快件文件主要指商务文件、资料等无商业价值的印刷品，也包括银行单证、合同、照片、机票等。快件包裹指一些贸易成交的小型样品、返修零配件及采用快件运送方式运送的一些进出口货物和物品。

专栏11-3

航空运输的重货与轻泡货

按照国际航运业务惯例，凡货物积载因数小于1.1328立方米/吨或40立方英尺/吨的货物，称之为重货（deadweight cargo或heavy goods）；凡货物积载因数大于1.1328立方米/吨或40立方英尺/吨的货物，称之为轻泡货（measurement cargo或light goods）。我国现行规定：凡每立方米货物的重量大于1吨的为重货；小于1吨的为轻泡货。就空运来说，用体积乘以167，得数和货物的实际重量比较，若重量大则为重货，重量小则为轻泡货。货物积载因数（stowage factor）是指各种货物每一吨在货舱中正常堆积时所占的空间（立方米或立方英尺），用于计算一定重量的某种货物需占多少货舱容积，或一定的货舱容积能装载多少吨某种货物等。其计算公式为：货物积载因数＝货物正常堆积时占舱位容积（立方米）/货物重量（吨）。

（三）集装箱运输

1. 集装箱

集装箱（container）是指具有一定强度、刚度和规格专供周转使用的大型装货容器。运输货物用的集装箱种类繁多，海上运输中常见的国际货运集装箱类型按用途可分为通用干货集装箱、保温集装箱、罐式集装箱、散货集装箱、台架式集装箱、平台集装箱、敞顶集装箱、汽车集装箱、动物集装箱等。使用集装箱转运货物，可直接在发货人的仓库装货，运到收货人的仓库卸货，中途更换车、船时，无须将货物从箱内取出换装。

集装箱运输（container transport）是以集装箱作为包装和运输单位进行货物运输的现代化运输方式。它以高效、快速、廉价、安全而被世界许多国家和地区广泛采用和推广。目前，集装箱运输已成为国际上普遍采用的一种重要的运输方式，适用于海洋运输、铁路运输及国际多式联运。

2. 集装箱货物的装箱方式

集装箱货物的装箱方式有两种：

（1）整箱货（full container load，FCL）。整箱货是由发货人负责装箱、计数、积载并加铅封的货运。整箱货的拆箱，一般由收货人办理，但也可以委托承运人在货运站拆箱。可是承运人不负责箱内的货损、货差。除非货方举证确属承运人责任事故的损害，承运人才负责赔偿。承运人对整箱货，以箱为单位交接。只要集装箱外表与收箱时相似和铅封完整，承运人就完成了承运责任。在整箱货运提单上，要加上“委托人装箱、计数并加铅封”的条款。

（2）拼箱货（less than container load，LCL）。拼箱货指装不满一整箱的小票货物。这种货物通常是由承运人分别揽货并在集装箱货运站或内陆站集中，而后将两票或两票以上的货物拼装在一个集装箱内，同样要在目的地的集装箱货运站或内陆站拆箱分别交货。对于这种货物，承运人要负担装箱与拆箱作业，装拆箱费用仍向货方收取。承运人对拼箱货的责任，基本上与传统杂货运输相同。

3. 集装箱货物的交接方式

在集装箱运输中，整箱货和拼箱货在船货双方之间的交接方式有以下几种：

（1）门到门（door to door）。由托运人负责装载的集装箱，在其货仓或厂库交承运人验收后，负责全程运输，直到收货人的货仓或工厂仓库交箱为止。这种全程连线运输被称为"门到门"运输。

（2）门到场（door to CY）。由发货人货仓或工厂仓库至目的地或卸箱港的集装箱装卸区堆场。

（3）门到站（door to CFS）。由发货人货仓或工厂仓库至目的地或卸箱港的集装箱货运站。

（4）场到门（CY to door）。由起运地或装箱港的集装箱装卸区堆场至收货人的货仓或工厂仓库。

（5）场到场（CY to CY）。由起运地或装箱港的集装箱装卸区堆场至目的地或卸箱港的集装箱装卸区堆场。

（6）场到站（CY to CFS）。由起运地或装箱港的集装箱装卸区堆场至目的地或卸箱港的集装箱货运站。

（7）站到门（CFS to door）。由起运地或装箱港的集装箱货运站至收货人的货仓或工厂仓库。

（8）站到场（CFS to CY）。由起运地或装箱港的集装箱货运站至目的地或卸箱港的集装箱装卸区堆场。

（9）站到站（CFS to CFS）。由起运地或装箱港的集装箱货运站至目的地或卸箱港的集装箱货运站。

（四）国际多式联运

1. 国际多式联运的含义

国际多式联运（international multimodal transport 或 international combined transport）是在集装箱运输的基础上产生并发展起来的新型运输方式，也是近年来在国际运输上发展较快的一种综合连贯的运输方式。它是由多式联运经营人按照多式联运合同，以至少两种不同的运输方式，由多式联运经营人将货物从一国境内接管货物的地点运至另一国境内指定的交付货物的地点的一种运输方式。

2. 构成国际多式联运的条件

构成国际多式联运的主要有以下条件：

（1）必须有一个多式联运合同，合同中明确规定多式联运经营人和托运人之间的权利、义务、责任和豁免。多式联运合同（multimodal transport contract）是指多式联运经营人与托运人之间订立的凭以收取运费、负责完成或组织完成国际多式联运的合同。它明确规定了多式联运经营人和托运人之间的权利、义务、责任和豁免。

（2）必须是国际上两种或两种以上不同运输方式的连贯运输。国际多式联运简化了手续，减少了中间环节，加快了货运速度，降低了运输成本，并提高了货运质量。货物的交接地点也可以做到门到门、门到站、站到站、站到门等。

（3）必须使用一份包括全程的多式联运单据，并由多式联运经营人对全程运输负总的责任。多式联运经营人（multimodal transport operator）是指本人或通过其代表订立多式联运合同的任何人，他是事主，而不是发货人的代理人或代表或参加多式联运的承运人的代理人或代表，并且负有履行合同的责任。他可以充任实际承运人，办理全程或部分运输业务，也可以是无船承运人，即将全程运输交由各段实际承运人来履行。

（五）公路、内河、大陆桥运输

1. 公路运输

公路运输（road transportation）是一种现代化的运输方式，它既是一个独立的运输体系，也是铁路车站、港口和机场集散物资的重要手段。

目前，世界各国的公路运输一般以汽车为运载工具，所以它实质上主要是汽车运输。公路运输是一种机动灵活、简捷方便的运输方式，在短途货物集散运转上，它比铁路、航空运输具有更大的优越性，尤其是在“门到门”的运输中，其重要性更为显著。公路运输是联结铁路、水运、航空运输的起端和末端不可缺少的条件，是沟通生产和消费的桥梁和纽带。没有公路的货物集疏运输的配合，铁路、水路、航空运输就不能正常进行。但公路运输也有一定的不足，如载重量小，不适宜装载重件、大件货物，不适宜走长途运输，车辆运行中震动较大易造成货损货差事故，且运价也较水运和铁路运输高。

2. 内河运输

内河运输（inland water transportation）是水上运输的重要组成部分，是指船舶在江河航线之间经营客运和货运业务。内河运输是连接内陆腹地与沿海地区的纽带，在运输和集散进出口货物中起着重要的作用。

内河运输与沿海运输和远洋运输相比，船舶吨位较小，但是运量大、投资少、成本低、耗能小，不像海洋运输那样涉及面广，风险也相对较低，对一个国家的国民经济和工业布局起着重要的作用。

我国拥有四通八达的内河航运网，长江、珠江等主要河流中的一些港口已对外开放，同一些邻国还有国际河流相通，这就为我国进出口货物通过河流运输和集散提供了十分有利的条件。

3. 大陆桥运输

大陆桥运输（land bridge transport）是指使用横贯大陆的铁路（公路）运输系统，作为中间桥梁，把大陆两端的海洋连接起来的集装箱连贯运输方式。世界上三条大的大陆桥运输路线是西伯利亚大陆桥、新欧亚大陆桥和北美大陆桥。

西伯利亚大陆桥是利用俄罗斯西伯利亚铁路作为桥梁，把太平洋远东地区与波罗的海和黑海沿岸以及西欧大西洋口岸连接起来，它是目前世界上最长的大陆桥运输线。新欧亚大陆桥于 1990 年 9 月 11 日正式通车，这条运输线东起我国连云港，西至荷兰鹿特丹，跨亚欧两大洲，连接太平洋和大西洋，全长 1.08 万公里。北美大陆桥包括两条路线：一条是从西部太平洋口岸至东部大西洋口岸的铁路（公路）运输系统；另一条是西部太平洋沿岸至南部墨西哥湾口岸的铁路（公路）运输系统。

（六）邮政运输

邮政运输（parcel post transport）是一种较简便的运输方式。各国邮政部门之间订有协定和合约，通过这些协定和合约，各国的邮件包裹可以互相传递，从而形成国际邮包运输网。

由于国际邮政运输具有国际多式联运和“门到门”运输的性质，托运人只需按邮局章程一次托运、一次付清足额邮资，取得邮政包裹收据（parcel post receipt），交付手续即告成功。在邮件到达目的地后，收件人可凭邮局到件通知向邮局提取。因此，邮政运输适用于重量轻、体积小的货物的传递。加之邮政运输手续简便、费用不高，故其成为国际贸易中普遍采用的运输方式之一。

第二节 装运条款

装运条款的内容及其具体订立与合同的性质和运输方式有着密切的关系。因此，装运时间、装卸港、转船与分批装运、装运通知以及滞期与速遣条款等内容都应包括在装运条款中。

一、装运时间

装运时间又称装运期（time of shipment），是指卖方将合同规定的货物装上运输工具或交给承运人的期限。装运时间是买卖合同的主要条件，如违反这一条件，买方有权撤销合同，或要求卖主赔偿损失。但在规定装运时间时，应注意它与交货时间（time of delivery）的区别。

装运时间的规定方法主要有：（1）规定明确、具体的装运时间；（2）规定收到信用证后若干天装运；（3）规定近期装运术语。

例如，“5 月份装运”（shipment during May）；“装运不迟于 7 月 31 日”（shipment not later than July 31st）；“收到信用证后 30 天内装运”（shipment within 30 days after receipt of L/C）；“尽快装运”（shipment as soon as possible）；等等。

二、装运港和目的港

装运港（port of shipment）是指货物起始装运的港口。目的港（port of destination）是指最终卸货的港口。在国际贸易中，装运港（地）一般由卖方提出，经买方同意后确认；目的港（地）一般由买方提出，经卖方同意后确认。

在买卖合同中，装运港和目的港的规定方法有以下几种。

1. 在一般情况下，装运港和目的港分别规定各为一个

例如，装运港：上海（port of shipment：Shanghai）；目的港：伦敦（port of destination：London）。

2. 有时按实际业务的需要，也可以分别规定两个或两个以上的装运港或目的港

例如，装运港：新港/上海（Xingang/Shanghai）；大连/青岛/上海（Dalian/Qingdao/Shanghai）。目的港：伦敦/利物浦（London/Liverpool）。

3. 在磋商交易时，如明确规定装运港和目的港有困难，可以采用选择港的办法

规定选择港有两种方式：一种是在两个或两个以上港口中选择一个，如CIF伦敦，选择港汉堡或鹿特丹（CIF London, optional Hamburg/Rotterdam）；另一种是笼统规定某一航区为装运港或目的港，如"地中海主要港口"，即最后交货则选择地中海的一个主要港口为目的港。

三、分批装运和转运

（一）分批装运

分批装运（partial shipment）又称分期装运（shipment by installment），是指一个合同项下的货物，分若干批或若干期装运。在大宗货物或成交数量较大的交易中，买卖双方根据交货数量、运输条件和市场等因素，可在合同中规定分批装运条款。

根据《跟单信用证统一惯例600》规定，除非信用证另有规定，允许分批装运。因此，为了避免不必要的争议和防止交货时发生困难，除非买方坚持不允许分批装运，原则上应明确在出口合同中规定"允许分批装运"（partial shipment to be allowed）。

《跟单信用证统一惯例600》规定：运输单据表面上注明货物是使用同一运输单据装运并经同一路线运输的，即使每套运输单据注明的装运日期不同，以及/或装运港、接受监管地不同，只要运输单据注明的目的地相同，也不视其为分批装运。该惯例对定期、定量分批装运还规定：信用证规定在指定时期内分期付款/或装运，其中任何一期未按期付款/或装运，除非信用证另有规定，否则信用证对该期及以后各期均告失效。

（二）转运

转运（transshipment）包括运输过程中的转船、转机以及从一种运输工具上卸下再装上另一种运输工具的行为。卖方在交货时，如驶往目的港没有直达船或船期不定或航次间隔时间太长，为了便于装运，应在合同中订明"允许转船"（transshipment to be allowed）。

按照《跟单信用证统一惯例600》的规定，"转运"一词在不同运输方式下有不同的含义，应根据具体情况进行分析。另外，除非信用证另有规定，可允许转运。为了明确责任和便于安排装运，买卖双方是否同意转运以及有关转运的办法和转运费用的负担等问题，应在买卖合同中明确做出规定。

专栏11-4

分批装运的案例思考

我某进出口总公司与非洲国家某进口商签订了出口1万吨大米的合同，合同中规定进口商须开出可转让信用证。不久，我方即收到进口商所在地银行开来的可转让信用证，但规定不得分批。总公司随之将信用证全部转让给沿海5家分公司使用。这5家分公司按照来证规定的装运期在各自口岸，通过同一条班轮按质按量完成了交货任务，并在各自当地银行就地议付，取得了货款。但货到目的港后，因市场发生了变化，大米价格下跌，进口商不想接受货物。为了达到这一目的，进口商借口交货地点不同，装运期不同，说我方违

反了信用证的规定，对货物进行了“分批装运”，所以要求退还货款。我方坚持没有违反信用证要求的观点。双方产生了争议。

分析：该案例说的是分批装运例外的一种情况。本案中5家公司作为第二受益人各自执行了交货任务。根据惯例规定，提单表面上注明货物是用同一运输单据装运并经同一路线运输的，即使注明的装运日期不同，以及装运港不同，只要提单上注明的目的地相同，也不被视为分批装运。因此，我方并未构成违约。

四、装运通知

装运通知（shipping advice）是在采用租船运输大宗进出口货物的情况下，在合同中加以约定的条款。规定装运通知条款的目的在于明确买卖双方责任，促使买卖双方互相合作，共同做好船货衔接工作。

如按照 FOB、CFR 和 CIF 术语签订的合同，卖方应在货物装船后，按约定的时间，将合同、货物名称、数量、重量、发票金额、船名及装船日期等项内容电告买方；如按 FCA、CPT 和 CIP 术语签订的合同，卖方应在把货物交付承运人接管后，将交付货物的具体情况及交付日期电告买方，以便买方办理保险并做好接卸货物的准备，及时办理进口报关手续。一般要求出口商在货物离开起运地后两个工作日内向进口商发出装船通知。

五、装卸时间、装卸率以及滞期费和速遣费

（一）装卸时间

装卸时间（lay time）是指允许完成装卸任务所约定的时间，它一般以天数或小时数来表示。装卸时间的规定要注意其规定方法、起始和终止时间的规定等问题。

（二）装卸率

装卸率，指每日装卸货物的数量。对具体的装卸率，一般应按照习惯的正常装卸速度确定，并以实事求是为原则。装卸率的高低关系到完成装卸任务的时间和运费水平，装卸率规定过高或过低都不合适。规定过高，完不成装卸任务，要承担滞期费的损失；反之，规定过低，虽能提前完成装卸任务，可得到船方的速遣费，但船方会因装卸率低、船舶在港时间长而增加运费，致使租船人得不偿失。因此，装卸率的规定应适当。

（三）滞期费和速遣费

滞期费和速遣费一般是航次租船合同中的条款。滞期费（demurrage）是指非由于船东原因，承租人未能在租船合同中约定的装卸时间内将货物全部装完或卸完，对因此产生船期延误，向船东支付的费用。滞期费按船舶滞期时间乘以合同规定的滞期费率计算，滞期时间等于实际使用的装卸时间与合同规定的装卸时间之差。

反之，速遣费（despatch money）是指当承租人在合同约定的时间之前将货物全部装卸完毕，对于提前的时间应由船东向承租人支付的约定金额，作为承租人能够缩短船舶在港时间的奖励。速遣费按船舶速遣时间乘以合同规定的速遣费率计算。速遣费率通常为滞期费率的一半。

第三节 运输单据

运输单据是承运人收到承运货物签发给出口商的重要单据。不同的运输方式使用的运输单据也各有不同，主要有海运提单、铁路运输单据、航空运单、多式联运单据和邮政收据等。

一、海运提单

（一）定义、性质与作用

海运提单（bill of lading，或 B/L，简称“提单”），是指由船长或船公司，或者其代理人签发的，证明已收到特定货物，允诺将货物运到特定的目的地并交付给收货人的凭证。

海运提单的性质和作用可以概括为以下三个方面：

1. 海上货物运输合同的证明

提单是承运人与托运人间订立的运输契约的证明。提单条款明确规定了承运人和托运人之间的权利、责任与豁免，一旦发生争议，双方据此进行解决。

2. 货物接收或装船的收据

提单是承运人或其代理人签发的货物收据，证明承运人已经收到或接管提单上所列的货物。

3. 物权凭证

提单是一种货物所有权的凭证，在法律上具有物权证书的作用，船货抵达目的港后，承运人应向提单的合法持有人交付货物。提单可以通过背书转让，从而转让货物的所有权。

专栏 11-5

关于海运提单的案例思考

一批货物共 100 箱，自广州运至纽约，船公司已签发“装船清洁提单”，等货到目的港，收货人发现下列情况：①5 箱欠交；②10 箱包装严重破损，内部货物已散失 50%；③10 箱包装外表完好，箱内货物有短少。请问上述三种情况是否应属于船方或承运人责任？为什么？

分析：①、②属于船方责任，因其已签发“已装船清洁提单”，则应保证货到目的港交货时数量的完整和货物外表状况良好；③是装货短少，属于卖方责任。

（二）海运提单的种类

海运提单的种类繁多，可以从不同角度分为不同的种类。

1. 根据货物是否已装船，可分为已装船提单和备运提单

（1）已装船提单（on board B/L；shipped B/L）是指整票货物已经全部装进货舱或装

在甲板（如集装箱）后，船长、承运人或其授权的代理人凭大副收据所签发的提单。这种提单除载明一般事项外，通常还必须注明装载货物的船舶名称和装船日期，即提单项下货物的装船日期。这种提单在国际贸易中被广泛使用。

（2）备运提单（received for shipment B/L）又称收妥待运提单，是指承运人在接管托运人送交的货物后，装船之前，应托运人的要求签发的提单。银行结汇一般不接受备运提单。

2. 根据提单有无批注条款，可分为清洁提单和不清洁提单

（1）清洁提单（clean B/L）是指在装船时，货物的外表状况良好，承运人在签发提单时，未在提单上加注任何有关货物残损、包装不良、件数、重量和体积，或其他妨碍结汇的批注的提单。在国际贸易实践中，使用清洁提单非常重要，买方要想收到完好无损的货物，首先必须要求卖方在装船时保持货物外观良好，并要求卖方提供清洁提单。清洁提单是国际贸易中广泛采用的提单。

（2）不清洁提单（unclean B/L；foul B/L）是指承运人明确地在提单上对有关货物表面状况或包装加有不良或存在缺陷等批注的提单。承运人签发不清洁提单，目的是为了对抗收货人可能提出的索赔。

3. 根据提单的不同抬头，可分为记名提单、不记名提单和指示提单

（1）记名提单（straight B/L）是指提单上的收货人栏内具体填写某一特定的人或公司名称的提单。这种提单只能由该特定收货人提货，因此原则上记名提单不能流通转让。记名提单在国际贸易中使用并不多，一般只在运输展览品或贵重物品时使用。

（2）不记名提单（bearer B/L）是指提单上的收货人一栏内未写明指明收货人，只填写“持有人”（bearer）字样，即货交提单持有人，或收货人一栏为空白。这种提单转让手续非常简便，流通性极强，因此风险很大，目前在实际业务中极少使用。

（3）指示提单（order B/L）是指在提单正面收货人一栏内填上“凭指示”（to order）或“凭××指示”（to order of ××）字样的提单。指示提单是一种可转让提单。提单的持有人可以通过背书的方式把它转让给第三者，而无须经过承运人认可，所以这种提单为买方所欢迎。在国际贸易中，指示提单被广泛使用。我国在出口业务中大多使用凭指示空白背书的提单，习惯上称之为“空白抬头”“空白背书”提单。

4. 按运输方式，可分为直达提单、转船提单和联运提单

（1）直达提单（direct B/L）是指货物从装运港装船后，中途不换船而直接运到目的港使用的提单。直达提单上仅列有装运港和目的港的港口名称。装直达船可节省费用、减少风险并及早提货。

（2）转船提单（transshipment B/L）是指货物须经中途转船才能到达目的港而由承运人在装运港签发的全程提单。转船提单在现实生活中应用得并不广泛，多为挂靠港船只较少或航次间隔时间长，通过转船可加快货物到港时间时采用。

（3）联运提单（through B/L）是指承运人对经由须经两种或两种以上运输方式（海/海、海/陆、陆/海）联运的货物所出具的覆盖全程的提单。转船、海陆、海空等联合运输均可签发联运提单。

5. 根据提单内容的繁简，可分为全式或繁式提单和略式或简式提单

（1）全式或繁式提单（long form B/L）是指在提单上列有承运人和托运人权利、义

务、责任和豁免等详细条款的提单。由于提单正反面均列有烦琐的条款，所以又有繁式提单之称。这是一种在实际业务中应用较广的提单格式。

（2）略式或简式提单（short form B/L）是指仅保留提单正面的必要记载事项，而无背面详细条款的提单。这种提单一般都列有“本提单货物的收受、保管、运输和运费等项，均按本公司全式提单内所印的条款为准”的字样。租船合同项下所签发的提单通常是简式提单。

（三）提单的内容

海运提单包括班轮提单和租船合同项下的提单两种。前者除提单正面列有有关货物与运费等记载事项外，背面还有印就的涉及承运人与托运人、承运人与收货人之间的权利、义务与责任、豁免的条款；后者仅在提单正面列有简单的记载事项，而提单背面无印就的条款。

1. 提单正面的内容

提单正面的内容通常包括：托运人（shipper）、收货人（consignee）、被通知人（notify party）、提单号码（B/L No.）、船名（name of vessel）、装货港（port of loading）、卸货港（port of discharge）、货名（discription of goods）、件数和包装种类（number and kind of packages）、唛头（shipping marks）、重量和尺码（gross weight，measurement）、运费和费用（freight and charges）、提单的签发、日期和份数等。

2. 提单背面的内容

提单背面条款的内容通常包括：定义条款（definition clause），管辖权条款（jurisdiction clause），责任期限（duration of liability），运费和其他费用（freight and other charges），自由转船条款（transshipment clause），错误申报（inaccuracy in particulars furnished by shipper），承运人责任限额（limit of liability），共同海损（general average），美国条款（American clause），舱面货、活动物和植物（on deck cargo，live animals and plants）等。

（四）电子提单

1. 电子提单的含义

电子提单（e-B/L）是一种利用 EDI 系统对海运途中的货物支配权进行转让的提单。运用 EDI 系统后，托运和承运行为都是通过 EDI 网络相连的计算机系统来进行的，待货物装上船后，承运人计算机向托运人计算机发出确认信息，整个过程都通过计算机完成，承运人向托运人签发的是电子提单。

2. 电子提单的特点

（1）货物运输过程中所涉及的当事人均以承运人或者独立的第三方系统为核心，通过专有计算机密码告知运输途中货物所有权的转移时间和对象。

（2）在完成货物的运输过程后使用电子提单时，通常情况下不出现任何书面文件。收货人提货，只要出示有效证件证明身份，由船舶代理验明即可。

（3）电子提单表现为储存于计算机存储器中的电子数据，其交换和处理也由计算机自动进行。

3. 电子提单的转让

一般情况下，电子提单的转让包括两种情形：单纯的交付和背书加交付。前一种指的是提单从提单持有人到承运人以换取货物的过程。而后一种则是指原提单持有人将提单转移给新的提单持有人。电子提单需要通过间接的方式借助第三方当事人才能实现，即一方先把信息发给第三方，再由第三方将信息转给另一个人。目前关于电子提单的应用多采用Bolero（bill of lading electronic registry organization，提单电子登记组织）模式，该模式由环球同业银行金融电讯协会和联运保赔协会为推动贸易无纸化进程于1999年正式开始运作。

专栏 11-6

关于提单的国际公约

目前，有关海上货物运输的国际公约主要有：

1.《统一提单的若干法律规则的国际公约》

在国际法协会海事法律委员会的推动下，欧美主要海运国于1924年8月在布鲁塞尔签订了第一部有关提单的国际公约，即《统一提单的若干法律规则的国际公约》，又称《海牙规则》。目前，它是海上货物运输领域影响最为广泛的国际公约。

2.《修改统一提单的若干法律规则的国际公约》

1968年，国际海事委员会在第12届海洋法外交会议上通过了《修改统一提单的若干法律规则的国际公约的议定书》，又称《维斯比规则》。该公约于1977年生效，也是目前国际海上货物运输方面的重要公约。

3. 1978年《联合国海上货物运输公约》

1978年，联合国海上货物运输会议在德国汉堡召开，会上通过了《联合国海上货物运输公约》，又名《汉堡规则》。该公约于1992年11月生效。《汉堡规则》对《海牙-维斯比规则》做了全面、实质的修改，扩大了承运人的责任范围，对货方和承运人的权益都作了较为公平合理的调整。

4.《联合国全程或部分国际海上货物运输合同公约》

联合国国际贸易法委员会在2008年12月联合国大会审议通过，并将该公约命名为《鹿特丹规则》(The Rotterdam Rules)，决定于2009年9月23日在荷兰鹿特丹开放签署。该公约共有96条，其制定的主要目的是取代现有的《海牙规则》、《海牙-维斯比规则》以及《汉堡规则》，以真正实现海上货物运输规则的国际统一。换言之，若《鹿特丹规则》生效，其他三个公约将废止，并将对国际航运、国际贸易实务和惯例等产生重大影响。

二、铁路运输单据

我国对外贸易铁路运输，按营运方式分为国际铁路联运和国内铁路运输。前者使用国际铁路联运单据，后者使用承运货物收据。

1. 国际铁路联运单据

国际铁路联运运单是国际铁路联运的主要运输单据。它是参加联运的发送国铁路与发货人之间订立的运输契约，对收、发货人和铁路都具有法律约束力。运单正本随同货物到达终到站，并交给收货人，它既是铁路承运货物出具的凭证，也是铁路与货主交接货物、核收运杂费和处理索赔与理赔的依据。运单副本于运输合同缔结后交给发货人，是卖方凭以向收货人结算货款的主要证件。

2. 承运货物收据

承运货物收据（cargo receipt）是对港澳铁路运输中使用的一种结汇单据。该收据包括大陆段和港段两段运输，是代办运输的外运公司向出口人签发的货物收据，也是承运人与托运人之间的运输契约，同时还是出口人办理结汇手续的凭证。

三、航空运单

航空运单（airway bill）与海运提单有很大不同，却与国际铁路运单相似。它是由承运人或其代理人签发的重要的货物运输单据，是承托双方的运输合同，其内容对双方均具有约束力。航空运单不可转让，持有航空运单也并不能说明可以对货物要求所有权。

航空运单的正本一式三份，每份都印有背面条款。其中一份交发货人，是承运人或其代理人接收货物的依据；第二份由承运人留存，作为记账凭证；最后一份随货同行，在货物到达目的地，交付给收货人时作为核收货物的依据。

四、多式联运单据

多式联运单据（multimodal transportation documents，MTD）是指证明多式联运合同以及证明多式联运经营人接管货物并负责按照合同条款交付货物的单据。

多式联运单据与联运提单在形式上有相同之处，但在性质上不同。

1. 提单的签发人不同

多式联运单据由多式联运经营人签发，而且可以是完全不掌握运输工具的“无船承运人”，全程运输均安排各分承运人负责。联运提单由承运人或其代理人签发。

2. 签发人的责任不同

多式联运单据的签发人对全程运输负责。而联运提单的签发人仅对第一程运输负责。

3. 运输方式不同

多式联运提单的运输既可用于海运与其他方式的联运，也可用于不包括海运的其他运输方式的联运。联运提单的运输限于海运与其他运输方式的联合运输。

五、邮政收据

邮政收据（parcel post receipt）是邮政运输的主要单据。它既是邮局收到寄件人的邮包后所签发的凭证，也是收件人凭以提取邮件的凭证，还可以作为索赔和理赔的依据，但邮政收据不是物权凭证。

根据《跟单信用证统一惯例》规定，如信用证要求提供邮政收据或邮寄证明，银行将接受下述邮政收据或邮寄证明：表面上有信用证规定的寄发地戳记并加注日期，该日期即为装运或发运日期。如信用证要求专递或快递机构出具的单据，银行将接受下列快递单据：表面注明专递或快递机构的名称并盖戳、签字并经证实，表明取件或收件日期，此日期即为装运日期或发运日期。这种专递和快递采用先进的运输工具和方式，提供门对门（door to door）和桌到桌（desk to desk）的服务，所以银行接收快递的单据。

本章小结

1. 国际货物运输是国际贸易不可缺少的重要环节。海洋运输是运用最广泛的一种运输方式，其经营方式有班轮运输和租船运输两种。除海运外，国际贸易中常用的运输方式还包括铁路运输、航空货物运输、集装箱运输、国际多式联运、邮政运输以及公路、内河、大陆桥运输等。

2. 在国际货物买卖合同中，买卖双方必须就交货时间、装运地和目的地、能否分批装运和转船、转运等问题在合同中做出明确规定。明确、合理地规定装运条款，是保证进出口合同顺利履行的重要条件。

3. 运输单据是承运人收到承运货物签发给出口商的证明文件，它是交接货物、处理索赔与理赔以及向银行结算货款或进行议付的重要单据。运输单据主要有海运提单、铁路运输单据、航空运单、多式联运单据和邮政收据等。

关键术语

班轮运输　　租船运输　　班轮运费
国际铁路货物联运　　国际多式联运　　装运期
装卸港　　分批装运与转运　　滞期费
速遣费　　海运提单　　多式联运单据
电子提单

思考题

1. 何谓班轮运输？班轮运输有哪些特点？班轮运输的计费标准有哪些？试举例说明班轮运费的计算方法。

2. 装运期在合同中的法律地位如何？规定装运期的方法有哪些？

3. 在选择进出口货物的运输方式时，应考虑哪些因素？

4. 在合同中规定的装运期时，规定在收到信用证后若干天装运，这种办法适用于什么情况？其有何利弊？

5. 提单的性质和作用是什么？何谓清洁提单、记名提单、不记名提单、指示提单？这些提单在国际贸易中的使用情况如何？

案例分析题

1. 天津某公司出口 7 000 公吨某金属矿石到韩国，国外来证规定：不允许分批装运。履行合同时，我方在规定的期限内分别在大连和青岛各装 3 500 公吨于同一航次的同一船只上，提单上也注明了不同的装货港和不同的装船日期，试问：我方做法是否违约？银行能否议付？

2. 我某公司出口箱装货物一批，报价为 CFR 利物浦每箱 35 美元，英国商人要求改报 FOB 价。该批货物的体积为 45×40×25（cm），每箱毛重为 35 公斤，商品计费标准为 W/M，基本运费为 120 美元/运费吨，并加收燃油附加费 20%、港口拥挤附加费 10%。试问：我方应如何报价？

第十二章 国际货物运输保险

学习目标

通过本章的学习，了解国际货物运输所面临的各种风险及由此可能产生的各种损失和费用，熟悉我国海运货物保险的条款以及陆运、空运货物与邮包运输保险条款，掌握进出口货物运输的保险实务。

第一节 保险的基本原理

现代国际贸易总量的80%是通过海上运输来完成的。海上运输的一个缺点就是风险太大，货物在运输过程中遭到损失的可能性较其他方式要大。这种不确定性会对企业的经营产生不良的影响，可能因此阻碍贸易的发展。通过保险，被保险人支付一定的保险费，保险公司对被保险人的货物遭受保险事故造成的损失和产生的责任负责赔偿。这样，将可能发生的损失变为固定的费用，在货物遭到承保范围内的损失时，可以从有关保险公司及时得到经济上的补偿，从而有效地促进国际贸易的发展。

保险的基本原则是被保险人和保险人签订保险合同、履行各自义务，以及办理索赔和理赔工作所必须遵守的原则。保险的基本原则主要有：可保利益原则、最大诚信原则、补偿原则、重复保险分摊原则以及近因原则等。

一、可保利益原则

可保利益原则是指被保险人在保险标的发生损失时必须对保险标的具有经济上的利害关系，即可保利益，否则无权获得赔偿。

作为保险合同客体的可保利益必须具有以下三个条件：

第一，可保利益必须是合法的利益，而不应是违反法律规定、通过不正当的手段获得的。

第二，可保利益必须是一种确定的、可实现的利益，而不是仅仅凭主观臆测、推断可能获得的利益。

第三，可保利益必须是可以用货币计算的经济利益，而不是恢复原样或物质补偿。

专栏 12－1

没有保险利益，保险公司拒赔

有一份FOB合同，货物在装船后，卖方向买方发出装船通知，买方向保险公司投保了“仓至仓条款一切险”（all risks with warehouse to warehouse clause）。但货物在从卖方仓库运往码头的途中，被暴风雨淋湿了10%的货物。事后卖方以保险单含有仓至仓条款为由，要求保险公司赔偿此项损失，但遭到保险公司拒绝。后来卖方又请求买方以投保人名义凭保险单向保险公司索赔，也遭到保险公司拒绝。试问，保险公司能否拒赔？

分析：本案例考察了保险中的可保利益原则。在FOB条件下，买方投保的海运保险是自货物在装运港有效越过船舷之后才生效的；在货物越过船舷之前买方尚未承担风险，因此，对货物没有可保利益。卖方也无权从保险公司处得到赔偿，因为他不是被保险人。在本案中，保险公司拒赔是有道理的。

二、最大诚信原则

最大诚信原则（utmost good faith）是海上保险合同的重要原则之一。对被保险人来说，最大诚信原则意味着其必须如实告知、正确陈述和遵守保证。

1. 告知

告知是指在合同订立前，被保险人应当将其知道的或者在通常业务中应当知道的有关影响保险人据以确定保险费率或者确定是否同意承保的重要情况，如实告知保险人。

2. 陈述

被保险人除了对重要情况要向保险人如实告知外，还要对一些事实或期望进行正确的陈述。

3. 保证

保证，一般是指被保险人在保险合同中所做的保证要做或不做某种事情；保证某种情况的存在或不存在；或保证履行某一项条件；等等。对于保险合同中的保证条件，不论其重要性如何，被保险人均须严格遵守。

三、补偿原则

保险的补偿原则（principle of indemnity）是指当保险标的物发生保险责任范围内的损失时，保险人应按照合同条款的规定履行赔偿责任。

代位追偿原则是保险补偿原则派生出来的一项原则。当保险标的物发生了保险责任范围内的由第三者责任造成的损失，保险人向被保险人履行了损失赔偿的责任后，有权在其已赔付的金额限度内取得被保险人在该项损失中向第三责任方要求索赔的权利，保险人取得该权利后，即可站在被保险人的地位上向责任方进行追偿。因为如果被保险人从保险公司处得到了赔偿，又从第三方处得到赔偿，他就因为保险而获得了额外收益，违反了补偿原则。

专栏 12－2

保险的代位追偿原则

我国某运输公司的货船“宇宙号”在驶往目的地澳大利亚的佩思港的途中，为避免某一外轮违章行驶而造成碰船的发生，偏离航线触礁并引起火灾。宇宙号货船在启程前以自己的名义投了一切险。根据有关法律和惯例的规定，试问，（1）宇宙号在上述情况下是否具有灭火的义务？为什么？（2）宇宙号从保险公司获得赔偿后能否对已从保险公司获得的赔偿部分再向外轮请求赔偿？为什么？

分析：根据保险法律的规定，被保险人有义务对遭受承保风险的货物，采取合理和必要的措施，以避免或减少损失，因此，宇宙号在上述情况下具有灭火的义务。根据代位追偿原则，宇宙号货轮从保险公司获得赔偿后，不能对已从保险公司获得的赔偿部分再向外轮请求赔偿。

四、重复保险分摊原则

重复保险（double insurance），也称“双重保险”，是指被保险人对同一保险标的或其中的一部分就同一风险订立了两张或多张保险单，而且总的保险金额超过了法律所允许的赔偿金额。在出现重复保险的情况下，当保险标的发生损失时，按照保险补偿原则，被保险人是不能从保险人那里获得超过保险标的受损价值的补偿的。为了防止被保险人所受损失获得多重赔偿，把保险标的损失赔偿责任在各保险人之间进行分摊，这便是重复保险的分摊原则。根据《中华人民共和国海商法》（以下简称《海商法》）的规定：被保险人对同一保险标的就同一保险事故向几个保险人重复订立合同，而使该保险标的的保险金额总和超过保险标的的价值的，除合同另有约定外，被保险人可以向任何保险人提出赔偿请求，但被保险人获得的赔偿金额总和不得超过保险标的的受损价值。

五、近因原则

所谓近因（proximate cause）是指在效果上对损失最有影响的原因，而不是在时间上或空间上最近的原因。在损失发生时，应考虑造成损失的有效的和有支配力的原因，将远因排除在外。

寻找近因和近因原则的应用是复杂的，因为造成损失的原因多种多样。如果损失的发生没有其他的原因，这唯一的原因就是损失的近因；如果多种原因都作用于损失，但这些原因之间存在着因果链，那么最先发生的原因就是损失的近因。

第二节　海运货物保险保障的风险、损失和费用

一、海运货物保险保障的风险

（一）海上风险

海上风险是指船舶或货物在海上航行中或随附海上运输所发生的风险。在现代海上保险业务中，保险人所承保的海上风险是有特定范围的：一方面，它并不包括一切在海上发生的风险；另一方面，它又不局限于航海中所发生的风险，它还包括发生在与海上航运相关联的内陆、内河、内湖运输过程中的一些风险。海上风险一般包括自然灾害和意外事故两种。按照国际保险市场的一般解释，这些风险所指的内容大致如下：

1. 海上自然灾害

自然灾害（natural calamities）是指由于自然界的变异引起破坏力量所造成的灾害。海运保险中，自然灾害仅指恶劣气候、雷电、海啸、地震、洪水、火山爆发等人力不可抗拒的灾害。

2. 海上意外事故

意外事故（accident）是指由于意料不到的原因所造成的事故。在海运保险中，意外事故仅指搁浅、触礁、沉没、碰撞、火灾、爆炸、失踪倾覆等。

（二）外来风险

外来风险是指海上风险以外由于其他各种外来的原因所造成的风险。外来风险包括下列三种类型：

1. 一般外来风险

一般外来风险是指偷窃、提货不着、淡水雨淋、短量、混杂、沾污、渗漏、破损、破碎、串味、受潮受热、钩损、包装破裂、锈损等外来风险。它们分别由 11 种对应的一般附加险承保。

2. 特殊外来风险

特殊外来风险主要是指由于军事、政治、国家政策法令和行政措施等原因所致的风险损失，如战争和罢工等。

3. 特别外来风险

特别外来风险主要是指 6 种外来风险，分别为：舱面险、进口关税险、拒收险、黄曲霉素险、交货不到险和货物出口到香港（包括九龙）或澳门存仓火险责任扩展条款承保。

二、海运货物保险保障的损失

被保险货物因遭受海洋运输中的风险所导致的损失称海上损失，或简称为海损（average）。海损按损失程度的不同，可分为全部损失和部分损失。而海上损失按性质又可分为共同海损和单独海损。

(一)全部损失与部分损失

1. 全部损失

全部损失简称全损,可以分为实际全损(total loss)和推定全损(constructive total loss)。

(1)实际全损。

根据我国《海商法》的规定,保险标的发生保险事故后灭失,或者受到严重损坏完全失去原有形体、效用,或者不能再归保险人所拥有的,为实际全损。船舶在合理时间内未从被获知最后消息的地点抵达目的地,除合同另有约定外,满两个月后仍没有获知其消息的,为船舶失踪。船舶失踪视为实际全损。

当保险标的发生实际全损时,保险公司赔偿实际全损后,以被保险人的名义进行任何法律活动的权利就自动地转移给了保险人。被保险人和保险人往往签署一个"代位追偿证书"。

(2)推定全损。

根据我国《海商法》的规定,当货物发生保险事故后,认为实际全损已经不可避免,或者为避免发生实际全损所需支付的费用与继续将货物运抵目的地的费用之和超过保险价值的,为推定全损。

当保险标的发生推定全损时,被保险人有两个选择:一是按照推定全损向保险人索赔全部损失赔偿。但被保险人必须向保险人发出委付通知(abandonment),即向保险人声明愿意将保险标的的一切权益,包括财产权及一切由此而产生的权利与义务转让给保险人,而要求保险人按全损给予赔偿的一种行为。保险人可以接受委付,也可以不接受委付,但是应当在合理的时间内将接受委付或者不接受委付的决定通知被保险人。保险人接受委付的,被保险人对委付财产的全部权利和义务转移给保险人。二是被保险人保留标的,而向保险人要求部分损失的赔偿,此时无须发出委付通知。

2. 部分损失

不属于实际全损和推定全损的损失,为部分损失。根据我国《海商法》的规定,保险金额低于保险价值的,在保险标的发生部分损失时,保险人按照保险金额与保险价值的比例负赔偿责任。当然,当保额等于保险价值时,被保险人的部分损失可以全部从保险人处得到赔偿。

(二)共同海损与单独海损

1. 共同海损

共同海损(general average),是指在同一海上航程中,船舶、货物和其他财产遭遇共同危险,为了共同安全,有意合理地采取措施所直接造成的特殊牺牲、支付的特殊费用。共同海损应当由受益方按照各自的分摊价值的比例分摊。

构成共同海损的条件是:

(1)共同海损的危险必须是实际存在的,或者是不可避免的,而非主观臆测的。因为不是所有的海上灾难、事故都会引起共同海损。

(2)必须是自愿和有意识地采取合理措施所造成的损失或发生的费用。

(3)必须是为船、货共同安全采取的谨慎行为或措施时所做的牺牲或引起的特殊费用。

（4）必须是属于非常性质的牺牲或发生的费用，并且是以脱险为目的。

2. 单独海损

单独海损（particular average）是指保险标的物在海上遭受风险所造成的除共同海损以外的部分损失。这些损失只能由标的物所有人单独负担。当然，如果损失是由承保风险所引起的，被保险人可以向保险人索赔。

3. 共同海损和单独海损的区别

共同海损与单独海损的主要区别表现在：

（1）在造成损失的原因上，共同海损是为了解除或减轻承保风险人为造成的一种损失；而单独海损是由承保风险所直接造成的船、货损失。

（2）在损失的承担上，共同海损行为所做出的牺牲或引起的特殊费用，都是为使船主、货主和承运方不遭受损失而支出的，因此，不管其大小如何，都应由船主、货主和承运各方按获救的价值，以一定的比例分摊。这种分摊叫共同海损的分摊。

专栏 12-3

如何区分共同海损和单独海损

某货轮从天津新港驶往新加坡，在航行途中船舶货舱起火，大火蔓延到机舱，船长为了船货的共同安全，决定采取紧急措施，往舱中灌水灭火。火虽被扑灭，但由于主机受损，无法继续航行。于是船长决定雇用拖轮将货船拖回新港修理。检修后重新驶往新加坡。事后调查，这次事件造成的损失有：①1 500 箱货物被火烧毁；②800 箱货物由于灌水灭火受损；③主机和部分甲板被烧坏；④拖船费用；⑤额外增加的燃料和船长、船员工资。试分析，以上损失中哪些属于共同海损？哪些属于单独海损？为什么？

分析：①和③是由意外事故所造成的损失，显然属于单独海损；而其余三项是为了解除由于火所造成的共同危险而采取的措施造成的特殊牺牲和费用，所以属于共同海损。

三、海运货物保险保障的费用

保险人不仅对由于承保风险而造成的损失按照保险合同的规定负赔偿责任，而且也承担施救费用和救助费用。

（一）施救费用

施救费用（sue and labour charge），也被称为诉讼及营救费用，或损害防止费用，是指被保险货物在遭遇承保责任范围内的灾害事故时，被保险人（或其代理人、雇用人员或受让人）为了避免或减少货物损失，采取各种抢救与防护措施所支出的合理费用。

（二）救助费用

救助费用（salvage charge）是指海上保险财产在遭遇承保范围内的灾害事故时，由保险人和被保险人以外的第三者采取救助措施并获成功，由被救方付给救助方的一种报酬。

救助费用一般都可以列为共同海损的费用项目，因为通常它是在船、货各方遭遇共同危难的情况下，为了共同安全由其他船舶前来救助而支出的费用。在各国保险法或保险公司的保险条款中，一般都列有保险人对救助费用负赔偿责任的规定。

第三节　中国海洋运输货物保险

现行的《中国人民保险公司海洋运输货物保险条款》是当时的中国人民保险公司在1981年1月1日修订的。其主要内容介绍如下。

一、基本险别

中国的海洋运输货物保险可以分为基本险别和附加险别，其中基本险别是指可以单独投保的险别。基本险别分为平安险（free from particular average，FPA）、水渍险（with average or with particular average，WA or WPA）和一切险（all risks）三种。下面介绍这三种险别的责任范围、除外责任、责任起讫和索赔期限。这三种险别的责任范围各不相同，所以我们将一一介绍三种险别的责任范围。但这三种险别在除外责任、责任起讫和索赔期限方面的规定完全相同，我们就只做统一的介绍。

（一）责任范围

1. 平安险

平安险是三种险别中责任范围最小的险种。该险负责赔偿：

（1）被保险货物在运输途中由于恶劣气候、雷电、海啸、地震、洪水自然灾害造成整批货物的全部损失或推定全损。当被保险人要求赔付推定全损时，须将受损货物及其权利委付给保险公司。被保险货物用驳船运往或运离海轮的，每一驳船所装的货物可视作一个整批。推定全损是指被保险货物的实际全损已经不可避免，或者恢复、修复受损货物以及运送货物到原订目的地的费用超过该目的地的货物价值。

（2）由于运输工具遭受搁浅、触礁、沉没、互撞、与流冰或其他物体碰撞以及失火、爆炸等意外事故造成货物的全部或部分损失。

（3）在运输工具已经发生搁浅、触礁、沉没、焚毁意外事故的情况下，货物在此前后又在海上遭受恶劣气候、雷电、海啸等自然灾害所造成的部分损失。

（4）在装卸或转运时由于一件或数件整件货物落海造成的全部或部分损失。

（5）被保险人对遭受承保责任内危险的货物采取抢救、防止或减少货损的措施而支付的合理费用，但以不超过该批被救货物的保险金额为限。

（6）运输工具遭遇海难后，在避难港由于卸货所引起的损失以及在中途港、避难港由于卸货、存仓以及运送货物所产生的特别费用。

（7）共同海损的牺牲、分摊和救助费用。

（8）运输契约订有“船舶互撞责任”条款，根据该条款规定应由货方偿还船方的损失。

2. 水渍险

水渍险的责任范围比平安险大，但比一切险小。

除包括上列平安险的各项责任外，水渍险还负责被保险货物由于恶劣气候、雷电、海啸、地震、洪水自然灾害所造成的部分损失。

3. 一切险

一切险是三种基本险中责任范围最大的险种。

除包括上列平安险和水渍险的各项责任外，一切险还负责被保险货物在运输途中由于外来原因所致的全部或部分损失。这些外来原因所致的损失是由 11 种一般外来风险所承保的。

（二）除外责任

中国的海洋运输货物保险对下列损失不负赔偿责任：

（1）被保险人的故意行为或过失所造成的损失。

（2）属于发货人责任所引起的损失。

（3）在保险责任开始前，被保险货物已存在的品质不良或数量短差所造成的损失。

（4）被保险货物的自然损耗、本质缺陷、特性以及市价跌落、运输延迟所引起的损失或费用。

（5）海洋运输货物战争险条款和货物运输罢工险条款规定的责任范围和除外责任。

专栏 12-4

保险公司的除外责任

国内某地进出口公司以 CIF 价格出口欧洲某地鲜橘一批，投保一切险加战争险。由于载货轮船逾龄，机器设备陈旧，速度慢，以致在途时间长。抵目的港后，收货人发现这批鲜橘已腐烂 35%。因轮船超龄速度慢，是客观存在，不能构成船方过失，而且该批货物已投保了一切险。试问，这一损失是否由保险公司负责赔偿？

分析：根据免责条款，中国的海洋运输货物保险对被保险货物的自然损耗、本质缺陷、特性以及市价跌落、运输延迟所引起的损失或费用不负赔偿责任，因此，保险公司不对上述损失承担赔偿责任。至于由谁来承担责任，应结合贸易术语来判定，如在 CIF 条件下，由卖方负责租船订舱，因此，卖方应对此损失承担责任。

（三）责任起讫

第一，本保险负“仓至仓”责任，自被保险货物运离保险单所载明的起运地仓库或储存处所开始运输时生效，包括正常运输过程中的海上、陆上、内河和驳船运输在内，直至该项货物到达保险单所载明目的地收货人的最后仓库或储存处所或被保险人用作分配、分派或非正常运输的其他储存处所为止。如未抵达上述仓库或储存处所，则以被保险货物在最后卸载港全部卸离海轮后满 60 天为止。如在上述 60 天内被保险货物需转运到非保险单所载明的目的地，则以该项货物开始转运时终止责任。

第二，由于被保险人无法控制的运输延迟、绕道、被迫卸货、重行装载、转载或承运人运用运输契约赋予的权限所作的任何航海上的变更或终止运输契约，致使被保险货物运到非保险单所载明目的地时，在被保险人及时将获知的情况通知保险人，并在必要时加缴保险费的情况下，本保险仍继续有效，保险责任按下列规定终止：（1）被保险货物如在非保险单所载明的目的地出售保险责任至交货时为止，但不论任何情况，均以被保险货物在卸载港全部卸离海轮后满 60 天为止；（2）被保险货物如在上述 60 天期限内继续运往保险单所载原目的地或其他目的地时，保险责任仍按上述第 1 款的规定终止。

专栏 12 - 5

更改航线导致保险公司拒赔

国内某进出口贸易公司按 FOB 条件进口一批货物，目的港为厦门，向中国人民保险公司某分公司投保了海运“水渍险”。船到广州黄埔港后，换了用户单位，货卸广州，经铁路运往成都，途中适逢恶劣天气导致山洪暴发，货物部分受损。事后，该贸易公司向保险公司提出索赔而遭到拒绝。对此，保险公司对否？该如何处理？

分析：本案的分歧来源于被保险人是否尽到义务的问题。根据保险惯例，在航程变更的情况下，被保险人有义务在发现后立即通知保险人进行修改并办理必要的续保手续，否则可能会造成保险责任中断的后果。在本案中，由于贸易公司在航程发生变化的情况下，并没有履行告知义务，从而导致保险责任在货到广州黄埔港口后就终止了，因此，保险公司拒赔有道理。

（四）索赔期限

索赔期限又称索赔时效，是被保险货物因发生保险责任范围内的风险而遭受损失时，被保险人向保险人提出索赔的有效期限。中国保险条款规定，被保险人提出保险索赔的时效为两年，从货物在最后卸载港全部卸离海轮之日算起。如果逾期，被保险人就丧失了向被保险人提出保险索赔的权利。

二、附加险

附加险可以分为一般附加险、特殊附加险和特别附加险。附加险只有在投保了基本险别的基础上才可以投保。

（一）一般附加险

一般附加险共有 11 种。一切险的承保范围包括所有的一般附加险，所以在投保了一切险之后，就不用再单独投保任何一种一般附加险。而在投保了平安险或水渍险后，可以根据货物的性质投保一种或几种一般附加险。这里主要介绍一般附加险的承保范围，其除外责任、责任起讫、被保险人的义务和索赔期限的规定都与基本险一样，在此不再赘述。

1. 偷窃、提货不着险

该险别对偷窃行为所致的损失和整件提货不着导致的损失负责。

2. 淡水雨淋险

该险别对被保险货物因直接遭受雨淋或淡水所致的损失负责赔偿，但包装外部应有雨水或淡水痕迹或有其他适当证明，被保险人必须及时提货，并在提货后 10 天内申请检验，否则，保险公司不负赔偿责任。

3. 短量险

该险别对被保险货物在运输过程中，因外包装破裂或散装货物发生数量散失和实际重量短缺的损失负责赔偿，但正常的途耗除外。

4. 渗漏险

该险别对被保险货物在运输过程中，因容器损坏而引起的渗漏损失，或用液体储藏的货物因液体的渗漏而引起的货物腐败等损失，负责赔偿。

5. 破损、破碎险

该险别对被保险货物在运输过程中因震动、碰撞、受压造成的破碎和碰撞损失，负责赔偿。

6. 串味险

该险别对被保险食用物品、中药材、化妆品原料等货物在运输过程中，因受其他物品的影响而引起的串味损失，负责赔偿。

7. 受潮受热险

该险别对被保险货物在运输过程中因气温突然变化或由于船上通风设备失灵致使船舱内水汽凝结、发潮或发热所造成的损失，负责赔偿。

8. 包装破裂险

该险别对被保险货物在运输过程中因搬运或装卸不慎、包装破裂所造成的损失，以及为继续运输安全所需要对包装进行修补或调换所支付的费用，均负责赔偿。

9. 锈损险

该险别对被保险货物在运输过程中，发生锈损，负责赔偿。

10. 钩损险

该险别对被保险货物在装卸过程中因遭受钩损而引起的损失，以及对包装进行修补或调换所支付的费用，均负责赔偿。

11. 混杂、沾污险

该险别对被保险货物在运输过程中，因混杂、沾污所致的损失，负责赔偿。

（二）特殊附加险

特殊附加险包括战争险和罢工险。

1. 战争险

战争险（war risk）对直接由于战争、类似战争行为和敌对行为、武装冲突或海盗行为所致的损失，以及由于上述行为引起的捕获、拘留、扣留、禁制、扣押所造成的损失，负责赔偿。对各种常规武器，包括水雷、鱼雷、炸弹所致的损失负责赔偿。战争险还对由于以上原因造成的共同海损的牺牲、分摊和救助费用负赔偿责任。但对由于敌对行为使用原子或热核制造的武器所致的损失和费用以及根据执政者、当权者或其他武装集团的扣押、拘留引起的承保航程的丧失和挫折而提出的任何索赔不负责。

战争险的责任起讫不是采用“仓至仓”，而是“水面危险”原则，也就是说，战争险的责任自被保险货物装上保险单所载起运港的海轮或驳船时开始，到卸离保险单所载明的目的港的海轮或驳船时为止。如果被保险货物不卸离海轮或驳船，保险责任最长期限以海轮到达目的港的当日午夜起算满 15 天为限，海轮到达上述目的港是指海轮在该港区内一个泊位或地点抛锚、停泊或系缆，如果没有这种泊位或地点，则指海轮在原卸货港或地点或附近第一次抛锚、停泊或系缆。

专栏 12-6

战争险的保险期限

我国以 CIF 价格向中东地区出口货物一批，共 5 000 公吨。进口商要求我方投保一切险加保战争险，我方照办。该批货物顺利抵达对方港口，开始卸货不久，当地发生了武装冲突，船上 3 000 公吨货物及已经卸到岸上的 2 000 公吨货物被炮弹击毁。根据《中国人民保险公司海洋运输货物保险条款》，请问保险公司应该如何处理这些损失？

分析：战争险的责任起讫不采用“仓至仓”，而是仅限水面风险，因此，保险公司对于未超过 15 天的部分船上被毁的货物给予赔偿，而对于已卸至岸上的被毁货物不给予赔偿。

2. 罢工险

罢工险（strike risk）对被保险货物由于罢工者、被迫停工工人或参加罢工潮、暴动、民动、民众斗争的人员的行动，或任何人的恶意行为所造成的直接损失和上述行为或行为所引起的共同海损、牺牲、分摊和救助费用负赔偿责任。但对在罢工期间由于劳动力短缺或不能运用所致的保险货物的损失以及因此而引起的动力或燃料缺乏使冷藏机停止工作所致的冷藏货物的损失不负责。

值得注意的是，罢工险的责任起讫和基本险一样，是“仓至仓”而不是“水面危险”原则。在投保战争险的前提下，加保罢工险不另收费。

(三) 特别附加险

特别附加险包括以下 6 种：舱面险（on deck risk）、进口关税险（import duty risk）、拒收险（rejection risk）、黄曲霉素险（aflatoxin risk）、交货不到险（failure to deliver risk）、货物出口到香港（包括九龙）或澳门存仓火险责任扩展条款（fire risk extension clause—for storage of cargo at destination Hongkong，including Kowloon or Macao）。

第四节　中国陆运、空运货物与邮政包裹运输保险

陆运、空运货物与邮政包裹运输保险是在海运货物保险的基础上发展起来的。由于陆运、空运货物与邮政包裹运输同海运可能招致货物损失的风险种类不同，所以陆运、空运货物与邮包运输保险与海上货运保险的险别及其承保范围也有所不同，现分别简要介绍如下。

一、陆上运输货物保险

陆上运输货物保险的险别分为陆运险和陆运一切险两种。此外，还有陆上运输冷藏货物险，它也具有基本险的性质。承保的责任范围如下：

(一) 陆运险的责任范围

被保险货物在运输途中遭受暴风、雷电、地震、洪水等自然灾害，或由于陆运运输工具（主要是指火车、汽车）遭受碰撞、倾覆或出轨。如在驳运过程中，驳运工具搁

浅、触礁、沉没或由于遭受隧道坍塌、崖崩或火灾、爆炸等意外事故所造成的全部损失或部分损失。由此可见，保险公司对陆运险的承保范围大致相当于海运货物保险中的水渍险。

（二）陆运一切险的责任范围

除包括上述陆运险的责任外，保险公司对被保险货物在运输途中由于一般外来原因造成的短少、短量、偷窃、渗漏、碰损、破碎、钩损、雨淋、生锈、受潮、受热、发霉、串味、沾污等全部或部分损失，也负赔偿责任。

在陆上运输货物保险中，被保险货物在投保陆运险或陆运一切险的基础上，经过协商还可以加保陆上运输货物保险的一种或若干种附加险，如陆运战争险等。

（三）保险责任的起讫期限

保险责任的起讫期限与海洋运输货物保险的仓至仓条款基本相同，是从被保险货物运离保险单所载明的起运地发货人的仓库或储存处所开始运输时生效。包括正常陆运和有关水上驳运在内，直到该项货物送交保险单所载明的目的地收货人仓库或储存处所，或被保险人用作分配、分派或非正常运输的其他储存处所为止。但如未运抵上述仓库或储存处所，则以被保险货物到达最后卸载的车站后，保险责任以 60 天为限。

二、航空运输货物保险

我国现行航空运输货物保险的基本险别有航空运输险和航空运输一切险两种。

（一）航空运输险和航空运输一切险的责任范围

航空运输险的承保责任范围是被保险货物在运输途中遭受雷电、火灾、爆炸或由于飞机遭受恶劣气候或其他危难事故所造成的全部或部分损失。对保险责任范围内的事故所采取的抢救、防止或减少货损的措施而支付的合理费用也负责赔偿，但以不超过被救货物的保险金额为限。本险别的承保责任范围与海运险中的水渍险大致相同。

航空运输一切险的承保责任范围，除包括上述航空运输险的全部责任外，还对被保险货物在运输途中由于一般外来原因造成的，包括被偷窃、短少等全部或部分损失负赔偿责任。

此外，在投保航空运输险和航空运输一切险的基础上，经与保险人协商后可以加保航空运输货物战争险。该险的承保责任范围，包括航空运输途中由于战争、类似战争行为、敌对行为或武装冲突以及各种常规武器和炸弹所造成的货物损失。

（二）航空运输险和航空运输一切险的责任起讫

航空运输险和航空运输一切险的保险责任也采用“仓至仓”条款。航空运输货物保险的责任，是从被保险货物运离保险单所载明起运地仓库或储存处所开始时生效，在正常运输过程中继续有效，直至该项货物运抵保险单所载明目的地，交到收货人仓库或储存处所，或被保险人用作分配、分派或非正常运输的其他储存处所为止。如保险货物未到达上述仓库或储存处所，则以被保险货物在最后卸货地卸离飞机后满 30 天为止。

航空运输货物战争险的起讫责任，是自货物装上保险单所载明的起运地的飞机时开始，到卸离保险单所载明的目的地的飞机为止，但最长以飞机到达目的地当天午夜起满 15

天为限。

三、邮政运输包裹保险

我国现行邮政运输包裹保险的基本险别有邮包险和邮包一切险。

(一) 邮包险和邮包一切险的责任范围

邮包险的保险责任范围包括被保险货物在邮运途中遭受恶劣气候、雷电、海啸、地震、洪水等自然灾害，由于运输工具遭受搁浅、触礁、沉没、碰撞、倾覆、出轨坠落、失踪，或由于失火、爆炸等意外事故所造成的全损或部分损失。对由于保险责任范围内的事故所采取的为抢救、防止或减少货损采取的措施而支付的合理费用也负责赔偿，但以不超过被救货物的保险金额为限。

邮包一切险的承保责任范围，除包括上述邮包险的全部责任外，还负责赔偿被保险邮包在运输途中由于一般外来原因造成的（包括被偷窃、短少在内）全部或部分损失。

(二) 邮包险和邮包一切险的责任起讫

邮包险和邮包一切险的保险责任，是自被保险邮包离开保险单所载起运地点寄件人的处所运往邮局时开始生效，直至该项邮包运达保险单所载明的目的地邮局，自邮局发出到货通知给收件人的当日午夜起算，满 15 天为止。在此期限内，邮包一经递交至收件人处所，保险责任即告终止。

专栏 12－7

伦敦协会货物条款概述

在世界海上保险业中，英国伦敦保险协会所制定的“协会货物条款”(institute cargo clause，ICC) 对世界各国有着广泛的影响。它最早制定于 1912 年，2009 年 1 月 1 日，出台了新的条款 ICC 1/1/09。新条款共有 7 种险别：协会货物条款 (A) [institute cargo clauses (A)，ICC (A)]；协会货物条款 (B) [institute cargo clauses (B)，ICC (B)]；协会货物条款 (C) [institute cargo clauses (C)，ICC (C)]；协会战争险条款（货物）[institute war clauses (Cargo)]；协会罢工险条款（货物）[institute strikes clauses (Cargo)]；恶意损害险条款 (malicious damage clauses)；偷窃、提货不着险条款 (institute theft，pilferage and non-delivery clause)。

分析：在上述 7 个险别中，前 5 个险别条款结构统一、系统清晰，都包含承保责任、除外责任、保险期间、索赔、保险的利益、减少损失、防止延迟和法律与惯例这 8 项内容，可以单独投保。而恶意损害险和偷窃、提货不着险属于附加险，不能单独投保。

第五节　进出口货物运输保险实务

在本节中，我们主要讲述被保险人投保、签订保险合同和索赔的问题。

一、投保

被保险人如果想要得到保险保障，要做的第一件事就是投保，也就是向保险公司提出保险要求，具体行为就是填写投保单。

（一）投保单的内容

不同的保险公司有不同的投保单格式，但其内容大致相同。投保单的主要内容包括：被保险人、标记、包装及数量、保险货物项目、保险金额、装载运输工具、开航日期、提单号码、航线、投保险别、赔款地点以及投保日期等。

专栏 12－8

某出口公司按 CIF 条件出售一批服装，根据交易双方的约定，成交金额为 25 000 美元，保险费率为 0.4%，按 CIF 价加成 10%投保平安险，试计算：保险额和保险费各为多少？

分析：

保险额＝CIF 货价×(1＋加成率)

＝25 000 美元×(1＋10%)＝27 500 美元

保险费＝27 500 美元×0.4%＝110 美元

（二）投保的方式

进出口货物办理保险的方式主要有以下两种：

1. 订立预约保险合同

如果公司的进口业务较多，为防止进口货物在国外装运后因信息不畅而发生漏保，可以对进口货物的保险采用订立预约保险合同的办法，即和保险公司签订预约保险合同，规定，凡属该合同规定范围内的海运进口货物，保险公司负责自动投保，而不必对每批货物都填写投保单。被保险人在接到装运通知后将有关内容通知保险人即可，被保险人还可以要求保险人对承保的货物签发保险凭证。

2. 逐笔投保

我国出口货物的投保一般采用逐笔投保，即被保险人对每一批货物单独向保险公司提交投保单，一旦保险人接受，保险合同即告成立。如果公司的进口业务并不是很多，一般也采用逐笔投保，即在接到对方的装船通知后，向保险公司投保。

二、签订保险合同

提交投保单是被保险人向保险人发出的要约，如果保险人决定接受，则保险合同就成立了。保险人表示接受的方式有很多种，如可以通过收取保费并出具收据来表示，可以在投保单上签字盖章表示同意，但更多的是通过出具保险单或保险凭证表示同意。

（一）保险合同的内容

根据我国《海商法》的规定，海上保险合同主要包括下列各项：保险人名称；被保险人名称；保险标的；保险价值；保险金额；保险责任和除外责任；保险期间；保险费。

保险单和保险凭证是根据投保单签发的，所以其内容和投保单没有什么实质性的不同，不再赘述。

（二）保险合同的形式

1. 保险单

保险单俗称“大保单”或“正式保险单”，简称“保单”，是保险人和被保险人之间订立的正式保险合同的书面凭证。在海运货物保险中，保险人根据投保人逐笔投保逐笔签发。

2. 保险凭证

保险凭证俗称“小保单”，是保险人签发给被保险人的，用以证明保险合同已经生效的文件。在采用预约保险的情况下，经常采用保险凭证。它和保险单具有同等的作用和效力。一般在信用证中规定，保险单和保险凭证均可接受。但保险凭证是一种简化了的保单，其背面没有列入保险条款。

（三）保险合同的转让

保险合同的转让是指被保险人将保险单所赋予的损害索赔权及相应的诉讼权转让给受让人。在海上保险中，货物保险单的转让通常采用空白背书的方式进行。关于海上保险合同的转让，需要注意以下问题：

（1）海运货物保险单的转让无须经过保险人的同意。《中华人民共和国保险法》规定：保险标的的转让应当通知保险人，经保险人同意继续承保后，依法变更合同，但是货物运输保险合同和另有约定的合同除外。

（2）保险合同的转让必须在保险标的的所有权转让之前或同时进行。因为一旦被保险人将保险标的转让给他人，就丧失了可保利益，也就无法再转让保险合同了。

（3）在损失发生后仍可转让保险合同。在国际贸易中，经常通过转让单据的方式来转卖货物，所以在货物的所有权和保单转让时，人们并不知道货物是否已经发生损失。

（4）保险合同的受让人的权利不优于转让人。受让人有权以自己的名义向保险人进行诉讼，保险人也可以像对待原被保险人一样，对保险合同项下所引起的责任进行辩护。

三、索赔

当被保险人保险的货物遭受损失后，被保险人应按照保单的规定向保险公司办理索赔手续。被保险人必须完成以下步骤：

（一）损失通知

当被保险人获悉或发现保险货物遭损，应马上通知保险人，以便保险人检验损失，提出施救意见，确定保险责任，查核发货人或承运人责任。延迟通知会耽误保险人进行有关工作，引起异议，影响索赔。损失一经通知，表示索赔行为已经开始，不再受保险索赔时效的限制。

（二）采取合理的施救、整理措施

在保险货物受损后，作为货方的被保险人应该对受损货物采取措施，防止损失扩大。特别是对受损货物，被保险人仍须协助保险人进行转售、修理和改变用途等工作。因为相对于保险人而言，被保险人对于货物的性能、用途更加熟悉，因此，原则上残货应由货方处理。这是保险合同中规定的被保险人的义务之一，如果被保险人没有履行此义务，保险人对由此而扩大的损失不负责。被保险人采取此类措施而发生的费用，即施救费用，可以从保险人处获得补偿。

（三）向承运人等有关方提出索赔

被保险人或其代理人在提货时发现货物明显受损或整件短少，除向保险公司报损外，还应立即向承运人、受托人以及海关、港务局等索取货损货差证明。当这些损失涉及承运人、受托人或其他有关方面如码头、装卸公司的责任，应立即以书面形式向他们提出索赔，并保留追偿权利，必要时还要申请延长索赔时效。如果被保险人没有及时向有关责任方索赔，就可能影响保险人的代位追偿权利。所以保险人为了保障自己的权利，要求被保险人必须向有关责任方提出索赔，并提供证明材料，否则保险人有权从赔款中做相应的扣除。

（四）准备必要的索赔单证

被保险人必须向保险公司提供以下单据：保单或保险凭证正本；运输契约，如提单、运单和邮单等；发票；装箱单、磅码单；如货损涉及第三者责任，被保险人还需提供向责任方追偿的有关函电及其他必要的单证或文件；检验报告；海事报告摘录或海事声明书；货损货差证明；索赔清单。

本章小结

1. 保险的基本原则主要有：可保利益原则、最大诚信原则、补偿原则等。国际贸易货物在海上运输过程中，可能会遭到各种不同风险，而海上货物运输保险人主要承保海上风险和外来风险所造成的损失与费用。海上损失按损失程度的不同，可分为全部损失和部分损失；按性质可分为共同海损和单独海损。海上货物保险保障的费用包括施救费用和救助费用。

2. 在我国，进出口货物运输最常用的保险条款是中国保险条款。该条款按运输方式来分，有海洋、陆上、航空和邮包运输保险条款四大类。我国海洋货物运输保险条款包括三种基本险别，即平安险、水渍险和一切险。附加险别包括一般附加险、特殊附加险和特别附加险。

关键术语

可保利益原则	最大诚信原则	补偿原则
海上风险	外来风险	实际全损
推定全损	共同海损	单独海损
施救费用	救助费用	仓至仓条款

思考题

1. 简述保险的基本原则，并说明进出口货物为什么要投保运输险。

2. 在海运货物保险中，保险公司承担的损失和费用有哪些？
3. 何谓实际全损？何谓推定全损？二者有什么区别？
4. 共同海损与单独海损的区别是什么？
5. 我国海运货物保险的险别是怎样规定的？仓至仓条款是如何定义的？
6. 简述我国陆运、空运货物与邮政包裹运输保险对于险别和保险责任起讫的规定。

案例分析题

1. 我某公司以每箱125美元CIF新加坡出口某商品共1万箱，在货物出口前，由我公司向中国H保险公司某分公司投保了平安险、串味险及淡水雨淋险，其保险费率分别为0.7%、0.3%和0.2%，按发票金额110%投保。试计算该批货物的投保金额和保险费。

2. 有一批货物以按发票总值110%投保了平安险，载运该批货物的海轮于5月3日在海面遇到暴风雨的袭击，使该批货物受到部分水渍，损失货值为10 000元；该海轮在继续航行中，又于5月8日发生触礁事故，又使该批货物发生部分损失，亦为货值10 000元。试问，保险公司是否应赔偿？如果可以，应赔付多少？

第十三章 进出口商品的价格

学习目标

通过本章的学习，掌握进出口商品价格的制定原则和方法，了解影响商品价格的各种因素，掌握主要贸易术语的价格换算、佣金与折扣的含义及计算方法、出口换汇成本和盈亏率的计算等。

第一节 进出口商品价格的掌握

一、我国进出口商品的作价原则

我国进出口商品的作价原则是：在贯彻平等互利的原则下，根据国际市场价格水平，结合国别（地区）政策，并按照我们的购销意图确定适当的价格。

国际贸易中的商品价格受多种因素影响，进出口商品作价除了应遵循上述基本原则外，还应该考虑以下因素：

（一）国际市场商品供求变化和价格走势

国际市场价格因受供求变化的影响而上下波动，因此，在确定成交价格时，必须考虑供求状况和价格变动的趋势。当市场商品供不应求时，国际市场价格就会呈上涨趋势；反之，当市场商品供过于求时，国际市场价格就会呈下降趋势。由此可见，切实了解国际市场供求变化状况，有利于对国际市场价格的走势做出正确判断，合理地确定进出口商品的成交价格，避免价格掌握上的盲目性。

（二）商品的质量和档次

在国际市场上，一般都贯彻按质论价的原则，即好货好价，次货次价。品质的优劣，档次的高低，包装装潢的好坏，式样的新旧，商标、牌号的知名度，都影响商品的价格。

（三）交货地点和交货条件

在国际贸易中，由于交货地点和交货条件不同，买卖双方承担的责任、费用和风险也不同，在确定进出口商品价格时，必须首先考虑这一因素。例如，在同一距离内成交的同一商品，按 CIF 条件成交与按 DES 条件成交，其价格应当不同。

（四）运输距离

国际货物买卖一般都要通过长途运输。运输距离的远近，影响运费和保险费的开支，从而影响商品的价格。因此，确定商品价格时，必须核算运输成本，做好比价工作，以体现地区差价。

（五）成交数量

按国际贸易的习惯做法，成交量的大小影响价格。成交量大时，在价格上应给予适当优惠，或者采用数量折扣的办法；反之，如成交量过少，甚至低于起订量时，也可以适当提高出售价格。那种不论成交量多少，都采取同一个价格成交的做法是不当的，我们应当掌握好数量方面的差价。

（六）季节性需求的变化

在国际市场上，某些节令性商品，如赶在节令前到货，就能卖上好价。过了节令的商品，其售价往往很低，甚至以低于成本的价格出售。因此，我们应充分利用季节性需求的变化，切实掌握好季节性差价。

（七）支付条件和汇率变动的风险

支付条件是否有利和汇率变动风险的大小都影响商品的价格。例如，同一商品在其他交易条件相同的情况下，采取预付货款和凭信用证付款方式，其价格应当有所区别。同时，确定商品价格时，一般应争取采用对自身有利的货币成交，如采用不利的货币成交，应当把汇率变动的风险考虑到货价中。

另外，交货期的远近、市场销售习惯和消费者的爱好的不同、产品所处生命周期的不同阶段等因素，对确定价格也有不同程度的影响。

专栏 13-1

出口商品的定价策略

一、高价定价策略

对于技术水平不高、工艺要求不是很复杂、容易被其他企业仿冒的商品，要采用高价销售的策略，求得在最短的期限内收回预期利润。

二、渗透定价策略

渗透定价策略可以实现企业所期望的两个目标：(1) 将自己的产品推向已经强手如林的市场，可以采用低价渗透策略抢夺其他企业的市场份额；(2) 长期采取低价、低利的定价策略，以排斥其他企业与之并立，肃清市场上的竞争对手。

三、尾数定价策略

就需求价格弹性较强的商品来说，运用尾数标价，如 100 美元一件的羊毛衫，实际标价 99.96 美元，会使消费者有便宜的感受，进而愿意购买。

四、整数定价策略

某些有档次感的商品，我们反而要把实际价格 99.98 元标示为 100 元整，才有利于促销，此时 2 分钱之差能使消费者感觉到商品处于更高的档次等级。

五、声望定价策略

对于已经成名的企业、产品和经销商而言，维持或制定较高的商品价格往往能够为消费者所接受，并且容易在市场上形成价高质优的形象。

二、进出口商品价格核算

在确定进出口商品价格时，国际市场行情和购销意图是商品定价的最主要的依据。市场行情既反映了当前的价格水平，又反映了未来价格变动的趋势。正确把握市场行情，才能以有利的价格条件成交。

（一）进口商品的价格构成

进口商品的价格构成主要包括以下部分：进口货物的 FOB 价、运费、保险费、进口税费、目的港码头捐税、卸货费、检验费、仓储费、国内运杂费、其他杂费、佣金和预期利润等。

（二）出口商品的价格构成

商品价格确定主要取决于两大因素：成本及费用。这两个因素是构成价格的固定因素，在此基础上，出口商还应确定一个合理的利润率，与成本及费用相加构成商品的出口成交价格。

1. 成本

对生产企业而言，成本是指其生产成本扣除出口退税（如符合出口退税的条件）后的实际成本。

出口退税收入＝FOB 价格×银行外汇买入价格×退税率

对出口企业而言，成本是指从生产厂家进货的成本扣除出口退税后的实际采购成本。

实际采购成本＝出口商品购货成本(含增值税)－出口退税收入

出口退税收入＝出口商品购货成本(含增值税)÷(1＋增值税税率)×退税率

2. 费用

费用是指出口商品所发生的一切国内、国外费用。

国内费用包括商品的加工整理费用、包装费用、保管费用（包括仓租、火险等）、国内运输费用（仓至码头、车站、空港、集装箱货运站、集装箱堆场）、装船费用（装船、起吊费和驳船费等）、认证费（包括商检费、公证费、领事签证费、产地证费、许可证费、报关单费等）、银行费用（贴现利息、手续费等）、预计损耗（耗损、短损、漏损、破损、变质等）、邮电费（电报、电传、邮件等费用）、经营管理费等，通常由各企业按进货成本的 5％～10％不等的定额费率自行核定。

国外费用包括国外运费、国外保险费以及国外佣金三种费用。

3. 利润

利润部分通常由企业自定利润率，可按以下三种方法计算。

（1）以生产成本或进货成本为基数：

利润＝生产成本（或进货成本）×利润率

（2）以出口成本（生产成本或进货成本加国内费用）为基数：

利润＝出口成本×利润率

（3）以成交价格为基数：

利润＝成交价格×利润率

在实践中，通常以成交价格为利润计算基数，由此可以得出成交价格的计算公式：

出口成交价格＝（成本＋费用）÷（1－利润率）

（三）FOB、CFR、CIF 贸易术语的价格构成

FOB 、CFR、CIF 这三种贸易术语仅适用于海上或内河运输。在价格构成中，通常包括三方面内容：进货成本、费用和净利润。其中费用的核算最为复杂，包括国内费用和国外费用。

计算公式如下：

FOB 价格＝进货成本价＋国内费用＋净利润

CFR 价格＝进货成本价＋国内费用＋国外运费＋净利润

CIF 价格＝进货成本价＋国内费用＋国外运费＋国外保险费＋净利润

（四）FCA、CPT 和 CIP 贸易术语的价格构成

FCA、CPT 和 CIP 这三种贸易术语适用范围广。在价格构成中，通常包括三方面内容：进货成本、费用和净利润。

计算公式如下：

FCA 价格＝进货成本价＋国内费用＋净利润

CPT 价格＝进货成本价＋国内费用＋国外运费＋净利润

CIP 价格＝进货成本价＋国内费用＋国外运费＋国外保险费＋净利润

专栏 13－2

CIF 换算成 FOB 价格

我方对外报价为每公吨 1 000 美元 CIF 新加坡，而外商还盘为 902 美元，FOB 中国口岸。经查该货物由中国港口运至新加坡每公吨运费为 88 美元，保险费率合计为 0.95%。试问单纯从价格角度上讲，我方可否接受该项还盘？

分析：将我方报价 CIF 新加坡换算成 FOB 中国口岸价格，其结果是，FOB 中国口岸价＝1 000－88－1 000×110%×0.95%＝901.55（美元）；而外商报价为 FOB 中国口岸 902 美元，二者相差无几，可以接受外商还盘。

三、合同中的价格条款

（一）价格条款的内容

合同中的价格条款，一般包括商品的单价（unit price）和总值（total amount）两项基本内容。商品的单价通常由四部分组成，即计量单位、单位价格金额、计价货币和贸易术语。在价格条款中可规定："每公吨 600 美元，CIF 纽约"（USD 600 per M/T CIF New York）。总值是指单价与成交商品数量的乘积，即一笔交易的货款总金额。总值项下一般同时列明贸易术语，总值所使用的货币必须与单价货币名称一致。

（二）规定价格条款时应注意的问题

规定价格条款时，应注意下列问题：

（1）合理确定商品的单价，防止作价偏高或偏低。

（2）根据经营意图和船源、货源等实际情况，在权衡利弊的基础上选用适当的贸易术语。

（3）争取选择有利的计价货币，以免遭受市值变动带来的风险，必要时可加订保值条款。

（4）灵活运用各种不同的作价办法，避免承担价格变动的风险。

（5）参照国际贸易的习惯做法，注意佣金和折扣的合理运用。

（6）如交货品质、交货数量有机动幅度或包装费另行计价时，应一并订明机动部分作价和包装费计价的具体办法。

（7）单价中涉及的计量单位、计价货币、装卸地名称，必须书写正确、清楚，以利合同的履行。

专栏 13-3

进出口合同中的价格条款实例

（1）交易条款以《2010 年国际贸易术语解释通则》的规定为准。（The trade terms shall be governed under and by the latest Incoterms 2010.）

（2）价格以 FOB 净价计算，不包括买方佣金。双方另有规定除外。（Prices shall be FOB net in U. S. dollars without the buyer's commission unless otherwise stipulated or agreed upon between the parties.）

（3）FOB 新加坡每公吨 12 美元，包括理舱费和平舱费，总价 120 万美元。（USD12. 00 per M/T FOB ST Singapore，total USD1 200 000. 00.）

第二节　进出口盈亏核算

在出口产品价格的确定上，应认真核算成本、计算盈亏，防止单纯追求成交量的现象出现。出口时，要掌握出口总成本、出口销售外汇（美元）净收入和人民币净收入的数据，以计算并比较出口商品的盈亏情况，加强成本效益的核算。

进出口盈亏核算通常包括出口商品盈亏率、出口商品换汇成本和出口创汇率等。此外，对外贸易效益成本核算通常都要涉及出口总成本这个因素，而我国企业在进行国际贸易时，一般要用贸易术语进行报价，因此，还应掌握价格之间的换算。下面分别介绍这些内容。

一、进出口盈亏核算

（一）出口商品盈亏率

出口商品盈亏率是指出口商品盈亏额与出口总成本的比率。

其计算公式为：

出口商品盈亏率＝(出口销售人民币净收入－出口总成本)/出口总成本×100%

其中，出口销售人民币净收入与出口总成本的差额为出口盈亏额。若出口盈亏额大于零，即前者大于后者为盈利；反之为亏损。

出口总成本是指出口商品的进货成本（或生产成本）加上出口前的一切费用和税金，即：出口总成本＝出口商品的进货成本（或生产成本）＋定额费用－出口退税收入；定额费用＝出口商品的进货成本（或生产成本）×费用定额率（依不同的商品略有不同，通常维持在5%～20%）；出口退税收入＝出口商品的进货成本（或生产成本）/(1＋增值税税率)×退税率。

出口销售人民币净收入是指出口商品外汇收入除去外汇费用（如运费、保险费、码头捐、驳船费等）的外汇净收入按照结汇银行的外汇牌价的现汇买入价折成人民币的金额，即按FOB价出售所得的人民币净收入。

该公式表明，如果出口商品盈亏率大于零，则该笔出口交易有利可图；反之，若出口商品盈亏率小于零，则说明该笔出口交易亏损。

（二）出口商品换汇成本

出口商品换汇成本，又称出口商品换汇率，是指以某种商品的出口总成本与出口所得的外汇净收入之比，得出用多少人民币换回一美元。

其计算公式为：

出口商品换汇成本＝出口总成本(人民币)/出口销售外汇净收入(美元)

其中，出口销售人民币净收入是指出口商品外汇收入除去外汇费用（如运费、保险费、码头捐、驳船费等）的外汇净收入，即按FOB价出售所得的外汇净收入。

出口商品换汇成本反映了出口商品的盈亏情况，它是考察出口企业有无经济效益的重要指标，其衡量的标准是：人民币对美元的汇价。该公式表明，如果出口商品换汇成本高于银行的外汇牌价的现汇买入价，则出口为亏损；反之，则说明出口有盈利。因此，为了避免亏损，必须准确测算换汇成本。

（三）出口创汇率

出口创汇率，又称外汇增值率，是指加工后成品出口的外汇净收入与原料外汇成本的比率。该指标主要用于计算用国外原材料或国产原材料加工再出口的业务。

其计算公式为：

出口创汇率=(成品出口外汇净收入-原料外汇成本)/原料外汇成本×100%

需要说明的是，如原材料为本国产品，其外汇成本可按原料的 FOB 出口价计算；如原材料是进口的，则按该原料的 CIF 价计算。通过出口的外汇净收入和原料外汇成本的对比，则可看出成品出口的创汇情况，从而确定出口成品是否有利。特别是在进料加工的情况下，核算出口创汇率这项指标更有必要。

专栏 13-4

换汇成本和盈亏率的计算

我方某公司按 CIF 价出口某商品，出口总成本为人民币 85 100 元，扣除各种费用后的外汇净收入为 13 500 美元。问：该笔出口的换汇成本是多少？该公司此笔业务是否盈利？盈亏率是多少？(当时中国银行的外汇牌价为 100 美元合人民币 650 元。)

分析：出口换汇成本=85 100/13 500=6.303 7(元/美元)；出口销售人民币净收入=13 500×6.50=87 750(元)；出口盈亏额=出口销售人民币净收入-出口总成本=87 750-85 100=2 650(元)。

出口盈亏率=2 650/85 100×100%=3.11%

因此，该公司此笔业务是盈利的，盈亏率为 3.11%。

二、出口商品价格的换算

在国际贸易业务中，买卖双方在洽商交易时，经常会出现一方当事人以某种贸易术语报价后，另一方当事人不同意而要求用其他的贸易术语进行改报，这就涉及出口商品价格换算的问题。下面就在国际贸易中最常见的三种贸易术语，即 FOB、CFR 及 CIF 的换算方法介绍如下：

保险费=(CIF+CIF×加成率)×保险费率

=CIF×(1+加成率)×保险费率

1. FOB 价换算为其他价

FOB=CFR-国外运费

=CIF×[1-(1+加成率)×保险费率]-国外运费

2. CFR 价换算为其他价

CFR=CIF-I=CIF-CIF×(1+加成率)×保险费率

=CIF×[1-(1+加成率)×保险费率]

=FOB+国外运费

3. CIF 价换算为其他价

CIF=CFR/[1-(1+加成率)×保险费率]

=(FOB+F)/[1-(1+加成率)×保险费率]

CIF的价格构成为：FOB价＋国外运费＋国外保险费。需要特别注意的是，国外保险费是以CIF价格为基础计算的，所以如果写明保险费的计算办法，则为：CIF价＝FOB价＋CIF价×(1＋保险加成×保险费率)＋国外运费。

第三节　进出口商品的作价方法

在国际贸易中，进出口商品价格的确是买卖双方最关心的一个重要问题。因此，买卖双方在洽商交易和订立合同时，都非常重视商品的作价问题。

在国际贸易中，作价方法很多，归纳起来，有固定价格和非固定价格两类。

一、固定价格

我国的进出口合同绝大部分都是在双方协商一致的基础上明确地规定具体价格，这也是国际上常见的做法。

按照各国法律的规定，合同价格一经确定，就必须严格执行，任何一方都不得擅自更改。在合同中规定固定价格具有明确、具体、肯定和便于核算的特点。但是由于商品市场行情的多变性，价格涨落不定，因此在国际货物买卖合同中规定固定价格，就意味着买卖双方要承担从订约到交货付款以至转售时价格变动的风险。而且如果行市变动过于剧烈，这种做法还可能影响合同的顺利执行。一些不守信用的商人很可能为逃避巨额损失而寻找各种借口撕毁合同。因此为了减少价格风险，在采用固定价格时，首先，必须对影响商品供需的各种因素进行仔细的研究，并在此基础上对价格的前景做出判断，以此作为决定合同价格的依据；其次，要对客户的资信进行了解和研究，慎重选择订约的对象。

二、非固定价格

(一) 非固定价格的种类

从我国进出口合同的实际做法看，非固定价格，即一般业务上所说的“活价”，大体上可分为以下几种：

1. 只规定作价方式而具体价格留待以后确定

2. 暂定价

在合同中先订立一个初步价格，作为开立信用证和初步付款的依据，待双方确定最后价格后再进行最后清算，多退少补。

3. 部分固定价格、部分非固定价格

有时为了照顾双方的利益，也可采用部分固定价格、部分非固定价格的做法，或是分批作价的办法，交货期近的价格在订约时固定下来，余者在交货前一定期限内作价。

(二) 非固定价格的优缺点

非固定价格是一种变通做法，在行情变动剧烈或双方未能就价格取得一致意见时，采用这种做法有一定的好处。但应看到，这种做法是先订约后作价，合同的关键条款——价格是在订约之后由双方按一定的方式来确定的。这就不可避免地给合同带来了较大的不稳定性，存在着双方在作价时不能取得一致意见，而使合同无法执行的可能；或由于合同作价条款规定不当，而使合同失去法律效力的危险。因此，当采用非固定价格条款时，应慎重使用。

（三）非固定价格对合同成立的影响

在采用非固定价格的情况下，由于双方当事人未就合同的价格条件取得合意，因此，就存在着按这种方式签订的合同是否有效的问题。目前，世界上绝大多数国家的相关法律都认为，合同只要规定作价办法，就是有效的；有的国家法律甚至认为，合同价格可留待以后由买卖双方所确立的惯常交易方式来决定。《联合国国际货物销售合同公约》允许合同只规定“如何确定价格”，但对“如何确定价格”没有具体规定或作进一步的解释。为了避免争议的产生以及保证合同的顺利履行，在采用非固定价格条款时，建议应尽可能对作价时间、地点、标准和办法等内容做出明确具体的规定。

第四节　佣金和折扣

在合同价格条款中所规定的价格，可分为包含有佣金或折扣的价格和不包含的净价（net price）。包含有佣金的价格，通常被称为“含佣价”。正确运用佣金和折扣，可以加强对外竞争，调动外商经营我国商品的积极性。

一、佣金

（一）佣金的含义

佣金（commission），是代理人或经纪人为委托人进行交易而收取的报酬。在货物买卖中，往往表现为出口商付给销售代理人、进口商付给购买代理人的酬金。因此它适用于与代理人或佣金商签订的合同。凡在合同价格条款中明确规定佣金的百分比，叫作“明佣”。不标明佣金的百分比，甚至连“佣金”字样也不标示出来，有关佣金的问题由双方当事人另行约定，这种暗中约定佣金的做法，叫作“暗佣”。佣金直接关系到商品的价格，货价中是否包括佣金和佣金比例的大小，都会影响商品的价格。显然，含佣价比净价要高。正确运用佣金，有利于调动中间商的积极性和扩大交易。

（二）佣金的规定办法

在商品价格中包括佣金时，通常应以文字来说明。例如：“每公吨 600 美元 CIF 香港，包括 2%佣金”（USD 600 per M/T CIF HK including 2% commission）。也可在贸易术语上加注佣金的缩写英文字母“C”和佣金的百分比来表示。例如：“每公吨 600 美元 CIFC2%香港”（USD 600 per M/T CIF HK including 2% commission）。商品价格中所包含的佣金，除用百分比表示外，也可以用绝对数来表示。例如：“每公吨付佣金 40 美元”。中间商为了从买卖双方获取“双头佣金”或为了逃税，有时要求在合同中不规定佣金，而另按双方暗中达成的协议支付。佣金的规定应合理，其比率一般掌握在 1%～5%之间，不宜偏高。

（三）佣金的计算与支付

1. 佣金的计算

在国际贸易中，计算佣金的方法不一，有的按成交金额约定的百分比计算，也有的按成交商品的数量来计算，即按每一单位数量收取若干佣金计算。在我国进出口业务中，计算方法也不一致，按成交金额和成交商品的数量计算的都有。在按成交金额计算时，有的以发票总金额作为计算佣金的基数，有的则以 FOB 总值为基数来计算佣金。如按 CIF 成交，而以 FOB 值为基数计算佣金时，则应从 CIF 价中减去运费和保险费，求出 FOB 值，然后以 FOB 值乘以佣金率，即得出佣金额。

关于计算佣金的公式如下：

单位货物佣金额＝含佣价×佣金率
净价＝含佣价－单位货物佣金额

上述公式也可写成：

净价＝含佣价×(1－佣金率)

假如已知净价，则含佣价的计算公式应为：

含佣价＝净价/(1－佣金率)

在这里，值得注意的是，如在洽商交易时，我方报价为 200 美元，对方要求 2%的佣金。在此情况下，我方改报含佣价，按上述公式算出应为 204.1 美元，这样才能保证实收 200 美元。

2. 佣金的支付

佣金的支付一般有两种做法：一种是由中间代理商直接从货价中扣除佣金；另一种是在委托人收清货款之后，再按事先约定的期限和佣金比率，另行付给中间代理商。在支付佣金时，应防止错付、漏付和重付等事故发生。

按照一般惯例，在独家代理情况下，如委托人同约定地区的其他客户达成交易，即使未经独家代理过手，也得按约定的比率付给其佣金。

专栏 13－5

含佣价的计算

我国某外贸公司对外报价每套设备 USD1 000 CIF 新加坡，外商要求改报含佣价 CFR 新加坡含 4%佣金价。在保障我方外汇收入不变的情况下，我方应报价多少？（设保险费率合计为 0.9%，投保加一成。）

分析：

CFR 价＝CIF×[1－(1＋加成率)×保险费率]＝1 000×[1－(1＋10%)×0.9%]
　＝990.10(美元)

含佣价＝净价/(1－佣金率)＝CFRC4%＝990.10/(1－4%)
　＝1 031.35(美元)

因此，我方报价应为 CFRC4%每公吨 1 031.35 美元。

二、折扣

（一）折扣的含义

折扣是指卖方按原价给予买方一定百分比的减让，即在价格上给予适当的优惠。国际贸易中使用的折扣，名目很多，除一般折扣外，还有为扩大销售而使用的数量折扣（quantity discount）、为实现某种特殊目的而给予的特别折扣（special discount）以及年终回扣（turnover bonus）等。凡用文字明确表示折扣多少的，称作“明扣”；如果交易双方已就折扣达成协议，但在合同价格条款中未明确表示出来，称为“暗扣”。折扣直接关系到商品的价格，货价中是否包括折扣和折扣率的大小都会影响商品价格；折扣率越高，则价格越低。折扣如同佣金一样，都是市场经济的必然产物。正确运用折扣，有利于调动采购商的积极性和扩大销路；在国际贸易中，它是加强对外竞销的一种手段。

（二）折扣的规定办法

在国际贸易中，折扣通常在合同价格条款中用文字明确表示出来。例如：“CIF 旧金山每公吨 350 美元，折扣 2%”（USD350 per M/T CIF San Francisco including 2% discount）。此例也可以这样表示：“CIF 旧金山每公吨 350 美元，减 2%折扣”（USD350 per M/T CIF San Francisco less 2% discount）。此外，折扣也可以用绝对数来表示。例如：“每公吨折扣 4 美元”。

在实际业务中，也有用“CIFD”或“CIFR”来表示 CIF 价格中包含折扣。这里的“D”和“R”是“discount”和“rebate”的缩写。鉴于在贸易往来中加注的“D”或“R”含义不清，可能引起误解，故最好不使用此缩写语。

交易双方采取暗扣的做法时，则在合同价格中不予规定。有关折扣的问题，按交易双方暗中达成的协议处理，这种做法属于不公平竞争。公职人员或企业雇佣人员拿“暗扣”，应属贪污受贿行为。

（三）折扣的计算与支付方法

折扣一般是在买方支付货款时预先予以扣除；也有的折扣金额不直接从货价中扣除，而按暗中达成的协议另行支付给买方。折扣通常是以成交额或发票金额为基础计算出来的。

其计算方法如下：

单位货物折扣额＝原价(或含折扣价)×折扣率

卖方实际净收入＝原价－单位货物折扣额

本章小结

1. 由于价格构成因素不同，影响价格变化的因素也多种多样。因此，在确定进出口商品价格时，必须充分考虑影响价格的种种因素，并注意同一商品在不同情况下应有合理的差价。合同中的价格条款，一般包括商品的单价和总值两项基本内容。商品的单价通常由四部分组成，即计量单位、单位价格金额、计价货币和贸易术语。总值是指单价与成交商品数量的乘积，即一笔交易的货款总金额。对外贸易成本效益核算通常包括出口商品盈亏率、出口商品换汇成本和出口创汇率等。佣金是代理人或经纪人为委托人进行交易而收取的报酬。折扣是指卖方按原价给予买方一定百分比的减让。根据国际贸易的特点，用来计价的货币，可以是出口国家货币，也可以是进口国家货币或双方同意的第三国货币，由买卖双方协商确定。

关键术语

出口商品作价原则	差价	出口商品盈亏率
出口商品换汇成本	出口销售外汇净收入	出口创汇率
价格调整条款	计价货币	佣金
折扣		

思考题

1. 我国出口商品的作价原则是什么？
2. 影响商品成交价格的因素有哪些？
3. 采用固定价格的优缺点有哪些？在实际业务中，使用固定价格时应注意哪些问题？
4. 采用非固定价格有哪些利弊？作价时应注意哪些问题？
5. 采用非固定价格时要选择的作价标准有几种？作价时间的确定方法有几种？
6. 如何在合同中规定佣金和折扣？

案例分析题

1. 某公司向加拿大出口某商品，外销价为每公吨 500 美元 CIF 温哥华，支付运费为 70 美元，保险费 6.5 美元。如果该公司收购该商品的收购价为每公吨 1 800 元人民币，且国内直接和间接费用加 17%，试计算该商品的出口总成本、出口销售外汇净收入和出口换汇成本。假若当期银行外汇牌价为 1 美元合 6.8 元人民币，试计算该笔出口的盈亏率。

2. 我某公司出口商品，对外报价为 CIF 新加坡每公吨 500 美元，两天后，外商要求改报 CFRC5%，已知保险费率为 0.6%，试问价格应该调整为多少？

3. 判断下列我方出口单价的写法是否正确，如有误，请更正并说明理由：(1) 每箱 78 美元 CIF 美国；(2) 每吨 5 678 日元 CIF3%大阪；(3) 每打 100 元 FOB 伦敦；(4) 每吨 86 英镑 CFRC 上海；(5) 802 元 FCA 鹿特丹。

第十四章 国际贸易货款的结算

学习目标

通过本章的学习，掌握各种票据的定义、种类及流通程序，理解汇付和托收的当事人及流程，熟练掌握信用证的种类、支付程序及特点，并学会在不同条件下选择适当的支付方式。

第一节　支付工具

国际贸易结算中所使用的支付工具，通常指汇票、本票和支票，其中以汇票为主。

一、汇票

（一）汇票的概念和内容

汇票（bill of exchange，又称 draft 或简称 bill），是国际贸易结算中使用最为广泛的主要票据。根据《中华人民共和国票据法》（以下简称《票据法》）的规定，"汇票是出票人签发的，委托付款人在见票时或者在指定日期无条件支付确定的金额给付款人或者持票人的票据。"

汇票是一种要式证券，所以必须要式齐全。所谓要式齐全，就是必须具备法定的形式要件，必须载明必要的法定事项，才能成为完整的汇票，从而具有票据的效力。然而，各国法律对此的要求并不完全一致。

根据我国《票据法》的明确规定，汇票必须记载下列事项：（1）表明"汇票"字样；（2）无条件支付的委托；（3）确定的金额；（4）付款人名称；（5）收款人名称；（6）出票日期；（7）出票人签章。

未记载规定事项之一的，汇票无效。

专栏 14－1

汇票实例

Bill of Exchange

No. ________ （汇票号码）
Exchange for （汇票金额） ____________ Beijing，China （出票地点） ____________
At （见票） ________ Sight of this FIRST of Exchange （Second of Exchange being unpaid）（付一不付二）

Pay to the order of （收款人） ______________________________
the sum of （金额） ______________________________
Drawn under （出票依据） ______________________________

To （致付款人） ____________________________

________ （出票人）
（Signature）

（二）汇票的种类

汇票可以按照各种不同的标准来分类。

1. 按出票人不同，汇票分为银行汇票和商业汇票

银行汇票（banker's draft）是指由银行签发的汇票，是一家银行向另一家银行发出的书面支付命令，出票人和付款人都是银行。

商业汇票（trade bill）是指由企业或个人签发的汇票。商业汇票的付款人可以是企业、个人或银行。

2. 按承兑人不同，汇票分为银行承兑汇票和商业承兑汇票

银行承兑汇票（banker's acceptance bill）是以银行为承兑人的远期汇票。

商业承兑汇票（trader's acceptance bill）是以银行以外的任何商号或个人为承兑人的远期汇票。

3. 按有无附属单据，汇票分为光票和跟单汇票

光票（clean bill）是由出票人开立的不附任何单据的汇票。银行汇票多为光票。光票还常在国际贸易中支付佣金、待垫费用以及收取货款尾数时开立。

跟单汇票（documentary bill）是指附带有关单据的汇票，附带单据如发票、提单等。商业汇票多为跟单汇票。

4. 按付款时间不同，汇票分为即期汇票和远期汇票

即期汇票（sight bill 或 demand draft）是指持票人向付款人提示后对方立即付款的汇票，又称“见票即付”汇票。

远期汇票（time bill 或 usance bill）是指在出票一定期限后或特定日期付款的汇票。远期汇票的付款时间，有以下几种规定办法：

（1）见票后若干天付款（at ×× days after sight）；

（2）出票后若干天付款（at ×× days after date）；

（3）提单签发日后若干天付款（at ×× days after date of bill of lading）；

（4）指定日期付款（fixed date）。

（三）汇票的使用

汇票的使用，也称汇票的票据行为，是以行为人在票据上进行必备事项的记载、完成签名并交付为要件，以发生或转移票据权利、负担票据债务为目的的法律行为。汇票行为一般包括出票、提示、背书、承兑、付款等。值得注意的是，汇票的基本原理和法律规则同样适用于本票和支票。

1. 出票

出票（issue），即汇票的签发，是指出票人写成汇票经签字后交付给收款人的票据行为。可见，出票由两个动作组成：一是由出票人写成汇票并在汇票上签字；二是出票人将汇票交付给收款人。只有经过交付，汇票才开始生效。

2. 提示

提示（presentation）是指收款人或持票人将汇票提交付款人要求付款或承兑的行为。提示分为两种：

（1）承兑提示（presentation for acceptance）。承兑提示是指远期汇票的持票人向付款人出示汇票，要求付款人承诺到期付款的行为。

（2）付款提示（presentation for payment）。付款提示是指汇票的持票人向付款人或承兑人出示汇票要求付款的行为。

3. 背书

背书（endorsement）是指持票人在汇票的背面记载背书文句、签名，并把汇票交付给被背书人的行为。经过背书，汇票的权利由背书人转给被背书人，被背书人获得票据所有权。背书人对被背书人负有担保汇票必然会被承兑或付款的责任。通常，汇票可经过再次背书在市场上继续转让。

背书通常有记名背书、空白背书和限制性背书三种方式，而根据我国《票据法》的规定，持票人转让汇票时应当背书并交付汇票。因此，在国际贸易结算中，限制性背书用得较少。

4. 承兑

承兑（acceptance）是指汇票付款人承诺在汇票到期日支付汇票金额的票据行为。我国《票据法》规定，“付款人承兑汇票后，应当承担到期付款的责任”。承兑的具体手续是由付款人在汇票正面写上“承兑”字样，注明承兑的日期，并由付款人签名，交还收款人或其他持票人。汇票一经承兑，付款人就成为承兑人，并成为汇票的主债务人。

5. 付款

付款（payment）是指付款人向持票人按汇票金额支付票款的行为。无论是即期汇票，还是远期汇票，当持票人做付款提示时，付款人均应立即付款。即期汇票在付款人见票时即付；远期汇票在到期日于持票人做付款提示时支付。付款后，汇票上的一切债权债务即告终止。

6. 拒付

持票人提示汇票要求承兑时，遭到拒绝承兑，或持票人提示汇票要求付款时，遭到拒绝付款均称为拒付（dishonor），也称退票。除了拒绝承兑和拒绝付款外，付款人拒不见票、死亡或宣告破产，以致付款事实上已不可能时，也称拒付。

7. 追索

如汇票在合理时间内提示，遭到拒绝承兑，或在到期日提示，遭到拒绝付款，对持票人立即产生追索权，他有权向背书人和出票人追索票款。持票人为了行使追索权应及时做出拒付证书。所谓追索权（right of recourse）是指汇票遭到拒付时，持票人对其前手（背书人、出票人）有请求其偿还汇票金额及费用的权利。拒付证书是由付款地的法定公证人或其他依法有权做出证书的机构如法院、银行、公会、邮局等，做出证明拒付事实的文件，它是持票人凭以向其前手进行追索的法律依据。如拒付的汇票已经承兑，出票人可凭以向法院起诉，要求承兑汇票的承兑人付款。

二、本票

（一）本票概述

根据《票据法》第七十三条对本票的定义是："本票是出票人签发的，承诺自己在见票时无条件支付确定的金额给收款人或持票人的票据。本法所称本票，是指银行本票。"本票是出票人自己的无条件承诺，故无须提示承兑。

本票的基本当事人只有两个：出票人和收款人。本票的付款人就是出票人本人。按我国《票据法》，在持票人提示见票时，本票的出票人必须承担付款责任。

我国《票据法》规定本票必须记载下列事项：（1）标有"本票"字样；（2）无条件支付的承诺；（3）确定的金额；（4）收款人的名称；（5）出票日期；（6）出票人签章。

（二）本票的种类

我国《票据法》规定，本票仅限于银行本票，且开立自出票日起，付款时间不能超过两个月。工商企业和个人不能签发本票。

（三）本票的票据行为

在本票的票据行为中，对于出票、背书、付款等规定与汇票类似，但是本票还有一些特定的规定。例如，我国《票据法》规定：本票只能由银行或其他金融机构签发；出票人必须具有支付本票金额的可靠资金来源；本票自出票之日起，付款期限最长不得超过两个月；本票持票人未按规定期限提示见票的，丧失对出票人以外的前手的追索权。

三、支票

（一）支票的含义和内容

《票据法》第八十一条规定："支票是出票人签发的，委托办理支票存款业务的银行或者其他金融机构在见票时无条件支付确定的金额给收款人或者持票人的票据。"简而言之，支票是以银行为受票人的凭票即付的汇票。

支票的基本当事人和汇票一样，共有三个：出票人、付款人和收款人。出票人就是支票的签发人，他在银行已经开设存款账户并且订有支票协议。付款人是出票人的开户银行。收款人可以在支票上注明，也可以不写明。

需要注意的是，支票的出票人所签发的支票金额不得超过其付款时在付款人处实有的存款金额。出票人签发的支票金额超过其付款时在付款人处实有的存款金额的，称为空头支票。各国法律一般都禁止签发空头支票。按照票据法的一般规则，出票人必须按照签发的支票金额承担保证向正当持票人付款的责任。出票人在付款人处的存款足以支付支票金额的，付款人应在当日足额付款。

（二）支票的内容

根据我国《票据法》的规定，支票必须记载以下事项：（1）标明“支票”字样；（2）无条件支付的委托；（3）确定的金额；（4）付款人的名称；（5）出票日期；（6）出票人签字。未记载以上事项之一的，支票无效。

（三）支票的种类

支票大致可以分为以下几种：

1. 记名支票

记名支票（check payable to order）是在支票的收款人一栏，写明收款人的姓名，如“支付某某人或指定人”（pay sb. or order）；取款时须有收款人签章，方可支取。

2. 不记名支票

不记名支票（check payable to bearer），又称空白支票。支票上不记载收款人姓名，只写“付来人”（pay bearer）。取款时持票人无须在支票背后签章，即可支取。

3. 划线支票

划线支票（crossed check），是在支票正面划两道平行线的支票。划线支票不同于一般支票。一般支票可委托银行收款入账，也可由持票人自行提取现款。而划线支票只能委托银行代收票款入账。使用划线支票的目的是为了防止支票遗失；被人冒领时，还有可能通过银行代收的线索追回票款。

（四）支票的票据行为

支票的票据行为中，对于出票、背书、付款行为和追索权的行使，适用《票据法》中对于汇票的相应行为和权利行使的规定；但对支票的特定规定除外。例如，禁止签发空头支票。另外，根据我国《票据法》，支票的提示期限是自出票日起 10 天；异地使用的支票，其提示期限按中国人民银行的规定。超过提示付款期限的，付款人可以不予付款，但出票人仍应对持票人承担票据责任。

专栏 14－2

关于票据的两则案例

（1）A 承担对 B 的债务 2 万元，同时 C 承担对 A 的债务 2 万元，C 作为债务人签发了一张以A为债权人的票据，A通过背书将对C的债权转让给B，B持票提示C付款，C能拒付吗？

分析：根据票据的流通转让性，持票人仅凭交付或背书即可完成票据的转让，无须通知债务人，债务人被提示票据时，应对受让人承担付款的义务，而不能以不知票据转让为由拒绝承担票据的付款责任。因此，当B持票提示C付款时，C不能拒绝。

(2) A贸易公司承兑了一张见票30日付款的汇票。出票人B公司交付汇票给收款人时，加注“无追索权”字样。当汇票提示时，A贸易公司破产倒闭。试问谁应该对汇票承担责任?

分析：根据《票据法》，因为出票人是汇票的基本债务人，签发的无追索权的汇票无效。故出票人应当承担付款义务。

第二节　汇付与托收

汇付和托收是国际贸易中常用的货款结算方式。按照资金的流向和结算工具的方向划分，国际贸易结算方式可以分成顺汇和逆汇两大类。

顺汇（remittance）是由债务人主动将款项交给本国银行，委托银行使用某种结算工具，汇付给国外债权人或收款人。因为结算工具（票据、电报、邮寄支付凭证等）的传送方向与资金的流动方向相同，所以称之为顺汇。汇付就属于顺汇的范畴。

逆汇（reverse remittance）是由债务人以出具票据的方式，委托本国银行向国外债务人收取款项的结算方式。因为结算工具的传送方向与资金的流动方向相反，所以称之为逆汇。在贸易业务中，信用证项下的押汇、跟单托收以及非贸易中的支票托收都属于逆汇。

一、汇付

（一）汇付方式及其当事人

汇付（remittance），又称汇款，是最简单的国际贸易结算方式，指付款人通过银行，使用各种结算工具将货款汇交收款人的一种结算方式。汇付属于商业信用，但具有手续简便、费用低廉的特点。

汇付业务涉及的当事人有四个：

(1) 汇款人（remitter）：指委托银行汇出款项的人，即付款方。

(2) 收款人或受益人（payee or beneficiary）：是指收取款项的人，即收款方。

(3) 汇出行（remitting bank）：是指受汇款人委托，汇出款项的银行。汇出行所办理的汇款业务叫作汇出汇款。

(4) 汇入行（paying bank）：又称解付行，是指受汇出行的委托解付汇款的银行。解付行所办理的汇款业务叫作汇入汇款。

其中，汇款人与汇出行之间订有合约关系，汇出行与汇入行（汇出行的代理行）之间订有代理合约关系。

在办理汇付业务时，需要由汇款人向汇出行填交汇款申请书，汇出行有义务按照汇款申请书的指示通知汇入行；汇入行收到通知后，有义务向收款人（通常为出口商）解付货款。但汇出行和汇入行对不属于自身过失而造成的损失（如付款委托书在邮递途中遗失或延误等致使收款人无法或迟期收到货款）不承担责任，而且汇出行对汇入行工作上的过失也不承担责任。

（二）汇付的种类

由于使用的结算工具不同，汇付通常可以分为电汇、信汇和票汇三种。

1. 电汇

电汇（telegraphic transfer，T/T）是指应汇款人的申请，由汇出行拍发加押电报、电传或 SWIFT（MT100）电文等给其国外的分行或代理行（即汇入行），指示其解付一定金额给收款人的一种结算方式。

专栏 14－3

电汇（T/T）结算业务流程图

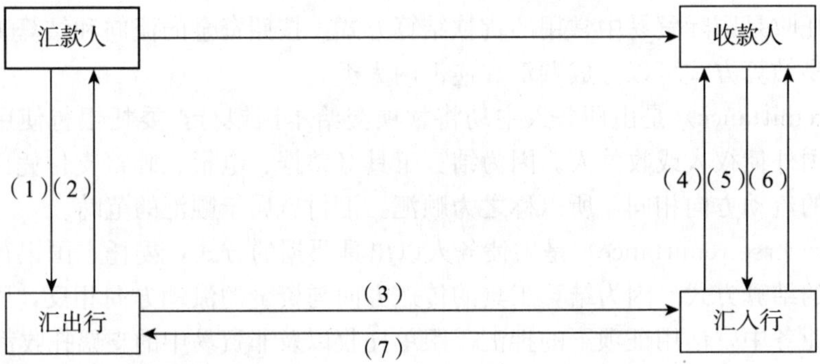

（1）汇款人递交电汇申请书并交款、付费。

（2）汇出行发给汇款人电汇回执。

（3）汇出行发出电报或电传。

（4）汇入行缮制电汇通知书，通知收款人取款。

（5）收款人持通知书一式两联向汇入行取款，并在收款人收据上签章。

（6）汇入行解付汇款。

（7）汇入行向汇出行寄送付讫借记通知书并索偿。

2. 信汇

信汇（mail transfer，M/T）是指汇出行应汇款人的申请，将信汇委托书或支付委托书邮寄给汇入行，授权其解付一定金额给收款人的一种结算方式。信汇结算的程序和电汇结算相同。

3. 票汇

票汇（remittance by banker's demand draft，D/D）是指汇出行应汇款人的申请，代汇款人开立以其分行或代理行为解付行的银行即期汇票，列明收款人的姓名、汇款金额等，交由汇款人自行寄送给收款人或亲自携带出国，以凭票取款的一种汇款方式。

专栏 14-4

票汇（D/D）结算业务流程图

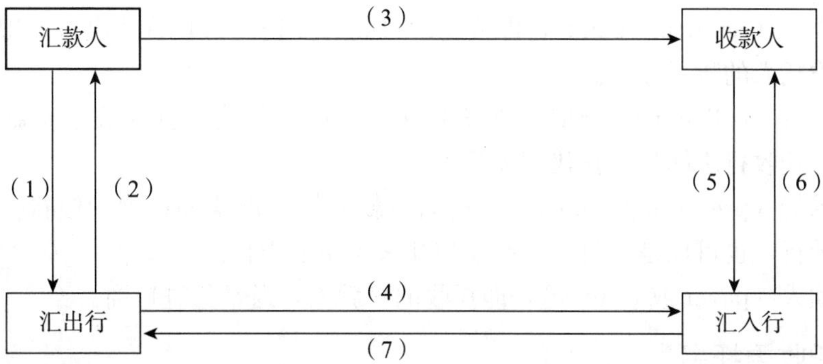

（1）汇款人填写票汇申请书并交款、付费。
（2）银行开出即期汇票给汇款人。
（3）汇款人将即期汇票自行邮寄给收款人。
（4）汇出行将汇款通知书和汇票票根寄给汇入行。
（5）收款人持汇票向汇入行取款。
（6）汇入行核对无误后付款。
（7）汇入行向汇出行寄送付讫借记通知书并索偿。

（三）汇付在国际贸易中的应用

在国际贸易中，汇款结算方式多用于预付货款、货到付款。

1. 预付货款

预付货款（payment in advance）是指进口商先将部分或全部货款汇交出口商，出口商收到货款后发货。就卖方来讲是先收款后交货，不积压资金，因此，对卖方有利而对买方不利。例如，随订单付现（cash with order）就是其中较为典型的方式。这是建立在进口商对出口商绝对信任的基础上的，需要预付货款的商品大多是国际市场的抢手货。

2. 货到付款

货到付款（payment after arrival of goods）通常也称为"赊账交易"（open account trade，O/A），是指在签订合同后，出口商先发货，进口商收到货物后将货款汇交出口商，因此，对买方有利而对卖方不利。例如，交货付现（cash on delivery，COD）就是其中较为典型的方式。这样，主动权完全掌握在进口商手中。出口商不仅要延迟收回货款，而且要承担货物已发出、货款又无法收回的风险。

二、托收

（一）托收概述

托收（collection）是指由卖方（债权人）开立汇票，委托出口地银行通过在国外的分行或代理行，向买方（债务人）收取货款或劳务费用的一种结算方式。它属于商业信用，采用的是逆汇法。

托收方式可能涉及的当事人有以下几个：

（1）委托人（principal 或 consignor），即开出汇票委托银行向国外付款人代收货款的人，通常为出口商。

（2）托收行（remitting bank），即接受出口商的委托代为收款的出口地银行。托收行有义务按照委托人的指示办事。

（3）代收行（collecting bank），即接受托收行的委托代付款人收取货款的进口地银行。代收行与托收行之间是委托代理关系。

（4）提示行（presenting bank），是指向付款人提示汇票和单据的银行。代收行可以自己兼任提示行，也可以是与付款人有账户往来关系的银行。

（5）付款人（payer 或 drawee），即托收的付款人，通常为进口商。

（二）托收委托书

按照国际商会 522 号出版物《托收统一规则》，一切托收业务都必须附有委托书（collection order）。

委托人应该填写托收委托书，银行只根据托收委托书所给予的指示办理。出口托收委托书的内容主要包括：代收行、申请人、付款人、汇票的时间和期限、合同号码、单据以及托收条款。托收条款一般包括以下内容：A. 收到款项后办理结汇；B. 收到款项后办理原币付款；C. 要求代收方付款交单；D. 要求代收行承兑交单；E. 银行费用由付款人承担；F. 银行费用由申请人承担；G. 通知申请人承兑汇票的到期日；H. 如果付款延期，向付款人收取××%的延期付款利息；I. 付款人拒绝付款或拒绝承兑，通知申请人并说明原因；J. 付款人拒绝付款或拒绝承兑，代收行对货物采取仓储或加保，费用由申请人支付；K. 其他。

（三）托收的种类

根据委托人签发的汇票是否附有单据，托收结算方式主要可以分为两种：光票托收和跟单托收。

1. 光票托收

光票托收（clean bill for collection）是指委托人仅签发汇票而不附带任何货运单据的一种托收业务。光票托收并不一定不附带任何单据。如果一张汇票仅仅附有一些非货运单据，如发票、垫款清单等，这种汇票的托收也视为光票托收。在国际贸易中，光票托收用于收取货款的尾数、佣金、样品费以及其他贸易从属费用等小额款项。

2. 跟单托收

跟单托收（documentary bill for collection）是指在卖方（出口商）所开具的汇票以外，还附有货运单据的托收。在实务中，跟单托收所附单据主要有提单、保险单、装箱单等。在办理跟单托收时，委托人需将汇票和所附货运单据等一并提交托收行，由托收行寄交代收行，凭此向进口商收取货款。

按照货物单据和货款的支付是否同时进行，跟单托收分为付款交单和承兑交单。

（1）付款交单。

付款交单（documents against payment，D/P）是指代收行必须在付款人付清票款之后，方可将货运单据交给付款人。办理此类托收时，委托人必须在委托书中指示代收行只有在进口商付清货款的条件下，才能交付单据。原则上，第一次提示单据时付款人就应付款。按照国际惯例，进口商的赎单时间为 24 小时。

按照付款时间不同，付款交单又可以分为即期付款交单和远期付款交单。

如果是即期付款交单，那么代收行收到汇票后，应立即向付款人提示，要求付款。如果是远期付款交单，那么代收行收到汇票后，向付款人提示要求承兑；进口商得到代收行提示并承兑汇票后，将汇票退还给代收行保存；代收行在到期日提示要求付款，进口商付款后就可以得到货运单据。

（2）承兑交单。

承兑交单（documents against acceptance，D/A）是指代收行在付款人承兑远期汇票后，即把货运单据交给付款人；汇票到期时，由付款人付清款项。承兑交单与付款交单的区别在于：进口商承兑汇票后就可以得到单据提货，而无须等到汇票到期日。

（四）托收业务的程序

由于贸易项下的托收业务一般指跟单托收，所以我们仅以跟单托收为例，来说明托收业务的程序。

1. D/P 流程图（见图 14－1）

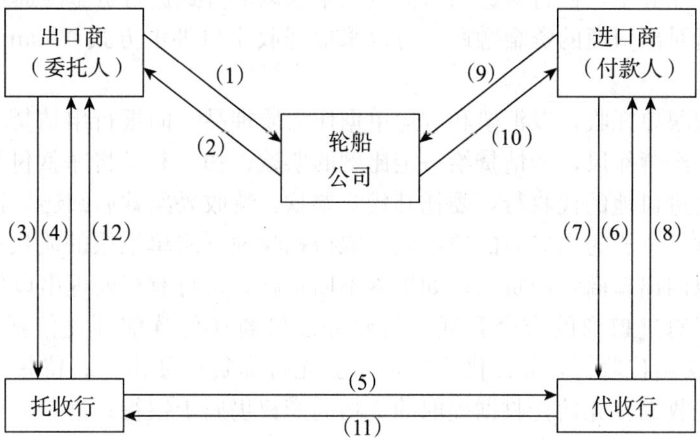

程序说明：

（1）发货装船	（5）寄托收委托书	（9）提货
（2）获得货运单据	（6）提示汇票	（10）交货
（3）托收申请（D/P）	（7）付款	（11）贷记
（4）接受委托	（8）交单	（12）收入账户

图 14－1　D/P 流程图

2. D/A 流程图（见图 14－2）

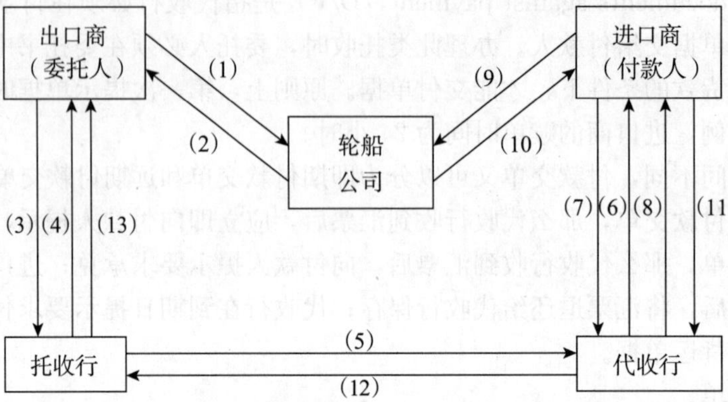

程序说明：

（1）发货装船
（2）获得货运单据
（3）托收申请（D/A）
（4）签 D/A 托收收据
（5）寄送有关 D/A 托收之单据
（6）提示承兑
（7）承兑
（8）交单
（9）提货
（10）交货
（11）汇票到期付款
（12）汇交 D/A 款项
（13）收付 D/A 托收款项

图 14－2　D/A 流程图

（五）托收业务中的资金融通

在托收结算业务中，银行对进出口商可以采取以下方式进行资金融通：

第一，银行对出口商的资金融通，可以采取托收出口押汇方式（loan secured by documentary bill）。

出口商办理跟单托收，以汇票和货运单据作为质押品，向银行申请贷款。托收行根据出口商的资信、经营作风，酌情贷给一定比例的票款；扣去利息将净款付给出口商，然后把跟单汇票寄给进口地的代收行，委托其代收票款，待收妥票款后归还贷款。

托收行贷款后，成为出口商的债权人，取得托收项下跟单汇票的质权；如果托收遭进口商拒付，可以向出口商索回贷款；如果索不回贷款，银行有权处理出口货物。

第二，银行对进口商的资金融通，是允许进口商在付款前开立信托收据（trust receipt，T/R），交给代收行，凭以借出货运单据先行提货以便出售；待售得货款后偿还代收行，换回信托收据。凭信托收据提取的货物的产权仍属于银行；进口商处于代为保管货物的地位。

如果出口商主动提出“凭信托收据借单”并在托收委托书上写明“付款交单”“凭信托收据借单”（D/P · T/R）字样，代收行可以按照托收委托书的指示办理，但是一切后果应由出口商负责。如果出口商未曾主动提出，而是代收行同意进口商的要求“凭信托收据借单”，那么一切后果应由代收行负责。

专栏 14－5

D/P or D/P · T/R

我某轻工进出口 A 公司与新西兰某 B 公司达成一项出口矿产品的合同，付款条件为

D/P 60 天付款。当汇票及所附单据通过托收行寄抵进口地代收行后，B 公司及时在汇票上履行了承兑手续。货抵新西兰某目的港后，由于用货心切，B 公司出具信托收据向代收行借得单据，先行提货转售。在汇票到期时，B 公司由于经营不善，失去偿付能力。代收行以汇票付款人拒付为由通知托收行，并建议由我 A 公司直接向 B 公司索取货款。对此，A 公司应如何处理？

分析：本案例是有关在托收项下银行对进口商的资金融通问题。在案例中，代收行允许进口商在付款前开立信托收据，凭以借出货运单据先行提货以便出售。这完全是代收行给予进口商的资金融通，一切后果应由代收行负责，与出口商没有任何关系。

（六）托收的特点

托收的基本特征是商业信用，在国际贸易中只是有条件地使用。在实际业务中，托收方式突出表现出以下两个特点：

1. 卖方风险大

在跟单托收业务中，银行仅提供服务，而不提供任何信用和担保。在传递单据收取款项的过程中，既不保证付款人一定付款，也不对单据是否齐全负责审查。货物到达目的地后，银行无照管货物之责。

2. 进出口双方的资金负担不平衡

在跟单托收业务中，出口商在签订合同时就需垫用自己的资金备货、装运，等到进口商付款后才能通过银行收回货款；而进口商只需付款就可以获得合格的单据。这相当于出口商给予了进口商资金融通。

虽然托收方式有上述风险，但是在实际业务中，这种方式普遍受到进口商的欢迎，因而也是一种调动进口商的积极性的方法，有利于提高出口商的竞争能力。

（七）在国际贸易中使用托收应注意的事项

为了避免和减少风险及损失，出口商要注意做到以下几点：

（1）认真调查进口商的资信，了解商品在进口国的市场行情。

（2）熟悉进口国的贸易管制和外汇管制法规及习惯做法。

（3）出口商应该力争采用 CIF 条件，这样就可以自办保险，并选择投保出口信用险；严格按照买卖合同的规定装运货物、制作单据，以防止被进口商找到任何拒付的理由。

（4）在选择交单方式时，尽量选择付款交单（D/P）方式，因为付款交单比承兑交单风险要小。另外，要特别注意 D/P 远期付款方式，因为有些国家和地区的银行不接受这一付款方式。

第三节　信用证

信用证（letter of credit，L/C）是随着国际贸易、航运、保险、金融等的迅速发展而逐渐发展起来的一种结算方式。它以银行信用为基础，由进口地银行向出口商提供付款保证，使得出口商收回货款的风险降低；而出口商必须提交与信用证相符合的单据，才可以获得付款，因此进口商的收货风险也相对减少。信用证付款已成为国际贸易中普遍采用的一种主要的支付方式。

一、信用证概述

（一）信用证的含义

根据《跟单信用证统一惯例》2007 年修订本国际商会第 600 号出版物（The Uniform Customs and Practice for Documentary Credits，2007 Revision，ICC Publication No. 600；简称“UCP600”），信用证意指一项约定，无论其如何命名或描述，该约定不可撤销并因此构成开证行对于相符提示予以兑付的确定承诺。

简言之，信用证是一种银行开立的有条件的承诺付款的书面文件。当然，信用证既可以应客户的要求对外开立，也可以不经客户申请，由开证行根据自身业务需要，直接向受益人开立，这种情况主要是银行为了向他人融资或购买物品时开立的备用信用证。

（二）信用证的特点

信用证的特点表现在三个方面：

1. 信用证交易的独立性

信用证是独立于买卖合同或任何其他合同之外的交易，开立信用证的基础是买卖合同，但银行与买卖合同无关，也不受其约束。因此，一家银行做出的付款、承兑、支付汇票或议付或者履行信用证下其他义务的承诺不受申请人与开证行或与受益人之间关系而提出的索赔或抗辩的约束。

2. 信用证交易的单据性

对出口商来说，只要按信用证规定条件提交了单据，在单单一致、单证一致的情况下，即可从银行得到付款；对进口商来说，只要保证收到符合信用证规定的单据即行付款，就可从银行取得代表货物所有权的单据。因此，银行开立信用证实际是进行单据的买卖。

3. 银行提供信用

在信用证交易中，银行根据信用证取代买方承担了作为第一付款人的义务；日后只要卖方提供了符合信用证的单据，即使买方破产，卖方也能从银行得到付款保证。这样，银行提供了远优于进口商个人信誉的银行信用，较之托收或直接付款方式来说，使卖方风险大为减少。

（三）信用证的作用

采用信用证支付方式，给进出口双方以及银行都带来了一定的好处。具体作用表现如下：

1. 对出口商的作用

（1）保证出口商凭单取得货款。出口商交货后提交的单据，只要做到与信用证规定相符，银行就保证支付货款。因此，信用证支付为出口商收取货款提供了较为安全的保障。

（2）保证出口商取得资金融通。出口商在交货前，可凭信用证作抵押，向出口地银行打包贷款，用以收购、生产出口货物；或出口商在出运货物后，提交汇票和信用证规定的各种单据，叙作议付取得货款，从而有利于资金周转。

2. 对进口商的作用

(1) 保证按质、按量、按时收到货物。进口商可以通过控制信用证条款，如在证中规定最迟的装运期或要求出口商提交由信誉良好的公证机构出具的检验证书等，来约束出口商交货的品质、数量和时间，以保证进口商利益。

(2) 提供资金融通。进口商在申请开证时，通常要交纳一定的押金，如开证行认为进口商资信较好，进口商就有可能少交或免交部分押金。在采用远期或延期信用证时，进口商还可以凭信托收据向银行借单，先行提货、转售，到期再付款，便利了进口商资金融通。

3. 对银行的作用

在使用信用证时，由于银行信用代替了商业信用，所以进口商在申请开证时要向银行交付一定的押金或担保品，为银行利用资金提供便利。此外，在信用证业务中，银行每做一项服务均可取得各种收益，如开证费、通知费、议付费、保兑费、修改费等各种费用。这对银行来说也有一定的好处。

专栏 14-6

单证不符的后果

我国某出口公司与国外一家贸易公司就出售小麦 5 000 吨签订出口货物合同，买卖合同与信用证均规定为 CIF 条件。合同规定，1 月 30 日前开出信用证，2 月 5 日前装船。1 月 28 日买方开来信用证，有效期至 2 月 10 日。由于卖方按期装船发生困难，故电请买方将装船期延至 2 月 17 日并将信用证有效期延长至 2 月 20 日，买方回电表示同意，并通知开证行出具了信用证修改书。货物装运后，出口企业在向轮船公司支付全额运费后取得了由船公司签发的已装船清洁提单，但制单人员在提单上漏打了"freight prepaid"(运费预付) 的字样，当时正遇市场价格下跌，开证行根据开证申请人的意见，以所交单据与信用证不符为由拒付货款。试分析银行拒付是否有道理。

分析：根据 UCP 的有关规定，银行的付款是以受益人提交的单据完全符合信用证条款的规定为条件的，所以要求交付的单据严格做到正确、完整，特别强调单单一致，单证一致，才能保证及时收汇，若有不符之处，银行有权拒付货款。在本案例中，信用证规定为 CIF 条件，显然是由卖方预付运费，提单中漏掉未显示此内容，造成单据与信用证不符，故银行有权拒付货款。

二、有关信用证的国际惯例

为了规范信用证业务的运作，国际商会在 1933 年制定了《商业跟单信用证统一惯例》。此后进行了多次修订，最新文本是 2007 年的《跟单信用证统一惯例》(国际商会第 600 号出版物，UCP600)。世界各国银行处理信用证业务时都适用该惯例。该惯例第一条明确指出，UCP600 适用于所有在正文中标明按本惯例办理的跟单信用证（包括本惯例适用范围内的备用信用证）。除非信用证中另有规定，本惯例对一切有关当事人均具有约束力。

三、信用证的当事人及其职责

信用证结算方式的主要当事人有四个，即开证申请人、开证行、通知行、受益人。另外还涉及其他关系人，如保兑行、议付行、承兑行、付款行等。

(1) 开证申请人（applicant for L/C），意指发出开立信用证申请的一方，在国际贸易中，通常是进口商。

(2) 开证行（issuing bank），意指应申请人要求或代表其自身开立信用证的银行，一般是进口地的银行。

(3) 通知行（advising bank），意指应开证行要求通知信用证的银行，是开证行在出口地的代理人。

(4) 受益人（beneficiary），意指信用证中受益的一方，是信用金额的合法享受人。受益人一般是出口商，或是中间商。

(5) 保兑行（confirming bank），意指应开证行的授权或请求对信用证加具保兑的银行。保兑行承担与开证行相同的承诺和独立的付款责任。

(6) 议付行（negotiating bank），是根据开证行的付款保证和受益人的要求，对受益人交来的符合信用证规定的跟单汇票垫款或办理贴现的银行。一般来说，议付行就是通知行。

(7) 承兑行（accepting bank），是指在汇票正面签字承诺到期付款的银行。在承兑信用证项下，承兑行可以是开证行本身，也可以是信用证指定的其他银行。

(8) 付款行（paying bank），是指开证行在信用证中指定一家银行，并授权其在单据相符时对受益人付款。付款行可以是开证行本身，也可以是另外一家银行。

专栏 14－7

信用证的独立性及各当事人关系

A出口公司与B进口公司签订了一份木材买卖合同。双方在合同中约定，如果A公司不能在约定期间内装船，B公司有权取消该部分的买卖。合同采用信用证付款方式，但信用证的开证行C银行按B公司要求开出的信用证上并未表明在买卖合同所规定的8月份装船的条件，而A公司实际上在9月20日才装船。B公司根据合同的约定，取消这批交易，并拒收货物。然而，C银行已取得了与信用证上要求相符的全套单据，并已对A公司付款，开证行要求B公司根据信用证条件赎单。B公司认为，原合同已经解除，开证行不应付款，因而拒绝赎单。试问：买方B公司拒绝赎单是否正确？开证行负有合同义务吗？

分析：信用证独立于买卖合同，虽然买卖合同是开立信用证的基础，但信用证一经签发，其法律性即与买卖合同分离而独立，不受买卖合同的约束。在本案中，信用证中未表明在买卖合同中所规定的装船日期的条件，A公司提交的单证完全符合信用证要求，开证行付款是正确的，而B公司拒绝赎单的行为是不正确的。

四、信用证的主要内容

目前，信用证尚未有统一格式，但其基本内容大致相同。一般来说，信用证涵盖三部分内容。

第一部分内容包括信用证性质、编号、开证日期及地址、效期及效地、申请人名称及地址、受益人名称及地址、通知行、信用证金额、有效方式、对装运的要求、汇票的期限、受票人及金额。

第二部分主要描述支取信用证时需要提交的单据种类、份数、内容等。

第三部分内容则包括货物描述、特殊条款、对交单银行的要求、国际惯例的适用性等。

专栏 14-8

银行是否必须接受在有效期的单据

某年 8 月，A 公司作为进口方与出口方 B 公司签订了贸易合同。9 月 30 日香港 C 银行开出不可撤销跟单信用证，证中规定：最迟装运期为 11 月 30 日，议付有效期为 12 月 15 日。我方按信用证的规定完成装运，并取得签发日为 11 月 10 日的提单，当我方备齐议付单据于 12 月 4 日向银行议付交单时，银行以我方单据已过期为由拒付货款。试问银行的拒付是否有理？

分析：本案中的提单签发日为 11 月 10 日，而 B 公司于 12 月 4 日才向银行议付交单，尽管议付有效期为 12 月 15 日，但晚于提单签发日 21 天，在信用证上又无特殊规定，银行有理由拒付。因此，作为出口商应及时在规定的 21 天内交单议付，如有特殊情况需要迟延，则应在信用证或合同上注明“过期提单可以接受”的条款。

五、信用证业务的结算程序

由于国际贸易中采用的信用证大多数是跟单信用证，因此，以跟单信用证为例，信用证业务的结算程序主要包括：信用证的开立、信用证的通知、受益人的审证、信用证的履行、银行审核单据、信用证的结算等。操作流程见图 14-3。

六、信用证的种类

根据用途、性质、期限、流通方式的不同，信用证可分为以下类型。

（一）跟单信用证与光票信用证

根据信用证项下的汇票是否附有单据，信用证可分为跟单信用证与光票信用证。

跟单信用证（documentary L/C）是指凭跟单汇票或凭规定的单据付款的信用证，国际结算中使用的信用证绝大部分都是跟单信用证。单据在国际贸易结算上一般是不可或缺的，出口商提供一定的单据通常作为付款条件。

光票信用证（clean L/C）是凭不附单据的汇票付款的信用证。

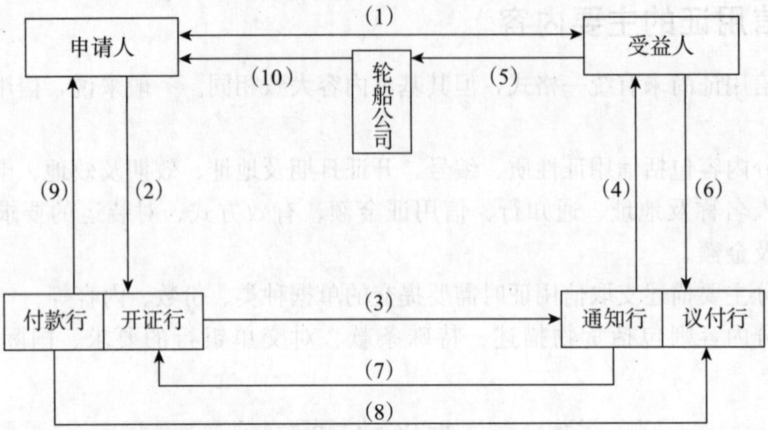

图 14－3　信用证业务的结算流程图

注：(1) 双方在贸易合同中规定使用跟单信用证支付。

(2) 通知当地银行（开证行）开立以卖方为受益人的信用证。

(3) 开证行请求另一银行通知或保兑信用证。

(4) 通知行通知卖方，信用证已开立。

(5) 卖方收到信用证，并确保其能履行信用证规定的条件后，即装运货物。

(6) 卖方将单据备齐后向议付行提交。

(7) 议付行按照信用证审核单据；之后将单据寄送到开证行（或付款行）。

(8) 开证行（或付款行）对单据审核无误后，将款项偿付给议付行。

(9) 开证行（或付款行）向买方提示单据，要求付款赎单。

(10) 买方付款后银行交单，然后买方凭单取货。

（二）不可撤销信用证与可撤销信用证

根据开证行对所开出的信用证所负的责任，信用证可分为不可撤销信用证与可撤销信用证。

不可撤销信用证（irrevocable L/C）是指信用证一经开出，在信用证有效期内，如果未得到信用证有关当事人的同意，开证行不能单方面撤销或修改信用证条款；开证行的付款责任是第一性的、确定的。只要受益人提供的单据符合信用证条款，开证行就必须履行付款义务。根据惯例的规定，适用 UCP600 的信用证必须是不可撤销信用证。

可撤销信用证（revocable L/C）是指开证行有权在信用证开出之后，不征求受益人的同意甚至不通知受益人随时撤销的信用证。

（三）保兑信用证与非保兑信用证

根据信用证有无开证行以外的其他银行加以保证兑付，信用证可分为保兑信用证与非保兑信用证。

保兑信用证（confirmed L/C）是指另外一家银行接受开证行的要求，对其开立的信用证承担保证兑付责任的信用证。信用证经保兑后，便有开证行和保兑行的双重付款保证，对出口商非常有利；当然，保兑行要收取较高的手续费。

非保兑信用证（unconfirmed L/C）是指不经过另一家银行加以保兑的信用证。非保兑信用证是相对于保兑信用证而言的，既可以是不可撤销信用证，也可以是可撤销信用证。

专栏 14-9

保兑行是否应承担付款责任

我某出口企业收到国外开来不可撤销的即期信用证一份，由设在我国境内的某外资银行通知并加以保兑。我出口企业在货物装运后，正拟将有关单据交银行议付时，忽然接到该外资银行通知，由于开证行已宣布破产，该行不承担对该信用证的议付或付款责任，但可接受我出口公司委托向买方直接收取货款的业务。我方应如何处理？

分析：开证行与保兑行的责任是相同的。根据规定，对不可撤销信用证而言，在其规定的单据全部提交指定银行或开证行，并符合信用证条款的条件下，便构成开证行的确定承诺：对即期付款的信用证即期付款。在本案中我出口公司不能接受该外资银行的通知，而应坚持由作为保兑行的外资银行承担付款责任。

（四）即期付款信用证、议付信用证、承兑信用证与延期付款信用证

按照交单结算方式不同，信用证可分为即期付款信用证、议付信用证、承兑信用证、延期付款信用证。

（1）即期付款信用证（sight payment L/C）是指受益人（出口商）根据开证行的指示开立即期汇票，或无须汇票、仅凭运输单据即可向指定银行提示请求付款的信用证。

（2）议付信用证（negotiation L/C）是指指定某一银行议付或任何银行都可议付的信用证。如果信用证不限制某银行议付，可由受益人（出口商）选择任何愿意议付的银行，提交汇票、单据给所选银行请求议付，则称之为自由议付信用证，反之为限制性议付信用证。

（3）承兑信用证（acceptance L/C）是指开证行或付款行在收到符合信用证条款的汇票和单据后，先办承兑手续，等汇票到期时才履行付款的信用证。

（4）延期付款信用证（Deferred Payment L/C）指不需要汇票，仅凭受益人交来的单据，审核相符，指定银行承担延期付款责任，并延长直至到期日付款的信用证。该信用证除能够为欧洲地区进口商避免向政府缴纳印花税而免开具汇票外，其他都类似于远期信用证。

（五）可转让信用证与不可转让信用证

根据受益人使用信用证的权利能否转让，信用证可分为可转让信用证与不可转让信用证。

可转让信用证（transferable L/C）是开证行向中间商（受益人）提供对信用证条款权利履行转让便利的一种结算方式。它是指受益人（第一受益人）可以请求授权付款，承担延期付款责任，承兑或议付的银行（转让行），或如果是自由议付信用证时，可以要求信用证特别授权的转让行，将信用证的全部或部分一次性转让给一个或多个受益人（第二受益人）使用的信用证。

不可转让信用证（non-transferable L/C）是指受益人不能将信用证权利转让给他人的信用证；一般的信用证是不可转让的。

（六）对背信用证

对背信用证又称转开信用证，是指受益人要求原证的通知行或其他银行以原证为基础，另开一张内容相似的新信用证。对背信用证的受益人可以是国外的，也可以是国内的，对背信用证的开证行只能根据不可撤销信用证来开立。对背信用证的开立通常是中间商转售他人货物，从中图利，或两国不能直接办理进出口贸易时，通过第三者以此种方法来沟通贸易。

专栏 14-10

银行如何对待“不可抗力”事件

我某外贸公司与国外A公司达成一笔出口合同，信用证规定“数量9 000公吨，7—12月分批装运，每月装1 500公吨”。买方在7—9月每月装1 500公吨，银行已分批凭单付款。第四批货物原定10月15日装运出口，但由于台风登陆，第四批货物延迟至11月2日才装船运出。当受益人凭11月2日的装船提单向银行议付时，遭银行拒付。后来受益人又以不可抗力为由要求银行付款，也遭银行拒绝。试问：在上述情况下，银行有无拒付的权利？

分析：根据UCP600的规定，信用证规定在指定的不同期限内分期支款或装运，如其中任何一期未按信用证规定的期限支款或装运，则信用证对该期及以后各期均视为无效，但信用证另有规定者除外。此外，根据规定，银行对由于天灾、暴动、骚乱、叛乱、战争、恐怖主义行为或任何罢工、停工或其无法控制的任何其他原因导致的营业中断的后果，概不负责。因此，在本案中，银行有拒付的权利。

（七）SWIFT信用证

SWIFT是环球同业银行金融电讯协会（Society for Worldwide Interbank Financial Telecommunication）的英文首字母缩写，它是一个国际银行间非营利的国际合作组织，专门从事传递各国之间的非公开性信息、办理信用证项下的汇票业务和托收等，同时还建立国际账务清算和银行间的资金调拨。该组织成立于1973年5月，总部设在比利时的布鲁塞尔，为国际金融业务提供准确、优良的会计服务。

凡依据国际商会所制定的电信信用证格式设计，利用SWIFT网络系统设计的特殊格式，通过SWIFT网络系统传递的信用证的信息，即通过SWIFT开立或通知的信用证称为SWIFT信用证，又称“环银电协信用证”。采用SWIFT信用证，必须遵守SWIFT使用手册的规定，使用SWIFT手册规定的代号（tag），而且信用证必须按国际商会制定的《跟单信用证统一惯例》的规定，在信用证中可以省去银行的承诺条款（undertaking clause），但不能免去银行所应承担的义务。目前开立SWIFT信用证的格式代号为MT700和MT701。如对已经开出的SWIFT信用证进行修改，则须采用MT707标准格式传递信息。采用SWIFT信用证后，使信用证具有标准化、固定化和统一格式的特性，且传递速度快捷，成本较低，从而大大提高了银行的结算速度。

目前，全球大多数国家的大多数银行都已使用了SWIFT系统，我国银行在电开信用证或收到的信用证电开本中，SWIFT 信用证占很大比重。

(八) 备用信用证

备用信用证是指开证行根据开证申请人的请求对受益人开立的承诺承担某项义务的凭证，即开证行保证在开证申请人未能履行其应履行的义务时，受益人只要凭备用信用证的规定向开证行开具汇票（或不开汇票），并提交开证申请人未履行义务的声明或证明文件，即可取得开证行的偿付。

备用信用证最早产生于 19 世纪的美国，第二次世界大战后开始广泛运用。作为一个独立的凭单付款的承诺，备用信用证通常仅要求受益人提交汇票和简单的文件，以证明申请人违约。时至今日，由于备用信用证具有独立性、单据化和见索即付的特点，在处理具体业务时又可根据 UCP 办理，因此较保函而言，备用信用证较易为银行和进出口商所接受。

备用信用证一般用在投标、技术贸易、补偿贸易的履约保证、预付货款和赊销等业务中，也可用于带有融资性质的还款保证。近年来，有些国家已开始把备用信用证用于买卖合同项下货款的支付。

此外，有关备用信用证的国际惯例是 UCP600 和国际商会制定并于 1999 年 1 月 1 日正式实施的《国际备用信用证惯例》(International Standby Practices，一般称之为“ISP98”)。按照 ISP98 的规定，只有在明确注明依据 ISP98 开立时，备用信用证方受其管辖。

七、合同中信用证支付条款示例

信用证支付条款的订法因进出口合同种类的不同而各异，又因信用证种类的各异而不同。下面仅选择几例来示范出口合同中信用证支付条款的具体订法。

(1) 即期信用证支付条款：“买方应于装运月份前××天通过卖方可接受的银行开立并送达卖方不可撤销的即期信用证，有效期至装运月份后 15 天在中国议付。”

(2) 远期信用证支付条款：“买方应于××年×月×日前（或接到卖方通知后×天内或签约后×天内）通过××银行开立以卖方为受益人的不可撤销（可转让）的见票后××天（或装船日后××天）付款的银行承兑信用证，信用证议付有效期延至上述装运期后 15 天在中国到期。”

第四节　各种支付方式的选用

在国际贸易业务中，一笔交易的货款结算，可以只使用一种结算方式（通常如此），也可根据不同的交易商品、交易对象、交易做法等，将两种以上的结算方式结合使用，从而有利于促成交易、安全并及时收汇等。在开展国际贸易业务时，究竟选择哪一种结合形式，可酌情而定。

一、主要结算方式的比较

在国际贸易中，汇付、跟单托收和跟单信用证是三种主要的、最基本的、最常用的结算方式。表 14－1 是对这三种结算方式在安全因素、资金占用、费用负担、手续繁简等方面所作的比较。

表 14－1　主要结算方式的比较

结算方式		手续	银行收费	买卖双方的资金占用	买方风险	卖方风险
汇付	预付货款	简单	最小	不平衡	最大	最小
	赊账交易	简单	最小	不平衡	最小	最大
跟单托收	付款交单	稍繁	稍大	不平衡	较小	较大
	承兑交单	较繁	稍大	不平衡	极小	极大
跟单信用证		最繁	最大	较平衡	稍大	较小

二、影响结算方式选择使用的因素

在选择结算方式时，安全因素是首先需要考虑的重要问题，其次是占用资金时间的长短，当然也要注意具体操作时的手续繁简、银行费用等。此外，下列因素在选择使用何种结算方式的时候具有一定的影响，有时甚至起决定性作用。

（一）客户资信

在国际贸易中，合同能否顺利完满地得到履行，在很大程度上取决于客户的信用。因此，要在贸易中安全收汇、安全用汇就必须事先做好对客户的资信调查，以便根据客户的具体情况，选用适当的结算方式。

（二）贸易术语

国际货物买卖合同中采用不同的国际贸易术语，表明各项合同的交货方式和使用的运输方式是不同的，而不同的交货方式和运输方式所适用的结算方式不会完全相同。因此，在选择结算方式时，要注意合同所采用的贸易术语。

（三）运输单据

如果货物通过海上运输，出口商装运货物后得到的运输提单是海运提单，可以选用信用证和托收方式结算货款。如果货物通过航空、铁路、邮政运输时，出口商装运货物后得到的运输单据是航空运单、铁路运单或邮包收据，这些都不是物权凭证，一般不适宜做托收。即使采用信用证方式，大都也规定必须以开证行作为运输单据的收货人，以便银行控制货物。

三、各种支付方式的选用

在国际贸易实务中，除采用某一种支付方式之外，有时也可以将各种不同的支付方式结合起来使用。

（一）信用证与汇付相结合

信用证与汇付相结合是指部分货款采用信用证、余额采用汇付方式结算。这种结算方式的结合形式常用于允许交货数量有一定机动幅度的某些初级产品的交易。例如买卖矿砂、煤炭、粮食等散装货物。

（二）信用证与托收相结合

信用证与托收相结合是指一笔交易的货款，部分用信用证方式支付，余额用托收方式结算。这种结合形式的具体做法通常是：信用证规定受益人（出口商）开立两张汇票，属于信用证项下的部分货款，通过光票支付，而余额则将货运单据附在托收的汇票项下，按即期或远期付款交单方式托收。

（三）信用证与银行保函相结合

信用证与银行保函相结合用于成套设备或工程承包交易。除了支付货款外，还有预付定金或保留金的收取；一般货款可用信用证支付，预付定金要先开银行保函，保留金的收取可以开保函代替。如果是招标交易，则须投标保函、履约保函、退还预付金保函与信用证相结合。

专栏 14 - 11

如何正确选择有利的支付方式

宁波市某进出口公司对外推销某种货物，该商品在新加坡市场的销售情况日趋被看好，逐渐成为抢手货。新加坡贸发公司来电订购大批商品，但坚持用汇付方式支付。此时，在宁波公司内部就货款支付方式问题产生了不同意见：一些业务员认为汇付的风险较大，不宜采用，主张使用信用证方式；但有些人认为汇付方式可行；还有一部分业务员认为托收可行。那么，应如何选择恰当的支付方式？

分析：在国际贸易中，汇付方式通常用于货到付款、赊销、预付货款及随订单付现等业务。出口商一般不宜轻易采用货到付款方式。而预付货款对出口商较为有利，但其只意味着进口方预先履行付款义务，并不等于货物的所有权是在付款时转移，在 CIF 等装运港交货的条件下，出口方在没有交出装运单据以前，货物的所有权仍归其所有。由此可见，预付货款对出口方来说有预先得到一笔资金的明显好处。在本案中，宁波公司对外推销货物在新加坡市场的销售情况日趋被看好，逐渐成为抢手货，可坚持使用汇付中的预付货款方法作为结算方式，或者预付货款与信用证结合。

本章小结

1. 国际贸易结算中使用的票据包括汇票、本票和支票，以汇票为主。汇票是一种要式证券，所以必须要式齐全，其基本原理和法律规则同样适用于本票和支票。

2. 汇付属于商业信用，由于使用的结算工具不同，汇付通常可以分为电汇、信汇和票汇三种。托收在国际贸易中只是有条件使用；在实际业务中，托收能调动进口商采购的积极性，有利于提高出口商的竞争能力。信用证的特点表现在独立性、单据买卖和银行信用。信用证结算方式的主要当事人有四个，即开证申请人、开证行、通知行、受益人。

3. 在国际贸易业务中，一笔交易的货款结算，可以只使用一种结算方式，也可根据需要，将两种以上的结算方式结合使用，从而有利于促成交易和及时收汇等。

关键术语

汇票	本票	支票	信汇
电汇	票汇	付款交单	承兑交单
信用证	UCP	不可撤销信用证	议付信用证
可转让信用证	备用信用证		

思考题

1. 什么叫汇票？它有哪几种类型？汇票的票据行为有哪些？

2. 汇付有哪几种类型？这几种类型有什么不同？汇付的特点是什么？

3. 什么叫托收？付款交单与承兑交单有何异同？采用托收结算方式时，应该注意哪些方面？

4. 什么叫信用证？信用证有何特点？跟单信用证的结算程序如何？

5. 如何根据具体情况选用不同的结算方式？

案例分析题

1. 某公司接到一份经B银行保兑的不可撤销信用证。当该公司按信用证规定办完装运手续后，向B银行提交符合信用证各项要求的单据要求付款时，B银行却声称：该公司应先要求开证行付款，如果开证行无力偿付，则由它保证付款。试问B银行的要求对不对？

2. 某开证行按照自己所开出的信用证的规定，对受益人提交的、经审查符合要求的单据已履行了付款责任。但在进口商向开证行赎单后发现单据中提单是倒签的，于是进口商立即要求开证行退回货款并赔偿其他损失。试问进口商的要求合理吗？

第十五章 国际贸易争议的处理

学习目标

通过本章的学习，认识商品检验和索赔工作的重要性，了解不可抗力的具体规定，熟悉对外贸易仲裁的具体做法，并灵活掌握国际贸易争议处理的方法。

第一节 商品的检验

一、约定商品检验的意义

国际货物买卖中的商品检验（commodity inspection），简称商检，是指商品检验机构对卖方拟交付货物或已交付货物的品质、数量、包装、卫生、安全等项目所进行的检验、鉴定和管理工作。

商品检验是国际贸易发展的产物。它随着国际贸易的发展而成为商品买卖的一个重要环节和买卖合同中不可缺少的一项内容。有的国家把买方检验货物的权利以立法的形式予以支持和保护。但应该指出，买方对货物的检验权并不是强制性的，不是接受货物的前提条件。若买方没有利用合理的机会检验货物，即表示放弃了检验权，从而就丧失了拒收货物的权利。另外，如果合同中的检验条款规定，以卖方的检验为准，此时，就排除了买方对货物的检验权。

二、检验时间和地点

检验时间和地点是指在何时、何地行使对货物的检验权。所谓检验权，是指买方或卖方有权对所交易的货物进行检验，其检验结果作为其交付或受领的货物状况的依据。规定检验时间和地点，是关系到买卖双方切身利益的重要问题，是交易双方洽商检验条款的核心。

（一）有关检验时间和地点的规定办法

1. 在出口国检验

（1）产地（或工厂）检验。由出口国的产地检验机构（或工厂的检验人员），或按照合约规定会同买方验收人员于货物在产地或工厂发运前进行检验并出具检验证书。

（2）装运港（地）检验。装运港（地）检验又称“离岸品质、离岸重量”（shipping quality and weight），是指出口货物在装运港装船前，以双方约定的装运港检验机构验货并出具检验证书。

2. 在进口国检验

（1）目的港（地）检验。目的港（地）检验习惯上被称为“到岸品质、到岸重量”（landed quality and weight），是指货到目的港（地）卸离运输工具后，由双方约定的目的港（地）商检机构验货并出具检验证明作为所交货物状况的最后依据。如发现货物的品质或重量与合同规定的不符而责任属于卖方时，买方可以提出索赔或按双方事先的约定处理。

（2）最终用户检验。对于精密包装的货物，或规格复杂、精密度高的货物，不能在使用之前拆开包装检验，或目的港（地）不具备必要的检验条件和检验设备检验时，可将货物运至买方营业处所或最终用户所在地进行检验。由这里的检验机构出具的检验证明作为所交货物状况的最后依据。

3. 出口国检验、进口国复验

出口国商检机构验货后出具的检验证书作为卖方向银行议付或托收货款的单据之一，而不作为最后依据。货到目的港（地）后允许买方以双方约定的检验机构在规定的时间内复验，如发现货物的品质或数量与合同规定的不符而责任属于卖方时，买方可以根据检验机构出具的复验证明，向卖方提出异议，并作为索赔的依据。

这种检验办法对买卖双方都有好处，且比较公平合理，符合国际贸易习惯和法律规则，因而在进出口业务中应用广泛，在我国国际贸易业务中也最为常用。

4. 装运港（地）检验重量、目的港（地）检验品质

装运港（地）检验重量、目的港（地）检验品质是以装运港检验机构验货后出具的重量证书为所交货物的重量的最后依据，以目的港（地）检验机构出具的品质证书为所交货物的品质的最后依据。它被习惯称为“离岸重量、到岸品质”（shipping weight and landed quality）。这种做法多用于大宗商品交易的检验中，以调和买卖双方在检验问题上存在的矛盾。

专栏 15-1

国际贸易商品检验

某年 2 月，中国 XM 公司与日本 DZ 公司签订了一份外贸合同，由 DZ 公司按 CIF 大连港为交货条件将合同项下的 5.5 万台扫描仪按时交予 XM 公司。货到后，XM 公司在试用时发现，扫描仪存在质量问题。后经双方协商，同意由中国商检机构进行品质检验，经检验证明，扫描仪确实存在较大的质量缺陷。XM 公司随即与 DZ 公司交涉并达成索赔协

议。协议规定：(1) XM 公司对已收货物中已使用的部分扫描仪暂不退还 DZ 公司；(2) DZ 公司应该在 3 个月内将符合质量要求的 5 万台扫描仪发运给 XM 公司；(3) 更换的货物运到后，XM 公司将抽样检测，不合格率如大于 15%，则整批退货。结果，DZ 公司交来的货物仍不符合质量要求。双方再次协商，XM 公司提出，DZ 公司可将应该提供的扫描仪的品牌进行更换。DZ 公司表示同意按照 XM 公司的要求提供货物，并将此作为索赔协议的一部分。后由于新品牌供货商的原因，DZ 公司仍然未能履行义务。当年 12 月，XM 公司决定向国内某仲裁机构提起仲裁。

分析：本案说明了进口商检的重要性。在本案中，该批进口货物经过中国商检机构进行品质检验，存在较大质量缺陷，说明 DZ 公司违反了质量担保义务，且在达成进一步协议后再次违约，从而构成了根本违反合同。进口商 XM 公司有权要求解除合同并向出口商 DZ 公司索赔。

(二) 影响进出口检验时间和地点的因素

买卖双方在确定检验时间和地点时需要考虑以下因素：

1. 贸易术语

我们提到过，买卖双方风险的转移是以交货点为界，即卖方必须承担交货以前的所有风险，而买方承担在此以后的所有风险。也就是说，如果货物在交货前存在问题，责任在卖方；如果货物在此以后有问题，卖方不承担责任，除非造成货物损失的原因是卖方没有履行他的义务造成的。因此，商品的检验工作最好在货物交接时进行。

2. 商品的特性

如前所述，对于一些使用前不便拆开包装的货物，通常是在买方营业处所或最终用户所在地进行检验。

3. 检测手段

一些商品，如精密仪器等的检验可能需要特殊的设备才能进行，则在规定检验时间和地点时必须将此考虑在内，否则无法进行检验。

4. 进出口国家的法律、法规

一些国家有专门的法律来管理进出口货物的检验，如果货物不在规定的时间和地点进行检验，则无法完成进出口报关的手续，无法进出口。如《中华人民共和国进出口商品检验法》规定，本法规定必须经商检机构检验的进口商品的收货人或者其代理人，应当在商检机构规定的地点和期限内，接受商检机构对进口商品的检验。

三、检验机构

国际贸易中的商品检验工作，一般是由专业性的检验部门或检验企业来办理。检验机构的选择，一般与检验的时间、地点联系在一起。在实际交易中，选用哪类检验机构，取决于各国的规章制度、商品性质以及交易条件等。

在国际贸易中，从事商品检验的机构大致有以下几类：官方机构，即由国家设立的检验机构；半官方检验机构，即指一些有一定权威的、由国家政府授权、代表政府行使某项商品检验或某一方面检验管理工作的民间机构；非官方检验机构，即指由私人创办的，具有专业检验、鉴定技术能力的公证行或检验公司。此外，世界上许多国家和地区都有由商会、协会、同业公会或私人设立的民间商品检验机构，担负着国际贸易货物的检验和鉴定工作。由于民间商品检验机构承担的民事责任有别于官方商品检验机构承担的行政责任，所以，在国际贸易中更易被买卖双方所接受。目前在国际上比较有权威的民间商品检验机构有：瑞士通用公证行（SGS）、英国英之杰检验集团（IITS）、日本海外货物检查株式会社（OMIC）、美国安全试验所（UL）、美国材料与试验学会（ASTM）、加拿大标准协会（CSA）、国际羊毛局（IWS）、中国检验认证集团（CCIC）等。

四、检验证书

检验证书（inspection certificate）是检验机构对进出口商品进行检验、鉴定后签发的书面证明文件。国际贸易商品检验证书的种类有：品质检验证书、重量或数量检验证书、兽医检验证书、卫生/健康证书、消毒检验证书、熏蒸证书等。

在货物实施检验后，商检机构将针对不同商品的不同检验项目出具不同的检验证书，但它们所起的作用基本相同，其主要作用包括：

（1）检验证书是证明卖方所交货物的品质、数量、包装以及卫生条件等方面是否符合合同规定的依据。如检验证书中所列结果与合同不符，则证明卖方所交货物不符合合同规定。

（2）检验证书是办理索赔和理赔的依据。如果买方所收到的货物经指定的商检机构检验与合同规定不符，买方可以在合同规定的索赔有效期内，凭指定的商检机构签发的检验证书向有关责任方提出索赔。

（3）检验证书是海关验关放行的依据。凡属法定检验范围的商品，必须向海关提供商检机构签发的检验证书。否则，海关不予放行。

（4）检验证书是卖方办理货款结算的依据。当规定在出口国检验、进口国复验时，一般都规定，卖方在向银行办理货款结算时，在所提交的单据中，必须包括检验证书。

在我国，检验证书通常是由国家商检部门签发或出具。值得一提的是，出口商品经检验后，如果较长时期不出口，商品的质量就有可能发生变化，原来检验的结果可能就不完全反映商品的实际情况。因此，各种重要的出口商品、特别是出口预验的商品必须规定适当的检验有效期，自验讫日期起开始计算，凡超过检验有效期的，原发的预验合格证单随即失效。不能据以办理出口换证，该批商品如仍需出口时，必须重新办理报验。

第二节　对外贸易争议与索赔

国际商品买卖业务环节多、涉及面广、履约时间长，加之国际市场变幻莫测，时常发生对当事人不利的变化，致使合同得不到履行或被撕毁，导致另一方当事人遭受损害，从而引发索赔和理赔问题。

一、争议与索（理）赔的含义

所谓争议（dispute），是指交易的一方认为对方未能部分或全部履行合同规定的责任与义务而引起的纠纷。

所谓索赔（claim），是指遭受损害的一方在争议发生后，向违约方提出赔偿的要求，在法律上是指主张权利，在实际业务中，通常是指受害方因对方违约而根据合同或法律提出予以补救的主张。所谓理赔，是指违约方对受害方所提赔偿要求的受理与处理。索赔与理赔是一个问题的两个方面，在受害方是索赔，在违约方是理赔。

交易中双方产生争议进而引发索赔的原因很多，大致可归纳为以下几种情况：一是卖方违约，包括不按合同规定的交货期交货，或不交货，或所交货物的品质、规格、数量、包装等与合同规定不符，或所提供的货运单据种类不齐、份数不足等。二是买方违约，包括在使用信用证支付方式时不按期开证或不开证，不按合同规定付款赎单，无理拒收货物；在FOB条件下，不按合同规定如期派船接货等。三是买卖双方都有违约。

二、不同法律对违约行为的不同解释

违约（breach of contract）是指买卖双方中，任何一方不履行合同规定的义务的行为。目前，各国家和地区都以立法的形式赋予有效合同强制力，以保障当事人缔结的合同得到严格的执行。因此，当事人的任何一方如果不严格履约，就应承担违约的法律责任，而受害方也有权根据合同或有关法律规定提出损害补偿要求。

（一）大陆法的规定

大陆法国家一般将违约的形式概括为不履行合同和延迟履行合同两种情况。前者又称为给付不能，是指债务人由于种种原因，不可能履行其合同义务。后者又称为给付延迟，是指债务人履行期已届满，而且是可能履行的，但债务人没有按期履行其合同义务。违约方是否要承担违约责任，则要看是否有归责于他的过失。如果有过失，违约方就承担违约的责任；但当事人不履约时，只要能证明自己无过错，就可不承担任何责任。

（二）英国法的规定

英国法将违约的形式划分为违反要件（breach of condition）和违反担保（breach of warranty）两种。前者是指合同当事人违反合同中重要的、带有根本性的条款。按英国法，买卖合同中关于履约的时间、货物的品质和数量等条款都属于合同的要件。后者是指当事人违反合同中次要的、从属于合同的条款。按照英国法的有关规定，在违反要件的情况下，受损的一方可以解除合同，并要求损害赔偿；而在违反担保的情况下，受损方可以要求赔偿损失，但不能拒绝履行合同的义务或解除合同。

（三）美国法的规定

美国法根据违约的性质和后果将违约划分为两类：轻微的违约（minor breach of contract）和重大的违约（material breach of contract）。前者是指债务人在履约中尽管存在一些缺陷，但债权人已经从合同履行中得到该交易的主要利益。例如履行的时间略有延迟，交付的货物数量和品质与合同略有出入等，都属于轻微的违约之列。后者是指由于债务人没有履行合同或履行合同有缺陷致使债权人不能得到该项交易的主要利益。当一方轻微违约时，受损方可以要求赔偿损失，但不能拒绝履行合同的义务或解除合同；但在重大违约情况下，受损的一方在要求解除合同的同时，还可以要求损害赔偿。

（四）我国法律的规定

目前，我国有关法律规定，当事人一方不履行合同或者履行合同义务不符合约定条件（违反合同）时，另一方有权要求赔偿损失或者采取其他合理的补救措施。采取其他补救措施后，尚不能完全弥补另一方受到的损失的，另一方仍然有权要求赔偿损失。如当事人双方都违反合同的，则应各自承担相应的责任。

（五）《联合国国际货物销售合同公约》的规定

《联合国国际货物销售合同公约》（以下简称《公约》）将违约划分为根本性违约（fundamental breach of contract）和非根本性违约（non-fundamental breach of contract）。

根据《公约》的规定，根本性违约是指："一方当事人违反合同的结果，如使另一方当事人蒙受损害，以致实际上剥夺了他根据合同有权期待得到的东西，即为根本性违反合同，除非违反合同的一方并不预知而且同样一个通情达理的人处于相同情况中也没有理由预知会发生这种结果。"而不构成根本性违约的情况，均视为非根本性违约。从法律结果看，《公约》认为，构成根本性违约，受害方可解除合同，并提出损害赔偿；反之，则只能请求损害赔偿。

三、异议和索赔条款

异议和索赔条款是国际货物买卖合同中的条款之一，它不仅约束卖方履行合同义务，也约束买方实际履行合同义务。因此，在一般的商品买卖合同中，大多会订立此条款。该条款通常包括索赔依据、索赔期限及索赔金额等内容。

（一）索赔依据

根据世界各国有关法律的规定，任何当事人提出索赔时，必须要有充分的证据。这里提到的证据包括法律依据和事实依据。前者是指一方当事人对违约事实提出索赔事项，都必须符合合同和有关国家法律的规定；后者是指违约的事实、情节及其证据，以证明其违约的真实性。

（二）索赔期限

索赔期限也称索赔有效期，即指索赔方向违约方提出索赔的有效时限。根据法律规定，超过索赔期限，受损害的一方即失去在合同交易方面要求损害赔偿或者宣告合同无效的权利。

专栏 15－2

异议和索赔条款

中国A公司与英国B公司于某年5月通过函电签订了一份分批装运进出口合同，由A向B出售化工原料。双方在合同中订明："价格条款为CFR伦敦，包装条款为适合于海运性质的包装；索赔条款是货物到达目的港后，数量和规格问题应于15天之内，质量问题应于90天之内，买方须凭经卖方同意的检验人的证明向卖方提出索赔要求。"A方7月发货，船方出具了清洁提单。货到目的港后，B发现货物有部分袋子破损。于是，B单方面聘请欧洲某公证行检验货物，出具的证明表明破损原因是：由于托盘木条强度不够，不适宜海上运输所致。据此，B方在索赔期限内两次传真给A方提出索赔。试问，A方应如何处理？

分析：A方应根据合同的索赔条款来处理索赔，即买方的索赔必须是在索赔期限进行的，索赔的依据必须符合要求。在本案中，索赔是在有效期内进行的，但合同规定，买方须凭经卖方同意的检验人的证明向卖方提出索赔要求，而买方所聘任的欧洲某公证行并没有得到A方同意，所以其所提出的索赔依据不符合合同规定，A方有权拒绝。

（三）对索赔金额的规定

索赔金额通常在合同中只做一般的笼统的规定。由于双方当事人在订约时很难预计未来货物受损的程度，从而难以确定索赔金额。而在业务实践中关于索赔事件的发生，可能来自许多不同的业务环节，可供选择的违约补救办法又多种多样，故很难在订立合同时准确地加以规定。但根据以往的法院判例，索赔的金额一般包括实际损失加上预期的商业或生产利润。

四、违约金条款

违约金（penalty），又称罚则，是指当事人双方中的一方如在未来不履行合同义务时，应向对方支付一定数额的罚金。在买卖大宗商品和机械设备一类商品的合同中，除订明异议索赔条款外，再另订违约金条款。该条款事先约定一方违反合同，应向对方支付一定额度的金钱。它对合同的履行起着辅助与保证作用。

违约金条款一般适用于卖方延期交货，或者买方延迟开立信用证和延期接运货物等情况。违约金数额由交易双方商定，并规定最高限额。违约金的多少，以违约时间的长短而定。关于违约金起算日期的计算方法，应在合同中订明。计算违约金起算日期的方法有两种：一种是以约定的交货期或开证期终止后立即起算；另一种是规定宽限期，即在约定的有关期限终止后再宽限一段时期，在此宽限期内仍可免于罚款，待宽限期届满后再起算违约金。

五、定金罚则

定金（earnest），是指合同一方当事人根据合同的约定，预先付给另一方当事人一定数额的金额，以保证合同的履行，是作为债权担保而存在的。在买卖合同中，只要定了定金条款，无论合同当事人哪方违约，都要承担与定金数额相等的损失，这种以定金方式确保合同履行的方法被称为定金罚则。在通常情况下，定金的数额由当事人约定，但不超过主合同标的额的20%。在国际贸易中，定金罚则也被广泛应用，其主要目的是促使合同双方减少合同纠纷的发生。

此外，在国际贸易业务中，还应注意区分定金和订金的区别，以防产生歧义。实际上，订金（subscription）并非一个规范的法律概念，它具有预付款的性质，只是一种支付手段，其目的是解决合同一方周转资金短缺，它不具有担保债的履行的作用，也不能证明合同的成立。法律规定，收受预付款一方违约，只需返还所收款项，而无须双倍返还。

专栏 15-3

违约金责任能否与定金责任并用

我国内地一家贸易公司 A 与韩国某汽车配件有限责任公司 B 签订了一份购销合同。B 公司向 A 公司供应 100 箱汽车配件，货款价值 86 万美元，目的港为烟台，以远期 45 天不可撤销信用证作为支付方式。A 公司向该 B 公司交纳了 10 万美元的定金，并约定，无论哪一方违约，都将支付违约金 17 万元，并以中国的相关法律作为解决争议的依据。后 B 公司违约，不能向 A 公司发货。于是，A 公司为了维护自己的权益不受损失，拟通过法律手段解决该争议。那么，A 公司是否可以向 B 公司既要求双倍返还定金，又要求它承担违约金呢?

分析：由于双方约定用中国的相关法律作为解决争议的依据，因此，适用《中华人民共和国合同法》(以下简称《合同法》)。依据《合同法》的规定，违约金责任不能与定金责任并用。所谓不能并用，是指不能要求违约方既承担违约金责任，又承担定金罚则。由于该合同既约定了违约金，又约定了定金，所以 A 公司有权选择使用二者之一，要求 B 公司承担。选择哪一种责任，要求违约方承担，一般依据的是有利于非违约方的原则。

第三节　不可抗力

一、不可抗力的含义

不可抗力（force majeure）是一项法定的免责事由，是指在货物买卖合同签订以后，不是由于订约者任何一方当事人的过失或疏忽，而是由于发生了当事人既不能预见、又无法事先采取预防措施的意外事故，以致不能履行或不能如期履行合同，遭受意外事故的一方可以免除履行合同的责任或延期履行合同。

二、不可抗力的范围

不可抗力的范围很广，涉及的领域很多，且情况复杂多变，难以划定其确切的范围，但就其起因而论，可以分为以下几种情况。

（一）自然力量的事故

自然力量的事故，是指非人类自己造成的事故。通常包括给人类造成灾害的诸多自然现象，如水灾、冰灾、火灾、风灾、暴风雨、雷电、大雪、地震、海啸、干旱、山崩、森林自燃等。

（二）政府的行动

政府的行动，是指当事人签约后，有关政府当局发布了新的法律法规、行政措施，如颁布禁令、调整政策制度等。政府的这些行动往往影响到国际经济贸易的正常开展，致使当事人不得不放弃履行原合同。

（三）社会异常事故

社会上出现的异常事故（如骚乱、暴动、战争等）往往构成当事人履约的障碍。这类事故对于普通的合同当事人来说，也属于不可抗力，也是他们无法控制、不能预见和无法克服的。

三、不可抗力的条件

我们在上面列出了一些不可抗力事件，但并不是说，只要这些事件发生，遭受到这些事件的一方就可以免责。还必须满足以下条件：

（一）事件的发生是当事人所无法预见的

如果当事人可以预见该事件的发生，则当事人理应采取一定的行为规避该事件，如果他没有做到这一点，他在行为上就是有过错的，他应当承担由此而造成的后果，而不能申请免责。所以如果事件是发生在合同签订前，哪怕其后果要在合同签订后才显现，遭受事件的一方也不能要求免责，因为他在签订合同时就应该把该事件的影响考虑在内。

（二）事件的发生是当事人不能避免与不能克服的

不能避免是指对于不可抗力事件的发生，当事人虽然尽了合理的注意，但仍不能阻止这一事件的发生；不能克服则指当事人对于不可抗力事件虽已尽了最大努力，但仍不能克服，并因此而导致合同不能履行或不能完全履行。

（三）事件的发生不是由于当事人的过失或疏忽

如果事件的发生是由于当事人的过失或疏忽造成的，则当事人在行为上就存在过失，也就无法要求免责。

（四）事件的发生必须造成不能履行或不能如期履行合同

如果事件的发生对合同的履行没有影响，则遭受到事件的一方无权要求免责。

四、不可抗力的法律后果

我国《合同法》第一百一十七条规定："因不可抗力不能履行合同的，根据不可抗力的影响，部分或者全部免除责任，但法律另有规定的除外。当事人迟延履行后发生不可抗力的，不能免除责任"。而《联合国国际货物销售合同公约》也规定："一方当事人享受的免责权利只对履约障碍存在期间有效，如果合同未经双方同意宣告无效，则合同关系继续存在，一旦履行障碍消除，双方当事人仍须继续履行合同义务"。因此，不可抗力事件所引起的后果可能是解除合同，也可能是延迟履行合同，应由双方按法律及合同规定并结合具体形势商定。

在国际贸易业务中，在发生不可抗力事件后，买卖双方应按约定的处理原则和办法，并考虑相应的国际贸易惯例及时进行处理。究竟如何处理，应视事故的原因、性质、规模及其对履行合同所产生的实际影响程度而定。

专栏 15-4

不可抗力

合同买卖的是葡萄牙矿砂，CFR 曼彻斯特。合同规定：如果发生战争或其他不可抗力事件，使得卖方不能装运或出口或在正常情况下交货，本合同的装运义务须在这种障碍延续期间暂时停止。签订合同后，由于第一次世界大战所带来的局势，运费上涨了一倍。卖方根据合同中的免责条款要求暂停合同的执行。请问卖方的要求是否合理？

分析：卖方的要求不合理。导致卖方不想交货的根本原因是运费的上涨，但运费上涨并不属于不可抗力事件，而且只要卖方愿意支付运费，他还是可以和船公司签订运输合同，将货物运到曼彻斯特的，也就是说，运费上涨并没有使得卖方不能装运。因此卖方必须按合同要求交货。

五、不可抗力的证明与附随义务

我国《合同法》规定：当事人一方因不可抗力不能履行合同的，应当及时通知对方。这样既便于准确界定责任界限，又有利于对方及时采取措施，防止因其对情况不知而继续履行己方义务所导致的不必要损失，同时又能使双方尽快协商，对合同权利义务做出处理，或变更或解除，如未履行这一通知义务，给对方造成了不必要的损失，则对于此类损失不能以不可抗力为由要求免责。受不可抗力影响不能履行合同的一方应采取措施防止损失的扩大，而不能认为有了不可抗力作为法定免责事由就可以听任损失的扩大。此外，对方也要依诚实信用原则积极作为，主动配合，以防止损失扩大，否则因其不作为而导致的损失无权要求对方赔偿。

第四节　国际贸易仲裁

一、解决对外贸易争议的方式

在国际贸易中，买卖双方签订合同后，由于种种原因，没有如约履行，就会引起争议。而解决争议的方式很多，既可以由当事人双方自行协商处理，也可以由第三者出面调解，还可以通过仲裁或交司法机关审理。这些做法各有特点，也各有利弊。

（一）协商

协商（consultation），又称友好协商，它是指在发生争议后，由当事人双方直接进行磋商，自行解决纠纷。以协商的方式解决争议的好处很多：首先，协商的气氛友好，不仅可以解决双方的争议，而且可以增进彼此的了解和理解，从而促进其合作关系进一步发展。其次，协商不需要经过严格的法律程序，在一般情况下，当事人对有关争议事项协商一致，达成协议，争议即告解决，有利于及时解决争议，节省时间。再次，由于无须缴纳仲裁费或诉讼费，也节约了费用。最后，协商中没有第三者参与，协商各方就他们之间的任何涉及商业秘密的争议进行谈判，如果谈判成功，当事人之间有可能公之于众的争议就会在极秘密的情况下化解，从而能有效地保守当事人的商业秘密。在实践中，不少国家的法律均要求当事人尽量协商解决争议，而且，许多争议也都是当事人自己协商解决的。

（二）调解

调解（conciliation），是指发生争议后，双方协商不成，邀请第三者居间调停。调解人的作用是帮助当事人弄清事实，分清是非，并找到一种双方均可接受的解决办法。若调解成功，双方应签订和解协议，作为一种新的契约予以执行；若调解意见不为双方或其中一方所接受，则该意见对当事人无约束力，调解即告失败。调解在性质上与协商并没有什么区别，最后的解决办法还须经双方当事人一致同意才能成立。然而，调解员一般都应具有专业知识或实践经验，有利于公平、公正地解决争端。

（三）诉讼

诉讼（litigation）即打官司，是指由司法部门按法律程序来解决双方的贸易争议。在争议出现后，可由任何一方当事人，依照一定的法律程序，向有管辖权的法院提起诉讼，要求法院依法予以审理，并做出公正的判决。诉讼须按诉讼程序法进行，判决按实体法进行，一旦法院判决了结果，则必须执行，没有协调的余地。除具有强制性外，诉讼还具有程序复杂、处理问题慢、费用高和导致双方关系紧张，不利于今后贸易关系发展的特点。

（四）仲裁

仲裁（arbitration）也称公断，是指买卖双方按照在争议发生之前或之后签订的协议，自愿把他们之间的争议交给仲裁机构进行裁决，并约定裁决是终局的，具有法律的强制性，对双方均有约束力。若对方不执行裁决，另一方有权向法院起诉，要求予以强制执行。

由于仲裁有其自身的立法及程序，断案迅速，费用低廉，仲裁员一般具有较丰富的专业知识和审案经验，从而为确切、合理、公正地解决争议提供了有利条件。以仲裁方式解决争议，一般不损伤当事人双方的业务关系，有益于买卖业务的继续开展。因此，在解决争议方面得到国际贸易界的普遍承认和广泛应用。

仲裁方式既有自愿性的一面，又有强制性的一面。自愿性主要体现在仲裁的提起要有双方达成的协议；强制性则表现在仲裁裁决是终局性的，双方必须遵照执行。对于双方当事人来说，仲裁比诉讼具有更大的灵活性，因为仲裁员不是由国家任命而是由双方当事人指定的。而且仲裁员一般都是贸易界的知名人士或有关方面的专家，比较熟悉国际贸易业务，处理问题一般比法院迅速及时，费用也比较低。由于这些原因，当争议双方通过友好协商不能解决问题时，一般都愿意通过仲裁方式裁决。

二、仲裁协议的形式、内容和作用

仲裁协议是双方当事人在自愿、协商、平等互利的基础之上将争议交付仲裁机构解决的书面文件，是申请仲裁的必备材料。

（一）仲裁协议的形式

仲裁协议主要有两种形式：一种是由双方当事人在争议发生之前订立的，表示同意把将来可能发生的争议提交仲裁解决的协议。这种协议一般都已含在合同内，作为合同的一项条款，即我们所说的仲裁条款（arbitration clause）。另一种是以其他书面方式在纠纷发生前或者纠纷发生后达成的请求仲裁的协议。

这两种仲裁协议的形式虽然不同，但其法律作用与效力是相同的。如果合同中已订有仲裁条款，争议发生后提交仲裁时，无须再订立提交仲裁的协议。

(二) 仲裁协议的内容

根据《中华人民共和国仲裁法》（以下简称《仲裁法》）的规定，仲裁协议必须包含以下内容：请求仲裁的意思表示；仲裁事项；选定的仲裁委员会。

仲裁协议对仲裁事项或者仲裁委员会没有约定或者约定不明确的，当事人可以补充协议；达不成补充协议的，仲裁协议无效。

(三) 仲裁协议的作用

仲裁协议的作用主要体现在以下两个方面：

1. 当事人只能以仲裁方式解决争议

约束双方当事人只能以仲裁方式解决争议，不得向法院起诉。由于已签有仲裁协议，当事人之间一旦发生争议，任何一方就不得向法院提起诉讼。如果一方违背仲裁协议，自行向法院起诉，另一方可根据仲裁协议做出抗辩，要求法院予以撤案，并将争议案件退回仲裁机构予以审理。

2. 仲裁机构取得争议案的管辖权

仲裁协议使仲裁机构和仲裁员取得对有关争议案的管辖权。日后一方当事人如将争议案件提交仲裁，而另一方如果在规定的时限内未出庭应诉，则仲裁机构有权进行缺席审理和做出缺席裁决。

专栏 15-5

仲裁协议的作用

我国东部沿海某外贸公司与外商订立了一项出口合同，在合同中明确规定了仲裁条款，约定在履约过程中如发生争议，在中国仲裁。后来，双方对商品品质和运输等问题发生了争议，对方在其所在地法院起诉我公司，法院发来传票，传我公司出庭应诉。对此，你认为我公司该如何处理？请简述理由。

分析：仲裁协议的作用之一是排除法院对有关争议案的管辖权，也就是说，只要双方订立了仲裁条款或其他形式的仲裁协议，就不能把有关争议案件提交法院审理，如果任何一方违反协议，自行向法院提起诉讼，对方可根据仲裁协议要求法院停止司法诉讼程序，把有关争议案发还给仲裁庭审理。在本案中，由于买卖双方在合同中已经明确规定了仲裁条款，因此，外商在其所在地法院起诉我公司是不成立的。

三、仲裁条款的主要内容

目前我国进出口合同中仲裁条款的内容一般包括以下几个方面：提请仲裁的事项、仲裁地点、仲裁机构、仲裁程序规则的适用、仲裁裁决的效力以及仲裁费用的承担。此外，有的还包括仲裁使用的语言等。

(一)仲裁事项

仲裁事项是指当事人提交仲裁解决的争议范围,也是仲裁庭依法管辖的范围。凡日后所发生的争议超出所规定的范围时,仲裁庭无权受理。因此,在仲裁协议中一定要规定清楚。双方既可以在协议中详细列举可以提交仲裁的事项,也可以在合同中笼统规定,"凡因与执行本合同有关的一切争议均提交仲裁解决"。

(二)仲裁地点

在国际贸易实践中,仲裁地点往往是当事人商谈涉外仲裁协议的重点内容之一。这主要是因为,仲裁地点与仲裁所适用的程序法,以及合同所适用的实体法关系甚为密切。仲裁地点不同,适用的法律可能不同,对买卖双方的权利、义务的解释就会有差别,其结果也会不同。因此,交易双方都力争在自己比较了解和信任的地方仲裁,尤其是力争在本国仲裁。

(三)仲裁机构

仲裁机构可分为两种:一种是常设的仲裁机构,它有固定的组织机构,如秘书处,有确定的仲裁规则作为仲裁的程序依据,拥有专业的仲裁员,仲裁员的指定、仲裁庭的组成及仲裁审理形成稳定的运作体系,方便当事人进行仲裁。世界上许多国家也都常设国际贸易仲裁机构。在国际贸易业务中经常遇到的外国仲裁常设机构有:英国伦敦仲裁院、瑞典斯德哥尔摩商会仲裁院、瑞士苏黎世商会仲裁院、日本国际商事仲裁协会、美国仲裁协会、意大利仲裁协会等。俄罗斯和东欧各国商会中均设有对外贸易仲裁委员会。国际组织的仲裁机构有设在巴黎的国际商会仲裁院等。另一种是由双方当事人指定仲裁员所组成的临时仲裁机构,当争议案处理完毕后,它将自动解散。

我国外贸企业在订立进出口合同的仲裁条款时,如双方同意在中国仲裁,一般都订明由中国国际经济贸易仲裁委员会仲裁。

(四)仲裁规则

各国仲裁机构都有自己的仲裁规则。在中国,如果当事人约定由中国国际经济贸易仲裁委员会仲裁,根据2015年实施的《中国国际经济贸易仲裁委员会仲裁规则》:凡当事人同意将其争议提交中国国际经济贸易仲裁委员会仲裁的,均视为同意按本规则进行仲裁。

(五)仲裁裁决的效力

仲裁裁决的效力主要是指由仲裁庭做出的裁决,对双方当事人是否具有约束力,是否为终局性的,能否向法律起诉要求变更裁决。

根据我国《仲裁法》的规定,仲裁实行一裁终局的制度。裁决做出后,当事人就同一纠纷再申请仲裁或者向人民法院起诉的,仲裁委员会或者人民法院不予受理。《中国国际经济贸易仲裁委员会仲裁规则》也规定,裁决是终局的,对双方当事人均有约束力。任何一方当事人均不得向法院起诉,也不得向其他任何机构提出变更仲裁裁决的请求。

(六)仲裁费用的负担

通常在仲裁条款中明确规定仲裁费用由谁负担。一般规定由败诉方承担,也有的规定为由仲裁庭酌情决定。

四、仲裁裁决的承认与执行

仲裁裁决对双方当事人都具有法律上的约束力，当事人必须执行。但是，如一方当事人在国外，涉及一个国家的仲裁机构所做出的裁决要由另一个国家的当事人去执行的问题。

为了解决在执行外国仲裁裁决问题上的困难，国际上除通过双方协定就相互承认与执行仲裁裁决问题做出规定外，还订立了多边国际公约，1958 年 6 月 10 日联合国在纽约召开了国际商事仲裁会议，签订了《承认及执行外国仲裁裁决公约》(Convention on the Recognition and Enforcement of Foreign Arbitral Award)，又称《纽约公约》。截至目前，已有 150 余个国家和地区加入该公约，它是国际商事仲裁领域内最为成功的一个公约。基于仲裁裁决的承认和执行的重要性，可以说，没有《纽约公约》，就没有国际商事仲裁。

我国于 1986 年加入《纽约公约》，开创并建立了在外国执行中国涉外仲裁裁决的机制。但我国在加入的同时，又提出两项声明：

(1) 中华人民共和国只在互惠的基础上对在另一缔约国领土内做出的仲裁裁决的承认和执行适用公约；

(2) 中华人民共和国只对根据中华人民共和国法律认定为属于契约和非契约性商事法律关系所引起的争议适用该公约。

我国政府对上述公约的加入和所做的声明，为我国承认与执行外国仲裁裁决提供了法律依据，同时，也有利于我国仲裁机构所做的裁决在国外各公约成员国内的执行。

本章小结

1. 在国际贸易中，引起争议的原因可归纳为卖方违约、买方违约和买卖双方均负有违约责任。索赔条款的规定一般有下列两种方法：异议索赔条款和罚金条款。

2. 不可抗力是一项免责条款。当发生不可抗力使合同无法履行或无法如期履行时，发生事故一方可据此免除责任。不可抗力的发生，可能是社会力量引起的，也可能是自然力量引起的。

3. 解决国际贸易争议的方式包括友好协商、调解、仲裁和司法诉讼四种。仲裁的特点决定了它不同于司法诉讼。仲裁裁决的承认与执行涉及一国的裁决要由另一国的当事人去执行的问题。

4. 商品检验是进出口商品交接过程中不可缺少的环节，其内容包括商品的质量、规格、数量、重量、包装及是否安全、卫生等。而检验时间可归纳为出口国检验、进口国检验和出口国检验进口国复验等。

关键术语

商品检验	离岸品质与重量	到岸品质与重量
对外贸易争议	根本性违约	异议索赔条款
违约金	定金	不可抗力

对外贸易仲裁　　仲裁协议　　仲裁程序

《承认及执行外国仲裁裁决公约》

思考题

1. 在国际货物买卖合同中规定违约金条款有何意义？该条款应包括哪些基本内容？规定该条款时应注意哪些事项？

2. 为什么要在合同中订立不可抗力条款？不可抗力事故引起的后果怎样？合同中的不可抗力条款包括哪些内容？

3. 仲裁协议有哪几种形式？其作用如何？

4. 为什么仲裁是解决国际经贸争议的重要方式？在国际货物买卖合同中为什么要规定仲裁条款？仲裁条款应包括哪些主要内容？

5. 我国参加《承认及执行外国仲裁裁决公约》的意义何在？该公约包括哪些基本内容？

6. 在国际货物买卖合同中，关于进出口商品的检验时间和地点通常有哪几种规定办法？

案例分析题

1. 我国A公司与国外B公司签订了购销合同。B公司向A公司供应一批化工产品，货款价值10万美元。A公司向B公司交纳了1万美元的定金，并与其约定，任何一方违约，将支付违约金1.5万美元。后来，B公司违约，不能向A公司发货。A公司想通过法律手段维护自己的权益。试问，A公司是否可以向B公司既要求双倍返还定金，又要求承担违约金？A公司应如何选择？

2. 某年5月，我国A公司与英国B公司成交小麦3万公吨，每公吨400英镑CFR利物浦，交货期为当年8—10月。在签约后，A公司购货地发生水灾，于是A公司以不可抗力为由，要求免除交货责任。但对方回电拒绝。试问，A公司要求以不可抗力免除交货的理由是否充分？

第十六章

国际货物交易的准备、磋商与合同订立

学习目标

通过本章的学习，认识国际贸易交易前的准备工作的重要性，了解国际货物买卖合同的特点和内容，掌握国际货物买卖合同成立的必要条件，提高签订合同的技巧和水平。

第一节　国际货物交易的准备

一、国际商品市场调研

（一）国际商品市场调研的重要性

所谓国际商品市场调研，是指为了发现一种或一组产品的销售趋势，找出取得销售成功的方法而进行的调查国际商品市场的活动。它不仅是市场状况和统计数字的罗列，而且要对它们进行全面分析与研究，得出相应的结论，最终为企业的营销与经营管理提供科学决策。

国际商品市场是世界各国之间商品流通与交换的场所。由于它与国内商品市场在构成、变动规律、市场环境和交换方式等方面的差异，任何企业若要参与国际商品市场营销活动并期望得到成功，就必须首先进行国际商品市场调研，去打开通往国际商品市场的大门。

国际商品市场调研的内容比较广泛，归纳起来有两类：国际商品市场环境调研和国际商品市场行情调研。

（二）国际商品市场环境调研

一国或地区的市场环境是客观存在的，要进入该市场并得到发展，我们就必须要适应它，而不能改变它，否则，就无法成功。市场环境通常包括政治与法律环境、经济环境、人文环境、人口与自然环境以及竞争环境等。

1. 政治与法律环境

政治风险主要来源于政局的改变、社会动荡、武装冲突与战争等。因此，一个国家政局是否稳定，直接关系到投资者是否有收益。

法律环境是指当地国家颁布的各种经济法规法令。国际商务活动中应该考虑的法律环境主要有：反不当竞争法、反垄断法、产品责任法、价格法、知识产权保护法、投资法、外汇管理法等。

2. 经济环境

经济环境是指一个国家或地区经济发展已达到的水平和未来的发展前景。它与企业经济活动的关系甚密，直接关系到该国家或地区商品市场的现状和发展变动趋势。经济环境包括所进入国家的经济制度、经济发展水平、与国际有关贸易组织的关系等。例如，一个国家所处的发展阶段不同，经济结构、国民收入的水平就会不同，消费者对产品的需求也不一样，从而直接或间接地影响着国际商务活动。

3. 人文环境

人文环境包括所进入国家的语言、历史传统、风俗习惯、教育水准、宗教信仰、价值观念等。不同国家的人文环境差异，代表着不同的生活和消费模式，也就必然给经济活动带来不同的影响。只有考虑到这些人文因素，才能解释为什么国民收入水平相似的两个国家，消费格局却有很大的差别。

4. 人口与自然环境

人口是一国经济最基本的因素。在其他条件相同的情况下，一国人口越多，潜在的市场就越大，尤其是那些与人口有关的食品、服装、体育用品等消费品市场。同时，人口的年龄结构和性别结构是决定市场需求结构的一个重要因素。

自然环境包括所进入国家的地理环境、自然资源供给结构、气候条件等。这些自然环境直接影响生产和运输成本，影响市场需求规模和需求结构。

5. 竞争环境

竞争环境是一个企业在决定开拓国外市场前必须考虑的重要问题，因为任何商品在任何市场都会面临竞争。能否正确认识和利用竞争，是企业的市场营销能否成功的关键。

专栏 16-1

国际商品市场调研方法

一、间接调研

间接调研又称二手资料调研，信息来源主要有：(1) 政府机构，(2) 国际组织，(3) 行业协会，(4) 专门调研机构，(5) 商会，(6) 银行，(7) 大众传播媒介，(8) 消费者组织，(9) 出入境人员，(10) 互联网。

二、直接调研

直接调研亦称实地调研，是到现场直接搜集原始资料、直接资料、第一手资料。调研方法有：(1) 访问法，(2) 观察法，(3) 实验法。

（三）国际商品市场行情调研

国际商品市场行情调研的内容主要包括市场营销活动的各个方面。目的是为了帮助企业在真正了解市场商品供求关系和情况、出口商品的生产与消费以及选择合适的销售渠道和促销方式之后，使企业的产品进入国际市场而取得预期的经济效益。概括起来有以下几方面：

1. 出口商品生产调研

出口商品是企业为国外顾客提供服务的对象。在调查分析出口商品的生产历史、发展趋势、产品产量和本企业所占份额的同时，还要掌握生产波动的规律，以及商品生产的一些特点。出口商品生产调研包括商品的生产周期、商品生产的季节性、商品生产的技术条件等。

2. 出口商品消费调研

商品消费是需求的基础，它的变化就会引起需求的变化。在市场调研时，除了要分析商品的消费趋势、消费周期和消费对象外，还要掌握一些商品消费结构的特点。

3. 商品价格调研

商品价格直接关系到商品的销售和企业的经济利益。由于影响价格的因素很多，只有深入分析研究，才能灵活应变。商品价格调研的具体内容包括：①影响价格变化的具体因素；②商品需求的弹性大小和波动幅度；③国际商品市场供求关系的状况及发展变化趋势；④不同的价格政策对商品定价及销售量的影响；⑤新产品的定价策略；⑥商品生产周期与消费周期不同阶段的定价原则。

4. 营销方式调研

商品的营销方式主要是营销商或企业积极宣传产品并说服消费者购买所进行的一系列活动。其调研的主要内容是：在国外市场对客户可能进行的营销组合；能促进营销的推广方法，如佣金、折扣、示范、赠样本、赞助各种交易活动等；分析雇用或选派的推销员的素质、水平、训练费用以及所能起到的作用；营销活动中可以使用的有效广告宣传方式等。

以上就是国际商品市场行情调研的主要内容。不同企业在不同时期调研的问题和内容是不同的，因此，每个企业必须有重点地确定自己的市场调研问题和内容。

专栏 16-2

不充分的国际市场调研所带来的困惑

美国一家软饮料公司决定选择印度尼西亚作为公司最畅销饮料的目标销售市场。印度尼西亚是世界上人口第五大国家，市场潜力巨大，因此，美国公司决定与印度尼西亚达成瓶装与分销协议来服务这一市场。但不幸的是，销售状况非常糟糕，饮料根本不畅销。虽然公司初期调研，包括对当地竞争和政府态度的调研结果都非常令人乐观，但营销活动不见起色。后经了解，公司董事会忽视了一个重要因素，即大多数当地人喜欢甜饮料和以椰子汁为主要原料的软饮料，他们对美国风味的碳酸化合饮料甚感不习惯。喜欢美国风味并愿意购买美国风味饮料的市场本身并不大。

分析：国际市场调研是对市场信息的搜集与分析过程，以便对相关产品的营销决策做出正确的判断。另外，在国际市场调研中还应注意一些细节，如界定调研的目的与问题、辨识信息的来源及分析等，以确保得到最可靠的调研结果。

二、企业进入国际市场的渠道

企业进入国际市场的渠道多种多样，归纳起来，主要有三条渠道，即间接出口、直接出口和国外生产。在每条渠道之下，又有若干进入国际市场的具体方式。

(一) 间接出口

间接出口是指企业将产品卖给国内的出口商或委托国内的外贸代理机构，由它们负责经营出口业务。通过间接出口，企业可以在不增加固定资产投资的前提下开始出口产品，开业费用低，风险小，而且不影响目前的销售利润。此外，企业还可以借助该方式，逐步积累经验，为以后转化为直接出口奠定良好的物质基础。间接出口主要通过以下方式进行：出口管理公司（export management company）、进出口公司（import & export corporation）、外国企业在本国的采购处（purchasing agent）、国际贸易公司（international trade company）、合作出口（cooperation exporting）等。

间接出口主要是由中小生产企业采用的国际营销方式。这些企业一般没有足够的人力、物力和财力，海外营销渠道及信息网络也不甚发达，因此，有必要利用别人的优势，将产品打入国际市场，并为自己今后单独从事国际营销工作打下重要的基础。

(二) 直接出口

直接出口是指生产企业不通过中间人，而自己直接从事一切出口营销活动。在直接出口方式下，企业的一系列重要业务活动都是由其自身完成的。直接出口使企业部分或全部控制外国营销规划，可以从目标市场快捷地获取更多的信息，并针对市场需求制定及修正营销规划。采取直接出口方式，标志着企业真正开始了国际营销活动。直接出口有以下形式：直接向最终用户销售（sale to end-user）、设立驻外办事机构（branch or office abroad）、国外营销子公司（marketing subsidiary abroad）、利用国外代理商（agent）和经销商（distributor）等。

直接参加国际营销活动，有利于企业在国际市场上直接树立自己的形象和声誉，建立起自己的营销渠道网络，为今后进一步扩大及占领市场打下良好的基础。

(三) 国外生产

由于企业进入国际市场和国际营销活动的复杂性，有时有可能迫使企业放弃传统的出口方式，而改为在目标市场国家或地区就地生产、就地销售。另外，有些国家和地区市场较大，劳动力成本和原料成本较低，当地政府愿意让外国企业前来投资设厂，给本国或本地区的居民提供更多的就业机会等。因此，国外生产也是企业走向国际市场的一条非常重要及有效的渠道。在国外生产的形式多种多样，其中比较重要的形式包括：合同制造（contract manufacturing）、交钥匙承包（turn key project）、许可证贸易（licensing trade）、海外合资经营（foreign joint venture）、海外独资经营（overseas wholly owned production）等。

国外生产的优点是：可以利用对方的原料、劳动力，并获得外国政府的支持，降低在目标国家的产品成本，降低产品价格，增加利润；企业可以完全控制整个管理与销售，经营利益完全归其支配；企业可以根据当地市场特点调整营销策略，创造营销优势。但它的主要缺点是投入资源多、风险大，而且受外国政府的限制较多，没有当地合作者的协助，应变能力较差。因此，要审慎行事。

总之，企业进入国际市场的方式很多，但企业选择进入方式必须根据自身条件、市场状况、竞争特点等因素，并考虑各种方式所具有的优点和局限性，综合分析和评估，选出最佳方式。

专栏 16-3

企业进入国际市场的方式选择

3M公司是一家跨国公司，同时也是一家重要的出口企业。3M公司经常以出口为先导进入外国市场。只有当出口额达到一定水平并且有充分理由进行本地化生产时，3M公司才开始在海外建立生产设施。3M公司的出口战略原则非常简单。其中的一个原则叫作“FIDO”，意思是“捷足先登，先发制人”。其本质是先于他人进入一个国家市场，了解那个国家市场的情况并且学习如何在那里做生意，从而最终获得竞争优势。3M的第二个原则是“制造一点，销售一点”，意思是，公司以适量的投资小规模地进入外国市场并且集中销售一种基本产品。一旦3M公司认为它对市场已经有了足够了解并且把失败的风险降低到合理的水平以后，它就会增加额外的产品。3M公司的第三个原则是雇用当地的人员来销售产品。3M公司通常在当地设立一家销售子公司，负责对这个国家的出口业务。

分析：3M公司的成功秘诀是为出口以及最终的海外生产制订战略计划。计划制订以后，公司就给各地管理人员相当大的自主权，让它们自行决定在自己所在的国家采取何种最佳的销售办法。

三、制定进出口商品经营方案

为了更有效地使对外洽商交易有依据，一般都需事先制定进出口商品经营方案，并通过相关渠道对交易客户进行必要的资信调查，以保证经营意图的贯彻和实施。

所谓进出口商品经营方案，是以具体进出口商品为中心，在广泛调查研究的基础上，根据国别政策、客户政策和经营意图，按照进出口计划的要求，结合国际经济贸易动向、市场趋势，在对外洽商交易前制定的一定时期内进出口推销的设想、做法和全面安排。

（一）进出口商品经营方案

进出口商品经营方案是对外洽商交易、推销商品和安排进出口业务的依据。其主要内容大致包括下列几个方面：

（1）货源情况。其中包括生产能力、可供进出口的数量，以及进出口商品的品质、规格和包装等情况。

（2）国内外市场情况。主要包括国内外市场需求情况和价格变动的趋势。

（3）进出口经营情况。其中包括进出口成本、创汇率、盈亏率的情况，并提出经营的具体意见和安排。

（4）推销计划和措施。包括分国别和地区，按品种、数量或金额列明推销的计划进度，以及按推销计划采取的措施，如对客户的利用、贸易方式和收汇方式的运用、对价格佣金和折扣的掌握。

（5）采购市场的安排。根据国别（地区）政策和国内外市场条件，合理安排进出口国别（地区），既要选择对我们有利的市场，又不宜过分集中在某一市场，力争使采购市场的布局合理。

（6）交易对象的选择。要选择资信好、经营能力强并友好的客户作为成交对象。为了减少中间环节和节约外汇，一般应向厂家直接买卖；在直接买卖确有困难的情况下，也可通过中间代理商进行交易。

（7）交易条件的掌握。交易条件应根据商品品种、特点、进出口地区、成交对象和经营意图，在平等互利的基础上酌情确定和灵活掌握。

（二）对客户的资信调查

在国际贸易中，贸易双方发生索赔纠纷、履约发生障碍或收回货款方面发生阻碍，而使交易一方遭受风险及损失，都与不了解交易对方的资信情况有直接关系。因此，进行资信调查（credit investigation）对于国际贸易的顺利进行有着重要作用。

1. 资信调查的内容

对客户进行资信调查的内容和范围主要包括：国外企业的组织机构情况，如企业的性质、创建历史、内部组织机构、主要负责人及担任的职务、分支机构等；政治情况，如企业负责人的政治背景，与政界的关系以及对我国的政治态度等；资信情况，如企业的借贷能力、资产负债情况、经营作风、商业道德、履约信誉等；经营范围，如企业生产或经营商品的品种、业务范围、经营的性质；经营能力，如客户每年的营业额、销售渠道、经营方式等。

2. 资信调查与咨询的途径

对客户进行资信调查与咨询的途径有很多，如通过银行调查；通过国外的工商团体进行调查；通过举办的国内外交易会、展览会、技术交流会、学术讨论会主动接触客户，并进行了解；通过实际业务的接触和交往活动，从中考察客户；通过我驻外机构和在实际业务活动中对客户进行考察所得的材料，一般比较具体可靠，对业务的开展有较大的参考价值；外国出版的企业名录、厂商年鉴以及其他有关资料，对了解客户的经营范围和活动情况有一定的参考价值；等等。

四、做好出口商品商标的国外注册工作

（一）商标国外注册的意义

商标是企业的无形资产，是企业形象和信誉的象征，也是其参与竞争的有力武器和保护自身权益的护身符。随着国际贸易往来日益频繁，我国的企业已不可避免地融入了世界经济大潮之中。想要在全球经济中占有一席之地，我国企业就必须拥有参与国际市场竞争的商战利器，即世界知名商标。

面对日趋激烈的国际竞争，我国企业亟须提升商标国际保护意识，加快商标的国外注册。只有这样，才能使自己的产品销售取得法律保护，才能有效地防止别人抢注自己的商标，避免多年打造的品牌资产在海外流失。

（二）商标国外注册的途径

商标权具有严格的地域性，只有注册才能在注册国家或者地区受到保护。从目前现有保护商标的国际公约和惯例看，中国企业到国外注册商标主要有两条途径：一是直接向所在国逐一申请商标注册，即逐一国家注册；二是通过商标国际注册马德里协定和议定书办理商标国际注册。

1. 逐一国家商标注册

逐一国家商标注册，是指申请人通过代理或其他方式，将自己的商标到需要保护的每一个国家或地区逐一分别办理注册申请手续的方法。在办理向国外申请商标逐一国家注册时，一般是委托所在国的商标代理人进行。

2. 商标国际注册

商标国际注册，就是企业通过马德里协定和议定书办理商标国际注册。我国分别于1989年10月4日和1995年12月1日成为《商标国际注册马德里协定》（Madrid Agreement Concerning the International Registration of Marks）和《商标国际注册马德里协定有关议定书》（Protocol Relating to the Madrid Agreement Concerning the International Registration of Marks）的成员国。因此，我国企业可以通过国家商标局向世界知识产权组织（World Intellectual Property Organization，WIPO）的国际局提交国际注册申请，在马德里协定和议定书中的成员国取得商标的法律保护。目前，通过一个申请可以同时指定74个马德里系统成员国申请注册。

专栏16－4

海尔的自建品牌

海尔公司是我国最早全面进入国际市场的家电企业之一。自建品牌是其国际化的特点，即它主要依靠自己的力量，全力将“海尔”品牌推向世界。海尔的国际化道路大体经历了三大步。第一步是销售产品，即先将自己的产品通过各种方法销售到海外市场。第二步是“销售”工厂，即在产品销售国家投资建厂，实现当地生产，当地销售。第三步是销售品牌，海尔向国际化的更高目标迈进的标志就是销售品牌。不仅是销售产品，投资建厂，还要将其品牌推广到全世界，就像世界上绝大多数人都知道可口可乐一样。这样就可以利用品牌的优势将自己的经营提高到一个新的档次，获取更多的收益。

分析：海尔的自建品牌的国际化战略成功的原因有两个：一是在国内的经营中打造好品牌的基础。自建品牌出口对企业的要求较高，在国内没有基础的品牌很难进入国际市场。二是经营的国际视野。这包括国际化经营的正确的战略。在全球经济一体化的背景下，企业只有在国际市场上有所作为，才能将企业做大、做强、做久。

（三）商标注册用商品和服务国际分类

商品分类（classification of goods lawpanel）是指某件商标注册申请可同时指定的商品范围。商标注册的商品分类影响到如何判断商品是否相同或相似，相应影响到对商标权的保护。

国际商品分类（international classification of goods lawpanel）是在 1957 年 6 月 15 日，由一些发达国家在法国尼斯会议上正式签订的《商标注册用商品和服务国际分类尼斯协定》确定的，并于 1961 年 4 月 8 日生效。它经过多次修订后，目前称为《商标注册用商品和服务国际分类表》。

国际商品分类是在总结、吸收了许多国家商标注册管理经验的基础上逐渐完善起来的，它为各国商标的检索、申请和档案管理提供了统一工具，为实现商标国际注册创造了条件。

专栏 16-5

世界各国商标注册的一些禁用条款

为商品商标命名并在国外申请注册，须遵守国际上商标注册的共性规定，以及产品销售国的社会风俗习惯。例如：瑞典的国旗是蓝色的，所以注册商标忌用蓝色；瑞士人认为黑色过于悲伤，所以忌用黑色作为商标；巴西人认为紫色表示悲哀，黄色表示绝望，一般不用紫色、黄色作为商标；伊拉克禁用该国国旗的橄榄绿色作为商标。意大利把菊花当作国花，日本把菊花视为皇家的象征，而拉丁美洲把菊花视为妖花，所以菊花在这几个国家忌用作商标图案；澳大利亚重视牧草的繁殖，生怕兔子会吃掉草地，所以忌用兔子作为商标，同时，澳大利亚人认为使用袋鼠和树袋熊图案是自己的特权，所以他们一般不批准进口商品注册袋鼠和树袋熊商标；英国忌用人像、孔雀、大象作为商标；北非一些国家忌用狗作为商品的商标，因为狗在这些地区居民中有着特殊的地位；熊猫在非洲一些国家也是有禁忌的，不能作为商品商标；国际上把三角形作为警告性标记，因此，三角形一般不宜用作商标；等等。

五、做好国际广告宣传工作

（一）国际广告的作用

在竞争日趋激烈的今天，国际商业广告是国内产品打入国际市场的有效手段。国际广告是指卖主为了配合国际营销的需要，对国际市场上的买主所做的商品和服务的广告。国际广告活动的目的，是通过各种适应国际市场特点的广告形式，使出口商品能迅速进入国际市场，赢得声誉，扩大销售。

国际广告对出口商品宣传的意义和作用重大，具体表现在以下几个方面：

（1）国际广告可以增进消费者对我国出口商品的了解，特别是新地区、新市场、新商品，广告宣传对国际贸易的发展起着重要的促进作用。

（2）国际广告具有美的和情感的表现力和感染力，更能吸引国外消费者，从而可以迅速扩大出口商品的知名度。

（3）国际广告可增加国外消费者对企业和产品的可信度，消除顾虑，对于进入陌生国家的企业和产品来说，这一点尤为重要。

（二）国际广告宣传的媒体及选择

国际广告宣传的媒体，大体可分为以下几种：

(1) 利用国外畅销的期刊、报纸、杂志。

(2) 利用国外视听媒体，如电视、电影、广播、幻灯、唱片等。

(3) 利用向国外客户寄送样品、样本、图片、说明书、商品目录、模型等。

(4) 利用国外大城市的街道、人口流动密集的商业区、旅游景点等，进行文字图画宣传，如文字广告、招贴画、路牌、霓虹灯等。

(5) 利用商品陈列，如展览会、陈列室、商品橱窗陈列等。

广告宣传方式、渠道很多。要从实际出发，根据不同国别、对象、商品以及媒体的组合因素等，灵活多样地采用不同的形式，做出正确的选择。如对国外广大的消费者可通过报纸、广播、电视、路牌等做广告；对技术含量较高的高新技术产品，可以通过展览会、陈列室、商品橱窗陈列等方式做广告；对原料、半成品等则可用寄传单、说明书、相片等，以售前服务的办法做宣传；对中间商、经销商等，靠提供样本、样品、说明书进行宣传为主。

(三) 国际广告代理机构的选择

国际广告可以由广告主直接委托大众媒体发布，也可以委托广告代理商负责全面策划。目前，世界上大多数厂商一般选择国际广告代理机构发布国际广告。

国际广告代理机构就其业务范围及服务能力而言，大致可分为三种类型：

1. 综合型广告公司

综合型广告公司是一种能为广告主提供全面服务的广告公司，其特点是机构健全，规模较大，实力雄厚，人才济济。

2. 专业型广告代理商

专业型广告代理商是指为广告主提供专项服务的广告公司。一般分为两类：一类是专一产品代理公司，如房地产广告公司、医药广告公司、保险广告公司等；另一类是专一媒介代理公司，如交通广告公司、影视广告公司、POP广告公司、图片广告公司等。

3. 国际展览公司

国际展览公司主要承揽国际性的展览会、博览会、交易会展厅的装潢设计和展品陈列。这类代理商所做的广告技术含量较高，价格也更贵。

(四) 出口商品的广告宣传应注意的事项

(1) 国际广告要广泛地宣传商品的用途和特点。广告宣传，不仅对消费者产生作用，也对批发商、零售商和采购人员发生作用。只有人人皆知，才会有更广阔的销路。

(2) 国际广告的宣传要实事求是，生动活泼，大胆创新。要充分运用灵活多变的多媒体技术，通过声像、阅读等不同组合，来打动国外消费者的心理，既要保持我国民族艺术风格，又要适合国外市场的风俗习惯和要求。

(3) 国际广告要着重介绍一个商标牌号。消费者往往重视商标牌号胜过商品的实际。广告宣传不但可以创造名牌，带动其他商品的行销，如雪花牌商标的毛衣已成名牌，雪花牌的手套、围巾等，也会较其他同类产品销得快，挣得好价钱。

(4) 广告宣传的语言文字要简单明了、通俗易懂并适合当地的文化、生活风俗习惯。在语言选择上，可采用多种文字；尽管在国际广告业中英文是通用的，但在西欧各国最好用其本国文字。

专栏 16-6

小常识：欧盟对有关儿童广告的规定

在荷兰，糖果广告不准以儿童为对象，不准在晚上 8 点之前播出，且不准使用 14 岁以下的儿童作为糖果广告的模特。

在希腊，上午 7 点至晚上 10 点之间禁止播出任何玩具广告。

在西班牙和德国，类似战争的儿童玩具不准做广告。

在法国，禁止在广告中由儿童出示产品或者无大人陪伴。

在北欧的瑞典，禁止电视广告以 12 岁以下的儿童为对象；在儿童节目开始前、中间和之后禁止播出任何商业广告。

第二节　国际货物买卖合同概述

一、国际货物买卖合同的含义

按照《联合国国际货物销售合同公约》（以下简称《公约》）的规定，国际货物买卖合同是指营业地处于不同国家的当事人所订立的货物买卖合同。货物买卖合同是指卖方为了取得货款而把货物的所有权移交给买方的一种双务合同。所谓双务（bilateral）合同，是指合同当事人双方互相享有权利、相互负有义务的合同。例如，买卖合同的卖方负有将出卖的物品交付给买方的义务，同时享有请求买方支付价款的权利；买方负有向卖方支付价款的义务，同时享有请求卖方交付出卖物归其所有的权利。

二、国际货物买卖合同的特点

1. 交易具有国际性

国际货物买卖合同与国内货物买卖的基本区别就在于其具有国际性。所谓国际性，通常采用的衡量标准有：交易双方当事人的营业地处于不同的国家，或者当事人具有不同的国籍，或者订立合同的行为完成于不同的国家，或者货物经由一国运往另一国。但究竟采用哪一种标准，各国均有不同的情况。按照我国的有关法律规定，国际性的标准则采用交易双方当事人的营业地必须处于不同的国家。

2. 交易的标的物是货物

货物买卖合同的标的物是货物，这是毋庸置疑的，但究竟什么是货物，或者货物是如何确定的，国际组织对此也曾进行了长期探讨。《公约》则采取了排除法，即将下列产品排除在该《公约》的适用范围之外：供私人、家属或家庭使用而进行的购买；经由拍卖方式进行的买卖；根据法律执行应进行的买卖；各种债券或者货币的买卖；船舶、气垫船或飞机的买卖；电力的买卖。也就是说，交易上述货物时买卖双方不能用《公约》来规范，而可以使用相关的专门法律。

3. 交易的性质为买卖

按照《英国货物买卖法》的规定，买卖合同是指由卖方将货物的所有权转移给买方，以换取买方的金钱作为对价。

三、国际货物买卖合同的形式

合同的形式是交易双方当事人就确立、变更、终止民事权利和义务关系达成一致的方式，是合同当事人内在意思的外在表现形式。根据《公约》和《中华人民共和国合同法》（以下简称《合同法》）的有关规定，当事人订立合同，有书面形式、口头形式和其他形式。合同的上述形式均具有相同的法律效力，都是合同的法定形式。当事人通常可以根据需要进行选择。

四、国际货物买卖合同的内容

合同的内容，又称合同条款，是确定合同双方当事人权利与义务关系的重要依据，同时也是判断合同是否有效的客观依据。根据我国《合同法》和其他国家民商法的规定，合同的内容由双方当事人约定，一般包括以下条款：当事人的名称或者姓名和住所、标的、数量、质量、价款或者报酬、履行期限、地点和方式、违约责任、解决争议的方法。

需要指出的是，以上合同条款是合同中通常包括的内容，并不是必须包括这些条款，合同才成立有效。买卖双方当事人可根据交易货物特点和实际需要，对合同的内容条款做出增加或减少的约定。

第三节　国际货物买卖的交易磋商

一、交易磋商的含义及重要性

交易磋商（business negotiation）是指买卖双方以买卖某种商品为目的，通过一定程序就交易的各项条件进行洽商并最后达成协议的全过程。交易磋商的目的是买卖双方通过磋商能共同取得一致意见，达成交易。

交易磋商具有高度的政策性、策略性和技术性，只有真正做到知己知彼，使自己尽可能处于主动地位，方能稳操胜券。要做好这项工作，既要努力掌握我国的外贸政策，通晓市场、联络客户、营销商品和贸易程序，又须充分懂得有关国家的贸易法规、习惯做法和商业惯例，并在此基础上灵活地运用交易磋商的策略与技术。

二、交易磋商的内容及方式

国际货物买卖交易磋商的内容主要包括买卖商品的品质、数量、包装、价格、运输、保险、支付、商品检验、争议、索赔、不可抗力和仲裁等交易条件。只有买卖双方就此达成共识，交易才能成立。

交易磋商在形式上可分为口头和书面两种。当然，在特殊情况下，一项交易的达成也可以通过买卖双方既已成为习惯的某些行为予以确认。

（一）口头磋商

口头磋商主要指在谈判桌上面对面地谈判，如参加各种交易会、洽谈会，以及贸易小组出访、邀请客户来华洽谈交易等。此外，还包括双方通过国际长途电话进行的交易磋商。口头磋商方式由于是面对面的直接交流，便于了解对方的诚意和态度，采取相应的对策，并根据进展情况及时调整策略，达到预期的目的。口头磋商比较适合谈判内容复杂、涉及问题较多的业务，如大型成套设备交易谈判。

（二）书面磋商

书面磋商是指通过信件、电报、电传等通信方式来洽谈交易。目前，多数企业使用传真进行洽谈；有的已开始使用电子邮件磋商交易。随着现代通信技术的发展，书面洽谈越来越简便易行，成本费用低廉。在国际贸易中，买卖双方通常采用书面方式磋商交易。

专栏 16－7

谈判技巧在商务谈判中的具体运用

中国某技术进出口公司欲花百万美元购买急需的工业机床的关键设备，经多方考虑，最终选定日本某株式会社作为交易对象。

谈判开局，按国际惯例先由卖方报价。日方深谙此道，首次报价 120 万美元，此价比现实市场价偏高许多。中方已摸清市场行情，深知日方是在试探。于是中方单刀直入，直截了当地指出该报价不能作为谈判的基础。几经回合，日方意识到己方的高目标恐难实现，于是转移话题，介绍起自己产品的特点和优良品质，以求用迂回方式来坚持己方报价。但中方早已看穿了对方的把戏，于是暗含回击地明知故问："不知贵国生产此种产品的公司有几家？贵公司产品优于 S 国、K 国的依据是什么？"但日方毕竟是商场老手，临阵不慌，其主谈运用"踢皮球"的战略，找到退路。中方主谈悟出此法，主动提出休会，给其台阶，使其让步。

第二轮谈判开始后，日方再次报价：107 万美元成交。中方认为此削价虽不小，但离实际要价还有差距。基于此，中方确定还盘 99 万美元。几经探讨仍无结果。此时，中方认为时候已到。于是中方主谈郑重指出："这次引进，我们从几家公司中选中了贵公司，这说明了我们成交的诚意。如果你方这样，那就只好等下去，改日再谈。我们一会儿还要会见 T 国的商务代表。"这是中方欲擒故纵，表示己方对该谈判已失去兴趣，以迫其让步。日方一时举棋不定，最后，日方再三考虑，还是认为成交虽获利不高，但告吹只能赔本，于是决定握手成交。

分析：本案是谈判策略与技巧在国际商务谈判中的具体运用。只要我们做到知己知彼，在谈判前做好充分的准备，并在谈判时适时灵活地实施谈判策略和技巧，就能在复杂多变的谈判中取得良好的甚至意想不到的效果，从而得到实现利益目标的重要保证。

三、交易磋商的一般程序

交易磋商的一般程序应包括邀请发盘、发盘、还盘、接受和签订合同等环节，其中发盘和接受是交易成立的基本环节，也是合同成立的必要条件。

（一）邀请发盘

邀请发盘（invitation to offer）是指交易的一方打算购买或出售某种商品，向对方询问买卖该项商品的有关交易条件，或者就该项交易提出带有保留条件的建议。例如，以未售出为准（subject to prior sale），或者需经我方最后确认（subject to our final confirmation）等。

邀请发盘在通常的交易中并非必不可少的环节，然而在一些特殊的贸易方式下，如招标投标 、拍卖等，情况则有所不同。

邀请发盘可以有不同形式，其中最常见的是询盘（inquiry）。询盘的内容可涉及价格、品质、数量、包装、装运以及索取样品等，而多数只是询问价格，所以业务上常把询盘称作询价。

专栏 16－8

邀请发盘示例

我方为本城最大的数码相机进口商之一，欲与贵公司建立业务联系，目前对贵公司的数码相机感兴趣，具体细节请见随函附上的第 1234 号询价单，希望能尽快收悉贵公司的最低报价。如价格合理、装运期可以接受，我方会下大订单。（We are one of the leading importers of DC camera in the city and are willing to establish business relations with your company. For the time being, we are interested in your DC camera, details as per our inquiry note No. 1234 attached, and will be glad to receive your lowest quotation as soon as possible. We would like to say that if your price is attractive and delivery date acceptable, we will place a large order with your company immediately.）

在国际贸易业务中，有时一方发出的询盘表达了与对方进行交易的愿望，希望对方接到询盘后及时发出有效的发盘，以便考虑接受与否。也有的询问只是想探询一下市场价格，询问的对象也不限于一人。有时发出询盘的一方希望对方开出估价单（estimate），这种估价单同样不具备发盘的条件，所报出的价格也仅供参考。

邀请发盘虽不是交易磋商的必经步骤，但往往是一笔交易的起点。询盘中，当事人一般需注意以下问题：

（1）询盘不一定要有“询盘”字样，凡含有询问、探询交易条件或价格方面的意思表示均可做询盘处理。

（2）业务中询盘虽无法律约束力，但当事人仍须考虑询盘的必要，尽量避免只是询价而不购买或不售货，以免失掉信誉。

（3）询价时，询价人不应只考虑如何询问商品的价格，也应注意询问其他交易条件，争取获得比较全面的交易信息或条件。

（4）要尊重对方询价，对对方询价，无论是否出售或购买均应及时处理与答复。

(5) 询盘可以同时向一个或几个交易对象发出，但不应在同时期集中做出，以免暴露我方销售或购买意图。

(二) 发盘

在国际贸易实务中，发盘（offer）又称报盘、发价、报价。法律上称之为“要约”。发盘可以是应对方询盘的要求发出，也可以是在没有询盘的情况下，直接向对方发出。发盘一般是由卖方发出的，但也可以由买方发出，业务上则称之为“递盘”（bid）。

1. 发盘的定义及具备的条件

《联合国国际货物销售合同公约》第十四条第一款对发盘的解释为：“向一个或一个以上特定的人提出的订立合同的建议，如果十分确定并且表明发盘人在得到接受时承受约束的意旨，即构成发盘。一个建议如果写明货物并且明示或暗示地规定数量和价格或规定如何确定数量和价格，即为十分确定。”

对于这个定义，可以看出一项发盘的构成必须具备下列条件：

(1) 向一个或一个以上的特定人提出。发盘必须指定可以表示接受的受盘人。受盘人可以是一个，也可以指定多个。不指定受盘人的发盘，仅应视为发盘的邀请。

(2) 发盘人必须明确表达愿意按发盘的内容与对方订立合同的意思。发盘应该表明发盘人在得到接受时，将按发盘条件承担与受盘人订立合同的法律责任。这种意思既可以用发盘、递盘等术语和语句加以表明，也可按照当时的谈判情形，或当事人之间以往的业务交往情况或双方已经确立的习惯做法来确定。因此，发盘不是简单的商品介绍，让对方了解情况而向自己发出要约，而要明确表达按所提条件同对方签约的意思。否则，就不是发盘，而是发盘邀请。

专栏 16-9

商业广告是不是发盘

为了邀请对方向自己订货而发出的商品目录单、报价单以及一般的商业广告，因为不是向一个或一个以上特定的人发出，因此不是要约，而是发盘邀请。商业广告由于是向公众发出的服务信息，没有特定人，一般来说，不能构成要约，但悬赏广告除外。悬赏广告是指发布人声明对于完成特定行为的人，将给予一定报酬的广告。悬赏广告的发布人为发盘人，而完成特定行为的人为承诺人，其行为一旦完成，合同就成立，发盘人有义务支付约定报酬，常见的有寻人启事、寻物启事等。

(3) 发盘的内容必须明确、肯定。对于什么是“确定”，《公约》的解释是在发盘中明确货物，规定数量和价格。在规定数量和价格时，可以明示，也可以暗示，还可以只规定确定数量和价格的方法。

(4) 发盘必须送达受盘人才生效。发盘的生效时间不同于接受，两大法系间存在着严重的分歧，大陆法国家认为到达生效，英美法国家认为投邮生效。而《公约》认为，发盘到达受盘人才生效，因为发盘只有送达受盘人，才能让其知晓内容，并做出承诺与否的决定。

专栏 16-10

发盘示例

感谢7月10日的询价。今晨已经去函，报50公吨红茶每公吨958美元CFR上海净价，装运期为11月和12月，以7月30日前复到为准。（We thank you for your inquiry of July 10th, asking us to make you a firm offer for black tea. We have sent a letter this morning, offering you 50 metric tons of black tea, at USD 958 net per metric ton CFR Shanghai for shipment during November/December subject to your order reaching here by July 30th.）

专栏 16-11

延长发盘的有效期是否改变发盘的性质

国外A公司应中国B公司的请求，报出铜矿石的实盘。但B公司接到A公司报盘后，未作还盘，而是一再请求其增加数量，降低价格，并延长报价的有效期。A公司随后满足了B公司的要求，有效期最后延至3月31日，B公司于3月28日来传真表示接受该盘。A公司接到该传真时，得知国际市场铜矿石价格上扬，因此决定拒绝成交，于是向B公司发传真表示拒绝出售。而B公司对此拒绝接受，并提出异议，认为是在发盘有效期内接受了A公司的发盘，坚持要求按发盘的条件执行合同。试分析，A与B的合同是否成立?

分析：A公司在发盘后，经三次延长有效期后，合同中的实质性条款完整、肯定、明确，而且规定了有效期为3月31日，由此看出其发出的是有确定意义的发盘，因此，此发盘为实盘。在本案中，B公司于3月28日发电表示接受，A公司也于当天接到电函，因此，此货物销售合同已经成立。

2. 发盘的撤回和撤销

《公约》第十五条第一款对发盘生效时间作了明确规定："发盘在送达受盘人时生效。"那么，发盘在未被送达受盘人之前，如发盘人改变主意，或情况发生变化，就必然会产生发盘的撤回和撤销的问题。

在法律上，"撤回"和"撤销"属于两个不同的概念。撤回是指发盘尚未生效，发盘人采取行动，阻止它的生效。而撤销是指在发盘已生效后，发盘人以一定方式解除发盘对其的效力。

《公约》第十五条第二款规定："一项发盘，即使是不可撤销的，也可撤回，如果撤回的通知在发盘到达受盘人之前或同时到达受盘人。"

根据《公约》第十五条的规定，发盘可以撤销，其条件是：发盘人撤销的通知必须在受盘人发出接受通知之前传达到受盘人。然而，在下列情况下，发盘不能再撤销：

（1）发盘中注明了有效期，或以其他方式表示发盘是不可撤销的。

（2）受盘人有理由依赖该发盘是不可撤销的，并且已本着对该发盘的依赖行事。

这一款规定了不可撤销的两种情况：一是发盘人规定了有效期，即在有效期内不能撤销。如果没有规定有效期，但以其他方式表示发盘不可撤销，如在发盘中使用了“不可撤销”字样，那么在合理时间内也不能撤销。二是受盘人有理由依赖该发盘是不可撤销的，并采取了一定的行动。

3. 发盘的失效

对于发盘什么情况下失去效力的问题，《公约》第十七条规定：“一项发盘，即使是不可撤销的，于拒绝通知送达发盘人时终止。”也就是说，当受盘人不接受发盘提出的条件，并将拒绝的通知送到发盘人手中时，原发盘就失去效力，发盘人不再受其约束。

除此之外，在以下情况下也可造成发盘的失效：

（1）受盘人做出还盘。

（2）发盘人依法撤销发盘。

（3）发盘中规定的有效期届满。

（4）人力不可抗拒的意外事故造成发盘的失效，如政府禁令或限制措施。

（5）在发盘被接受前，当事人丧失行为能力、死亡或法人破产等。

（三）还盘

受盘人在接到发盘后，不能完全同意发盘的内容，为了进一步磋商交易，对发盘提出修改意见，用口头或书面形式表示出来，就构成还盘（counter-offer）。

还盘的形式可有多种，有的明确使用“还盘”字样，有的则不使用，而在内容中表示出对发盘的修改，也构成还盘。一方在接到对方的还盘后，可以表示接受，也可以进行再还盘，即针对对方的还盘再提出修改意见。有时一笔交易往往要经过许多回合才能达成。

专栏 16－12

还盘示例

我方已经收到你方 4 月 20 日来信，报 100 台标题货物每台 585 美元。计算机质量不错，但是价格太高。在此销售的一些产自其他国家的类似质量的产品的售价比你方价格大约低 30％。如果可以降价，如 10％，我们或许可以成交。请慎重考虑上述问题并尽速答复。（We are in receipt of your letter of April 20 offering us 100 sets of the captioned goods at USD 585 per set. While appreciating the quality of your computers, we find your price is too high. Some computers of similar quality from other countries have been sold here at a level about 30％ lower than yours. Should you be ready to reduce your limit by, say 10％, we might come to terms. It is hoped that you would seriously take this matter into consideration and let us have your reply soon.）

需要注意的是，还盘有两个法律后果：一是还盘是对发盘的拒绝，还盘一经做出，原发盘即失去效力，发盘人不再受其约束；二是还盘等于是受盘人向原发盘人提出的一项新的发盘。还盘做出后，还盘的一方与原发盘的发盘人在地位上发生了变化。还盘人由原发盘的受盘人变成新发盘的发盘人，而原发盘的发盘人则变成了新发盘的受盘人。新受盘人有权针对还盘的内容进行考虑，决定接受、拒绝或是再还盘。

在进出口业务中，针对还盘应注意以下问题：

（1）还盘可以针对价格，也可以针对交易商品的品质、数量、装运及支付等。

（2）在还价时，一般只针对原发盘提出不同意见和需要修改的部分，已同意的内容在发价中可以省略。

（3）接到还价盘后要与原发价盘进行核对，找出还盘中提出的新内容，结合市场变化情况和我方销售意图认真对待和考虑。

专栏 16－13

还盘

我出口公司于11月1日向美商A发盘供应某商品，限时11月10日复到有效。11月3日我方收到美商的电传表示接受，但提出必须降价5%。当我方正在研究如何答复时，由于该商品的国际市场发生对美商有利的变化，于是该商又在11月7日来电传表示，无条件接受我方11月1日的发盘。我方未予置理，而是在11月9日将该批货物卖给另一美商B商，随后，双方就合同是否成立产生了争议。

分析：在本案中，美商在3日答复时，已经更改了我方发盘中的价格条件，应视为还盘，我方的发盘就此失效，不再受该发盘约束，我方掌握该交易的主动权，可以选择接受、拒绝或是再还盘。因此，我方与A商的交易不成立。

（四）接受

所谓接受（acceptance），就是交易的一方在接到对方的发盘或还盘后，以声明或行动向对方表示同意的行为。法律上将接受称作承诺。接受和发盘一样，既属于商业行为，也属于法律行为。对有关接受问题，在《公约》中也做了较明确的规定。

1. 有效接受应具备的条件

根据《公约》的解释，构成有效的接受要具备以下四个条件：

（1）接受必须是由受盘人做出，其他人对发盘表示同意，不能构成接受。这一条件与发盘的第一个条件是相呼应的。发盘必须向特定的人发出，即表示发盘人愿意按发盘的条件与受盘人订立合同，但并不表示他愿意按这些条件与任何人订立合同。因此，接受只能由受盘人做出，才具有效力。

（2）受盘人表示接受，要采取声明或做出其他行为。受盘人表示接受要以口头或书面的声明形式向发盘人明确表示出来。另外，接受还可以用行为表示。比如，进口商向出口商发盘，由于发盘内容明确，所列条件又符合出口商的要求，他接到发盘后，马上就可把货装运出去，这就属于以行为表示接受。但在我国的对外贸易中通常不采纳这一做法。

（3）接受的内容要与发盘的内容相符，即要与发盘的条件保持一致。按照传统的普通法理论，接受应像镜子一样反射发盘的条件。

（4）接受的通知要在发盘的有效期内送达发盘人才能生效。发盘中通常都规定有效期。这一期限有双重意义：一方面它约束发盘人，使发盘人承担义务，在有效期内不能任意撤销或修改发盘的内容，过期则不再受其约束；另一方面，发盘人规定有效期，也是约束受盘人，只有在有效期内做出接受，才有法律效力。

此外，关于接受的撤回问题，《公约》的规定与发盘的撤回基本相同，如第二十二条做了如下规定："如果撤回的通知于接受原应生效之前或同时送达发盘人，接受得予撤回。"这就是说，撤回的通知只要与接受的通知同时，或先于到达发盘人，就可以将接受撤回。

2. 有条件的接受

接受应是无条件的，但在业务中，常有这种情况：受盘人在答复中使用了"接受"的字眼，但又对发盘的内容做了增加、限制或修改，这在法律上称为"有条件的接受"。有条件的接受通常不能成为有效的接受，而属于还盘。

那么，是不是说受盘人在表示接受时，不能对发盘的内容作丝毫的变更？答案是否定的。根据《公约》第十九条的规定，关键问题是看这种变更是否属于实质性的。什么叫实质性变更？"有关货物价格、付款、货物质量和数量、交货地点和时间、一方当事人对另一方当事人赔偿责任范围或解决争端等的添加或不同条件，均视为实质上变更发盘的条件。"实质性变更是对发盘的拒绝，构成还盘。非实质性变更的后果又是什么？《公约》中指出："对发盘表示接受但载有添加或不同条件的答复，如所载添加或不同条件在实质上并不改变发盘的条件，除非发盘人在不过分迟延的期间内以口头或书面通知反对其差异外，仍构成接受。"这就告诉我们，如果受盘人对发盘内容所做的变更不属于实质性的，能否构成有效的接受，要取决于发盘人是否反对。如果发盘人不表示反对，合同的条件就包含了发盘的内容以及接受通知中所做的变更。

因此，在出现有条件接受时，对于发盘条件的变更应谨慎对待，不能一律以"沉默"待之。谨慎的做法是：首先，可以对其变更定性，判断其不同的法律后果，积极选择应对策略。其次，当收到对方有附加条件的接受后，不管其附加条件是不是对原发盘的实质性的修改，均立即明确地把自己的意思说出来，这样即避免了争议，特别是不能十分确定对方的修改是不是非实质性的时候，就更不可以随意沉默。

专栏 16-14

更改装运期属于实质性更改

我方A公司向美国旧金山B公司发盘某商品100公吨，每公吨2 400美元CIF旧金山，以不可撤销即期信用证支付，收到信用证后2个月内交货，限3日内答复。第二天收到B公司回电称"Accept your offer shipment immediately"（接受你方发盘，立即装运），A公司未予答复。又过2天，B公司通过旧金山银行开来即期信用证，注明"Shipment immediately"，当时该货国际市场价格上涨了20%，A公司以合同并未达成为由拒绝交货，并立即将信用证退回，于是双方发生争议。

分析：在本案中，我方发盘，外商回电表示"接受"，但更改了发盘中的装运期。而装运期对所采用的CIF贸易术语来说也就是交货期，该变更因改变了交货时间而属实质性变更，该接受构成了还盘，所以合同不成立。

3. 迟到接受

在国际贸易中，由于各种原因，导致受盘人的接受通知有时晚于发盘人规定的有效期送达，这在法律上被称为"迟到接受"。对于这种迟到接受，发盘人不受其约束，不具有法律效力，但也有例外的情况。《公约》第二十一条规定，过期的接受在下列两种情况下仍具有效力：

（1）如果发盘人毫不迟延地用口头或书面形式将此种意思通知受盘人。

（2）如果载有逾期接受的信件或其他书面文件，表明它在传递正常的情况下是能够及时送达发盘人的，那么这项逾期接受仍具有接受的效力，除非发盘人毫不迟延地用口头或书面方式通知受盘人，认为该发盘已经失效。

第一款规定，在一定条件下，迟到的接受仍有效力。这一条件是由发盘人确认，并且毫不迟延地通知受盘人。通知的方式可以是口头的，也可以是书面的。而如果发盘人不及时通知，这项接受就失去效力。这一规定的意义在于，它既保证了发盘人的正当权益（即他所承受的约束仍以发盘中所规定的有效期为限，过期不再受约束），同时，又照顾到贸易实务中许多难以预料的情况。为了促成交易，特别做出这项规定。

第二款规定，如果迟到的接受并非受盘人的过失，而是传递方面造成的失误，也就是说，受盘人已按期发出了接受，如果传递正常本可以及时送达发盘人，那么，这种迟到的接受仍具有效力。相反的情况是发盘人及时通知受盘人，他认为发盘已经失效。反过来说，如果发盘人没有及时表态，而受盘人又能证明接受迟到不属于他的责任，那么接受就有效。

总而言之，在接受迟到的情况下，不管受盘人有无责任，决定该接受是否有效的主动权在发盘人。

第四节　国际货物买卖合同的成立

一、合同有效成立的条件

交易一方的发盘一经对方有效接受，合同即告成立，但合同是否具有法律效力，还要视其是否具备了一定的条件。不具有法律效力的合同是不受法律保护的。概括起来，合同应具备下述条件才算有效成立。

（一）当事人必须在自愿和真实的基础上达成协议

“契约自由”是合同法的基本原则。合同成立必须是在双方当事人自愿的基础上进行。一方自愿发价，另一方明确表示愿意承诺，双方自愿表示达成协议的诚意，承诺履行合同责任与义务。这种合同不是单方面的行为，而是一种双方意思一致基础上产生的行为。这样的合同是合法的、受法律保护的。如果一方采取强制、威胁、暴力、诈骗手段，迫使对方就范，订立的合同在法律上是无效的。此外，当事人在合同订立前调查相对人的履行能力等情况，能有效避免受欺诈。当前，不法商人利用合同进行欺诈的情况屡有发生，很大程度上是由于受欺诈方盲目轻信，仓促订立合同以致上当受骗。因此，在合同订立之前就采取预防措施，以防止产生合同纠纷，可以有利于合同当事人避免合同中的漏洞和减少受欺诈的可能性。

(二)当事人应具有法律行为的资格和能力

1. 自然人订立合同的资格和能力

各国法律对于哪些人具有订立合同的资格和能力，哪些人没有订立合同的资格和能力，都有具体的规定。《中华人民共和国民法通则》把公民的民事行为能力分为三类：有完全民事行为能力的人、限制民事行为能力的人以及无民事行为能力的人。

2. 法人的行为能力

法人是依法成立，拥有必要的组织机构和独立的财产，能以自己的名义享有民事权利和承担民事义务，能以自己的名义起诉、应诉的组织。公司是法人的一种，是最重要的商事主体。各国法律都规定，公司订立合同必须通过其授权的代理人，而且其活动范围不得超过公司章程的规定，否则，合同无效。

(三)合同必须以双方互惠、有偿为原则

国际货物买卖是互为有偿的交换，即在合同中一方所享有的权利，以另一方所负有的义务为基础，双方应互有权利与义务，卖方负有交付约定的实物的责任，买方必须受领货物并支付价金。如果其中任何一方不按合同履行义务，都将负有赔偿的责任。

(四)合同的标的和内容必须合法

规定合同标的和内容的合法性的目的在于维护正常的经济秩序和社会秩序。我国《合同法》明确规定，当事人订立、履行合同，应当遵守法律、行政法规，尊重社会公德，不得扰乱社会经济秩序，损害社会公共利益。凡是违反法律、违反善良风俗与公共秩序的合同一律无效。

(五)合同的形式必须符合法律规定的要求

合同的形式是指订立合同的当事人达成的协议的表现形式。各国法律对合同成立的形式要求不同。《公约》对国际货物买卖合同的形式，原则上不加以限制，无论采用书面方式还是口头方式，均不影响合同的效力。我国《合同法》也有类似的规定。

专栏 16-15

合同形式须符合法律规定

某省A进出口公司就进口食品机械设备交易与某外商M磋商。经往来多次传真友好磋商，已就买卖合同的基本条款初步达成协议，但在A方最后所发的表示接受的传真中写有“以签署确认书为准”的字样。之后，M商拟就好合同书传真给A方，要A方确认，但由于对某些条款A方认为需要修改，此时该设备的市场价格有下跌趋势，于是A方并未及时对M公司予以答复。后来，M商多次来电催促A方开证，A方答复拒绝开证。试分析这一拒绝是否合理。

分析：在本案中，A公司在与M商磋商时，虽就买卖合同的基本条款初步达成协议，但A方在后来所发的表示接受的传真中写有“以签署确认书为准”的字样，等于对合同的订立提出了重要的保留意见，这就导致双方最终并未达成协议。因此，A有理由拒绝开立信用证。

二、书面合同的签订

买卖双方经过磋商，一方的发盘被另一方有效接受，交易即达成，合同即告成立。但在实际业务当中，买卖双方达成协议后，通常还要制作书面合同将各自的权利和义务用书面方式加以明确，这就是所谓的签订合同。

（一）书面合同的意义

1. 作为合同成立的证据

在法律上，当双方当事人在交易（合同）的履行过程中发生争端或纠纷时，提供以书面形式签订的合同是证明双方存在合同关系的一种最有效、最简便的方法，也可作为仲裁员和法官进行仲裁和做出判断的一个有力的证据。因此，签订书面合同，为将来争议的解决提供了法律依据。

2. 作为履行合同的依据

无论是口头还是书面达成的协议，如果没有一份包括各项条款的合同，则会给履行带来许多不便。所以在业务中，双方都要求将各自应享受的权利和应承担的义务用文字规定下来，作为正确履行合同的依据。

3. 可作为合同生效的条件

在国际贸易实务中，有时合同的生效是以书面签订合同作为条件的。特别是在一方当事人要求签订确认书时，只有当签订确认书后，合同才告成立。否则在此之前，即使双方已对交易条件全部取得了满意的结果，也不存在法律上有效的合同。

（二）书面合同的类型

在国际上，书面合同的格式和名称不尽相同，形式很多，均无特定的限制。我国对外贸易业务主要采用的书面合同是销售合同、销售确认书两种。

1. 正式合同

正式合同（contract）是带有“合同”字样的法律契约。包括销售合同和购货合同。合同的文字解释要清楚、经济责任要明确，并对双方要有约束性，签订手续完备。

2. 确认书

确认书（confirmation）较正式合同简单，是买卖双方在通过交易磋商，达成交易后，寄给双方加以确认的列明达成交易条件的书面证明。经买卖双方签署的确认书，是法律上有效的文件，对买卖双方具有同等的约束力。确认书包括销售确认书和购货确认书。

在进出口业务中，对大宗商品或成交金额比较大的交易，一般采用合同形式；对金额不大、批数较多的小土特产品和轻工业品一般采用确认书形式。货物买卖合同或确认书，一般由我方根据双方磋商的条件缮制正本一式两份，我方签字后寄交给对方，经对方查核签字后，留存一份，另一份寄还我方，双方各执一份，作为合同订立的证据和履行合同的依据。

（三）书面合同的内容

书面合同的内容一般由下列三部分组成：

1. 约首

约首是指合同的序言部分，其中包括合同的名称、订约双方当事人的名称和地址（要求写明全称)。除此之外，在合同序言部分常常写明双方订立合同的意愿和执行合同的保证。该序言对双方均具约束力。因此，在规定该序言时，应慎加考虑。

2. 本文

这是合同的主体部分，国际货物买卖合同都应具备一些基本条款（也可称为必要条款)，这些条款体现了双方当事人的权利和义务。至于国际货物买卖合同的主要条款，前面已述，在此略之。

3. 约尾

一般列明合同的份数、使用的文字及其效力、订约的时间和地点及生效的时间。合同的订约地点往往要涉及合同准据法的问题，因此要慎重对待。我国的出口合同的订约地点一般都写在我国。有时，有的合同将“订约时间和地点”在约首订明。

三、电子商务合同

所谓电子商务合同，是指以电子数据交换（EDI)、电子邮件（E-mail）等能够完全准确地反映双方当事人意思表示的电子信息的形式，通过计算机互联网订立商品或服务的交易合同。电子商务虽然与传统的交易有很大的不同，属于一种新的交易形式，但就其本质而言，电子商务合同约定双方权利义务的合同内容并无变化，变化的主要是其形式的载体和合同订立的方式。

(一) 电子商务合同生效的要件

1. 合同主体的缔约能力

由于电子商务在互联网这一虚拟的空间进行，所以各国对其中的交易主体采取了由权威认证机构发放身份证的方法，使合同主体合法出现，以确保交易安全。

2. 合同意思表示真实一致

电子商务要求当事人的意思表示真实和一致，并能够确认交易的要约和承诺具有不可抵赖性，当事人在做出意思表示时能够真正、完全地了解合同的全部信息，没有欺诈、胁迫和误解。

3. 合同的合法性

合同标的必须合法，否则将导致合同无效。非法的标的，如危害社会公德、扰乱社会经济秩序、损害社会公共利益等的物品，不因交易以电子形式而合法。关于合同的形式问题，我国《合同法》已将数据电文纳入书面形式中。

(二) 电子商务合同生效的时间和地点

合同自承诺生效时成立，这一合同成立的条件仍然适用于电子商务合同。在电子商务合同中，到达生效原则仍旧是适用的，我国《合同法》第十六条规定：“采用数据电文形式订立合同，收件人指定特定系统接收数据电文的，该数据电文进入该特定系统的时间，视为到达时间；未指定特定系统的，该数据电文进入收件人的任何系统的首次时间，视为到达时间。”至于合同生效的地点，目前国际上的立法已趋于一致，即除了当事人另有约定外，以承诺人的主营业地为合同的成立地点，无主营业地的，以其经常居住地为准。

（三）电子签名与认证

在电子合同中，签名、盖章等形式可以证明当事人的身份，所以是合同生效的必要条件。由于电子商务合同不存在纸本形式，由当事人亲笔签名加盖印章则是不可能的。于是，电子商务技术专家设计了以电子数据密码表示的密钥作为“电子签章”（electronic signature），再配合认证机构（certification authority，CA）发送的电子证书对个人持有的私人密钥作认证，实现了合同当事人的签字功能。《中华人民共和国电子签名法》（以下简称《电子签名法》）第十四条规定：“可靠的电子签名与手写签名或者盖章具有同等的法律效力。”

那么，什么是可靠的电子签名？根据《电子签名法》第十三条的规定，电子签名同时符合下列条件的，视为可靠的电子签名：

（1）电子签名制作数据用于电子签名时，属于电子签名人专有；

（2）签署时电子签名制作数据仅由电子签名人控制；

（3）签署后对电子签名的任何改动均能够被发现；

（4）签署后对数据电文内容和形式的任何改动均能够被发现。

此外，电子签名需要第三方认证的，由依法设立的电子认证服务提供者提供认证服务。目前，中国国际电子商务中心就提供这项服务。

本章小结

1. 国际商品市场调研包括市场环境和市场行情调研。企业进入国际市场的渠道多种多样，归纳起来，主要有三条渠道，即间接出口、直接出口和国外生产。为了更有效地做好交易前的准备工作，使对外洽商交易有所依据，一般都需事先制定经营方案，并通过相关渠道对交易客户进行必要的资信调查，以保证经营意图的贯彻和实施。中国企业到国外注册商标主要有两条途径：一是直接向所在国逐一申请商标注册，即逐一国家注册；二是办理商标国际注册。

2. 交易磋商是指买卖双方通过一定程序就交易的各项条件进行洽商的全过程。交易磋商在形式上可分为口头和书面两种。交易的一般程序应包括邀请发盘、发盘、还盘、接受和签订合同等环节，其中发盘和接受是交易成立的基本环节，也是合同成立的必要条件。

3. 国际货物买卖合同成立应具备必要的条件。在我国对外贸易业务中，主要采用的书面合同是销售合同、销售确认书两种。电子商务与传统的交易有很大的不同，属于一种新的交易形式。

关键术语

国际商品市场调研	直接出口	间接出口
海外生产	商品经营方案	国际注册商标
国际货物买卖合同	诚实信用原则	交易磋商
邀请发盘	发盘	还盘
接受	发盘撤回和撤销	迟到接受

思考题

1. 为什么要进行国际市场调研？国际市场调研包括哪些内容？
2. 企业进入国际市场有哪些主要渠道？试比较这些渠道的优缺点。
3. 试分析我国企业商标国外注册的途径。
4. 在磋商交易中可能出现哪些环节？为什么发盘和接受是其中不可缺少的基本环节？
5. 何谓发盘与接受？构成发盘和接受应具备哪些条件？
6. 何谓迟到接受？迟到接受的法律后果如何？《公约》对迟到接受有何规定？
7. 国际货物买卖合同成立应具备哪些条件？

案例分析题

1. 我某公司向法国一客户发盘，后者很快回复接受，但数量增加50公吨，我方不予理睬，而是以高价卖给了其他客户，法国商人坚持合同有效。最后诉诸法律，结果如何？如后者要求提供产地证明，我方同样不给理睬，其结果又如何？

2. 请试析下列情况，10月1日：A邮寄一份实盘给B。10月8日：A邮寄一份撤回通知给B。10月11日：B收到A的实盘，并立即用电报发出接受通知。10月15日：B又邮寄一份确认函，确认他于10月11日发出的接受电报。10月20日：B收到A邮寄的撤回通知。事后双方对该项合同是否成立发生纠纷。试问，A与B之间的合同是否成立？

第十七章 进出口合同的履行

学习目标

通过本章的学习，掌握买卖合同项下买卖双方的履行义务和进出口合同履行的基本程序，熟悉货物托运、报验、报关、投保的具体做法，理解信用证项下各种单据的缮制和运用等知识点。

第一节 出口合同履行

出口合同的履行，是指在货物交易中卖方按照合同的规定履行交货等一系列责任，直至其收回货款的整个过程。

我国的出口合同目前大多采用 CFR 或 CIF 贸易术语，又多以信用证方式收取货款。主要包括备货、催证、审证、改证、租船订舱、报验、报关、投保、装船和制单结汇等。其中，货（备货）、证（催证、审证、改证）、船（租船订舱）、款（制单结汇）四个环节最为重要。

一、备货与报验

（一）备货

备货就是卖方根据出口合同的规定，按时、按质、按量准备好应交付的货物，并做好报验工作，以保证按时出运，如约履行。

在备货过程中，要特别注意以下问题：

1. 备货时间

备货时间，一般应与信用证规定的装船时间及船期相衔接，严防脱节：或者在仓库存放而多支付仓储费，或船舶等货造成滞期，或货物无法装上定期班轮，产生严重后果。

2. 货物本身

所备货物的数量、质量和规格、花色品种与合同的规定相符；既不要偏低，也不要偏高，更不能以次充好，要把诚信原则贯彻始终。此外，货物还应符合进口国法律法规所要求的品质标准。世界各国对许多商品都规定了严格的品质标准和技术标准，这些强制性的要求，即使合同中未作规定，卖方也必须保证货物达到标准。

3. 货物包装

在备货时除了要注意按要求的包装材料、包装方式包装之外，还要注意对包装尺寸的要求。另外，要认真刷制运输标志，贴放好必要的条形码。在刷制运输标志时，一定要注意清楚、醒目、涂料不易脱落、文字大小适当。

4. 货物所有权担保

根据《公约》第四十一条的规定，卖方所交付的货物，必须是第三方不能提出任何权利或要求的货物，除非买方同意在这种权利或要求的条件下收取货物，即任何第三者不能根据物权、工业产权或其他知识产权主张任何权利或要求。

（二）报验

当出口货物备齐后，应根据国家商检法及信用证的有关规定，向商检局申请报验。出口商品在报验时，一般应提供外贸合同、信用证原本的复印件或副本，必要时提供原本。凡属危险或法定检验范围内的商品，在申请品质、规格、数量、重量、安全以及卫生检验时，必须提交商检机构签发的出口商品包装性能检验合格单证，商检机构凭此受理上述各种报验手续。

二、催证、审证与改证

在采用信用证支付方式时，买方能否及时、正确地开出信用证就成为出口合同如期履行交货的关键，也是卖方及时收回货款的基本保证。出口商为了维护自己的权益，必须掌握、管理和使用好信用证，这包括催证、审证和改证。

（一）催证

在出口合同中，买方应严格按照合同的规定按时开立信用证，这是卖方履约的前提。但在实际业务中，有时国外进口商在遇到市场发生变化或资金发生短缺的情况时，往往会拖延开证。对此，我们应催促对方迅速办理开证手续。必要时，也可请我驻外机构或有关银行协助代为催证。

（二）审证

信用证是依据合同开立的，信用证内容应该是与合同条款一致的。但在实践中，由于种种因素，如工作的疏忽、电文传递的错误、贸易习惯的不同、市场行情的变化等，往往会出现开立的信用证条款与合同规定不符。为确保收汇安全和合同顺利执行，我们应该依据合同进行认真的核对与审查。

在实际业务中，通常是由银行和贸易企业共同承担审证任务，其中，银行着重审核开证行的政治背景、资信能力、付款责任和索汇路线等方面的内容，贸易企业则着重审核信用证内容与买卖合同是否一致。具体来说，审证的项目主要集中在：对信用证真伪的审查，对开证行的审查，对信用证性质、种类及开证行责任的审查，对开证人、受益人的审查，对信用证内容表述的审查，对信用证货币和金额的审查，对信用证要求的单据的审查，对装运期、有效期、到期地点的审查等。

专栏 17-1

严格审证，避免信用证欺诈

我国某外贸公司在某年 8 月通过中国银行某分行收到一份以英国 GKM 银行伯明翰分行名义开立的跟单信用证，金额为 125 万美元，通知行为加拿大 AC 银行。银行和公司在审核时，审证员分别发现了几点可疑之处：（1）信用证的格式很陈旧，信封无寄件人地址，且邮戳模糊不清，无法辨认从何地寄出；（2）该证没有加押证实，仅在来证开注明"本证将由 TBS 银行来电证实"；（3）信用证的签名为印刷体，而非手签，且无法核对；（4）来证要求受益人发货后，速将一套副本单据随同一份正本提单用 DHL 快邮寄给申请人；（5）该证装效期在同一天，且离开证日不足 5 天；（6）信用证申请人在英国而收货人却在加拿大。我分行和外贸公司经过研究，决定调查。我分行业务人员一方面告诫公司"此证密押未符，请暂缓出运"，另一方面，赶紧向总行有关部门查询，回答："查无此行"。稍后，却收到署名"巴西 TBS 银行"的确认电，但该电文没有加押证实。于是，我分行又设法与 TBS 银行驻香港代表处联系，请示协助调查，最后得到答复："该行从未发出确认电，且与开证行无任何往来。"至此，终于证实这是一起盗用第三家银行密押的诈骗案。

分析：从本案例不难看出，这是一起以伪造信用证件诈骗为目的、境外不法分子精心策划的骗汇案件。由于我银行和公司警惕性高，合理、审慎地审核信用证，并果断地采取各种防范措施，从而避免了一起巨额信用证诈骗案。

（三）改证

在审证过程中如发现信用证内容与合同规定不符，应区别问题的性质，分别同有关部门研究，做出妥善处理。一般来说，如发现卖方不能接受的条款，应及时提请开证人修改，在同一信用证上如有多处需要修改的，应当一次提出。对信用证中可改可不改的，或经过适当努力可以办到而并不造成损失的，则可酌情处理。对通知行转来的修改通知书内容，如经审核不能接受时，就应及时表示拒绝。根据《跟单信用证统一惯例》国际商会第 600 号出版物第十条 e 款的规定，不允许部分接受修改，部分接受修改将被视为拒绝接受修改的通知。也就是说，如一份信用证修改通知书中包括多项内容，受益人只能全部接受或全部拒绝，不能只接受其中一部分，而拒绝另一部分。

三、货运、报关与投保

（一）办理货物托运

办理货物托运是卖方履行合同，按照规定向买方交付货物以及顺利收回货款的重要环节。出口商在办理货物托运时要注意以下几个方面：

1. 妥善选择货运代理公司

随着技术的进步，货主越来越少地与运输工具承运人，如船公司直接打交道，而是由专业化较强的货运服务机构为其提供“门到门”的运输一体化的中介服务。选择良好的货运代理公司不仅涉及货物的安全运送，也涉及贸易关系的长期合作。

2. 托运订舱

托运人编制出口托运单后，即可向货运代理办理委托订舱手续。货运代理根据货主的具体要求按航线分类整理后，及时向船公司或其代理订舱。货主也可直接向船公司或其代理订舱。当船公司或其代理签出装货单后，即完成订舱工作。

3. 装船

在装船前，理货员代表船方，按照积载图和舱单，分批接货装船。在装船过程中，托运人委托的货运代理应有人在现场监装，随时掌握装船进度并处理临时发生的问题。装货完毕，理货员要与船方大副共同签署收货单，交与托运人。

4. 取得海运提单

装船完毕，托运人除向收货人发出装船通知外，即可凭收货单向船公司或其代理换取已装船提单，这时运输工作即告一段落。

(二) 报关

出口报关是指凡我国出口的商品，都应该按照我国海关法的规定，向海关申报，经查验后放行，才能出境。这是我国海关对出口商品依法进行的监管。海关查验货物，一般应在海关规定的时间和监管场所进行。

(1) 关于申报时限和申报地点。出口货物在出境时，发货人应在装货的 24 小时以前向海关申报。根据规定，出口货物应由发货人在货物的出境地海关申报。

(2) 关于报关应具备的单证。出口货物报关时应填写一式两份“出口货物报关单”并随附出口许可证、发票、装箱单等货运单证。海关在接受报关后，须对各项单证予以签收和审核。

(三) 投保

在 CIF 出口合同中，卖方必须办理货物保险。我国出口货物的投保，一般采取逐笔投保方式，即每发生一笔国际货运业务，出口方即向保险公司办理一次投保手续。投保时，出口方首先向保险公司索取空白投保单，按合同或信用证的规定，如实填写货运投保单内容，列明投保人（被保险人）的名称、被保险的货物名称、数量、包装及标志、保险金额、起讫地点、运输工具名称、起讫日期、投保险别等，送交保险公司投保。保险公司根据投保人（被保险人）的投保申请，考虑接受承保，签发保险单。

专栏 17-2

出口货物投保要符合合同或信用证

某年我某出口公司与南亚某国成交某商品一批，以 CFR 价成交。国外开来信用证，虽列明 CFR，但要求我公司提供保险单且投水渍险（WPA）。我公司为避免改证，同意代办保险，但按照习惯投保了一切险加战争险。在国内某银行议付时，议付行发现险别不符，但我公司认为一切险的承保责任范围大于水渍险，对买方有利，可不必改正。但国外开证行收到单据后，来电表示拒付。

分析：按照信用证“严格符合的原则”，银行有权拒收没有严格符合信用证条款的单据。如本证上注明的险别和实际投保的险别不一致，银行自可拒付。此外，本案也反映了我公司对投保险别在习惯做法上有千篇一律的缺欠，投保的险别涉及价格，因不同险别的保险费差别较大，外商坚持投保水渍险就是为了减少保险费支出。

四、制单结汇

制单结汇是指出口货物装运后，有关公司、企业按照合同或信用证的规定，正确缮制各种单据，持单向当地银行结汇，即出口商通过银行收取货款。

在这里，需要特别强调指出的是，提高单证质量，对保证安全迅速收汇有着十分重要的意义。特别是在信用证付款条件下，实行的是单据和货款对流的原则，单证不相符，单单不一致，银行和进口商就可能拒收单据和拒付货款，因此，缮制结汇单据时，要求做到以下几点：

（一）正确

单据内容必须正确，既要符合信用证的要求，又要能真实反映货物的实际情况，且各单据的内容不能相互矛盾。

（二）完整

单据份数应符合信用证的规定，不能短少。单据本身的内容应当完备，不能出现项目短缺情况。

（三）及时

制单应及时，以免错过交单日期或信用证有效期。

（四）简明

单据内容应按信用证要求和国际惯例填写，力求简明，切勿加列不必要的内容。

（五）整洁

单据的布局要美观大方，缮写或打印的字迹要清楚醒目，不宜轻易更改，尤其对金额、件数和重量等，更不宜改动。

五、出口货物退（免）税

根据我国现行的对外经济贸易政策，我国出口企业在办理货物装运出口以及制单结汇后，应及时办理出口退（免）税。

（一）出口货物退（免）税的含义

出口货物退（免）税是指：在国际贸易中，对报关出口的货物退还在国内各生产环节和流转环节按税法规定已缴纳的增值税和消费税，或免征应缴纳的增值税和消费税。它是国际贸易中通常采用并为世界各国普遍接受的、目的在于鼓励各国出口货物公平竞争的一种税收措施，从而使本国产品以不含税的价格进入国际市场，与国外产品在同等条件下进行竞争，从而增强竞争能力。根据我国《增值税暂行条例》的规定："纳税人出口货物，税率为零"；根据《消费税暂行条例》的规定："对纳税人出口货物应税消费品，免征消费税"。

（二）出口货物退（免）税的企业范围

根据我国国家税务总局 2016 年 9 月 1 日开始实施的《出口退（免）税企业分类管理办法》的有关规定，"出口退（免）税企业"，指适用出口退（免）税政策的企业和其他单位，以及适用增值税零税率政策的应税服务提供者。按照出口企业适用的出口退（免）税办法和经营业态，分为生产企业、外贸企业、外贸综合服务企业。

（三）出口货物退（免）税的货物范围

在我国享受出口退（免）税的货物以海关报关出口的增值税、消费税应税货物为主要对象，对一些非海关报关出口的特定货物也实行退（免）税。

（四）出口货物退（免）税应具备的条件

根据我国有关规定，出口产品只有在同时具备下列条件的情况下国家才予以退（免）税：一是必须是增值税、消费税征税范围的货物；二是必须是报关离境的货物；三是必须是财务上做销售处理的货物；四是必须是出口收汇并已核销的货物。此外，若为生产企业出口或代理出口，享受退（免）税政策的货物还必须是自产货物或视同自产货物的外购货物。

第二节 进口合同履行

进口合同的履行，是指买方按照合同和法律的规定办理接货、付款、复验、报关纳税等一系列事宜的过程。我国的进口业务多以 FOB 价格条件成交，信用证支付。按照这些条件成交的进口合同，履行程序一般包括：开立信用证、租船订舱、通知船期和催装、装运、办理保险、审单付款、接货报关、检验、索赔等。

一、信用证的开立与修改

（一）开立信用证

买方开立信用证是履行合同的前提条件，因此，签订进口合同后，应按合同规定办理开证手续。如合同规定在收到卖方货物备妥通知或在卖方确定装运期后开证，买方应在接到上述通知后及时开证。买方向银行办理开证手续时，必须按合同内容填写开证申请书。开证申请书（documentary credit application）是申请人与开证行之间的书面契约，也是申请人对开证行的委托，开证银行开立信用证的依据。进口商填写好开证申请书后，连同进口合同一并交给银行，申请开立信用证；同时，向开证银行交付一定比率的押金。而银行则按开证申请书内容开立信用证。

（二）修改信用证

信用证内容是以合同为依据开立的，它与合同内容应当一致。但由于各种原因，可能导致信用证内容与合同内容不一致。因此，当卖方收到信用证后，如提出修改信用证的请求，经买方同意后，即可向银行办理改证手续。最常见的修改内容有：展延装运期和信用证有效期、变更装运港口等。

专栏 17-3

买方修改信用证后，卖方应如何处理

A公司与B公司订立了一份国际货物销售合同，由A公司向B公司销售一批计算机显示屏，双方约定以信用证方式付款。合同订立后，B公司依约申请银行开出即期不可撤销信用证。A公司收到信用证后，便开始准备货源、安排装运及制作单据。此时，因国内用户要求B公司须提供原产地证明，B公司便向开证行提出修改信用证的申请，要求在信用证的单据栏增加原产地证明书这一单据。银行接受B公司的申请，修改了信用证，并通知A公司信用证修改事宜，A公司接到通知后未做出接受或拒绝修改的通知，并仍按原信用证的规定向银行提交了单据。银行审单后，认为单证相符便向A公司支付了信用证项下的货款。此后，B公司以单据中缺少原产地证明书、单证不符为由，拒绝向银行付款赎单。

分析：本案涉及信用证的修改问题。A公司在收到有关信用证修改的通知后，并未发出接受或拒绝修改的通知，而且在交单时向银行提交了符合原信用证规定的单据，受益人以其行为做出拒绝信用证修改的表示，原信用证的条款对受益人仍然有效，信用证的修改因未获得受益人的同意而无效。因此，银行接受A公司提交的符合原信用证规定的单据并支付款项的行为是正确的。

二、派船接运货物与投保

（一）派船接货

按FOB条件签订进口合同时，应由买方安排船舶，如买方自己没有船舶，则应负责租船订舱或委托租船代理办理租船订舱手续。当办妥租船订舱手续后，应及时将船名及船期通知卖方，以便卖方备货装船，避免出现船等货的情况。

在买方备妥船后，还应做好催装工作，随时掌握卖方备货情况和船舶动态，催促卖方做好装船准备工作。对于数量大或重要的进口货物，必要时，可请我驻外机构就地协助了解和督促对方履约。国外装船后，卖方应及时向买方发出装船通知，以便买方及时办理保险和接货等项工作。此外，根据合同规定或习惯做法，出口商在交货前一定时间内将预计装运日期通知进口商，进口商接到该通知后应及时办理租船订舱，以做到船货衔接，避免“有船无货”情况的出现。

（二）办理货运保险

在FOB或CFR交货条件下的进口合同，保险由买方办理。买方可以与保险公司签订预约保险合同，对各种货物应保的险别先做出具体规定。按照预约保险合同的规定，所有按FOB及CFR条件进口货物的保险，都由保险公司承保。因此，买方在收到国外装运通知后，应及时将船名、提单名 、开航日期、装运港、目的港以及货物的名称和数量等内容通知保险公司，即办妥投保手续。保险公司即按预约保险合同的规定对货物负自动承保的责任。此外，进口商也可以采用逐笔投保方式，即在接到国外出口商发来的装船通知后，直接向保险公司提出投保申请，填写“起运通知书”，并送交保险公司。保险公司出具保险单，保险单随即生效。

三、审单与付汇

银行收到国外寄来的汇票及单据后，对照信用证的规定，核对单据的份数和内容。如内容无误，即由银行对国外付款；同时，贸易企业用人民币按照国家规定的有关折算的牌价向银行买汇赎单。如审核国外单据发现证、单不符时，应做出适当处理。处理办法很多，例如：停止对外付款；相符部分付款，不符部分拒付；货到检验合格后再付款；凭卖方或议付行出具的担保付款；要求国外改正；在付款的同时，提出保留索赔权；等等。

目前，在国际贸易结算领域，《跟单信用证统一惯例》已被大多数国家与地区接受和使用，并成为各国银行处理结算业务必须遵循的基本准则。在实际业务中，审单付款中的情况比较复杂。银行、进口企业对审单应高度重视，尽量避免错付或被诈骗，而给公司、企业造成重大的损失。因此，有关当事人要按照《跟单信用证统一惯例》的要求，合理谨慎地审核信用证要求的所有单据，以确定其表面上是否与信用证条款相符。当信用证的规定与《跟单信用证统一惯例》有抵触时，则应遵循信用证优先于《跟单信用证统一惯例》的原则，按照信用证的要求审核单据。

四、进口付汇核销

我国目前对进口货物的付汇实行管理。根据规定，境内机构的进口付汇，应按照国家《贸易进口付汇核销监管暂行办法》的规定办理核销手续。凡是进口企业以通过银行购汇或从现汇账户支付的方式，向境外支付有关进口商品的货款、预付款、尾款等皆为进口付汇，应当按照规定办理付汇核销手续。

五、报关、验收与拨交

当进口货物到货后，由贸易企业或委托运输公司根据进口单据填具“进口货物报关单”向海关申请，并随附发票、提单及保险单。如属法定检验的进口商品，还须随附商品检验证书。货、证经海关查验无误，才能放行。

当进口货物运达港口卸货时，港务局要进行卸货核对。如发现短缺，应及时填制“短卸报告”交由船方签认，并根据短缺情况向船方提出保留索赔权的书面声明。卸货时如发现残损，货物应存放于海关指定仓库，待保险公司会同商检局检验后做出处理。值得注意的是，根据规定，凡列入《商检机构实施检验的进出口商品种类表》的进出口商品和其他法律、法规规定须经检验的进出口商品，必须经过出入境检验检疫部门或其指定的检验机构检验。进口商品应检验未检验的，不准销售、使用。

在办完上述手续后，买方可自行或委托货运代理提取货物自用或拨交给订货部门，货运代理通知订货部门在目的地办理收货手续，同时，通知贸易企业代理手续已办理完毕。

六、进口索赔

进口商品常因品质、数量、包装等不符合合同的规定，而需向有关方面提出索赔。根据造成损失原因的不同，进口索赔的对象主要有三个方面：向卖方索赔，向转船公司索赔，向保险公司索赔。

在进口业务中，办理对外索赔时，一般应注意以下事项：

1. 索赔证据

对外提出索赔需要提供证件，首先，应制备索赔清单，随附商检局签发的检验证书、发票、装箱单、提单副本。其次，对不同的索赔对象还要另附有关证件。

2. 索赔金额

索赔金额，除受损商品的价值外，有关的费用也可被提出，如商品检验费、装卸费、银行手续费、仓租、利息等，都可包括在索赔金额内。至于包括哪几项，应根据具体情况确定。

3. 索赔期限

值得注意的是，进口索赔必须在一定时限内提出，方可有效；如果提出索赔要求时已超过了索赔时限，则索赔方就算自动放弃要求索赔的权利。

向卖方索赔的时效：根据《联合国国际货物销售合同公约》的规定，买方必须在发现或理应发现不符情况后一段合理时间内通知卖方，否则就丧失了索赔的权利；但无论如何，索赔时效为买方收到货物之日起不超过 2 年。

向船公司索赔的时效：根据《海牙规则》的规定，托运人或收货人在收到货物时，如果发现货物灭失或损坏，应在提货日起 3 天之内，向运输公司提出索赔的书面通知。如果在提货时，双方已对货物进行了联合检验，托运人或收货人就无须再发出上述索赔通知，有关索赔依据可事后补送。如果货主的索赔未被受理，则诉讼的时效为货物交付之日起算 1 年之内。

向保险公司索赔的时效：按照中国人民保险公司关于海洋货物运输保险条款的有关规定，被保险人发现保险货物受损后，应立即通知当地的理赔、检验代理人进行检验。中国人民保险公司规定的索赔时效为 2 年，即从被保险货物在最后卸载港全部卸离海轮后起算，最多不超过 2 年。

4. 关于卖方的理赔责任

进口货物发生了损失，除属于轮船公司及保险公司的赔偿责任外，如属卖方必须直接承担的责任，应直接向卖方要求赔偿，防止卖方制造借口来推卸理赔责任。

第三节　进出口单证实务

在国际贸易交易中，通过银行收取货款，一般都是凭单据结算。卖方交付单据，即意味着交货；买方赎单，则表示买货。因此，单据制作不仅是进出口业务的一项工作，也是收取货款必不可少的一个环节。以信用证项下的交易为例，通常需要缮制的单据主要有：

汇票、发票、装箱单、保险单等。以下对制单结汇工作中常见的单据做概括性的介绍。

一、商业发票

商业发票（commercial invoice），又称发货单，是出口商开给进口商的收货清单。在国际贸易中，发票虽没有统一格式，但发票内容通常包括三部分：一是首文，包括发票自身的名称、编号、出票日、出票地、出票所依据文件编号，如信用证号、合同号等，以及起运港、目的港等装运条款；二是本文，主要说明货物的基本情况，例如货物名称、数量、规格、价值、唛头等项内容；三是结文，包括发货的依据，信用证要求受益人出具的各种证明、声明或说明等文句以及援引的一些业务编号、出票人签章等。

发票是出口商结汇所需的单据之一，是进口商凭以收货、付款以及报关纳税的依据，缮制其他单证一般也以发票为依据，所以一定要准确无误、高质量地缮制好发票。

根据 UCP600 的规定，制作发票时应注意以下问题：

（1）在信用证支付方式下，发票要在表面上看来系由受益人出具，对收货人的填写须做成以申请人的名称为抬头，且必须将发票币别做成与信用证相同的币种，但无须签字。

（2）发票日期一般不得迟于汇票日期和提单日期，因为其他单据的签发一般都根据签发的发票制作。虽然有时由于货物装运的数量时有变化，只有先缮制好提单后才能缮制发票，但发票出具日期也应与提单日期相同。

（3）对货物的名称、规格、数量、单价、包装等项内容的填制，必须与来证所列各项要求完全相符，不能有任何遗漏或改动。如来证内没有规定详细品质或规格，可按合同加注一些说明，但不能与来证的内容有抵触。

（4）发票的总值不能超过信用证规定的最高金额。按照银行惯例，开证行可以拒绝接受超过信用证所许可金额的商业发票。但如在信用证内规定“××附加费”等费用由买方负担，并允许凭本信用证支取的条款，可在发票上将各项有关费用加在总值内，一并向开证银行收款。

此外，有时信用证根据业务需要和进口国法律制度及有关规定的特殊要求，规定发票应加注某些细节，凡受益人已经接受的内容，都应按实际情况准确加注在发票内货物描述的下面。

二、汇票

汇票的作用和内容，已在前面做了介绍，这里仅说明缮制汇票时应注意的问题。

1. 付款人

采用信用证支付方式时，汇票的付款人应按信用证的规定填写，如来证没有具体规定付款人名称，可理解为付款人是开证行。采用托收的支付方式时，汇票的付款人应填写国外进口人。

2. 受款人

无论是采用托收方式还是信用证方式，除个别来证另有规定外，汇票的受款人均应填写托收行或议付行。

3. 开具汇票的依据

开具汇票的依据也是汇票上的出票条款。如属于信用证方式，可在汇票上注明开证行名称、地点、信用证号码及开证日期。如属于托收方式，汇票上可注明有关合同号码等。

三、提单

提单是各项单据中最重要的单据，它的缮制一般是根据托运单由承运人或其代理人填写正面内容，并根据大副收据上的批注加写批注（或转注）。

根据 UCP600 的规定，填制提单时，要特别注意以下问题：

（1）提单的种类。国外来证均要求提供“清洁、已装船”提单。如来证未规定可否转船，按照银行惯例，银行可以接受转船提单或联运提单。

（2）装船日期栏一定要填写真实日期。根据惯例，提单的出具日期将被视为装运日期，除非提单包含注明装运日期的装船批注，在此情况下，装船批注中显示的日期将被视为装运日期。

（3）提单的运费项目。如 CIF 或 CFR 条件，在提单上应注明“运费已付”（freight prepaid）；如成交价格为 FOB 条件，在提单上则注明“运费到付”（freight to collect）。除信用证内另有规定外，提单上不必列出运费的具体金额。

（4）提单的签发份数。根据惯例，银行接受全套正本仅有一份的正本提单，或一份以上正本提单；但如果出具了多份正本，应是提单中显示的全套正本份数。

（5）提单的收货人。提单的收货人，习惯上被称为抬头人，在信用证支付方式下，大多数提单都被做成“凭指定”抬头或者“凭交货人指定”抬头。这种提单必须经发货人背书，才可流通转让。

（6）提单的签署人。根据规则，在提单上：①必须显示承运人名称并由下列人员签署：承运人或承运人的具名代理或代表（the carrier or a named agent for or on behalf of the carrier），船长或船长的具名代理或代表（the master or a named agent for or on behalf of the master）；但倘若是租船合约提单（charter party bill of lading），则船长或船长的具名代理或代表（the master or a named agent for or on behalf of the master）、船东或船东的具名代理或代表（the owner or a named agent for or on behalf of the owner）、租船人或租船人的具名代理或代表（the charterer or a named agent for or on behalf of the charterer）均可作为提单的签署人。②代理的签字必须显示其是否作为承运人或船长的代理或代表签署提单。③承运人、船长或代理的任何签字必须分别表明其承运人、船长或代理的身份。

专栏 17－4

应慎重填写海运提单上的托运人名称

某年 3 月，我国出口商 A 与国外进口商 C 订立了出口 2 000 吨货物的贸易合同，其贸易条件为 FOB，议付信用证付款。4 月 5 日，A 收到 C 申请开证行开来的信用证，该信用证中要求海运提单的“托运人”一栏内填写进口商 C 公司的名称。4 月 15 日，在货物装船后，外代公司签发了已装船的清洁提单，并在提单“托运人”栏内填写了 C 的名称，“收货人”一栏填写“to order”。A 取得提单后，在该提单上背书向银行办理结汇，但银行以提单的第一背书人与“托运人”栏内的记载不符为由拒绝接受该提单，不予结汇。因此，A 无法获得货款。

分析：在国际贸易中，承运人在收到货物签发提单后，将其交付给出口商以便其结汇。当提单为指示提单时，该提单应由其载明的托运人背书后交给银行，银行再将该提单转让给收货人或进口商。因此，指示提单中“托运人”一栏应该填写出口商的名称。所以在进出口业务中，出口商一定要注意提单中托运人的填写，轻易不能接受进口商提出的提单“托运人”栏内填写进口商名称的要求，以免造成纠纷甚至损失。

四、保险单

保险单是由保险人接受货物保险所出具的凭证。按 CIF 术语成交时，卖方应代买方办理保险并提供保险单。

根据 UCP600 的规定，在缮制保险单时要注意：

(1) 如信用证无特殊规定，按照习惯，被保险人栏一般应填写受益人名称，并加空白背书，便于办理保险单转让。而保险险别、保险金额的填写一定要与信用证规定相符。

(2) 保险货物项目。本栏填写商品的名称，可以用总称；货物一栏使用统称；标记可填“as per invoice No. ×××”。

(3) 保险险别和保险金额与信用证规定一致。如果信用证对投保金额未做规定，投保金额须至少为货物的 CIF 或 CIP 价格的 110%，但允许不按这个比例而按双方商定的比例计算。保险单所表明的货币，应与信用证所规定的货币相符。

(4) 保险单的签发日期应当合理。保险单上的签发日期，一般应早于提单日期或者与其相同，不得迟于提单日期。

(5) 银行可以接受保险单代替预约保险项下的保险证明书或声明书；但暂保单（cover notes）将不被接受。

五、装箱单和重量单

装箱单（packing list）又称花色码单，它列明每批货物的逐件花色搭配；而重量单（weight memo）则列明每件货物的净重和毛重。这两种单据都是发票的补充单据。其作用主要供买方收货时核对货物的品种、花色、尺寸、规格，是海关验货的主要依据。

在国际贸易中，装箱单一般被用于机器零件、服装、纺织品、工艺品和不定量包装的商品，其内容包括：号码及日期，唛头，品名；箱号，规格（包括商品规格和包装规格）；包装单位，逐件列明每件包装的净重和毛重；总合计件数和重量；等等。而重量单多是粮食类商品或其他以重量为计价单位的商品要求出具这样的单据。它的内容偏重于该商品的详细重量，一般起码要具备下列内容：编号及日期；商品名称；唛头；毛重；净重；皮量；总件数。

在填制装箱单和重量单时一定要具体、详细，并与发票和其他单据一致。装箱单的出单日期一般不应早于发票日期。重量单只列明每件货物的毛重、净重、皮重及总重即可，但必须与发票和运输单据、产地证、出口许可证的数字相符。

六、检验证书

检验证书是由商品检验检疫机构出具的一种证明文件，其缮制必须认真、准确，保证每个项目内容都符合合同与信用证的规定。检验证书的出证日期不得晚于提单的签发日期；但也不能比装运日提前过多，超过检验期限报关出运，还须重新检验。另外，检验结果不仅应文字表述清楚准确，而且打印、签字也要清晰，检测数据不能遗漏，以保证检验证书的有效性和证明性。

七、原产地证明书

原产地证明书（certificate of origin）是一种证明货物原产地或者制造地的证明文件。不用海关发票或领事发票的国家，要求提供原产地证明可确定对货物应征收的税率。有的国家限制从某个国家或地区进口货物，也有的要求以原产地来证明货物的来源。原产地证明书一般由出口国的公证行或工商机构签发。在我国，原产地证明书由商务部统一规定和印制，并由国家质量监督检验检疫总局或中国国际贸易促进委员会签发。如果信用证或合同对签证机构未作具体规定，一般由检验检疫总局出具。

原产地证明书的项目共包括：出口商，收货人，运输工具及路线，目的港，唛头，商品名称和包装数量，《协调制度》商品编码，毛重或其他数量，发票号及日期，出口商声明与签章，签发当局证明与签章等。

原产地证明书的签发必须认真、准确，要注意下列事项：申请签发中国原产地证明书，要向签证机构提供申请书一份，缮制好的证书一套，以及商业发票一份；申请单位切实保证申报内容真实、准确；若申请人要求更改已经签发的证书内容，要向签证机构办理更改手续，切不可擅自更改或伪造。

八、普惠制单据

普惠制，全称普遍优惠制，是发达国家给予发展中国家出口制成品和半制成品（包括某些初级产品）普遍的、非歧视的、非互惠的一种关税优惠制度。

普惠制单据（generalized system of preference documents），是指根据普惠制给惠国的原产地规则和有关要求，由普惠制受惠国授权机构出具的具有法律效力的证明文件。它是使受惠国的出口产品在给惠国享受减免进口关税优惠待遇的凭证。根据规则，普惠制单据必须根据联合国贸发会议规定的统一格式制作，即 Form A。格式规定证明书规格尺寸为 210 毫米×297 毫米。证明书所使用的语种允许两种语言，即英文和法文。

根据规则，凡向普惠制给惠国出口的货物，须提供普惠制单据，作为对方国家海关减免关税的依据。对各种普惠制单据内容的填写，应符合各个项目的要求，证书各栏目内容均须用打字机填制，正面必须保持清洁，不得涂改和污损，也不能填错；否则，就有可能丧失享受普惠制待遇的机会。

本章小结

1. 出口合同履行的一般程序主要包括备货、催证、审证、改证、租船订舱、报验、报关、投保、装船和制单结汇等。其中货、证、船、款四个环节最为重要。进口合同履行的主要环节包括：开立信用证、租船订舱、通知船期和催装、装运、办理保险、审单付款、接货报关、检验、进口索赔等。

2. 制单结汇是收取货款必不可少的一个环节。以信用证项下的交易为例，通常需要缮制的单据主要有：汇票、发票、装箱单、保险单等。缮制结汇单据时，要求做到正确、完整、及时、简明和整洁。

关键术语

出口合同履行	备货	报验	催证
审证	改证	报关	制单结汇
商业发票	普惠制单据	出口货物退（免）税	进口合同履行
审单付款	进口付汇核销	进口索赔	

思考题

1. 买卖合同项下买卖双方各自应该承担哪些义务？
2. 履行出口合同包括哪些基本程序？履行进口合同包括哪些基本程序？
3. 对信用证的审查主要包括哪些项目？修改信用证应该注意哪些问题？
4. 在信用证付款条件下，出口企业在银行办理出口结汇时应该提交哪些单据？在缮制这些单据时要注意哪些事项？
5. 在出口货物后，为什么要办理外汇核销手续？出口退税的具体做法有哪些？
6. 买方在办理进口索赔时，应注意的事项有哪些？

案例分析题

我某H公司和亚洲某国制药G公司订立进口农药2 000吨的合同，依合同规定："我H公司开出以G公司为受益人的不可撤销的跟单信用证，总金额为120万美元。如发生争议则提交位于北京的中国国际商会仲裁"。当年10月在货物装船后，G公司持提单在银行议付了货款。在货到目的港后，H公司偶然发现农药有严重瑕疵，立即请当地商检机构进行检验，证实该批农药有严重的质量问题。H公司持商检证明要求银行追回已付款项，否则将拒绝向银行支付货款。试问：银行是否应追回已付货款？H公司是否有权拒绝向银行付款？中国国际商会是否有权受理此案？依据是什么？H公司应采取什么救济措施？

第十八章 国际贸易方式

学习目标

通过本章的学习，要求重点掌握经销、代理、寄售、招投标、拍卖、展会、加工贸易、对等贸易、电子商务等这些贸易方式的含义及各类协议的基本内容，正确理解采用这些贸易方式进出口时应注意的问题，熟悉各当事人之间的法律关系，并掌握在具体运作中如何注意与防范可能出现的问题。

第一节　经销、代理和寄售

一、经销

（一）经销的含义

经销是指经销商与供货商达成协议，在规定的期限或地域内购销指定商品的一种贸易方式。经销商在购得货物以后，再利用自己的销售渠道售给消费者。经销业务中的两个当事人是一种售定性质的买卖关系，即供货商是卖方，经销商是买方。与一般进出口业务不同的是，在经销方式下，通过签订经销协议，经销商和供货商之间确定了相对长期和稳定的买卖关系。许多经销协议只在原则上规定双方当事人的权利义务和一般交易条件，以后每批货的交付要依据经销协议双方再订立具体买卖合同，明确价格、数量、交货期甚至支付方式等具体条件，或由供货商根据经销商发出的订单来交付货物。

从法律上讲，供货商和经销商是本人对本人的关系：经销商是以自己的名义购进货物，在规定的区域内转售时，也是以自己的名义进行，货价涨落等经营风险由经销商自己承担。

（二）经销的种类

根据经销商的权限，经销方式可以分为两种：

1. 包销

包销（exclusive sales），又称独家经销（sole distribution），指经销商在协议规定的期限和地域内，对指定的商品享有独家专营权的一种经销方式。也就是说，供应商在一定时期和一定地区内，只向包销人报价成交，销售某种货物，而包销人在此期间和在此地区内也不得购买他人的同样或类似的货物。

2. 一般经销

一般经销又称定销，和包销不同，一般经销的经销商不享有独家经营权，供货商可以在同一期限内，在同一地区委派一个以上的经销商来经营同类商品。

（三）经销协议

在经销方式下，供应商与经销商之间的权利与义务是由经销协议（exclusive sales agreement）确定的。经销协议包括下列主要内容：经销货物的范围、经销地区、经销数量或金额、作价方法、经销协议的其他义务、经销期限等。

（四）采用经销方式出口应注意的问题

经销作为出口业务中常见的方式之一，如果运用得当，对于出口商扩大国外市场、扩大出口销售会产生良好的推动作用。然而，如果运用不当，也会带来相反的后果。许多经验说明，采用经销方式出口时应注意以下问题：

1. 慎重选择经销商

供应商与经销商之间存在着一种相对长期的合作关系。如果所选择的经销商信誉好且经营能力强，那么他就能充分利用自己的经验和手段，努力完成承购数额，并且减少不必要的法律纠纷。如果所选择的经销商经营能力不佳或资信不好，则会损害供货商的利益。

2. 要注意签订好经销协议

经销协议规定的好坏直接关系到经销业务的成败，因此一定要认真对待。慎重选择经销商品的种类，合理确定经销的地理范围，适当规定经销商在一定期限内的承购数额以及完不成的后果或超额完成的奖励等，这些都是至关重要的内容。在签订经销协议时，还应该了解当地的有关法规，并注意使用的文句，尽可能避免与当地的法律发生抵触。

二、代理

（一）代理的定义

这里所说的代理（agent），是指货主或生产厂商（委托人）授权代理人代表他在规定的地区和期限内，向第三方招揽生意、订立合同或办理同交易有关的其他事宜，同时向代理人支付佣金作为报酬的一种贸易关系。国际贸易中所指的代理是委托代理。

代理人在代理业务中，只是代表出口商行事，代理人与出口商通过代理协议建立的这种契约关系属于委托代理关系，而不同于经销中的买卖关系。代理人所获得的是佣金，而经销商所赚取的是买卖价差。

出口商委托代理人销售商品，主要是利用代理商熟悉销售地市场、有广泛的销售渠道的优势。特别需要指出的是，代理人的商誉对商品的销售乃至出口企业的形象有举足轻重的作用。选择一个代理商，不仅应着眼于他的销售能力，也应重视代理商已有的商誉。当前在国际市场上，有不少跨国公司进入了销售代理的领域。

（二）代理的种类

根据出口商，即委托人授予代理人权限的不同，销售代理可分为下列几种：

1. 总代理

总代理（general agent）是出口商在指定地区的全权代表，他有权代表出口商从事销售活动和其他代理范围内广泛的商务活动。

2. 独家代理

独家代理（exclusive agent or sole agent）是在代理协议规定的时间、地区内，对指定商品享有专营权，从事代理协议中规定的有关业务的代理人。出口商在该地区不得委托其他代理人，而必须给予代理人在特定地区和一定期限内代销指定商品的独家专营权。

3. 一般代理

一般代理又称佣金代理，是指在同一地区和期限内出口商可以同时委托几个代理人代表其从事代理范围内的商务活动，代理人不享有独家专营权。佣金代理完成授权范围内的事务后，按协议规定的办法向出口商计收佣金。

（三）销售代理协议

代理协议是明确出口商和代理人之间权利与义务关系的法律文件。协议内容由双方当事人按照契约自由的原则，根据双方的意愿加以规定。销售代理协议的主要内容包括：代理商品和地区、代理期限与终止条款、代理人的权利与义务、出口商的权利与义务、佣金的支付及知识产权的保护等。

由于国际销售代理协议涉及的对象是产品，就不可避免地要涉及知识产权，其中关系较密切的是商标。而委托人为了保护与产品有关的知识产权在境外不受侵犯，就必须要在协议上申明对与产品有关的知识产权进行保护。如对商标，双方可以约定商标仅用于代理商品上，在协议终止后，代理商不得继续使用该商标等。另外，委托人和代理人双方还可以约定，如在代理商国内出现侵犯委托人知识产权的行为时应及时通知，同时双方可以约定在这种情况下，经委托人授权，代理人可以采取必要措施包括代理进行诉讼等保护委托人的知识产权。

除以上基本内容外，关于不可抗力和仲裁等条款的规定，与一般买卖合同的做法大致相同。

三、寄售

寄售是国际贸易中为开拓商品销路、扩大出口而采用的一种通常做法。它与先出售、后出运货物的一般贸易方式不同，而是先出运、后出售商品。

（一）寄售的含义

寄售（consignment）是一种委托代售的贸易方式，是指寄售人（consignor）先将货物运往国外寄售地，委托当地代销人（consignee），按照寄售协议规定的条件，替寄售人进行销售，在货物出售后，由代销人向寄售人结算货款的一种贸易做法。

（二）寄售的特点

与一般的出口销售相比，寄售具有以下特点：

1. 寄售人与代销人是商业委托关系

寄售人和代销人之间不是买卖关系，而是委托与受托关系，寄售协议属于行纪合同性质。按照我国《合同法》的解释，行纪合同是指行纪人接受出口商的委托，以自己的名义，为出口商从事贸易活动，出口商支付报酬的合同。行纪人的权利、义务与代理人相似，但又有区别。最主要的区别是，代理人在从事授权范围内的事务时，可以用出口商的名义，也可以用自己的名义，但行纪人只能用自己的名义处理行纪合同中的事务，而且行纪人同第三方从事的法律行为，不能直接对出口商发生效力。

2. 寄售是一种凭实物买卖

货物由寄售人先将待售的商品运至国外，凭实物进行现货买卖，不同于售定方式那样在货物发运前已有买方，凭成交合同和付款保证再出运货物。

3. 寄售人承担货物出售前的一切风险和费用

寄售的商品的所有权在出售以前始终属于寄售人，代销人只是根据寄售协议的规定代为照管货物。因而在货物出售前的一切费用，包括运费、保险费、进口税、仓储费用等，以及可能发生的意外风险和损失，概由寄售人自行负担，除非代销人失责或违反寄售协议规定。

（三）寄售方式的利弊

这里主要从出口商的角度来分析寄售的利弊。

1. 寄售的优点

寄售的优点就是有利于开拓市场和扩大销路。这主要是由以下原因造成的：

（1）寄售有利于国外客户购买商品。

因为寄售是看货买卖，买方对商品的了解更多。当所售商品是新商品或买方不太了解的商品时，这一点更重要。而且货物已在寄售地，缩短了从订约到收货的时间，又可避免垫付资金和承担货物在运输途中的费用和风险，所以客户更有可能购买这些商品。

（2）寄售可以利用代销人的贸易渠道。

代销人往往有自己的销售渠道，而且其更了解该国的消费者，可以制定更有效的营销策略。另外，寄售有利于调动代销人推销商品的积极性。因为寄售不占用代销人的资金，货物在出售前的费用和风险也由寄售人承担，所以代销人的积极性更高。

（3）寄售有利于随行就市，掌握销售价格，获得更多利润。

2. 寄售的缺点

对出口商而言，寄售存在以下缺点：

（1）风险大。

寄售人要承担货物出售前的一切风险，包括商品在长途运输途中发生短损、变质或其他意外风险，价格变动的风险，商品积压的风险，以及代销人选择不当或资信不佳而造成的损失。

（2）资金周转期长。

在寄售方式下，货物售出前的一切费用开支均由出口商负担，而货款要等货物售出后才能收回，不利于其资金周转。

(3) 收汇不够安全。

在寄售方式下，如果代销人信誉差，挪用或盗用货款，或用虚假手段欺骗，以及代销人违反协议，都会给寄售人带来意料不到的损失。

专栏 18-1

可口可乐利用寄售业务打开市场

可口可乐在现在的中国是一个耳熟能详的名字，但对 20 世纪 70 年代的中国人来说，可口可乐却是一个陌生的名词。让一个习惯于喝茶的民族接受碳酸饮料不是一件容易的事，也没有公司敢贸然大量进口。可口可乐公司在 1979 年初次进入中国市场时，用寄售的方式由中国粮油食品进出口总公司安排销售。根据中粮总公司的安排，在香港五丰行的协助下，首批 3 000 箱瓶装可口可乐于 1979 年底由香港发往北京。不久，可口可乐的年寄售量便达到了 200 吨。

可口可乐通过寄售的方式进入中国，使中国的消费者可以更好地了解可口可乐，进而逐步接受可口可乐，这为可口可乐大规模进入中国奠定了基础。20 世纪 80 年代初，可口可乐公司正式在我国实行“当地主义”经销方式，分别向北京、广州等地粮油进出口公司无偿赠送了整套瓶装生产设备，而中方必须购买可口可乐公司的原浆，进行配兑，并贴上可口可乐商标进行销售。1988 年，可口可乐与中方合办的上海申美饮料公司建立。

(四) 寄售协议的主要内容

寄售协议是寄售人和代销人之间就双方的权利、义务以及寄售业务中的有关问题签订的法律文件。寄售协议中一般应包括下列内容：

1. 关于寄售商品的价格条款

规定寄售商品的作价办法，通常有以下三种做法：一是规定最低限价，即代销人在不低于最低限价的前提下，可以以任意价格任意出售货物；二是随行就市，即代销人可按市场价格自行定价出售寄售货物；三是销售前征得寄售人意见，即代销人在得到买主的递价后，立即征求寄售人的意见，确认同意后，才能出售货物。

2. 佣金条款

佣金结算的基础一般是发票净价，通常解释为用毛售价减去有关费用。关于佣金的支付时间和方法，做法各异。代销人可在货物售出后从所得货款中直接扣除代垫费用和应得佣金，再将余款汇给寄售人，也可先由寄售人收取全部货款，再按协议规定计算出佣金汇给代销人。

3. 货款的收付

在寄售方式下，寄售货物售出后的货款，一般由代销人扣除佣金和各项代垫费用后汇给寄售人。因此，为保证寄售人及时收汇，以利于资金周转，有的在协议中加订“保证收取货款条款”，或在协议之外另订“保证收取货款协议”，由代销人提供一定的担保。

4. 协议双方当事人的义务条款

通常代销人的义务主要包括：提供储存寄售商品的仓库，雇用工作人员，取得进口商品的许可证；努力保证货物在仓库存放期间，品质和数量完好无损；代垫寄售商品在经营、仓储期内所产生的有关费用；代垫费用，对寄售商品办理保险；宣传广告、展示商品或提供售后服务；及时向寄售人进行市场报告。

寄售人的义务主要包括：按质、按量、按期提供寄售商品；偿付代销人在寄售过程中所代垫的费用。

第二节 招投标、拍卖与展览会

一、招投标

招标和投标是国际贸易中比较常见的一种贸易方式，尤其是在政府机构或者公用事业部门的采购、国际工程承包和劳务合作以及联合国、世界银行等国际机构贷款和援助项目中使用最多。《中华人民共和国招标投标法》（以下简称《招标投标法》）明确规定：在中华人民共和国境内进行下列工程建设项目包括项目的勘察、设计、施工、监理以及与工程建设有关的重要设备、材料等的采购，必须进行招标：大型基础设施、公用事业等关系社会公共利益、公众安全的项目；全部或者部分使用国有资金投资或者国家融资的项目；使用国际组织或者外国政府贷款、援助资金的项目。

（一）招标与投标的含义

所谓招标（invitation to tender）是指招标人发布招标公告，阐明拟采购商品的名称、规格和数量，或是拟兴建工程的条件与要求，邀请相关投标人按一定的程序在规定的时间、地点进行投标，最后选择对其最为有利的投标人达成交易的经济行为。

所谓投标（submission of tender）是指供应商或工程承包商根据招标公告的条件，在规定的时间内向招标人递价的行为。

招标和投标实际是同一交易的两个方面，它们是一对相互对应的范畴，所以下面我们将招标、投标统称为招投标进行阐述。

招投标与一般贸易的做法有所不同，采用该种方式，双方当事人不经过交易磋商程序，也不存在讨价还价，而是由各投标人同时、一次性报价，投标人中标与否主要取决于投标时的递价是否有竞争力。因此，这是一种“竞卖”的交易方式。在这种方式下，投标人之间的竞争异常激烈，招标人则处于主动地位，能够对各种供给来源进行比较并择优选择，以最终实现资金合理、有效利用。

国际上采用的招标方式归纳起来有下列几种。

（1）国际竞争性招标：是指招标人邀请几个乃至几十个投标人参加投标，通过多数投标人竞争，选择其中对招标人最有利的投标人达成交易。它属于竞卖的方式。

（2）谈判招标：由招标人物色几家客商直接进行合同谈判，谈判成功，交易达成。它是非公开的、非竞争性的，不属于严格意义上的招标方式。

（3）两段招标：是指无限竞争招标和有限竞争招标的综合方式，采用此类方式时，则是先用公开招标，再用选择性招标，分两段进行。

（二）招投标的一般程序

世界各国的招投标程序因各国法令及传统习惯的不同而有所差异，但总的来说，基本上都包括招标，投标，开标、评标和中标，签订合同这四个阶段。

1. 招标

根据我国《招标投标法》，招标分为公开招标和邀请招标。公开招标，是指招标人以招标公告的方式邀请不特定的法人或者其他组织投标。邀请招标，是指招标人以投标邀请书的方式邀请特定的法人或者其他组织投标。

招标的工作主要包括三项：编制招标文件、发布招标公告或招标邀请书和对投标人进行资格预审等。

（1）编制招标文件。

招标伊始，招标人即组织有关人员制定招标文件，说明拟采购物资或发包工程的技术条件和贸易条件。招标文件是采购物资和招标承建工程的法律文件，是投标人投标的依据，也是评标的标准，同时它还是招标人和中标人签订合同时的重要依据。

根据我国《招标投标法》的规定：招标文件应当包括招标项目的技术要求、对投标人资格审查的标准、投标报价要求和评标标准等所有实质性要求和条件以及拟签订合同的主要条款。国家对招标项目的技术、标准有规定的，招标人应当按照其规定在招标文件中提出相应要求。招标项目需要划分标段、确定工期的，招标人应当合理划分标段、确定工期，并在招标文件中载明。招标文件不得要求或者标明特定的生产供应者以及含有倾向或者排斥潜在投标人的其他内容。招标人对已发出的招标文件进行必要的澄清或者修改的，应当在招标文件要求提交投标文件截止时间至少十五日前，以书面形式通知所有招标文件收受人。该澄清或者修改的内容为招标文件的组成部分。

（2）发布招标公告或招标邀请书。

招标人采用公开招标方式的，应当发布招标公告。依法必须进行招标的项目的招标公告，应当通过国家指定的报刊、信息网络或者其他媒介发布。招标人采用邀请招标方式的，应当向三个以上具备承担招标项目的能力、资信良好的特定的法人或者其他组织发出投标邀请书。

根据我国《招标投标法》的规定，招标公告应具备以下内容：

- 招标人的名称和地址。这是对招标人情况的简单描述。
- 招标项目的性质、数量、实施地点和时间。
- 获取招标文件的办法。指发售招标文件的地点、负责人、标准、招标文件的邮购地址及费用、招标人或招标代理机构的开户银行及账号等。

招标人可以根据招标项目本身的要求，在招标公告或者投标邀请书中，要求潜在投标人提供有关资质证明文件和业绩情况，并对潜在投标人进行资格审查；国家对投标人的资格条件有规定的，依照其规定。

（3）对投标人进行资格预审。

为确保物资采购或工程项目取得预期成效，招标人通常会要求投标人提供营业执照、近几年业绩报告、银行资信证明等资质证明文件以及专业技术人员等信息，通过预审的投标人才能获得参与投标的资格。资格预审通常在国家级的刊物上刊登，它是保证招标工作顺利进行的关键步骤。

2. 投标

投标人应当具备承担招标项目的能力；国家有关规定对投标人资格条件或者招标文件对投标人资格条件有要求的，投标人应当具备规定的资格条件。

投标人应当按照招标文件的要求编制投标文件。投标文件应当对招标文件提出的实质性要求和条件做出响应。招标项目属于建设施工的，投标文件的内容应当包括拟派出的项目负责人与主要技术人员的简历、业绩和拟用于完成招标项目的机械设备等。

投标文件的具体内容因招标的项目不同而各不相同。以物资采购为例，其投标文件一般包括以下内容：投标函；开标一览表，即货物和服务的描述，如货物名称、数量、价格、技术规格等；投标价格——根据招标文件规定的价格条件及货币进行报价；投标方资格、资信证明文件；投标保证金或其他形式的担保——没有担保的投标一般被视为没有对招标文件做出根本性反应而被拒绝；招标文件中要求的其他有关资料。

投标人应当在招标文件要求提交投标文件的截止时间前，将投标文件送达投标地点。招标人收到投标文件后，应当签收保存，不得开启。在招标文件要求提交投标文件的截止时间后送达的投标文件，招标人应当拒收。

投标人在招标文件要求提交投标文件的截止时间前，可以补充、修改或者撤回已提交的投标文件，并书面通知招标人。补充、修改的内容为投标文件的组成部分。

3. 开标、评标和中标

开标应当在招标文件确定的提交投标文件截止时间的同一时间在招标文件中预先确定的地点公开进行。开标由招标人主持，邀请所有投标人参加。开标时，由投标人或者其推选的代表检查投标文件的密封情况，也可以由招标人委托的公证机构检查并公证；经确认无误后，由工作人员当众拆封，宣读投标人名称、投标价格和投标文件的其他主要内容。招标人在招标文件要求提交投标文件的截止时间前收到的所有投标文件，开标时都应当当众予以拆封、宣读。开标过程应当记录，并存档备查。

评标由招标人依法组建的评标委员会负责。依法必须进行招标的项目，其评标委员会由招标人的代表和有关技术、经济等方面的专家组成，成员人数为五人以上单数，其中技术、经济等方面的专家不得少于成员总数的三分之二。这些专家应当从事相关领域工作满八年并具有高级职称或者具有同等专业水平，由招标人从国务院有关部门或者省、自治区、直辖市人民政府有关部门提供的专家名册或者招标代理机构的专家库内的相关专业的专家名单中确定；一般招标项目可以采取随机抽取方式，特殊招标项目可以由招标人直接确定。与投标人有利害关系的人不得进入相关项目的评标委员会；已经进入的应当更换。评标委员会成员的名单在中标结果确定前应当保密。招标人应当采取必要的措施，保证评标在严格保密的情况下进行。任何单位和个人不得非法干预、影响评标的过程和结果。评标委员会应当按照招标文件确定的评标标准和方法，对投标文件进行评审和比较；设有标底的，应当参考标底。评标委员会完成评标后，应当向招标人提出书面评标报告，并推荐合格的中标候选人。

招标人根据评标委员会提出的书面评标报告和推荐的中标候选人确定中标人。招标人也可以授权评标委员会直接确定中标人。国务院对特定招标项目的评标有特别规定的，从其规定。中标人的投标应当符合以下两个条件之一：一是能够最大限度地满足招标文件中规定的各项综合评价标准；二是能够满足招标文件的实质性要求，并且经评审的投标价格最低；但是投标价格低于成本的除外。

如果评标委员会经评审，认为所有投标都不符合招标文件要求的，可以否决所有投标。依法必须进行招标的项目的所有投标被否决的，招标人应当依照《招标投标法》重新招标。如果投标人少于三个人，招标人应重新招标。

在确定中标人前，招标人不得与投标人就投标价格、投标方案等实质性内容进行谈判。中标人确定后，招标人应当向中标人发出中标通知书，并同时将中标结果通知所有未中标的投标人。中标通知书对招标人和中标人具有法律效力。在中标通知书发出后，招标人改变中标结果的，或者中标人放弃中标项目的，应当依法承担法律责任。

4. 签订合同

招标人和中标人应当自中标通知书发出之日起三十日内，按照招标文件和中标人的投标文件订立书面合同。招标人和中标人不得再行订立背离合同实质性内容的其他协议。招标文件要求中标人提交履约保证金的，中标人应当提交。依法必须进行招标的项目，招标人应当自确定中标人之日起十五日内，向有关行政监督部门提交招标投标情况的书面报告。中标人应当按照合同约定履行义务，完成中标项目。中标人不得向他人转让中标项目，也不得将中标项目肢解后分别向他人转让。中标人按照合同约定或者经招标人同意，可以将中标项目的部分非主体、非关键性工作分包给他人完成。接受分包的人应当具备相应的资格条件，并不得再次分包。中标人应当就分包项目向招标人负责，接受分包的人就分包项目承担连带责任。

二、拍卖

拍卖是指以公开竞价的形式，将特定物品或者财产权利转让给最高应价者的交易方式。

（一）拍卖的特点

作为一种贸易方式，拍卖的特点主要表现在以下几个方面：

1. 拍卖是一种公开竞买的现货交易

它实际上是由众多竞买人事先看货，然后在规定的时间、地点对目的标的进行公开竞价，最终由价高者获得。

2. 拍卖是在一定的机构内有组织地进行

在一般情况下，拍卖都是在拍卖行的统一组织下进行。也就是说，在拍卖活动中，委托人不是直接把拍卖标的转让给买受人，而是通过拍卖行的中介服务来实现。

3. 拍卖有着独特的法律和规章

我国《合同法》规定，拍卖的当事人的权利和义务以及拍卖程序等，依照有关法律、行政法规的规定。我国在 1996 年颁布了《中华人民共和国拍卖法》，对拍卖标的、拍卖当事人、拍卖程序、法律责任等做了详细规定。

（二）拍卖的出价方式

在国际贸易中，按竞买人出价方式的不同，拍卖通常分为增价拍卖、减价拍卖、密封递价拍卖和逆向拍卖四种。

1. 增价拍卖

增价拍卖，又称英国式拍卖，是国际贸易中应用最广泛的一种拍卖方式。它以拍卖人宣布的起价为基点，每档加价幅度由拍卖人现场确定，由竞买人由低至高、依次递增叫价，竞买人可超档加价但不能低于一档，最后以高于底价的最高应价落槌成交。增价拍卖一般都是有声拍卖，需要竞买人口头叫出自己的价格，但有时也使用竞价牌、手势、表情或其他信号代替口头报价。增价拍卖主要被用于拍卖具有极高收藏价值、观赏价值或研究价值的文物艺术品等。

2. 减价拍卖

减价拍卖，又称荷兰式拍卖，它是由拍卖人宣布拍卖标的的起拍价，即预估的最高价，然后依次递减，直到有竞买者认为已经低到可以接受的价格，表示买进为止。这样，在减价拍卖中，第一应价人往往是最后的买主，这也构成了减价拍卖的一大特点。减价拍卖主要被用于拍卖易腐烂变质或难以久存的商品，如水果、蔬菜、鱼类、鲜花、烟草等。

3. 密封递价拍卖

密封递价拍卖，又称招标式拍卖。采用这种方法时，拍卖人事先公布拍卖物品的具体情况和拍卖条件，然后由竞买人在规定的时间内将应价密封递交给拍卖人，由拍卖人在事先确定的时间公开开标或不公开开标，经比较后选择成交人。密封递价拍卖主要被用于政府债券的拍卖、库存物资的拍卖以及海关查封物资的拍卖等。

4. 逆向拍卖

逆向拍卖是一种采购程序，指采购方为购买某种产品或服务，利用互联网发布标准的采购需求（包括产品的名称、品牌、规格型号、数量、交货期以及最高限价等信息），进行采购招标；接受邀请的供应商可在互联网上预定的时间内竞价投标，直到投标价格降到接近或低于买者的底价为止；买方会根据各个报价，结合该供应商的供应实力给予综合考评，从而选出最具竞争力的供应商作为自己的合作伙伴，通常报价最低者会获得最终的成交机会；并在投标结束时产生一个框架性采购协议，在此基础上买卖双方谈判和签订采购合同。目前，逆向拍卖已在国外被广泛运用于工业品采购、政府采购及全球采购等各个领域中。

（三）拍卖的一般程序

不同商品在拍卖时各有特点和习惯做法，但总体上来说，其程序一般可分为签订委托拍卖合同、发布拍卖公告、展示拍卖标的、拍卖、成交与交货五个阶段。

1. 签订委托拍卖合同

委托人向拍卖人提出拍卖申请，如果拍卖人接受委托，双方签订书面委托拍卖合同。委托拍卖合同应当载明以下事项：委托人、拍卖人的姓名或者名称、住所；拍卖标的的名称、规格、数量、质量；委托人提出的保留价；拍卖的时间、地点；拍卖标的交付或者转移的时间、方式；佣金及其支付的方式、期限；价款的支付方式、期限；违约责任；双方约定的其他事项。

2. 发布拍卖公告

拍卖人在接受委托，签订了委托拍卖合同后，应当通过报纸或者其他新闻媒介在拍卖日七日前发布拍卖公告。拍卖公告应当载明拍卖的时间、地点；拍卖标的；拍卖标的展示时间、地点；参与竞买应当办理的手续；需要公告的其他事项。

3. 展示拍卖标的

我们说拍卖是现货交易，就是因为买方在做出决定前有机会先看货。拍卖人应当在拍卖前展示拍卖标的，并提供查看拍卖标的的条件及有关资料。拍卖标的的展示时间不得少于两日。

4. 拍卖

拍卖会严格按照拍卖公告的有关规定在既定时间、地点举行，并按照拍卖目录规定的先后顺序依次进行。

在拍卖会会场中，买主一般按事先登记的座位号对号入座，而在拍卖会主席台就座的主要有拍卖主持人、拍卖公司经理和工作人员。拍卖主持人在拍卖开始前宣布拍卖规则和注意事项。拍卖人在进行拍卖时，应当制作拍卖笔录。拍卖笔录应当由拍卖师、记录人签名；拍卖成交的，还应当由买受人签名。

5. 成交与交货

在拍卖成交后，买受人和拍卖人应当签署成交确认书。

拍卖标的的所有权在货款结清后转移给买主，买主凭拍卖行开出的栈单或提货单在规定的期限内到指定的仓库提货。在仓库交货前，拍卖人控制着货物的所有权，他作为货主的代理人，有义务妥善保管货物并享有货物的留置权，也就是说，在买主付清货款之前，他有权拒绝交货，除非拍卖条件中允许买方在提货后的一定期限内付清货款。

三、展览会

（一）展览会的含义与作用

所谓展览会，就是在固定或一系列的地点、特定的日期和期限里，通过展示达到产品、服务、信息交流的集会。其中信息所包含的内容很多，比如宣传成就、宣传政策、普及科技知识、建立公司形象、了解市场发展趋势、获取情报等。展览会的作用体现在以下几方面。

1. 宣传产品和服务

展览会是一种立体的广告，为展商提供了一个充分展示自己产品的机会，使客户增进对产品的了解。对一些新产品或产品品质无法用文字来描述的产品而言，展览会的作用尤其重要。例如，食品，我们通常无法用语言来描述食品的颜色、味道等，但在食品展览会上，参观者可以看到食品、品尝食品，从而对其有全面的了解。

2. 了解市场

展览会是行业的聚焦点，会有大量该行业的卖家和买方聚集在行业展览会上。企业可以很容易地了解到其他企业的产品和服务现状，从而确定自己在行业中的地位，以便找出相应的对策。另外，由于聚集了大量的买方，企业可以通过与观众，也就是潜在的买方的交流了解市场的需要和潜力，从而找到改进产品质量和推销手段的方法。这种市场调研方法准确且成本低廉。

3. 扩大销售

展览的时间虽然短，但期间参加的人很多，而且便于客户直接与商家交流，大多数参展者都希望在展览会上达成一些协议或意向，企业认为这是它们在展览会上的最大收获。

（二）中国主要的展览会

中国的展览会很多，这里只介绍几个主要的展览会。

1. 中国出口商品交易会

中国出口商品交易会（简称“广交会”），创办于1957年春季，每年春秋两季在广州举办，迄今已有62年历史，是中国目前历史最长、层次最高、规模最大、商品种类最全、到会客商最多、成交效果最好的综合性国际贸易盛会。

2. 中国国际高新技术成果交易会

中国国际高新技术成果交易会（简称“高交会”），是经国务院批准，由商务部、科学技术部、工业和信息化部、国家发展和改革委员会、教育部、中国科学院和深圳市人民政府共同主办，农业农村部、中国工程院协办的国家级、国际性的高新技术成果交易会，每年秋季在深圳举办。

3. 中国北京国际科技产业博览会

中国北京国际科技产业博览会（简称“科博会”），创办于1998年，当时定名为“中国北京高新技术产业国际周”，从2002年第五届起正式更名为“中国北京国际科技产业博览会”。科博会由中国科学技术部、商务部、教育部、工业和信息化部、中国贸促会、国家知识产权局和北京市政府共同主办，北京市贸促会承办，每年5月定期在北京举行。

4. 中国国际工业博览会

中国国际工业博览会（前身为上海国际工业博览会），创办于1999年，从2006年起正式更名为中国国际工业博览会（简称“工博会”）。工博会的主题为“科技创新与装备制造业”，重点突出现代装备。强化以交易为核心，展示、评审、论坛为辅的四大功能。展览面积达11万平方米。设立“信息技术与装备展”“数控机床与专用装备展”“能源装备展”“工业自动化展”“环保技术与设备展”“科技创新展”六大专业展。

5. 中国国际进口博览会

中国国际进口博览会（China International Import Expo，CIIE），由中华人民共和国商务部、上海市人民政府主办，旨在坚定支持贸易自由化和经济全球化、主动向世界开放市场。首届中国国际进口博览会于2018年11月5—10日在国家会展中心（上海）举行。

（三）企业如何利用展会

在展会经济日益繁荣的今天，企业经常会面对诸多形式传达的展会信息，企业关注或者参与所有看似相关的展会，是不可能也不必要的。企业应该如何做出选择？

1. 确定目标

根据德国贸易展览与博览会委员会（AUMA）所做的一项调查，企业参加展览会的目标可分成：基本目标、产品目标、价格目标、宣传目标、销售目标。企业应该根据其产品的特点、企业的特点确定其参展目标。只有确定了参展目标，才能据此选择合适的展览会，也才能据此进行展会的效益评价。

2. 选择展览会

（1）展览会性质。展览会的性质包括其主题、目的、观众结构等，企业参展前确定该展览会是否与企业的发展计划相吻合，能否促进企业达到预期的目标。参展商应结合自身需要，谨慎选择。

（2）展览会组织者的能力。企业应该选择有影响力、富有经验及对行业的认知度高的组织者。展览会的组织是一个庞大的系统工程，从展览会的推广、专业观众的邀请、行业活动的组织安排到客户服务等一系列工作需组织者做出策略性统筹才能成功举办。组织者的影响力越大、知名度越高，其组织的展览会成功的可能性越大。

（3）参加展览的费用。企业要根据自己的财力来选择合适的展览会。企业不仅要考虑支付租用展览场地的费用，还要考虑以下费用：广告宣传费用，包括展览前吸引参展客商和参观者的各种广告费用，展览中发放各种广告宣传品的费用等；展品的运费和保险费；展台的设计和建造费；参展人员的各种费用等。

3. 参加展览会

企业在展览会中的表现是决定企业参展成败的一个决定性因素。主要包括展位的选择、展台的布置、展品的选择以及展示方式、展台的人员配备、洽谈环境以及展览会期间的相关活动。

4. 参展后续工作

参展后续工作包括参展总结、客户关系管理等，这些工作是企业参展活动的延续，也对参展的最后结果具有至关重要的作用。美国著名展览专家艾伦·可诺派奇博士建议，参展商应考虑将预算的15%～20%用于后续工作，并在备展时而非在闭幕后就需计划后续工作。参展的后续工作主要有：对参展效果的评估、对市场情况的分析以及客户关系管理等，以实现参展效用的最大化。

第三节　加工贸易

自20世纪90年代以来，我国的加工贸易迅速发展，受到广泛的关注。加工贸易是指国内企业从境外保税（即经海关批准并同时办理相关手续，准予暂时免交进口环节关税、增值税及相关许可证件）进口全部或部分原辅材料、零部件、元器件、配套件、包装物料等，经境内加工或装配后，将制成品复出口的交易形式。加工贸易对中国国民经济和对外贸易发展发挥了重要作用。

一、加工贸易的主要形式

传统的加工贸易主要包括来料加工和进料加工两种贸易方式。此外，在20世纪90年代后期，我国企业在海外投资中开展的境外加工贸易方式，也被视为加工贸易的新形式。

（一）来料加工

1. 来料加工的含义

来料加工（processing with customer's materials）是指由外商免费提供全部或部分原材料、辅料、零部件、元器件、配套件、包装料件等，由加工方按对方要求进行加工装配，成品交对方销售，加工方只收取工缴费的交易形式。来料加工贸易主要是为了吸引外资，同时利用国内劳动力资源等方面的优势。

2. 来料加工的特点

来料加工业务与一般进出口贸易不同，该项业务有以下几个特点：

(1) 原材料、辅料、零部件、元器件、配套件、包装料件等均由外商提供，加工方企业无须对外付汇。

(2) 进口料件、加工成品所有权属外方所有，加工方无权随意处置；由于加工方不能擅自修改成品的质量、款式等主要技术指标，因此，只能严格按照外商的设计和工艺要求加工成品。

(3) 原辅材料采购、成品销售由外商负责，无须加工方自行寻找客户；同时，加工方无须自备物料、自备资金。

(4) 中外双方属委托加工关系，原辅材料及成品的所有权始终属于外商所有，在业务过程中并没有发生所有权的转移，中方仅负责产品质量及交货期，其余经营风险由外商承担。

专栏 18-2

小常识：SKD、CKD和PKD

半分散的零件装配（semi knock down，SKD）。外国厂商先将一部分关键零件组装成部件，然后以部件的形式提供给我方，由我方企业将部件和其他一部分零件总装成产品。这种形式对我方企业来说，易于上马，见效快，投资回收期短，但不易学到关键性的装配技术。

全分解的零件装配（complete knock down，CKD）。外国厂商将零件以散装的形式提供给我方，由我方企业先将散装的零件组装成部件，再将部件总装成产品。与SKD相比，这种形式我方能较多地了解产品结构、性能，能更多地掌握一些装配技术。

购入部分零部件的装配生产（partial knock down，PKD）。我方企业仅向外国公司购买某些关键的零部件，其他的零部件自制，然后将它们装配成产品。这种形式能掌握更多零部件的生产技术和总装技术。

（二）进料加工

1. 进料加工的含义

进料加工（processing with imported materials）是指加工方用外汇购买进口的原材料、辅料、零部件、元器件、配套件、包装物料等，经加工成品或半成品后再外销出口的交易形式。由于进口原料的目的是为了扶植出口，所以进料加工又可称为“以进养出”。

2. 进料加工的特点

进料加工业务有以下几个特点：

(1) 加工方自行从国际市场组织原辅材料，进口时需对外付汇。

(2) 加工方需自行开拓国际市场，寻找客户，接洽订单。

(3) 加工方对从原辅料进口直至成品销售的全过程独立承担商业风险。

3. 进料加工业务与来料加工业务的异同

进料加工与前面所讲的来料加工有相似之处，即都是“两头在外”的加工贸易方式，但两者又有明显的不同：

（1）从双方关系方面来看，在来料加工业务中，原料和成品的所有权一直属于外商，外商与承接来料加工的企业之间是委托与被委托关系，加工方只是获得一部分劳动报酬；在进料加工业务中，原料进口和成品出口是两笔不同的交易，均发生了所有权的转移，原料供应者和成品购买者之间也没有必然的联系。加工企业完全是自主经营，与销售料件的外商和购买成品的外商之间均是买卖关系，加工方可以赚取原材料到成品的差价，可能获得比来料加工更多的利润。

（2）从风险方面来看，在来料加工中，加工方只是受托方，不需对外付汇，不用考虑原料的来源和成品销路，只收取工缴费，其相应承担的资金、市场等风险较低；而在进料加工中，加工方是赚取从原料到成品的附加价值，要自筹资金、自寻销路、自担风险、自负盈亏，故此，须自行承担上述各类风险。

（3）从经济效益方面来看，在来料加工中，由于加工方不参与原辅料采购及成品销售等环节，经营效益相对较低；而在进料加工中，供需双方直接见面，无论是原辅材料采购，还是最终成品销售，加工方均有相当大的主动权，合同条件的磋商透明度较高，便于加工方谋求更大的经济利益，当然，其也要承担更大的风险。

（三）境外加工贸易

1. 境外加工贸易的含义

境外加工贸易是指我国企业以现有设备及成熟技术投资为主，在境外以加工装配业务的形式，带动和扩大国内设备、技术、原材料、零配件出口的一种国际经贸合作方式。其目的是引导和促进企业到境外投资办厂、开发资源、承包工程或进行加工贸易等经营活动，带动产品、设备、技术和劳务出口。

我国企业开展境外加工贸易标志着我国生产力水平有了迅速提高，企业经济实力增强。

2. 境外加工贸易的特点

境外加工贸易在我国属于新生事物，虽然目前尚处在初级阶段，但其具有独特的、鲜明的特点：

（1）与境内的加工贸易比较，境外加工贸易产生和发展的根本原因在于我国生产力水平的提高和国际市场的需求。

（2）与一般贸易相比较，境外加工贸易的效益更大。它不仅真正实现了扩大商品出口的目的，而且带动了技术、劳务以及服务贸易的出口。

（3）通过境外加工贸易，可以绕过国外贸易壁垒，增强我国产品的竞争能力，扩大销售。

（4）境外加工贸易比较适合我国企业的总体发展水平，有利于企业的国际化经营；通过境外加工贸易适应国际市场的竞争，从而发展我国自己的跨国公司。

3. 我国企业开展境外加工贸易的相关风险

（1）境外加工贸易的相关风险分析。

境外加工贸易对于国内企业毕竟是新事物，我国企业在走出境外后，多数对国外投资市场、国际竞争环境及投资所在国法律法规不甚了解，因此其开展境外加工贸易所面临的潜在风险就非常突出。

目前，我国企业开展境外加工贸易所面临的风险主要有政治风险（如征收和国有化、汇兑限制、战争和政治性暴力事件）、收汇风险（如买家破产、拖欠等）、经营风险（如市场变化、汇率波动等）、管理风险（如工人罢工、管理人员流失等）以及项目风险（如合同、成本、支付、销售风险）等。

（2）境外加工贸易的风险防范手段。

发达国家对支持本国企业进行海外投资已经形成了一整套制度措施，其中对风险进行防范的重要措施之一就是海外投资保险。海外投资保险源自20世纪50年代初美国马歇尔计划中所实施的投资保证方案。时至今日，它已被公认是当前促进和保护国际投资普遍行之有效的重要制度。

在我国，以保险手段支持企业境外加工贸易的制度正在逐步形成，目前已建立起为中国企业出口和投资提供保险服务的专门机构，即中国出口信用保险公司。其主要任务就是为我国实施“走出去”战略的企业保驾护航。

二、加工贸易合同

加工贸易在性质上不同于国际货物买卖，加工贸易合同在内容上与一般货物买卖合同有很多不同之处。

（一）来料加工贸易合同

一般来说，来料加工贸易合同应包括以下一些内容：

1. 约首部分

约首部分即合同的首部，包括合同的名称、合同编号、签约日期、签字地点、签约公司名称、公司地址、电话、传真、电子信箱及银行账号等方面。

2. 约尾部分

约尾部分即合同的结尾部分，包括合同的文字效力、份数、附件、签字等方面。

3. 正文部分

这是合同的核心部分，要具体规定双方的权利与义务。现将合同中的主要条款介绍如下：

（1）关于合同的标的物的规定。加工贸易的标的表现为将原材料等加工成制成品而付出的劳动，以及一定的技术和工艺。

（2）关于来料来件的规定。本条款确定来料或来件时间、地点、数量、质量、规格、供货方式、支付方式等。

（3）关于成品质量的规定。质量标准一经确定，加工方就要按时、按质、按量交付成品，委托方则根据合同规定的标准验收。

（4）关于耗料率和残次品率的规定。一般来说，委托方要求耗料不得超过一定的定额，否则由我方负担；残次品不能超过一定比例，否则委托方有权拒收。

（5）关于工缴费标准的规定。工缴费的核定应以国际劳务价格为依据，尤其是外商所在国家或地区加工费水平，一般要高于国内同类产品的加工费水平。

（6）对工缴费结算方式的规定。来料加工业务中关于工缴费的结算方式有两种：一是来料、来件和成品均不作价，单独收取加工费，由委托方在加工方交付成品后通过合适的支付方式向加工方支付。二是对来料、来件和成品分别作价，两者之间的差额即为工缴费，可以采取对开信用证的办法。

（二）进料加工贸易合同

进料加工合同与来料加工合同有所不同，在通常情况下，它一般包括进口料件合同和出口成品合同。

加工企业到当地经贸主管部门办理外贸进出口经营权的注册登记手续。在申领到进出口经营权之后，加工企业就可以自营或承接进料加工业务；如果加工企业在对外承接进料加工贸易时没有进出口经营权，则还要首先选定有进出口经营权的企业作为代理商，然后由其代理签订进口原材料、出口成品的合同。

在进料加工贸易方式下，原材料进口合同、成品出口合同的基本内容和一般贸易的进口、出口合同大致相同，只是从国外进口原材料，而生产出成品后也销往国外。

第四节　对等贸易

一、对等贸易的含义和基本特征

对等贸易（counter trade），又称对销贸易、相对贸易或反向贸易，是指在互惠的前提下，由两个或两个以上的贸易方达成协议，规定一方的进口产品可以部分或者全部以相对的出口产品来支付，其主要目的是以进带出，开辟各自的出口市场。对等贸易买卖的标的物除包括一般的有形商品，还包括劳务、专有技术和工业产权等无形商品。在我国，一般把对等贸易理解为包括易货贸易、记账贸易、补偿贸易、互购贸易、转手贸易，属于货物范畴，以进出结合、出口抵补进口为特征的各种贸易方式的总称。

二、对等贸易的主要形式和做法

对等贸易可以运用于各种交易中，并派生出好几种贸易方式，其主要形式和做法可归纳为以下几种：

（一）易货贸易

1. 易货贸易的含义

易货贸易（barter trade）是买卖双方以等值的不同商品或服务进行等价交换，无须现汇结算。双方交换的商品经过政府间的易货贸易需要签订贸易协定和支付协定，故又称之为协定贸易。对等贸易脱胎于易货贸易，随着经济环境的变迁，其做法也日趋多样化，然而易货贸易仍然是对等贸易最基本的形式。

2. 易货贸易的分类

（1）直接易货。

直接易货贸易即狭义的易货贸易，其做法是贸易双方进行一次性的等价物物交换，既不进行现金结算，也不记账转账，没有第三者参加，履约期较短。然而，由于这种易货贸易要求双方所交货物必须是对方需要的，且数额还必须相等或基本相等，故在现代国际贸易中很少采用。

(2) 综合易货。

现代易货贸易大多采用更加灵活的方式，这些做法统称综合易货，又被称为“一揽子”易货。直接易货通常是以一种商品交换对方的一种商品。而综合易货涉及多种商品、多个进口方和出口方；既可以逐笔平衡，又可在确定的时期内分别结算，综合平衡；既可以进出口同时进行，又可有先有后，分开进行。总之，较之直接易货，综合易货的内容更加丰富，形式也更为复杂。

目前，综合易货大致有两种做法：①记账易货贸易：贸易双方根据易货协议，将在一定时期内进行的多项换货交易的货款采用记账方式，到期或者在一定时期内双方以相互冲销货款的方式清算两方的贸易收支。②以对开信用证为媒介的综合易货：在采用这种做法时，交易双方先签订易货合同，规定各自的出口商品均按约定价格以信用证方式结算。

(二) 补偿贸易

1. 补偿贸易的含义

补偿贸易(compensation trade)是对等贸易的一个衍生贸易方式，是商品贸易、技术贸易和信贷相结合的产物。它是在信贷的基础上买进国外机器、设备、原材料、生产技术和其他制成品或劳务，在项目建成投产后，用这些引进技术和设备生产出的产品或商定的其他商品或劳务去分期抵付进口设备技术的价款及利息的一种特殊本息贸易方式。早期的补偿贸易主要用于兴建大型工业企业；后期的补偿贸易趋向多样化，不但有大型成套设备，也有中小型项目。

2. 补偿贸易的特点

补偿贸易的主要特点体现在以下几方面：

(1) 贸易、投资与信贷相结合。一方购入设备等商品是在对方提供信贷的基础上，或由银行介入提供信贷，因此，补偿贸易是买方信贷，它属于利用外资的范畴。

(2) 贸易与生产相联系。设备进口与产品出口相联系，出口机器设备方同时承诺回购对方的产品，在大多数情况下，交换的商品是利用其设备制造出来的产品。

(3) 收益与分配相关联。设备供应商的利润和本金，是通过合同期内产品返销的利润而获得的；而设备引进方在扣除了偿还部分的返销产品外，其余产品归其所有，并通过内外销来取得利润。

(4) 贸易双方是买卖关系，在交货后，设备的进口方对设备拥有完全的所有权和使用权。它以进口设备和技术生产的产品作为清偿此项机器设备和技术的本金和利息，因而出口产品的品种基本上是受到限制的。

3. 补偿贸易的种类

在当前我国开展的补偿贸易中，按照用来偿付的标的不同，其具体做法大体上可分为以下几类：

(1) 直接产品补偿。

直接产品补偿，又称产品回购或者返销(buy-back)，指双方在协议中约定，由设备供应方向设备进口方承诺购买一定数量或金额的由该设备直接生产出来的产品。这是补偿贸易最基本的做法。它一般适用于设备和技术贸易，但它通常要求生产出来的直接产品及其质量必须是对方所需要的，或者在国际市场上有销路，否则不易为对方所接受，因此有一定的局限性。

（2）间接产品补偿。

间接产品补偿，又称产品换购或者互购（counter purchase），指首次进口的一方用于支付进口货款的商品，不是由进口物质直接生产出来的产品，而是双方商定的其他商品。这是目前东西方之间使用相当广泛的一种补偿贸易方式。通常，当所引进的设备所生产的直接产品不是对方所需的产品或在国际市场上不好销时，双方可协商采用这种方式回购其他产品来代替。该方式的补偿品比直接产品补偿的范围大，因而双方达成补偿贸易的机会增大。

（3）劳务补偿。

劳务补偿，指交易双方根据协议，由设备提供方代设备引进方购进所需的技术、设备，货款由其垫付，而设备引进方按设备提供方的要求加工生产后，从应收的工缴费中分期扣还所欠款项。这种做法常见于同来料加工和来件装配相结合的中小型补偿贸易中。

（4）多边补偿。

多边补偿，又称转手补偿，指由第三国替代首次进口的一方承担或提供补偿产品的义务。这种形式的补偿贸易形式比较复杂。

（5）综合补偿。

在实践中，经常将上述做法有机结合起来使用，即进行综合补偿。这种做法是根据实际情况的需要，部分使用直接产品或其他产品或劳务补偿，部分由现汇支付等。

专栏 18-3

补偿贸易偿还期的计算

某企业从事补偿贸易，由外商以贷款形式提供价值为500万美元的生产设备和制造技术，贷款的年利息率为6%，规定到3年末一次偿还。该项目投产后每年可生产甲产品4万台，全部返销给外商作为补偿，每台售价60美元，每台成本与费用为35美元。3年末的本利和为多少？年外汇收入为多少？该项目的偿还期为几年？

分析：

3年末的本利和＝500×(1＋0.06×3)＝590(万美元)

年外汇收入＝4×60＝240(万美元)

年生产成本与费用＝4×35＝140(万美元)

偿还期＝5.9(年)

4. 补偿贸易合同

补偿贸易合同是补偿贸易的当事人执行协议的依据，也是规定双方当事人之间权利和义务的重要法律文件。目前，我国对外签订的补偿贸易合同以及国外使用的产品回购合同，均没有统一的固定格式，其具体内容可以根据交易双方意愿协商制定。然而在内容上，补偿贸易合同应根据交易的规模和繁简来决定。有的项目先签订项目意向书，再签订补偿贸易协议；有的项目还需加列技术转让、贷款协议等内容。一般来说，补偿贸易合同的内容应包括引进设备的名称、规格、型号、性能、技术规范、安装、培训、信贷条件以及产品回购的具体措施等。此外，在补偿贸易合同中还有一个重要的条款就是要求进口方提供担保。因此，补偿贸易合同较一般贸易合同要更复杂。

（三）互购贸易

1. 互购贸易的定义及特点

互购贸易（counter purchase）就是互相购买对方的商品。其具体做法是：进出口双方签订协议，出口国先在协议中承诺在一定时期内用全部或部分出口所得购买对方国家的产品。有关回购期限，回购产品的种类、价格、数量和交货期，既可在协议中一次性约定（常见于简单的小额交易），也可再签合同，另作规定（常见于复杂的大额交易）。根据各国习惯，先出口方还可在征得对方同意的情况下将购货承诺转让给第三方。

互购贸易的特点表现在以下两方面：

（1）互购贸易通常使用两份既独立又相互联系的合同。

由于签订第一份合同时双方很难把未来交易的货物品名、规格、数量等确定下来，因此，先出口方（通常是发达国家的企业）仅在此合同中做出购买回头货的承诺。之后，双方将选择合适的时间签订第二份合同来具体约定。这一点与易货贸易不同。

（2）互购不是单纯的以货换货，而是两笔相互关联的现汇交易。

互购贸易双方互签购货合同，先后出口，一般通过信用证或付款交单的方式结算货款，分别收取现汇。值得注意的是，互购贸易不要求等值交换，且参与互购贸易的商品不要求有相互联系，也不要求进出口同步进行。

2. 互购贸易的利弊

互购贸易有以进带出的功能，有利于在进口商品的同时扩大出口市场；它体现出更大的灵活性，先出口方可在双方协商一致的情况下将进出口承诺转让给第三方，从而取得现汇收入，而先进口方也可因此获得自己更加需要的商品或服务。但互购贸易也有其局限性：首先，它是一种比较松散的交易，双方通常只能在第一份合同中达成原则性的共识，一般不能确定有关第二笔交易的明晰条款。其次，互购贸易双方的利益不平衡。先出口方在资金周转和随后的谈判中都处于比较有利的地位。实践中，西方国家以其在技术上的优势，往往占有这种有利的地位而比较愿意采用这种做法。

（四）转手贸易

转手贸易（switch trade）又叫三角贸易或转账贸易，是在记账贸易条件下贸易商取得硬通货的一种手段。这种转手贸易内容复杂，涉及许多方面，关系较复杂，需要环环相扣。因此，通常要通过专门的转手贸易商（switcher）来进行。在转手贸易方式下，顺差方为了取得现汇或自己真正需要的产品，可以采取以下两种方式：

1. 简单的转手贸易

顺差方直接将记账贸易下购进的货物运到国际市场上转售以取得硬通货，从而增加流动性。这种贸易方式实际上是一种简单的转手贸易。

2. 复杂的转手贸易

顺差方将记账贸易中结算盈余的部分或全部金额，转让给第三方（往往是发达国家的企业）以换取自己需要的商品（通常是机械设备），而第三方既可以利用这笔顺差从逆差国进口货物供自己消费，也可将用此顺差换取的货物运到国际市场上转售，以取得硬通货偿还给顺差方。顺差方为了尽快得到急需的商品，往往低价转让自己的顺差，或高价购买第三方的商品，所以采用这种方式的发展中国家通常会因此遭受一定的经济损失。不过在实践中，获得顺差或购买权的第三方在相应的逆差国采购时，往往也很难换取自己所需的商品，所以第三方要取得资金回流，还要将这些商品运往其他发展中国家继续转售，直到能够在国际市场上换取自由外汇为止。

（五）抵销贸易

抵销（offset）贸易是20世纪80年代开始盛行的一种贸易方式。这种方式目前多见于飞机、军火和大型设备的交易，兼有互购与补偿贸易的特点，但与二者都不尽相同，抵销贸易涉及的金额更大、期限更长，常与投资行为结合在一起。

抵销贸易可以分为两种类型：直接抵销（direct offset）和间接抵销（indirect offset）。前者是指先出口方向进口方提供大型机械设备、运输工具等商品，并承诺从进口方购进相关产品或零部件。后者则指先出口方承诺购汇的是与其出口产品不相干的商品。买卖双方的关系近似于补偿贸易中的间接补偿。

三、对等贸易在国际贸易中的作用

对等贸易是在20世纪60年代后期开始大规模兴起，并以多样化的内容和形式得到迅速发展。这种贸易方式适应了国际经济贸易在一定发展阶段的客观需要，对国际贸易的稳定增长起到了积极的促进作用。对等贸易在国际贸易中的作用主要表现在以下几个方面：

（1）可以在不动用或少动用外汇的情况下进行进出口贸易，这对外汇紧缺的发展中国家与其他各国互通有无、调剂余缺至关重要。

（2）由于对等贸易采用的是进出结合的做法，故可以以进带出，改善国际收支状况。在贸易保护盛行的年代，对等贸易有助于打破贸易壁垒，绕过外汇管制，为本国产品打开市场，有利于维持和扩大生产、就业。

（3）有些对等贸易方式，如补偿贸易或抵销贸易，除了具有一般对销贸易平衡国际收支的作用外，还带有投资的某些特点，有利于设备进口国融通资金并利用外资引进技术。这样可以促进某些产业或部门的技术提高和生产发展。

（4）设备出口国通过对等贸易，不仅可以延长这些设备的生命周期，而且有助于获得廉价稳定的能源、材料或零部件供应，从而增强其市场竞争力。

第五节　跨境电子商务

从20世纪90年代开始，互联网开始慢慢渗入人们的经济生活。近些年来，以互联网为主要载体的电子商务的发展十分迅猛，同时借助电子商务方式所产生的跨境电商模式在对外贸易中的作用也越来越大。

一、跨境电子商务概述

（一）跨境电子商务的概念与分类

跨境电子商务，简称跨境电商，是指分属不同关境的贸易主体，通过电子商务平台达成交易、进行支付结算，并通过跨境物流送达商品、完成交易的一种国际商业活动。这种新型贸易方式依托互联网平台，具有门槛低、环节少、周期短等方面的优势，通过制定跨境电子商务综合服务体系以及跨境电子商务进出口所涉及的在线通关、检验检疫、退税、结汇等基础信息标准和接口规范，实现海关、国检、国税、外管等部门与电子商务企业、物流配套企业之间的标准化信息流通。

跨境电子商务的分类：①从进出口方向分，可分为跨境电子商务出口和跨境电子商务进口。②从交易模式分，可分为企业之间的电子商务交易（B2C）、企业对消费者的零售交易（B2C）和外贸个人对个人网络零售业务（C2C）。目前我国跨境电子商务出口业务以外贸 B2B 和 B2C 为主；进口模式以外贸 B2C 以及网络海外代购模式为主。

专栏 18－4

在线广交会

广交会即中国进出口商品交易会，它创办于 1957 年春季，是中国目前历史最长、层次最高、规模最大、商品种类最全、到会客商最多、成交效果最好的综合性国际贸易盛会。然而，广交会毕竟受到时间、场地、展期等方面的限制，不可能全年举办。为更好地发挥其作用，商务部主持运行了"在线广交会"网站，通过虚拟界面开展进出口贸易，9 000 多家中国企业和近 30 000 个中国制造的商品信息集中在这一虚拟市场中常年展示。

在线广交会凭借其政府背景、对外贸业务的理解以及广交会在外商中长期形成的影响、良好的品牌效应等，已经发展成为国际客商对华贸易的首选网络平台之一。其建设目标是使之成为企业之间进行交易、价值交换、建立商务关系的电子记事，使用户通过在线方式检索外贸信息，开展贸易磋商并达成交易。

在线广交会在传统的分销代理网络基础上构筑了一个集网络营销、产品拓展数据库、在线数据查询（包括规格、包装、价格、样品示例等）、报盘还盘系统、电子订单系统、网上竞卖等为一体的电子交易平台。它的进一步发展，是与海关、银行、物流系统进行数据对接与实时沟通，最终实现整个交易的电子化。

（二）跨境电子商务的特点

跨境电子商务是基于网络发展起来的，网络空间具有独特的价值标准和行为模式，而这深刻地影响着跨境电子商务，使其具有了区别于传统国际贸易方式的特征。基于网络空间的跨境电子商务有如下特征：

1. 全球性

网络全球性和非中心化的特征使得依附于网络发生的跨境电子商务也因此具有了全球性和非中心化的特性。任何人只要具备了一定的技术手段，在任何时候、任何地方都可以让信息进入网络，相互联系进行交易。网络的全球性特征带来的积极影响是信息的最大程度的共享，消极影响是用户必须面临因文化、政治和法律的不同而产生的风险。

2. 无形性

网络的发展使数字化产品和服务的传输盛行。数字化产品和服务基于数字传输活动的特性也必然具有无形性。传统交易以实物交易为主，而在电子商务中，无形产品却可以替代实物成为交易的对象。以书籍为例，传统的纸质书籍，其排版、印刷、销售和购买被看作产品的生产、销售。在电子商务交易中，消费者只要购买网上的数据权便可以使用书中的知识和信息；而如何界定该交易的性质、如何监督、如何征税等一系列问题也给税务和法律部门带来了新的课题。

3. 匿名性

由于跨境电子商务的非中心化和全球性的特性，因此很难识别电子商务用户的身份和其所处的地理位置。以 eBay 为例，eBay 是美国的一家网上拍卖公司，允许个人和商家拍卖任何物品，到目前为止 eBay 已经拥有 3 000 万用户，每天拍卖数以万计的物品，总计营业额超过 50 亿美元。然而，很难清楚地界定 eBay 的大多数用户的交易的发生地和交易详细信息。

4. 即时性

网络信息的传输速度和地理距离无关。传统交易模式，信息交流方式如信函、电报、传真等，在信息的发送与接收之间，存在着长短不同的时间差。而电子商务中的信息交流，无论实际时空距离远近，一方发送信息与另一方接收信息几乎是同时的，就如同生活中的面对面交谈。某些数字化产品（如音像制品、软件等）的交易，还可以即时清结，订货、付款、交货都可以在瞬间完成。即时性提高了人们沟通和交易的效率，减少了中间环节，使交易更加便利。

5. 无纸化

跨境电子商务交易过程中涉及的各种信息和凭证以电子化形式保存，颠覆了传统贸易中单证的重要地位，但由于传统法律的许多规范是以规范“有纸交易”为出发点的，因此，无纸化带来了一定程度上法律的混乱、削弱了税务当局获取跨国纳税人经营状况和财务信息的能力，并增加了税务机关掌握纳税人财务信息的难度。例如，世界各国普遍开征的传统税种之一的印花税，其课税对象是交易各方提供的书面凭证，课税环节为各种法律合同、凭证的书立或做成，而在网络交易无纸化的情况下，物质形态的合同、凭证形式已不复存在，因而印花税的合同、凭证贴花（即完成印花税的缴纳行为）便无从下手。

6. 跨国化

跨境电子商务相比于国内电子商务，最突出的特征在于其跨国化，有如下特征：

（1）通关。主要是指通关手续、缴纳关税和商品检验。进出关境的物品和货物都需要办理报关通关手续，并按规定缴纳相关税款。进境邮递物品，如果有按照国家规定须经审查、鉴定、检疫或者商品检验的物品，由海关按照国家有关规定处理。而出境货物则涉及出口许可证、出口退税等流程。

(2) 国际物流。国际运输时间长，运输过程中不可控因素多，退换货麻烦，从而风险相对较高。例如跨境电子商务进口，传统的国际直邮和转运都存在一定的弊端，例如，国际直邮通过 DHL、USPS 等国际快递公司发送的平邮包裹，每单限重低（大多为 3 磅）且单号无法跟踪，中国境内由邮政平邮包裹模式配送，到货速度较慢，丢包率较高，而且运费很贵，运送时间长；转运模式、邮递过程可跟踪和查询，但是不同转运公司处理时效不同，运输时间可能会比较长；如果运输环节出现丢件和破损的事情，会难以界定发货方和转运公司的责任。

(3) 跨境电子支付比一般电子商务的结算风险更高。一般电子支付包括接触式和非接触式的各种各样的信用卡以及在网上流通的“电子钱包”；而跨境电子商务结算信用卡需要用双币信用卡，也可以选择第三方平台，如 PayPal。因网络支付的虚拟性，第三方支付对信誉、安全性和可靠性提出了很高的要求；同时因网络信息传播的快速性，一旦信息泄露，将造成很严重的后果。

(4) 跨境电子商务的风险不仅存在于交易过程中，而且与国际形势，与各国的贸易政策、市场管理方式都有密切的关系。

(三) 跨境电子商务营运方式

根据我国跨境电商企业在跨境电子商务交易流通环节中所处的地位、作用以及商业模式的不同，可将跨境电商运营方式划分为如下几类：B2B、B2C、C2C、跨境电商平台等。

1. B2B

B2B 是指企业对企业间的营销关系。根据 eBay 发布的《2014 年中国跨境电商零售出口产业发展趋势报告》，中国跨境电商零售出口产业发展势头强劲。在出口产品品类方面，交易额最高的五大产品依次为电子类、时尚类、家居园艺类、汽配类和收藏品类。其中，电子类与时尚类是传统出口的拳头产品；而家居园艺、汽配成为增长最快的两大产品。据 eBay 平台数据，中国跨境电商的目的地市场趋势明显，美国、英国、澳大利亚是三大主要市场。阿里巴巴就是典型的第三方 B2B 平台。

2. B2C

B2C 是企业对消费者的电子商务，即企业通过互联网为消费者提供一个新型的购物环境——网上商店。消费者通过网络在网上购物、在网上支付。这种形式的跨境电子商务一般以网络零售业为主，经营各种书籍、化妆品、电子产品、食品等商品。京东全球购、唯品会海外精选等都是这种模式。

3. C2C

C2C 是消费者之间的电子商务。在这种模式下，电子商务网站为买卖双方用户提供一个在线交易平台，卖方可在上面发布待出售的物品的信息，而买方可从中选择并进行购买。淘宝全球购和熟人海外代购属于典型的 C2C 模式。

4. 跨境电商平台

跨境电商平台是一个为企业或个人提供网上跨境交易洽谈的平台。企业电子商务平台是建立在互联网基础上进行商务活动的虚拟网络空间和保障商务顺利运营的管理环境，是协调及整合信息流、物质流、资金流使其有序、关联、高效流动的重要场所。企业、商家可充分利用跨境电子商务平台提供的网络基础设施、支付平台、安全平台、管理平台等共享资源，有效地、低成本地开展自己的国际商业活动。中国跨境电子商务平台主要有全球速卖通、敦煌网等。

二、跨境电子商务的基本流程

（一）选择跨境电子商务平台并注册

我国著名的外贸第三方电子商务平台有阿里巴巴速卖通、敦煌网、中国制造网和中国诚商网等，国际著名的第三方电子商务平台有 eBay 和亚马逊。想要开展跨境电子商务业务的企业可以根据自己的需要和平台提供的服务选择跨境电商平台。

（二）店铺装修

店铺装修主要是指让卖家店铺在众多店铺中脱颖而出，吸引买家、营造良好的购物环境、塑造店铺形象和品牌。

（三）订单处理

订单处理就是对订单所进行的核实、整理、分类、备货、发货和收款等各项工作。跨境电子商务订单处理过程涉及跨境支付、跨境物流和报关等活动。

（四）客户服务

客户服务主要可以分为售前服务、售中服务和售后服务三个阶段。三个阶段的服务都非常重要，而其中最容易让客户不满的是售后服务。售后服务是企业对客户在购买产品后提供多种形式的服务的总称。跨境电子商务售后服务存在操作和沟通繁杂、售后人员专业性差、退换货效率低、对物流的依赖性强、维权成本高等问题。因此跨境电子商务企业一般会通过组建网络小型专家团队、完善退货服务流程、建立售后服务处理数据库等方式来进行客户关系处理，提高售后服务处理速度，进而提高客户满意度。

专栏 18－5

跨境电商案例分析

A 女士某年 9 月 17 日在德国 kidsroom 网站购买了一辆 Britax B-smart 四轮婴儿车，付款时接到了民生银行的电话询问“是否有一笔海外 255.9 欧元的预授权”，在得到肯定答复后，银行工作人员说这笔预授权已经及时被商家划走了。而后的 24 小时 A 女士不停地刷新网站，没有发现任何成功的订单与购买记录，跟银行确认的结果是预授权的状态还在。9 月 18 日，A 女士向网站客服询问时，网站回复没有成功购买记录。A 女士与银行沟通后得知需要网站取消预授权状态才可以重新购买，否则就是两笔交易预授权。而 9 月 19 日与网站沟通时得知，这笔预定的订单已经解除，应重新进行购买。而 10 月 2 日与银行沟通时却发现预授权的钱在 9 月 17 日就已经成功被划款。网站回复并没有划走钱、没有成功的订单；而民生银行则确定钱被划走了。A 女士只能不安地等待银行的查询。

分析：本案中有几点值得注意：(1) 售前沟通，海淘购物一般通过邮件沟通，效率很低；(2) 跨境支付，海淘购物因为要用外汇支付，所以是预授权，不是实时扣除；同时海淘会有时差，不同国家服务机构办事风格和效率也不相同，所以相关支付信息的确认等可能需要等待较长时间；(3) 银行的内部控制，A女士的处境表明民生银行对相关的支付风险管理并不是很完善。

三、跨境电子商务的特殊问题

海关检验与关税征收是跨境电子商务的重要环节。目前我国已基本实现电子通关和无纸通关。电子通关的基本步骤是报关申请、海关审单、货物查验、税费征收、货物放行；无纸通关是利用中国电子口岸及现代海关业务信息化管理系统功能，改变海关凭进出口企业递交的书面报关单及随附单证办理通关手续的做法，直接对企业联网申报的进出口货物报关电子数据进行无纸审核、验放处理的通关方式。

1. 通关管理

海关总署公告2016年第26号《关于跨境电子商务零售进出口商品有关监管事宜的公告》规定，跨境电子商务零售进出口商品申报前，电子商务企业及相关的服务方应当分别通过跨境电子商务通关服务平台如实向海关传输交易、支付、收款、物流等电子信息。电子商务企业或其代理人应提交《中华人民共和国海关跨境电子商务零售进出口商品申报清单》(以下简称《申报清单》)，出口采取“清单核放、汇总申报”方式办理报关手续，进口采取“清单核放”方式办理报关手续。

2. 进口税收

跨境电子商务零售进口商品按照货物征收关税和进口环节增值税、消费税，完税价格为实际交易价格，包括商品零售价格、运费和保险费。代收代缴义务人应当如实、准确地向海关申报跨境电子商务零售进口商品的商品名称、规格型号、税则号列、实际交易价格及相关费用等税收征管要素。

3. 物流监控

跨境电子商务零售进出口商品监管场所经营人、仓储企业应当建立符合海关监管要求的计算机管理系统，并按照海关要求交换电子数据。跨境电子商务零售进出口商品的查验、放行均应当在监管场所内实施。海关在实施查验时，电子商务企业或其代理人、监管场所经营人、仓储企业应当按照有关规定提供便利，配合海关查验；发现涉嫌违规或走私行为的，应当及时主动报告海关。在海关注册登记的电子商务企业、电子商务交易平台企业、支付企业、物流企业等应当接受海关后续管理。

四、跨境电子商务风险防范

对于跨境电子商务企业来说，针对操作实务流程的不同环节，可以采取不同措施进行风险防范从而降低风险。

(一) 国际结算

跨境电子商务采用电子支付方式进行结算，而安全性是电子支付需要首先考虑的。这不仅需要国家对相关支付平台和有跨境支付业务的企业资质等资信状况进行监督和管理，同时也需要办理电子支付的银行或非金融机构加强内部监督和管理。

（二）国际物流

对于跨境电子商务企业来说，做好产品质量和货运质量是降低物流风险的前提条件。因此，卖家在发货前要严把质量关，注意产品质检，尽可能地避免寄出残次物品，从源头上控制产品质量；应加强物流环节把控，认真对待包装，牢固包装，对数量较多、数额较大的易碎品可以将包装发货过程拍照或者录像，留作纠纷处理时的证据；同时还要注意产品的规格、数量及配件要与订单上的一致，以防漏发引起纠纷；在买家下单后，应及时告知买家预计发货及收货时间，及时发货，主动缩短客户购物的等待时间；并在物流过程中及时与买家沟通物流状况及信息；购买退运险等以转移风险。

（三）电子通关

当前中国电子口岸及现代海关业务信息化管理系统的搭建等都为跨境电子商务快速便利通关提供了有利的条件，而作为跨境电子商务企业，所要做的就是按照相关的规定，提前将交易数据等信息传输给海关，做好报关申请等工作，并配合海关部门对货物进行检验，及时缴纳关税，从而提高货物的通关效率。

（四）售后维权

售后维权需要各方市场主体的共同努力。出口电子商务企业要了解交易对象所在国家的消费习惯和市场状况，在备货环节严格控制好产品的质量并拍照或者录像作为证据，同时在售前售中售后各个环节做好服务和沟通工作，提高消费者的购物体验；海淘用户则应该在交易过程中注意产品规格和交易条款等信息。在跨境电子商务平台开展跨境电子商务活动，在遭遇售后纠纷时，还可以申请跨境电子商务平台方介入进行纠纷解决。同时，政府可以加入相关的国际公约或者地区组织，推动跨境电子商务网络纠纷解决机制的建立。

售后纠纷解决作为消费者购物的重要组成部分，对消费者的购物体验和行业健康发展关系重大，因此市场各方主体都应该充分重视售后纠纷解决机制，使跨境电子商务的发展更加规范。

本章小结

1. 在经销方式下，双方当事人通过包销协议建立起一种较为稳固的购销关系。货物由经销人购买、销售、自负盈亏。代理是指由出口商作为委托人与国外的代理商达成协议，授权代理人推销其商品、签订合同。寄售是按双方签订的协议进行的，寄售人和代销人之间是委托与受托关系，寄售协议属于行纪合同（又称信托合同）性质。

2. 招标和投标是国际贸易中比较常见的一种贸易方式。招投标程序基本上包括招标，投标，开标、评标和中标，合同的签订四个阶段。拍卖是指以公开竞价的形式，将特定物品或者财产权利转让给最高应价者的买卖方式。参加展览会是企业最重要的营销方式之一，也是企业开辟新市场的首选方式。

3. 加工贸易是一种新型贸易方式。加工贸易主要包括来料加工和进料加工两种贸易方式。此外，近年来我国企业在海外投资中开展的境外加工贸易方式，也被视为加工贸易的新形式。在我国，对等贸易包括易货贸易、记账贸易、补偿贸易、互购贸易、转手贸易、抵销贸易等。

4. 跨境电子商务通过制定跨境电子商务综合服务体系以及跨境电子商务进出口所涉及的在线通关、检验检疫、退税、结汇等基础信息标准和接口规范，实现海关、国检、国税、外管等部门与电子商务企业、物流配套企业之间的标准化信息流通。目前我国跨境电子商务出口业务以外贸 B2B 和 B2C 为主；进口模式以外贸 B2C 以及网络海外代购模式为主。

关键术语

经销	包销	代理	独家代理
寄售	招投标	拍卖	密封递价拍卖法
来料加工	进料加工	境外加工贸易	对等贸易
易货贸易	补偿贸易	互购贸易	转手贸易
跨境电子商务	B2B	B2C	

思考题

1. 何谓经销？经销协议中涉及的当事人之间是什么关系？
2. 出口销售业务中的独家代理与包销的主要区别是什么？
3. 拍卖有何特点？拍卖的出价方式有哪几种？
4. 寄售与其他贸易方式相比有何特点？简要说明寄售方式的利弊。
5. 参加展览会对企业有何意义？
6. 试比较来料加工与进料加工有哪些异同点。
7. 何谓境外加工贸易？开展境外加工贸易应注意哪些事项？
8. 简述对销贸易的含义和特点。
9. 跨境电子商务有哪些类型？简述其基本程序。
10. 外贸企业应如何做好跨境电子商务风险防范工作？

案例分析题

1. 某年，我国内地某进出口公司接受当地一家服装厂的委托，以进出口公司自己的名义同国外某家公司签订进口一批优质布料的合同。但后来由于国外公司未能按时提供货源，使该服装厂空出的生产线遭受损失，该服装厂要求外贸公司按合同赔偿，外贸公司以货是国外公司提供为由拒不赔偿。试问：外贸公司应不应该赔偿损失？为什么？

2. 我国某省实业有限公司拟向南亚某国出口一批轻工产品。由于该批货物在其仓库搁置很久，属于积压物资，因此双方当事人通过多次协商，决定以寄售方式在国外销售。货物经由我公司运到目的地后，由于同类商品在当地市场竞争激烈，虽经代销商多方努力，但货物销售情况非常不理想，最后只得再装运重新运回国内。试分析该案的经验教训。

参考文献

中文书目：

1. 安格斯·麦迪森．世界经济千年史．北京：北京大学出版社，2003.
2. 查尔斯·W. L. 希尔．国际商务．5 版．北京：中国人民大学出版社，2009.
3. 杜奇华，冷柏军．国际技术贸易．北京：高等教育出版社，2016.
4. 范家骧．国际贸易理论．北京：人民出版社，1985.
5. 冯大同．国际贸易法．北京：北京大学出版社，1995.
6. 弗里德里希·李斯特．政治经济学的国民体系．北京：商务印书馆，1997.
7. 国际商会．托收统一规则．ICC 522．1995.
8. 海闻，P. 林德特，王新奎．国际贸易．上海：上海人民出版社，2003.
9. 克鲁格曼，M. 奥伯斯法尔德．国际经济学．北京：中国人民大学出版社，1998.
10. 冷柏军．国际贸易理论与实务．北京：中国财政经济出版社，2000.
11. 黎孝先．国际贸易实务．6 版．北京：对外经济贸易大学出版社，2016.
12. 李嘉图．政治经济学及赋税原理．北京：商务印书馆，1979.
13. 李世安，刘丽云．欧洲经济一体化史．石家庄：河北人民出版社，2003.
14. 联合国国际贸易法委员会．1980 年国际货物销售合同公约．1980.
15. 卢森堡．国民经济学入门．北京：三联书店，1962.
16. M. M. 波斯坦．剑桥欧洲经济史：第 8 卷．北京：经济科学出版社，2002.
17. 马克思，恩格斯．马克思恩格斯全集：第 1 卷．北京：人民出版社，1956.
18. 任烈．贸易保护理论与政策．上海：立信会计出版社，1997.
19. 苏宗祥，等．国际结算．北京：中国金融出版社，2004.
20. 托马斯·孟．英国得自对外贸易的利益．北京：商务印书馆，1997.
21. 吴百福．进出口贸易实务教程．4 版．上海：上海人民出版社，2003.
22. 姚新超．国际货物运输与保险．北京：对外经济贸易大学出版社，2006.
23. 姚曾荫．国际贸易概论．北京：人民出版社，1987.
24. 约翰·伊特韦尔，等．新帕尔格雷夫经济学大辞典：1～4 卷．北京：经济科学出版社，1992.

25. 张祥. 国际商务谈判——原则、方法、艺术. 上海：上海三联书店，1995.

26. 中国国际商会中国国家委员会. 2010年国际贸易术语解释通则. 北京：中信出版社，2010.

27. 中国国际商会中国国家委员会. UCP 600. 2007年修订本. 北京：中国民主法制出版社，2007.

英文书目：

1. Alan E. Branch. *Export Practice and Management*. New York: Chapman & Hall, 2000.

2. Anonymous. "Every Man for Himself: Trade in Asia." *The Economist*, 2002, 11 (2).

3. Belay Seyoum. *Export-Import Theory, Practices, and Procedures*. New York: International Business Press, 2000.

4. Bergen J. Tin. "Shaping the World Economy: Suggesting for an International Economic Policy." *The Twentieth Century Fund*, 1962.

5. B. Balassa. *The Theory of Economic Integration*. London: Allens and Unwin, 1961.

6. Deardorff. "Non-tariff Barriers and Domestic Regulation." Paper on World Bank, 1999.

7. Eli Heckscher. "The Effect of Foreign Trade on The Distribution of Income." //Harry Flam and M. June Flanders edited. *Heckscher-Ohlin Theory*. Cambridge: MIT Press, 1919.

8. F. Machlup. *International Trade and Income Multiplier*. Philadelphia: Blakiston, 1943.

9. Gerald Albaum. *International Marketing and Export Management*. Upper Sandle River: Addison-Wesley, 1994.

10. Herbert G. Grubel and Peter J. Lloyd. *Intra-Industry Trade: The Theory and Measurement of International Trade in Differentiated Products*. London: Macmillan, 1975.

11. Jagdish Bhagwati and Arvind Panagariya. "Preferential Trading Areas & Multilateralism Strangers, Friends, or Foes?" *Financial Times*, 1996.

12. John M. Keynes. *The General Theory of Employment, Interest and Money*. see Keynes, *Collected Writings*, Vol. Ⅶ, 1936.

13. J. A. Schumpeter. *History of Economic Analysis*. New York: Oxford University Press, 1954.

14. J. Bhagwati. "Regionalism and Multilateralism: An Overview." *New Dimensions in Regional Integration*, 1993.

15. J. F. Deniau. *The Common Market: Its Structure and Purpose*. New York: Frederick A. Praeger. 1960.

16. J. Viner. *The Customs Union Issue*. New York: Carnegie Endowment, 1950.

17. Paul R. Krugman. "Regionalism versus Multilateralism: Analytical Notes." *New Dimensions in Regional Integration*, 1993.

18. Paul R. Krugman. "Scale Economies, Product Differentiation and the Pattern of

Trade." *American Economic Review*, 1980, 70 (5).

19. Paul R. Krugman. "Import Protection as Export Promotion." //H. Kierzkowski. *Monopolistic Competition in International Trade*. New York: Oxford University Press, 1991.

20. P. A. Samuelson. "International Trade and the Equalization of Factor Prices." *Economic Journal*, 1948 (7).

21. Raymond Vernon. "International Investment and International Trade in the Product Cycle." *Quarterly Journal of Economics*, 1966 (5).

22. Richard Willsher. *Export Finance: Risks, Structures and Documentation*. London: Macmillan Press Ltd., 1995.

23. R. E. Baldwin. "A Domino Theory of Regionalism." *Expanding Membership in the European Union*, 1995.

24. R. E. Baldwin and A. J. Venables. "International Economic Integration." *Handbook of International Economics*, 1997.

25. R. G. Lipsey. "The Theory of Customs Unions: Trade Diversion and Welfare." *Economica*, 1957 (24).

26. S. B. Linder. *An Essay on Trade and Transformation*. New York: John Wiley and Sons, 1962.

27. T. M. Rybczynski. "Factor Endowment and Relative Commodity Prices." *Economica*, 1955 (22).

28. T. Scitovsky. *Economic Theory and Western European Integration*. Stanford: Stanford University Press, 1958.

29. UNCTAD. Development and Globalization: Facts and Figures. 2018.

30. Wassily W. Leontief. "Domestic Production and Foreign Trade: The American Capital Position Re-Examined." *Proceedings of the American Philosophical Society*, 1953 (9).

31. Wolfgang Stolper and P. A. Samuelson. "Protection and Real Wages." *Review of Economic Studies*, 1941 (9).

32. W. W. Rostow. *The World Economy: History and Prospect*. Austin: University of Texas Press, 1978.